JN278986

朝鮮学会 編

# 前方後円墳と古代日朝関係

同成社

# 目次

# 韓国の前方後円墳をめぐる諸問題

西谷　正

## 一、問題の所在

　倭と呼ばれた日本列島の古墳時代に最も特徴的な遺跡の一つとして、前方後円墳がある。そのような前方後円墳の出現の背景を、大きく見て、弥生時代墓制の延長線上で理解しようとする立場と、列島以外の周辺地域に求める考え方、そして、内在的発展を基本としながらも、その契機に外的要因を考える見解などが知られる。前方後円墳出現の契機を列島以外では中国大陸に求める考え方が、すでに早く梅原末治氏によって提起された(1)。それはいわば前方部祭壇付加説ともいうべきもので、中国の墳墓の墓前に設けられた祭壇、あるいは、秦の始皇帝陵などの墳丘の前庭に関連づけようとするものであった。それに対して、倭が中国王朝の冊封体制に編入されるという国際的契機から考えようとする見解は、もちろん戦後もしばらく経ってから西嶋定生氏によって出された(2)。その後、姜仁求氏によって初めて、倭の前方後円墳の起源を朝鮮半島に求めようとする意見が提出された(3)。つまり、大韓民国（以下、韓国と略称）

において前方後円墳が発見され、それが倭の前方後円墳の源流になったとする見解である。そこで、日本の学界では、倭の前方後円墳の起源との関連で大きな関心を呼ぶことになったわけである。

　姜仁求氏による問題提起の後、しばらくの間は、韓国における前方後円墳の存否問題に焦点が向けられた。しかし、後述のとおり、一九九〇年代に入ると、その存在が確認されることになる。その結果、こんどは韓国における前方後円墳が日韓交流史の素材として、議論の対象になってきたのである。

## 二、研究の歩み

　朝鮮半島における前方後円墳への関心は、実は戦前にさかのぼるのである。当時はおそらく、いわゆる任那日本府説に関連して、半島における倭の要素が追求される中で、前方後円墳の存否問題が関心にのぼっていたことであったろう。そのような背景があって、谷井済一氏は、一九一七（大正六）年に西南部に当る全羅南道羅州郡潘南面一帯を調査した際、潘南面の古墳群は、「其葬法ト関係遺物トヨリ推シテ、恐ラクハ、倭人ノモノナルベシ」[4]と述べることになった。また、有光教一氏は、一九三八（昭和一三）年に同じく潘南面の新村里六号墳について、「内地の前方後円墳の外貌に髣髴たり」[5]とし、前方後円墳が存在しない半島において、この古墳だけが前方後円墳に類似するものと見なされたことから発掘調査されたわけである。結果的には、有光氏は前方後円墳の可否について言及されなかったが、近くにある徳山里二号墳とともに、前方後円墳に似たものとの認識を示された。

　韓国の前方後円墳について、ふたたび話題にのぼるのは戦後の一九七二（昭和四七）年のことである。それは、中西部の忠清南道扶余郡南面松鶴里において、当時の慶熙大学校博物館長・黄龍渾教授と高麗大学校博物館主任・尹世英氏が前方後円墳が存在することを主張された。それに対して、当時の国立扶余博物館長・姜仁求氏は、それが盛土

でなくすべて地山であることなどの理由を上げて否定的な見解を示された。(6)

その後、一〇年程が経過して、前述のように、こんどは姜仁求氏によって、前方後円墳の発見と、その倭への影響が問題提起された。すなわち、一九八三（昭和五八）年に、姜仁求氏は、朝鮮半島東南部に当る慶尚南道の松鶴洞一号墳を始めとして、慶尚道から西南部の全羅南道、さらには中西部の京畿道に及ぶ広範な地域で、合計三六基の前方後円墳の存在を指摘された。そのうち、最も可能性が高い松鶴洞一号墳について、一九六五年ごろに削平されたものとする証言が出ると、姜仁求氏は、かつて鳥居龍蔵氏が撮影した写真を探し出して、一九一四（大正三）年当時の状況が現状と変わらないことを主張して反論した。(7)そのような賛否両論の渦の中、精密な測量図の作成や試掘調査の必要性を説く慎重論も見られた。(8)

こうした状況を反映して、一九八〇年代の中ごろから、姜仁求氏は一九八五年における海南郡の長鼓山古墳、換言すれば、新芳古墳の発見と測量を皮切りに、舞妓山古墳すなわち松鶴洞一号墳、龍頭里古墳、そして、チャラ峰古墳を相次いで測量調査し、精密な墳丘実測図を提示した。(9)

一方、一九八〇年代後半の一九八七年から翌年にかけて、朝鮮民主主義人民共和国（以下、共和国と略称）では、中国の東北地方に近い鴨緑江中流域において、日本の山陰地方を中心に、前方後円墳出現前夜の墓制として知られる四隅突出型墳丘墓と類似した、積石塚の発見と、その山陰への伝播が問題提起された。(10)そして、一九九〇年には、同じ鴨緑江中流域で、前方後円形積石塚の発見が報じられ、さらに、それが日本の前方後円墳の源流になるという見解が示された。(11)しかし、ともに日本の四隅突出型墳丘墓や前方後円墳とは、時期的・空間的に直結するものではない。それはともかく、朝鮮半島とくにその西南部の前方後円墳への日韓両国の関心の高まりは、一九九〇年代に入って、本格的な発掘調査へ向わせたといっても過言ではあるまい。すなわち、一九九一年の六月と八月に、それぞれ咸平郡の新徳一号墳(12)と霊巌郡のチャラ峰古墳(13)に対する学術発掘が初めて着手された。さらに、一九九三年と一九九四年には、光州広域市の月桂洞の長鼓村一・二号墳[14]がいわゆる緊急発掘として、また、明花洞の花洞古墳[15]が学術発掘として、それぞれ調査された。前者の一号墳からは日本の石見型盾形埴輪状の木製品や笠形木製品が周濠から円筒埴輪と伴出し、また、後者からは、円筒埴輪列がそれぞれ検出されて注目を引いた。その結果、これらの古墳が前方後円墳であることが確定的となった。韓国では、そのころから前方後円墳の呼称をめぐっていろんな提案がなされた。それは大きく二つに分けられる。一つは、日本でも車塚・茶臼塚といった呼称があるように、その外観を器物にたとえるものである。韓国の場合、伝統的な楽器である長鼓に似るところから、長鼓形古墳[16]・長鼓墳[17]などと呼ばれる。もう一つは、日本の前方後円墳を念頭においての呼称で、どちらかといえば日本の研究者が多く使っている。もっとも、韓国で本格的にこの問題に取り組まれた姜仁求氏は、当初から前方後円墳という呼称を使われてきた。筆者も、同じ立場をとっているが、その他には前方後円形墳[18]とか、前方後円形古墳[19]と呼んで、日本の前方後円墳と区別する立場も見られる。

ところで、韓国における前方後円墳の問題を考えるとき、それに先立つ墓制との関係もまた問題である。そこで、日本の場合、弥生時代における各地各様の墳丘墓が取り上げられる。前述の共和国における四隅突出型積石塚の発見も、同じような問題関心からであった。そのような意味では韓国の場合、一九九五年における万家村墳墓群の調査[20]は注目される。ここは、前述の新徳一号墳から東南方に約五〇〇ｍという指呼の間にあって、平面が長い台形をなす異形墳から構成されており、その間に方形周溝墓が混在するものであった。方形周溝墓は、全羅南道だけでなく、一九九四年に忠清南道の寛倉里や一九九五年に全羅北道の永登洞でも、それぞれ調査されて話題を呼んだ。しかし、実は方形周溝墓がすでに一九九〇年における忠清北道の鎮川郡松斗里と忠清南道の天安市清堂洞のほか、一九九二年に忠清北道清州市松節洞や一九九四年に忠清南道公州市下鳳里などで相次いで検出されていたのである。

それはともかく、韓国における前方後円墳が確実視されるようになった一九九〇年代中葉以降は、前述の方形周溝墓・異形墳を含め、改めてその起源問題と、被葬者像もしくは築造の意義といったことが問題となっていった。その点で、一九九九年一〇月末に、韓国の昌原大学校と忠南大学校で行われた学術会議の意義は大きい。前者において筆者は、前方後円墳の被葬者として倭人系の百済官僚の可能性を示唆し、五～六世紀の倭と百済の交流史にとって重要な遺跡であることを指摘した(21)。そして、忠南大学校百済研究所は、韓国の前方後円墳を主題とする韓日国際会議を初めて行い、多角的に分析した(22)。続いて二〇〇〇年という年は、韓国の前方後円墳の問題をめぐって、画期的な年となった。まず、一〇月初旬に開かれた朝鮮学会創立五〇周年に当る第五一回大会において、韓国の前方後円墳の問題がメイン・テーマとなり、五・六世紀の日韓関係の中で、前方後円墳の被葬者像が追求された。つぎに、前述したように、韓国において初めて前方後円墳が発見されたとして一九八三年以後に話題を呼び、その後も賛否両論に分かれていた松鶴洞一号墳が発掘調査された。筆者は、前年に、外形や分布状況から考えて否定的な立場を明確にしていたが(23)、調査の結果、前方後円墳でないことが確認された(24)。同じころ、海南郡の新芳古墳が、盗掘を受けたことが契機となって後円部が発掘調査された結果、松鶴洞一号墳と同じように、壁面に赤色顔料を塗布した横穴式石室であることがわかった(25)。

## 三、分　布

これまでに確認された前方後円墳は全部で一一基にのぼるが、そのうち六基が発掘調査されたことになる。一一基の中には、最近になって全羅南道における主要古墳に対して、精密な測量が行われた結果、新たに追加された二基が含まれている(26)。これまでにわかっている所在地名と分布状況を図・表に掲げると、以下のとおりである（表1・図1）。なお、ここで新たに追加された二基を報告書にもとづいて紹介しておこう。

表1　全羅南道・前方後円墳地名表（単位：m）

| | 所在地・古墳名 | | 全長 | 後円部 | | 前方部 | |
|---|---|---|---|---|---|---|---|
| | | | | 直径 | 高さ | 幅 | 高さ |
| 1 | 光州広域市光山区月桂洞 | 長鼓村1号墳 | 45.3 | 25.8 | c.6.1 | 31.4 | c.5.2 |
| 2 | 同 | 長鼓村2号墳 | 34.5 | 20.5 | c.3.5 | 22 | c.3.0 |
| 3 | 光州広域市光山区明花洞 | 花洞古墳 | 33 | 18 | 3.23 | 24 | 2.73 |
| 4 | 潭陽郡古西面聲月里 | 月田古墳 | 38 | c.18 | 2.5～3.0 | c.15 | 2.5～3.0 |
| 5 | 霊光郡法聖面月山里 | 月渓1号墳 | 39 | 21 | 3.5 | 15 | 2 |
| 6 | 咸平郡月也面礼徳里 | 新徳1号墳 | 51 | 30 | 5 | 25 | 4 |
| 7 | 咸平郡咸平邑長年里 | 長鼓山古墳 | 66 | 36 | 5 | 36 | 5 |
| 8 | 咸平郡鶴橋面馬山里 | 杓山1号墳 | 46 | 25 | 5 | 26 | 4 |
| 9 | 霊巌郡始終面泰澗里 | チャラ峰古墳 | 35.6 | 23.3 | 5 | 7.4 | 2.25 |
| 10 | 海南郡三山面昌里 | 龍頭古墳 | 40 | 23 | 5 | 17 | 3.8 |
| 11 | 海南郡北日面方山里 | 新芳古墳 | 77 | 44 | 10 | 38 | 9 |

まず、潭陽郡古西面聲月里の月田古墳は、沖積平野の水田地帯に立地し、方形と円形の墳丘が連なっているところから、長鼓墳すなわち前方後円墳と酷似する。現在のような水田に開墾される前は、低い丘陵の東斜面に位置し、前方部がその丘陵の稜線側の高い方を向くのに対して、後円部が斜面の低い方に立地していたと推定されている。古墳の平面形態は、細長い中ぶくらみの長方形に近いが、斜面下側が円形にめぐる雰囲気を見せていて、前方後円墳と類似する形態をなす。後円部は現在、平坦面をなしているが、そこには民墓が一基ある。その民墓の前方が少し陥没しているが、石材が露出している。一方、前方部の上は畑として耕作されている。墳丘の長軸方向は、東西にあり、後

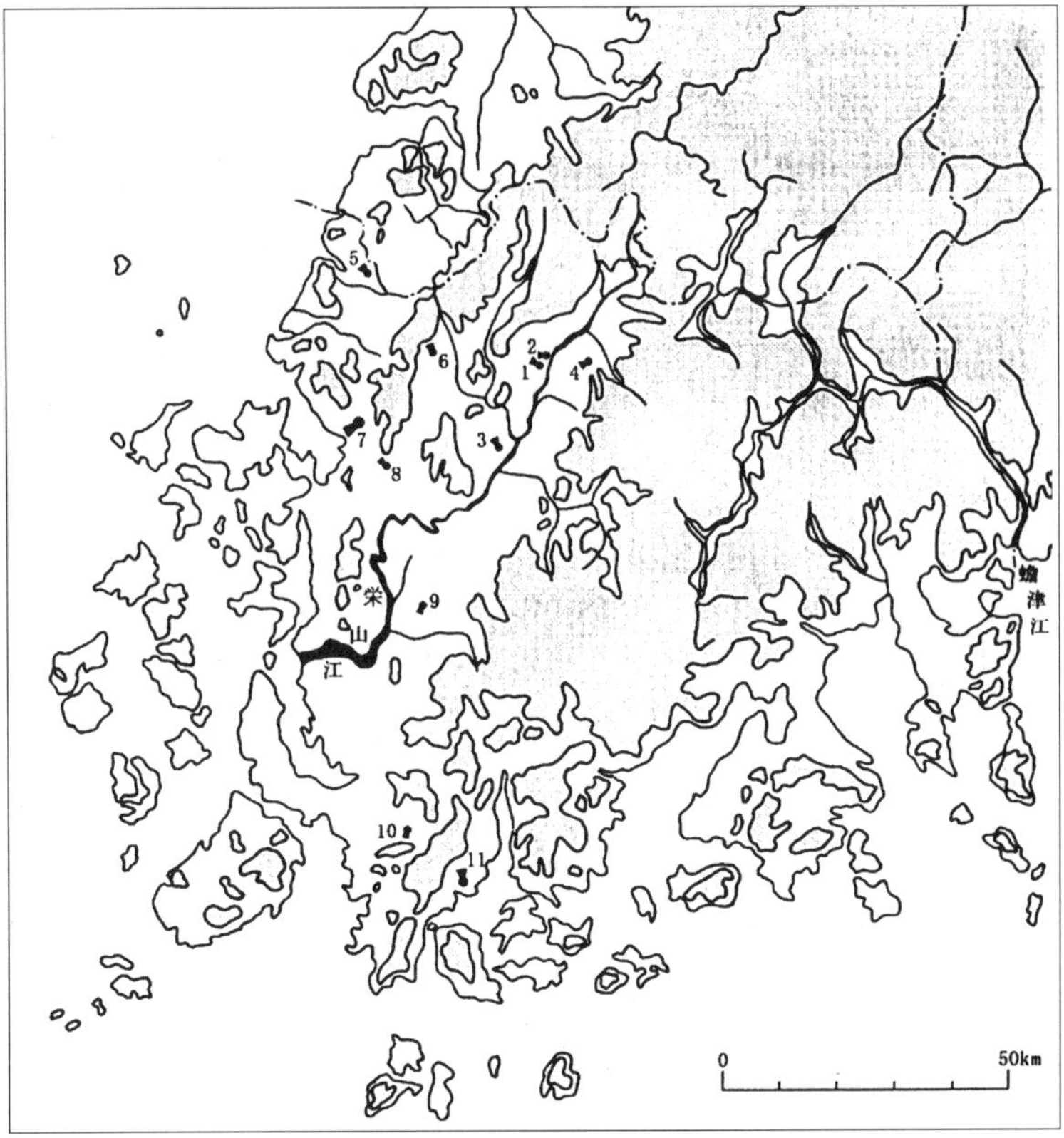


図1　全羅南道・前方後円墳分布図

円部は傾斜面の下側の東側にある。墳丘規模は、全長三八m、推定後円部径約一八m、推定前方部幅一五m、そして、高さ二・五〜三・○mを測る（図2）。

つぎに、咸平郡鶴橋面馬山里の杓山一号墳は、丘陵末端の海抜三○m付近の稜線上に位置し、そこからは沖積地が見下ろせる眺望のよいところに営まれている。そこには、杓山一号墳と命名された前方後円墳一基と円墳一二基が築造されているが、古墳群の中央に位置する前方後円墳はあたかも盟主墳のような様相を呈する。杓山一号墳は、長軸を北西から南東に置くが、前方部は丘陵の高い方に当る北西側を向いている。墳丘は、盗掘坑と民墓によってかなり破壊

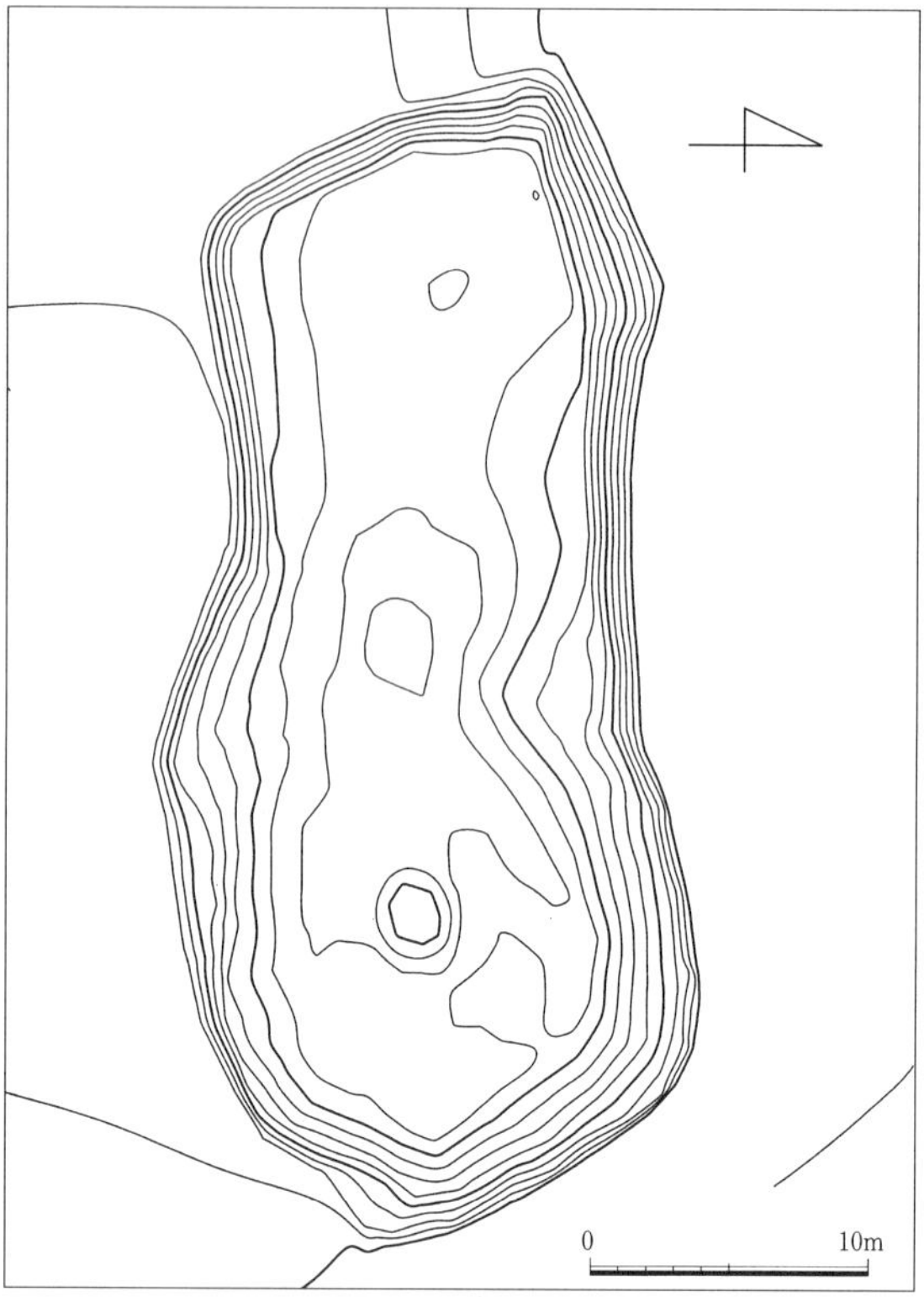


図２　全羅南道潭陽郡古西面聲月里　月田古墳

されている。後円部には、南側に直径七ｍほどの盗掘坑があるが、盗掘の過程で掘り上げられた土砂が、後円部の頂上側に積まれていて、墳頂が相当に変形している。前方部の盗掘坑は北側にあるが、やはり土砂が頂上部に積まれ、墳形がかなり変形している。前方部の南側斜面にも民墓が造られている。後円部の南側には五号墳がつながっている。墳丘の外郭には周壕の痕跡が明瞭であるが、民墓の築造で墳丘裾が毀損された前方部の西南側を除いた全体で確認された。古墳の規模は、墳丘と周壕がともに確認されているために、計測地点によっては少なからず差異が生じる。現在の墳丘の裾を規準とすれば、墳丘の規模は全長四六ｍ、後円部径二五ｍ、高さ五ｍ、前方部先端幅二六ｍ、高さ四ｍ、くびれ部幅一三ｍほどであるが、周壕外郭線の推定旧地表の高さを規準にすれば、これより一～二ｍ縮小されるものと思われる。周壕は、北東側くびれ部で最も深く現れるが、一・五ｍに達する。周壕の平面形態は盾形を帯びるものと思われるために、地点によって幅は差異を生じるが、後円部では八ｍ内外と推定される（図３）。

さて、韓国における前方後円墳の最大の特徴は、その分布状況にある。表1と図1に示したように、いずれもが朝鮮半島西南端部に当る全羅南道に集中しているのである。全羅南道といえば、すでに早くから羅州の潘南面にある古墳群がよく知られてきた。この古墳群の遺構や遺物は、朝鮮半島とりわけ百済の古墳文化の中でも特異な存在であった。すなわち、外形上では、不整形な長楕円形や前方後円墳のほか、方墳があり、周壕を備えるものもある。かつて大正六、七（一九一七、一八）年に日本人が内部主体を発掘した新村里九号墳が、最近、韓国人によって再調査された。その結果、円筒形台付の壺形土器状のものを墳丘上に囲繞していたことがわかった。(27) そして、その新村里九号墳をはじめとして、潘南面の古墳群の内部主体には、しばしば大形の甕棺を使用している。やはり最近、発掘調査された同じ潘南面の伏岩里三号墳は、多数の埋葬施設が相次いで構築され、結果的には約四〇m四方の方台形の巨大な墳丘を形成した。その中に含まれる九六号石室は横穴式石室であるが、その内部には大形甕棺が四基も埋置されていた。(28) このような横穴式石室と大形甕棺の

図3　咸平郡鶴橋面馬山里　杓山1号墳

共伴例は初めてのことであり、羅州地域の墓制の特異性を再認識させた。一方、これらの古墳の副葬品や装身具は、百済の古墳でしばしば一般的に見られるものであるが、たとえば金銅製の冠帽や金銅装大刀などを見ると、それらの被葬者がこの地域の最有力階層であったことをうかがわせる。ところが、そのように特色があり、有力者を埋葬した古墳群が築造されていながら、羅州地域には、問題の前方後円墳が現在のところ知られない。この点に関連して、林永珍氏が前方後円墳は潘南面を中心とした羅州の外郭地帯ともいうべきところに分布するとされる指摘は、後述のとおり、前方後円墳の被葬者の性格を考える上で意味をもってくるのではなかろうか。

## 四、規模と築造規格

朝鮮半島の古墳は、中国や日本に比べると、概してその規模が小さい。たとえば、新羅最大の皇南大塚は双円墳であるとはいえ、全長が一二〇mほどにすぎない。そのような状況下で、光州広域市明花洞の花洞古墳の全長三三mと、霊巌郡のチャラ峰古墳の全長三五・六mは比較的大きい方に属する。それに対して、最大規模を誇るのは海南郡の新芳古墳で、長径七七mを測る（表1）。したがって、韓国の前方後円墳は朝鮮半島の中で大形に属するものもあるが、日本と比較すると中・小形に対比される。

ところで、韓国の前方後円墳において、一定の築造企画が認められるという指摘も興味深い。すなわち、成洛俊氏による海南郡の新芳古墳をはじめとする五基に対する分析結果では、(29) 墳丘の長軸線上と、それに直交する区画線上に後円部直径の四等分を割り付けると、全長に対する後円部直径の比率が七：四の割合になることが認められるといわれる。このことから、前方後円墳を築造した集団が同一の築造の企画性をもっていたと解釈される。

## 五、外形と外部施設

全羅南道の前方後円墳は、概して、丘陵地と平地に立地している。丘陵地の場合、墳丘の断面調査などが行われていないため、詳細は不明であるが、おそらく自然地形を利用し、削平や盛土などの人工を加えて前方後円形に造成されたと思われる。したがって、丘陵地の前方後円墳は、整美な前方後円形をなさないことが多い。そのうち、明花洞の花洞古墳では、発掘調査によって周壕が検出されたことと、外観上、前方部前端があたかも丘尾切断のような状況を見せていて、比較的よく整った前方後円形を示している（図４）。それに対して、数少ない平地の例では、長鼓村一号墳で見るように、前方後円形がよく整った様相を見ることができる（図５）。

ところで、これまでに知られた全羅南道の前方後円墳には、日本のそれに見るような段築・葺石・造出しといった外部構造は認められない。ただ、たとえば新芳古墳のような最大規模の場合、墳丘断面調査の結果いかんによっては、段築が検出される可能性を完全には否定しきれない。この点に関連して興味深いのは、前方部から後円部に向かって設けられた緩やかな隆起斜道の問題である。近藤義郎氏は、韓国の前方後円墳七基について分析した結果、隆起斜道の存在を想定し、日本の前方後円墳との緊密な関係を指摘された。[30]

外部施設では、長鼓村一号墳と花洞古墳の調査成果はきわめて重要で注目される。長鼓村一号墳では、一九九三年の発掘調査の際、韓国の前方後円墳としては初めて周濠と円筒埴輪などが検出された。この古墳は、前述のとおり、平地にあって、周濠にはおそらく一定程度の水が溜まっていた可能性が高い。そのため、後述するような木製品が遺存したものと思われる。ところで、周濠内からは円筒埴輪が多量に出土しているが、一九九四年に発掘された花洞古墳では、墳丘裾に立てられたままの状態で円筒埴輪列が検出されているので、長鼓村一号墳でも本来は墳丘の裾まわ

図４　東側から見た花洞古墳全景
（朴仲煥、1996『光州　明花洞古墳』より）

りに立てられていたものであることは容易にうなずけよう。もっとも、それについては韓国では円筒形土器とか喇叭形土器と呼ばれるが[31]、その形式や出土状況から見て、円筒埴輪や朝顔形円筒埴輪と呼ぶべきものである（図６）。

しかも、その製作に当っては、成形時にいわゆる倒立技法と、外面調整に叩き技法を用いるという特徴が見られる。その結果、日本の尾張で発生したその技法が、北陸を経て日本海を越えて伝播したという問題提起がなされた[32]。その後、長鼓村一号墳に先立つ花洞古墳出土の円筒埴輪には、正立技法による成形や木板削り調整が認められるとされた。この埴輪は、もともと新村里九号墳出土の円筒形台付壺形埴輪に祖型が求められるが、さらにそれらの祖型を四世紀後半の北部九州に求められた[33]。

長鼓村一号墳の出土遺物では、また、木製品が出土して注目される。それは、いわゆる石見型盾形埴輪や笠形の木製品であり、日本とりわけ大和を中心とした畿内の古墳文化の要素が一段と強く反映していることがうかがえる。

図５　南西側から見た長鼓村１号墳全景
（全羅南道、2000『全南地域古墳測量報告書』２による）

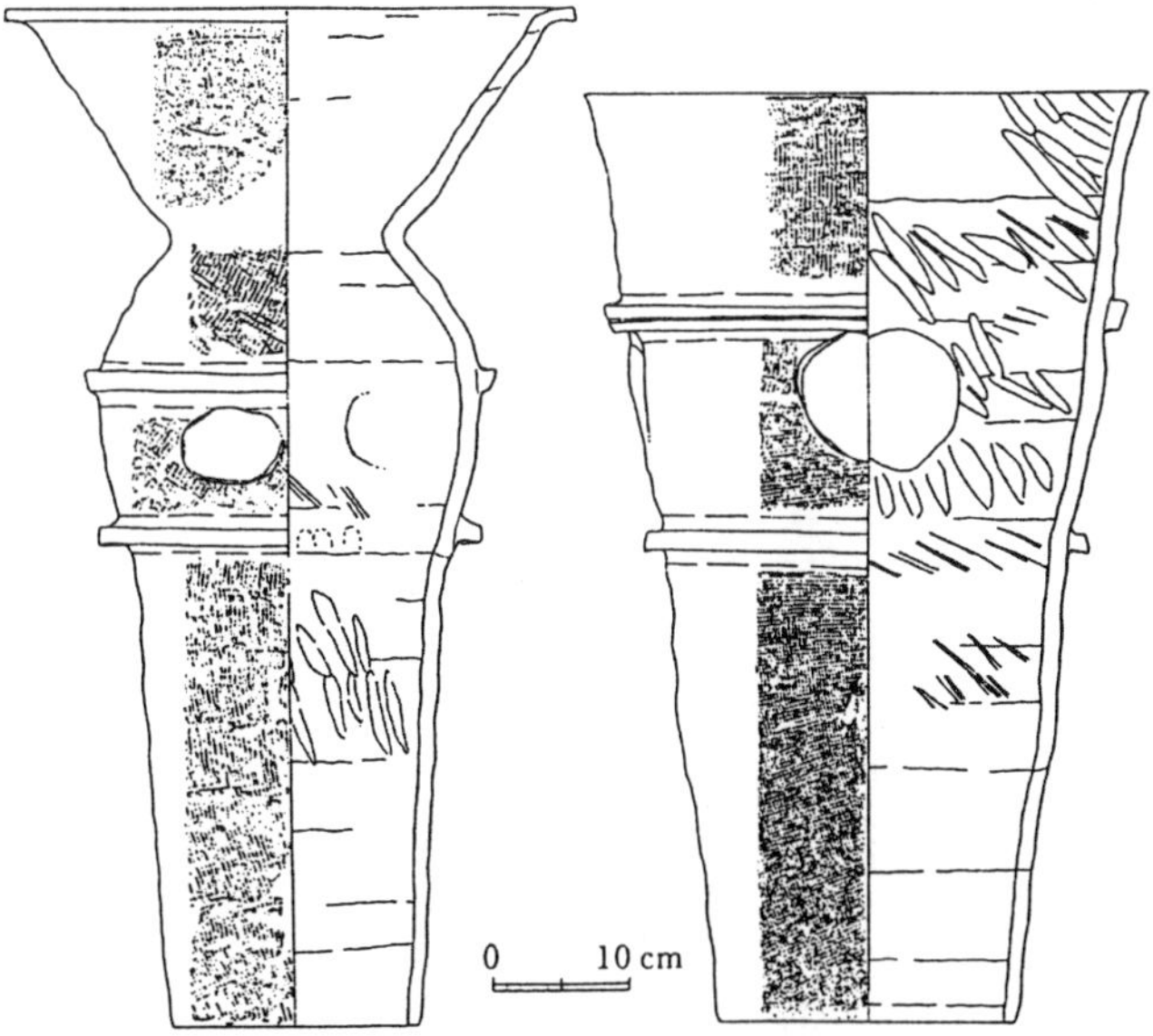


図６　長鼓村１号墳出土の円筒埴輪（右）と朝顔形円筒埴輪（左）
（林永珍、1994「光州月桂洞の長鼓墳２基」『韓国考古学報』31より）

## 六、内部施設と出土遺物

上述の円筒形台付壺形埴輪を出土した新村里九号墳は方台形を呈し、内部の埋葬施設としては、全羅南道地域に特有の大形甕棺が使われていた。それに対し、前方後円墳では、発掘調査されたものに限っていえば、いずれも石室を内部に構築している。そのうち、チャラ峰古墳一基だけが竪穴式であるのに比べて、他の五基はすべて横穴式の石室である。たとえば、チャラ峰古墳を見ると、直径二〇～二三・五mの後円部のほぼ中央で、前方部が西向きの長軸に直交して竪穴式石室が築造されている。石室は床面内法で東西の長さ約三・二m、南北の幅約二・三mの短小な平面長方形のもので、割石と山の塊石で高さ約一・八五mまで積み上げ、五枚の天井石で蓋をしていた。床面で検出された鉄鋌やガラス玉・耳環の出土状況から考えて[34]、頭部を西側に置いた遺体が木棺内に埋葬されていたことがうかがえる。横穴式石室のうち、石室や遺物の遺存状態が比較的よい新徳一号墳（図7）を例示してみよう。

ここでは、直径三〇mの後円部のほぼ中央に横穴式石室の奥壁がくるような位置で、前方部がほぼ北向きの長軸に直交して石室が築造され、入口を西側に開口する。石室は、東西の長さ約二・九mに南北の幅約二・三m、高さ約二・四mの長方形の玄室に二枚の板石で天井を覆い、玄門石の外側中央に長さ約二・六m、幅一・五m内外の両袖式の羨道が付設されている。玄室の平面形は奥壁の幅が若干広く、いわゆる羽子板状を示す。羨道入口も少し広くなっている。玄室の側壁の最下段は板石を立てて腰石とし、その上は割石もしくは塊石を小口積みに少しずつ内傾させて積んでいる。玄室の床面には長軸と平行して、中央よりやや北側寄りに石組みの棺台が造られているが、その上からは木棺材の一部や、棺飾り金具・鉄釘が出土した。玄門は板石を立てて閉塞した[35]。最近になって発掘された新芳古墳では、横穴式石室は後円部の少し背後側に片寄った位置に長軸と直交して築かれ、西側に開口している。側壁は、新徳一号墳とちがって、全体に割石ないしは塊石を使っている。ここの特異な点は、石室の基底部が後円部の基底面でなく、中ほどにくることである。花洞古墳は、破壊がひどいが、新芳古墳と同じく、割石もしくは塊石積の側壁のごく一部しか遺存していなかった。それによると、後円部の中央近くに奥壁を置き、入口が西側のくびれ部に開口していたと推測される。長鼓村一号墳も基本的には花洞古墳と同じであるが、後円部中央付近に奥壁を置き、入口が長軸とほぼ斜め方向で、ややくびれ部寄りの西側に開口する。それに対して、この古墳から東北方に二〇m余り離れたところに位置する長鼓村二号墳は、やはり後円部の中央付近に奥壁を置き、長軸と直交しながら斜め方向に築かれ、横穴式石室はくびれ部寄りに西北側に開口するようである。

図７　新徳１号墳羨道部と土器出土状況
（国立中央博物館 1999『特別展　百済』図録より）

これらの前方後円墳の内部施設である竪穴式や横穴式の石室は、新徳一号墳や新芳古墳を除くと、大きく破壊されていたり、あるいは、いずれも盗掘を受けたりしている。したがって、新徳一号墳を除くと、出土遺物は非常に少ない。そのうち、比較的多く遺存した二、三の古墳の状況を見てみよう。まず、チャラ峰古墳では、金銅製耳環とガラス玉からなる装身具や、黒色土器・陶質土器・鉄斧・鉄鏃・鉄矛・鉄刀・鉄鎌・鉄刀子などの副葬品が検出された。これらはいずれも百済地域に通有のものである。特異な遺物としては馬骨が出土しているが、馬具は見つかっていない。つぎに、新徳一号墳では、装身具が特筆される。すなわち、金銅製冠・飾履・金銅製耳環・各種飾玉などがある。そのほか、鉄轡・鉄雲珠・鉄鐙などの馬具とともに、挂甲のような武具、鉄鏃・鉄刀・鉄矛などの武器、鉄鎌・鉄刀子といった農工具や陶質土器壺・漆器片も出土した。また、入口を入ってすぐの羨道部から陶質土器の蓋坏や高坏などが六〇点以上もまとまって出土（図7）したが、そこで墓前祭祀が行われたことをうかがわせる。その他、花洞古墳では、金銅製の胡簶金具や帯金具が注目される。これら二つの古墳の出土遺物を見ると、遺物のほとんどは百済に通有のものであるが、一部に加耶の製品も含まれるといわれる。ともあれ、装身具や副葬品はその一部しか出土していないが、埋葬時には相当な副葬品があったと思われるので、新徳一号墳の金銅製冠に象徴されるような装身具の出土は、被葬者が有力者であったことを推測させる。

## 七、年　代

前方後円墳の年代については、墳丘形態・石室構造・出土遺物が指標となる。まず、墳丘形態は、韓国内で他に比較資料がないので、参考までに日本の例と比較してみよう。まず、唯一の竪穴式石室を内部主体とするチャラ峰古墳は、前方部が後円部に対して著しく狭少かつ低い。この墳丘形態が築造当初の原形をどの程度とどめているか確認できないが、現状で見る限りにおいて、日本と対比すれば、古墳時代前期あるいは四世紀ごろに比肩される。実際に、発掘担当者は日本の纏向・赤塚・黄金塚などの古墳を参考にされている。竪穴式石室の築造技術を見ても未熟なもので、栄山江流域で初期のものといわれる。そして、出土遺物では、装身具が本格的に豊富でないことや馬具をまったく伴わないことながら、四世紀代と考えられた。ところで、栄山江流域における竪穴式石室は比較資料がほとんどない状況下で、年代を特定することはきわめて難しい。ただ、錦江流域では、竪穴式石室が五世紀中ごろ以後まで残存し、[36]一方、後述するような横穴式石室が五世紀後半には普及するので、それ以前か、そのころまで一部に残る可能性は考えられよう。問題は遺物であるが、石室内部の盗掘もしくは損傷がひどく完存していない。幸いにも遺存していた遺物の中に一〇点ほどの土器がある。そのうち蓋坏を見ると、新村里九号墳の二・三段階に近く、五世紀の中ごろから後半のものに近い。[37]また、金銅製耳環もけっして古くさかのぼるものではない。そこで、チャラ峰古墳の年代は古く考えても五世紀中ごろであろう。

つぎに、墳丘形態において、前方部が最も発達し、したがって、年代が最も新しい一群と思われる、花洞古墳と長鼓村一号墳を取り上げてみよう。これらの墳丘形態と相似するものを日本で求めると、六世紀前半から中ごろの前方後円墳に少なからず認められる。[38]つぎに、石室構造でいえば、錦江下流域の同じ時期の横穴式石室に比較できよう。また、花洞古墳にわずかに残っていた遺物のうち、土器の蓋坏を見ると、六世紀前半ないしは中ごろのものである。花洞古墳や長鼓村一号墳の年代を考えるうえで比較資料になるものは、やはり円筒埴輪である。この分野の研究にくわしい小栗明彦氏によると、埴輪自体の型式編年に加えて、併行関係にある須恵器の暦年代を援用して、花洞古墳と長鼓村一号墳に、それぞれ五一〇年代と五三〇年代を中心とする年代が与えられる。[39]

## 八、結びに代えて

韓国の前方後円墳は、いま述べたように、その築造年代が五世紀の中ごろから六世紀中ごろにわたる、およそ一〇〇年間ほどになる。そうなると、冒頭に述べた問題点の一つである、日本の前方後円墳の源流になることは考えられない。一方、韓国の前方後円墳の起源問題を考えるとき、前述の方形周溝墓や異形墳墓との関係が問題として残る。確かにそれらの墓制が前方後円墳の分布地域と一部で重なるとはいえ、両者の間には年代的な隔差があまりにも大きい。しかしながら、このことは将来とも引き続いて検討を要する問題である。とくに、最近になって再調査された新村里九号墳における円筒形台付壺形土器の検出など、外部施設においても新たな知見が得られ、この点の追求も合わせてなされなければならない。

もう一つの問題点である、韓国における前方後円墳築造の契機とその意義、つまり被葬者の問題である。すでに多くの研究者が説いてきたことではあるが、内部施設である石室構造や出土遺物は在地的というか、あるいは、百済的である。ところが、前方後円墳という墳丘形態と円筒埴輪などの外部施設は、百済の古墳文化の範疇に入らないばかりか、きわめて倭的である。

もともと、韓国における前方後円墳の分布地域は、現在の全羅南道もしくは栄山江流域という限られたところに大きな特色がある。この地域には、およそ三世紀後半から五世紀前半にかけてのころ、特色ある墓制が見られた。すなわち、墳丘形態において長台形や方台形などを呈したり、内部施設として大形甕棺が使用されたりした地域である。そのような特色のある古墳文化に対して、『宋書』倭国伝元嘉二（四二五）年条の倭王珍の上表文に見える慕韓と関連づけられる。(40)すなわち、「自称使持節都督倭百済新羅任那秦韓慕韓六国諸軍事安東大将軍倭国王」の中の慕韓である。そのように考えると、慕韓の特色ある墓制が変化して、大形甕棺に代り、建国期以来、百済の墓制として盛行してきた横穴式石室が主として採用されるということは、いい換えればこの地域、つまり慕韓が百済に編入されたことを意味する。そして、その際、さらに墳丘形態において倭に特有の前方後円墳を導入したということは、(41)百済に加えて倭が係わっているということである。そこで想起されるのが、いわゆる倭人系百済官僚の問題である。たとえば、『日本書紀』敏達紀一二（五八三）年の条を見ると、火の葦北国造であった阿利斯登の子である日羅は、百済において達率という高い地位に上っている。阿利斯登のことは継体紀二三年条にも見え、そこでは加羅国すなわち加耶国の王族となっている。ちなみに、垂仁紀二年条の一書には、富加羅国おそらく金官加耶国の王子として都怒我阿羅斯登の伝説がある。また、同じく『日本書紀』の継体紀一〇（五一六）年の条に登場する、百済から派遣された日本の斯那奴阿比多も、斯那奴（科野）つまり後の信濃出身の倭人系の百済官僚であろう。そのような倭人系百済官僚は、栄山江流域が新しく百済の領域に編入されたことを契機として、倭の墳丘形態を採用するとともに、百済の石室を築き、百済の文物を副葬したと考えたい。いずれにしても、韓国の前方後円墳は、五～六世紀の日・韓あるいは倭と百済の相互の交流史を考える上できわめて重要な遺跡であり、素材であることだけは確かである。

註

（1）梅原末治　一九二〇『久津川古墳研究』。
梅原末治　一九四四『日本考古学論攷』弘文堂書房。
（2）西嶋定生　一九六四「日本国家の起源について」『現代のエスプリ』六、至文堂。
（3）姜仁求　一九八三「前方後円墳発見の意義―日本の前方後円墳の源流と関連して―」『嶺大新聞』一〇四八号、嶺南大学校。
（4）谷井済一　一九二〇「潘南面古墳群」『大正六年度古蹟調査報告』朝鮮総督府。
（5）有光教一　一九四〇「羅州潘南面古墳の発掘調査」『昭和一三年度古蹟調査報告』朝鮮古蹟研究会。
（6）一九七二年七月二七日付『東亜日報』による。
（7）姜仁求　一九八五「韓国の前方後円墳追補」『朝鮮学報』第一一四輯、朝鮮学会。
（8）西谷正　一九八四「韓国で発見された「前方後円墳」について」『考古学ジャーナル』二三六、ニュー・サイエンス社。
（9）姜仁求　一九八七『韓国の前方後円墳　舞妓山と長鼓山測量調査報告書』『調査研究報告書』八七―一、韓国精神文化研究院。
姜仁求　一九九二『三国時代遺蹟の調査研究（Ⅰ）チャラボン古墳　附マルムドム古墳』『調査研究報告書』九二―三、韓国精神文化研究院。
（10）李定男　一九八九「慈江道楚山郡蓮舞里二号墳発掘中間報告」『朝鮮考古研究』一九八九年四号、社会科学出版社。

(11) 李定男　一九九〇「雲坪里高句麗古墳群第四地区二号積石塚発掘中間報告」『朝鮮考古研究』一九九〇年第一号。
(12) 成洛俊　一九九二「咸平礼徳里新徳古墳緊急収拾調査略報」『第三五回全国歴史学会論文及び発表要旨』歴史学会。
(13) 姜仁求　一九九二　前掲書。
(14) 林永珍　一九九四「光州月桂洞の長鼓墳二基」『韓国考古学報』三一　韓国考古学会。
(15) 朴仲煥　一九九六『光州明花洞古墳』『国立光州博物館学術叢書』第二九冊　国立光州博物館。
(16) 成洛俊　一九九三「全南地方長鼓形古墳の築造企画について」『歴史学研究』第一二輯、全南大学校史学会。
(17) 林永珍　一九九四　前掲論文。
(18) 岡内三眞編　一九九六『韓国の前方後円形墳』雄山閣出版。
(19) 崔盛洛　一九九九「羅州地域古代社会の研究現況と課題」『羅州地域古代社会の性格』羅州市・木浦大学校博物館。
(20) 林永珍　一九九五「咸平礼徳里万家村古墳群発掘結果発表」（報道資料）、全南大学校博物館。
(21) 西谷正　一九九九「前方後円墳を通して見た南道と日本との関係」『嶺・湖南の古代地方社会』所収、国立昌原大学校博物館。
(22) 朴淳発ほか　二〇〇〇『韓国の前方後円墳』忠南大学校出版部。
(23) 西谷正　一九九九「韓国の前方後円墳―古墳が語る日韓交流」『別冊歴史読本　図説　古墳研究最前線』新人物往来社。
(24) 東亜大学校博物館　二〇〇〇『固城松鶴洞古墳群現場説明会資料』。ただし、姜仁求氏は改めて自説を述べ、前方後円墳とされる（姜仁求　二〇〇一「舞妓山古墳（固城松鶴洞一号墳）に対する最近の学会の論議について」『三国時代研究』一、学研文化社）。
(25) 二〇〇〇年九月二七日付　韓国の国立中央博物館のインターネット・ホームページによる（東潮氏提供）。（補註2）
(26) 林永珍・趙鎮先　二〇〇〇『全南地域古墳測量報告書』全羅南道・全南大学校博物館。
(27) 金洛中　一九九九「羅州新村里九号墳発掘調査」『第二三回韓国考古学全国大会発表要旨』韓国考古学会。
(28) 金洛中　一九九八「羅州伏岩里三号墳発掘調査」『第二二回韓国考古学全国大会発表要旨』。
(29) 成洛俊　一九九三　前掲論文（大竹弘之訳　一九九六「韓国全羅南道地方の長鼓形古墳の築造企画について」『古代学研究』第一三四号、古代学研究会）。
(30) 近藤義郎　二〇〇〇「韓前方後円形古墳小考補遺」『ASIAN LETTER』第七号、「東アジアの歴史と文化」懇話会。
(31) 林永珍　一九九四　前掲論文。
(32) 小栗明彦　一九九七「光州月桂洞一号墳出土埴輪の評価」

『古代学研究』第一三七号。

(33) 小栗明彦　二〇〇〇「全南地方出土埴輪の意義」『百済研究』第三二輯、忠南大学校百済研究所。

(34) 姜仁求　一九九二　前掲書。

(35) 成洛俊　一九九二　前掲報告。

(36) 崔完奎　一九九七『錦江流域百済古墳の研究』崇實大学校大学院博士学位請求論文。

(37) 小栗明彦　二〇〇〇　前掲論文。

(38) 吉井秀夫　一九九一「朝鮮半島錦江下流域の三国時代墓制」『史林』第七四巻第一号、史学研究会。

(39) 小栗明彦　二〇〇〇　前掲論文。

(40) 東潮　一九九五「栄山江流域と慕韓」『展望考古学』考古学研究会。

(41) 志野敏夫　一九九六「六世紀の日韓技術交流—韓国南西部出土の埴輪形土製品をめぐって」（岡内三眞編　一九九六　前掲書所収）。

【補記】脱稿後に、伏岩里三号墳の正式報告書が発刊された。国立文化財研究所　二〇〇一『羅州伏岩里三號墳』。

(補註1)　新徳一号墳に対する、その後の発掘調査で、葺石が葺かれていたことがわかった（李正鎬　二〇〇一『栄山江流域における百済古墳の研究』九州大学大学院博士学位請求論文）。葺石出土状況の写真を見ると、根石部分が水平方向に並んでいて、その部分にテラスを推定すると、段築の可能性が出てくる。

(補註2)　国立光州博物館・海南郡　二〇〇一『海南方山里長鼓峰古墳試掘調査報告書』『国立光州博物館学術叢書』第三八冊。

# 五〜六世紀の栄山江流域における古墳の性格

## ——羅州新村里九号墳・伏岩里三号墳を中心に——

金　洛中
竹谷俊夫　訳

## 一、はじめに

栄山江流域の古代墓制は甕棺古墳に代表される。その中で最も勢力化した時期のものが潘南古墳群であり、とりわけ金銅冠が出土した羅州新村里九号墳が最も注目を受けている。そして、百済の成長と共に、政治的に完全に百済化していく過程を象徴的に示す例が羅州伏岩里三号墳である。すなわち、横穴式石室墓の導入と土着的な甕棺墓制の存続という二重的特徴を同時にもつ。しかし、単純に百済とこの地域の関係だけではなく、周辺の加耶、倭などと多元的であり、複合的な関係を維持し、性格の変化を経たことを知ることができる。これは前方後円形古墳の盛行とも関連がある。

本稿では一九九六〜九八年にわたって調査した羅州伏岩里三号墳と一九九九年に再調査した羅州新村里九号墳の発

掘調査の内容を簡略に整理する。その中で当時の倭と比較できる幾つかの要素について若干言及し、栄山江流域の諸集団の動向を調べてみようと思う(1)。

## 二、新村里九号墳

新村里九号墳が属する潘南古墳群は、栄山江流域の独特な甕棺古墳の代表的古墳群として、紫微山（九八・三m）を中心に、大安里（一二基）、新村里（九基）、徳山里（一〇基）に三〇余基が分布する。潘南古墳群に対する調査は早く一九一七〜一八年、日本人の谷井濟一などによって、新村里九、徳山里一・四、大安里八・九号が調査され、その後一九三九年には、新村里六・七、徳山里二・三・五号、興徳里石室墳が有光教一によって調査された。当時は、この古墳群の性格を倭人の墓であるとか、韓半島で最も日本的な色彩が濃厚なものとして把握された。しかし、一九六〇年代以後、嶺南地域を中心に韓国の学者達によって甕棺古墳が活発に調査され、栄山江流域の土着的な墓制であることが明らかになった。以後、潘南古墳群に対する調査は、一九七八年に緊急調査された大安里四号墳（石室墳）だけで、古墳群全体に対する調査は、国立光州博物館が墳丘実測調査と遺物に対する総合調査を行い、報告書を刊行（一九八八）し活況を呈したことがあるが、今まで潘南古墳群の中で本格的な精密調査を実施したことはなかった。最近では、整備復元のための周溝調査が全南大学校博物館によって新村里四・五・六、大安里一・二・三・一〇、徳山里六・七・八・九・一〇号に対してなされた。

新村里九号墳は、一九一七〜一八年の調査によって墳丘頂上から甕棺一一基と金銅冠、金銅飾履、環頭大刀などが出土し、栄山江流域の代表的な古墳として注目を受けているが、報告書が未刊で、詳細な内容を知ることができず、墳丘自体も整備されない状態で残っていた。新村里九号墳についての年代および性格については、四世紀後半〜六世紀初半まで編年が確立されていない状況であり、栄山江流域の独特で代表的な甕棺古墳として土着支配集団の墓であることが確実視されるが、百済・倭との関係の中でどのような政治体制を維持していたのかについては、まだ意見が紛々とした状態である。

発掘調査は整備復元のための学術的な資料を得るために、国立文化財研究所が一九九九年に実施した。調査の主眼点は墳丘の正確な規模、墳丘拡張の有無、墳頂部分の再調査に置いた。

## 1　調査内容

### (1)　現状

新村里九号墳は行政区域上、全羅南道羅州郡潘南面新村里山四一番地一帯で、緯度三四度五四分六〇秒、経度一二六度三九分七二秒に位置する。墳丘のすぐ東側は新村里と徳山里の境界をなす農道が通るが、この道によって墳丘の一部が毀損している。西側一・二㎞の地点には紫微山があり、すぐ北側には墳丘が削平された新村里八号墳、南側五〇余の地点には徳山里七・八号墳が位置している。

調査前に測量した墳丘の規模は、三四（南北）×三一（東西）×五（高さ）ｍの大きさの方台形で、潘南古墳群では大安里九号墳に次いで大きい。長軸は東側に四〇度ほど傾き、墳丘頂上の平坦地は一二×一一・五ｍの広さである。墳丘斜面の傾きは東側が最も急で、南側が最も緩慢である。墳頂は北西側が若干高い。断面上でみると、斜面：墳頂：斜面の幅の比率が一：一：一程度で、斜面の傾斜度が小さく、墳丘が相対的に小さくみえる。古墳は徳山里古墳群および新村里八号墳が位置する丘陵の頂上（海抜三三ｍ）に位置し、立地上の優位を示す。調査の結果、北東隅の墳丘が一部毀損したことを除外しては、原状をほとんど維持していた（図1—1）。

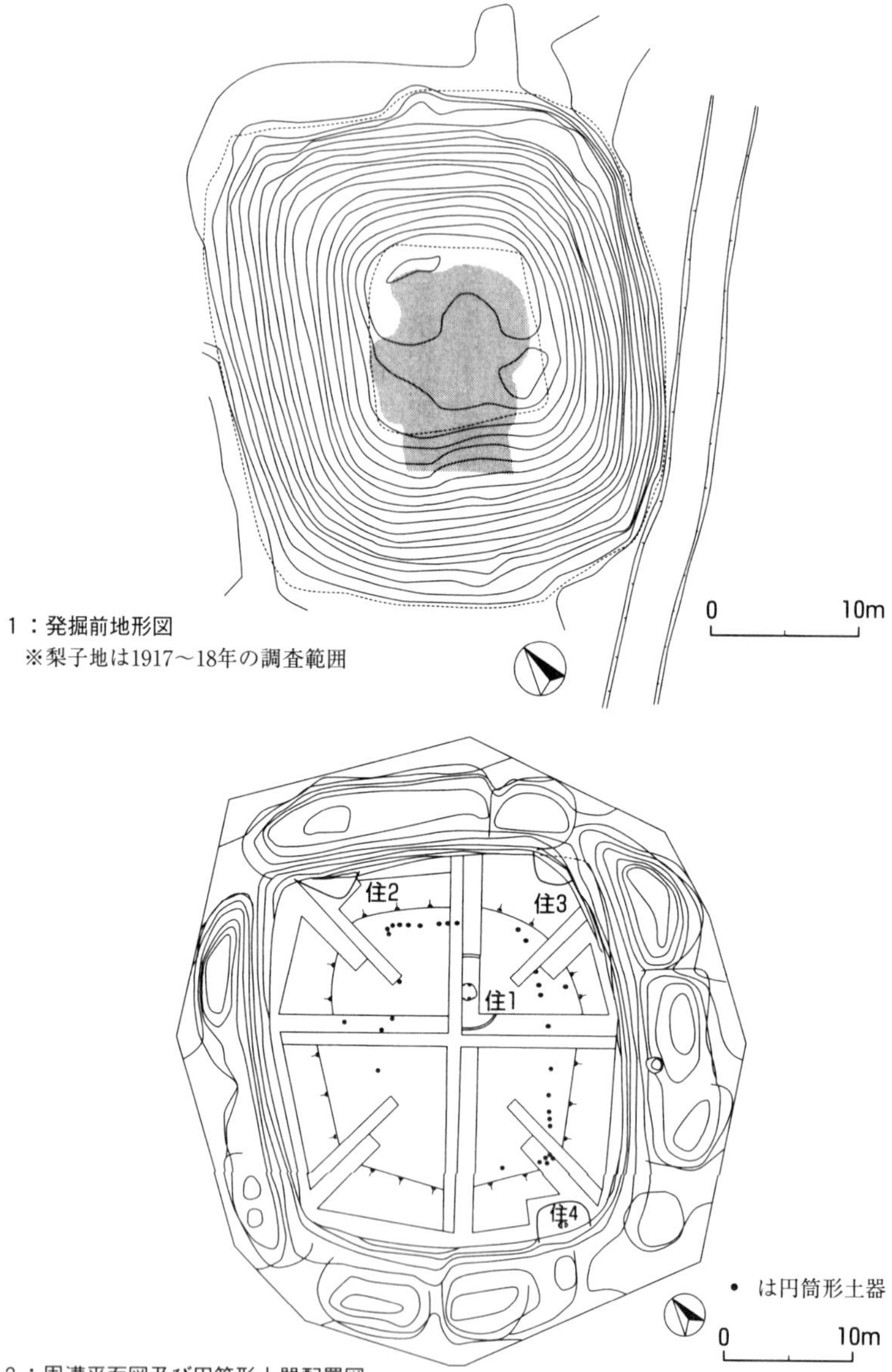
0 10m
1：発掘前地形図
※梨子地は1917～18年の調査範囲
住2
住3
住1
住4
• は円筒形土器
0 10m
2：周溝平面図及び円筒形土器配置図

図１　羅州新村里９号墳

（2）周溝（図1—2）

墳丘の各辺に、最大幅九m、最大深さ三・二四m（墳丘下の旧地表を基準）〜一・八三（周溝の外、現地表を基準）の周溝が四方に巡っているが、底は水たまり状の窪地を呈し、各辺に二〜四カ所ずつ不規則に認められる。墳丘四方の隅部分は、やはり掘削されていたが、浅く掘られており、各周溝が完全に連結されていない状態を示す。周溝の掘削順序は、北西→南東方向に順次的に掘った痕跡が観察される。墳丘基底部の旧地表と周溝外郭の現地表は、現在一〜一・五m程度のレベル差があり、墳丘は丘陵の最も高い地点に盛土をし、周溝は傾斜面に掘削されたことが分かる。周溝の内外岸の肩の、このようなレベル差は周溝の潭水機能を念頭に置くと、周溝内岸の肩、すなわち旧地表から周溝と見るのは難しく、周溝外岸の肩とほぼ同じ高さのレベルから真正な意味の周溝と見ることができる。すなわち、周溝外岸と差異のある周溝内岸の上部の削られた部分は墳丘を高大化して採土量を増やす効果を同時に得ることができる方案として掘られた部分と推定される。周溝の深さは、現地形が北側が高く、南側が低い関係から北半部は深く、南半部は浅い。周溝内からは蓋杯・壺など、少量の灰青色硬質土器以外に、円筒形土器の上部破片が多く出土した。周溝の主目的が採土にあったためか、遺物が包含された堆積層である灰褐色粘質土層は厚くなかった。

表1　各辺周溝の特徴

| 周溝番号 | 平面規模 (m) | 最大　深さ (BM－cm) | 相対深さ (内↓・外↓) | | 出土　遺物 | 備　考 |
|---|---|---|---|---|---|---|
| 北辺周溝1 | 19.9×8 | 119 | 251 | 152 | | 円筒形土器は全般的に出土する |
| 北辺周溝2 | 7×6 | 109 | 208 | 112 | 有孔廣口小壺 | |
| 東辺周溝1 | 13.2×7.8 | 220 | 287 | 176 | 赤褐色高杯 | |
| 東辺周溝2 | 9×7.6 | 211 | 324 | 139 | | |
| 東辺周溝3 | 6.7×8.9 | 188 | 283 | 124 | | |
| 東辺周溝4 | 5×4.8 | 125 | 183 | 77 | | |
| 南辺周溝1 | 9.2×7.4 | 114 | 203 | 120 | 杯 | |
| 南辺周溝2 | 11×7.5 | 125 | 191 | 118 | | |
| 西辺周溝1 | 15×6.1 | 180 | 299 | 183 | | |
| 西辺周溝2 | 9.6×5.5 | 137 | 213 | 63 | | |

＊相対的な深さ（内↓・外↓）で、内は墳丘下の旧地表、外は周溝外郭の現地表を言う。

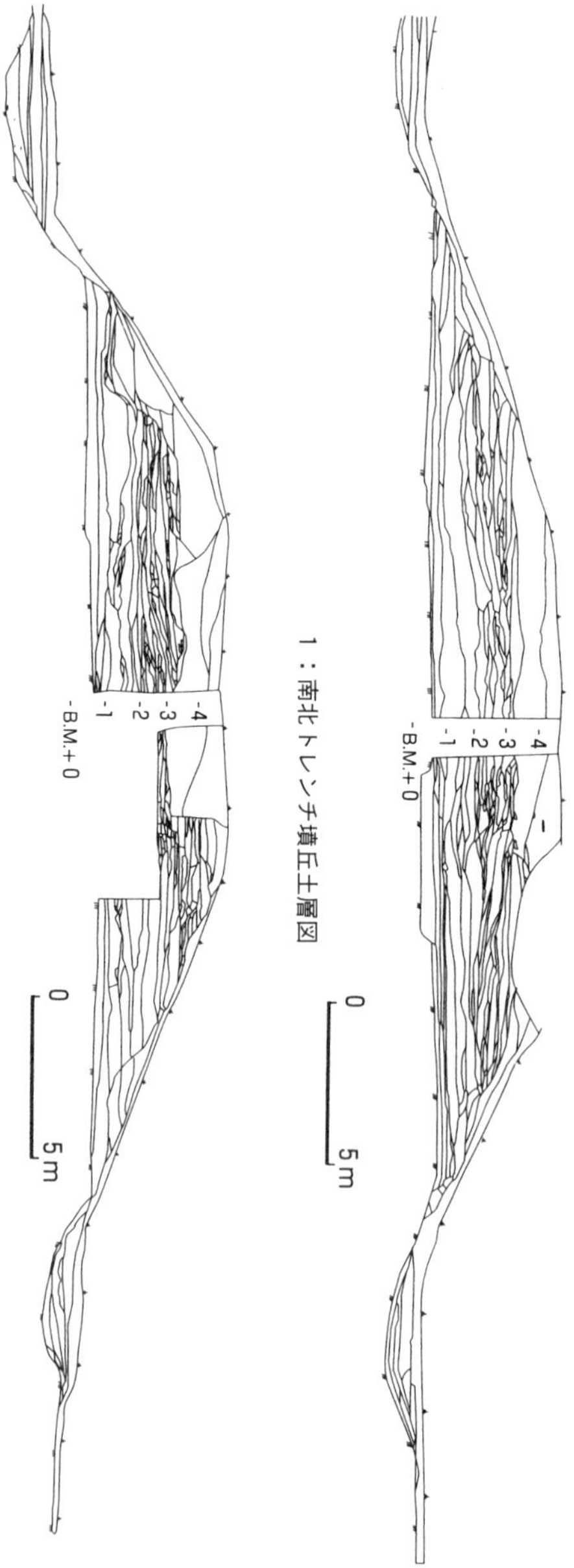


1：南北トレンチ墳丘土層図

2：東西トレンチ墳丘土層図

図2　羅州新村里9号墳墳丘土層図

（3）墳頂再調査

一九一七年に調査されたところで、再発掘の結果、墳頂のほとんど大部分である一一×一一mの範囲にわたって最大深さ二mまで発掘していたことを確認した。また、一部甕棺を取り出した場所を確認したが、当初の配置状態を知ることはできなかった。当時、副葬遺物だけを除去した後、甕棺の方は再び埋め戻したり、初めからその場所に置いておくこともあった。甕棺の堆積は南東部分で二カ所確認され、南西部分では亀裂が入っていたが、完形の小甕二点

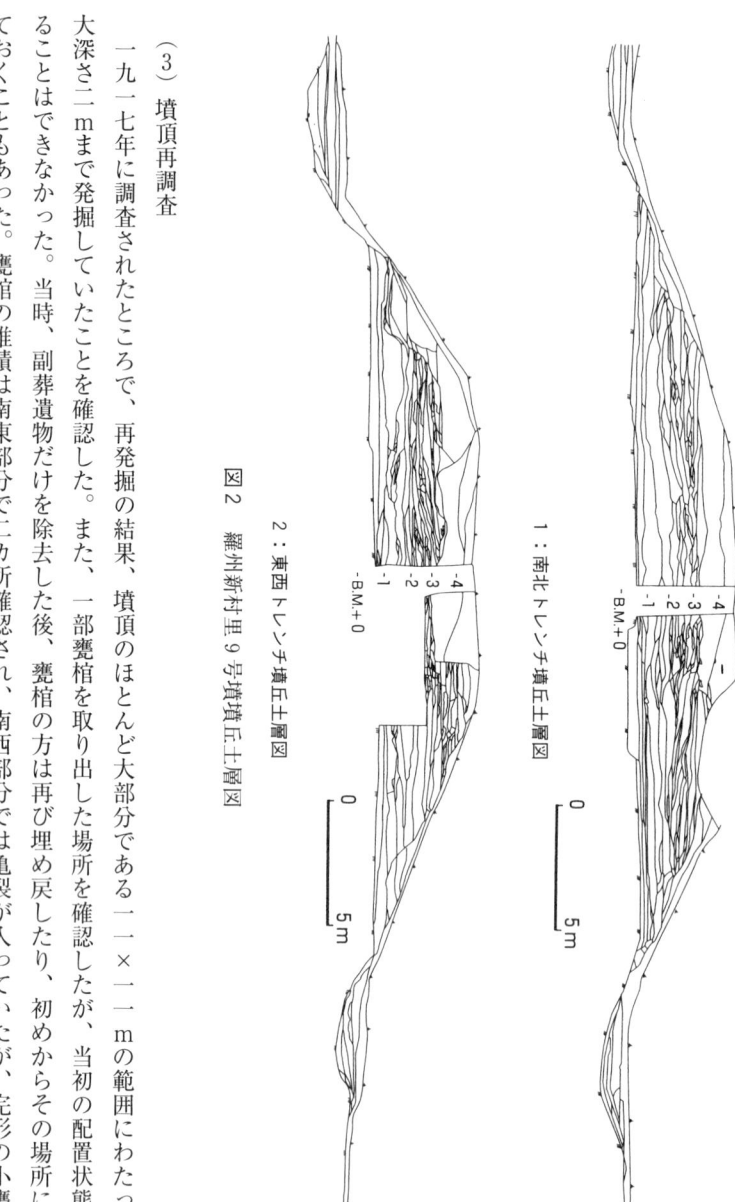

当初から甕棺は墳頂の下にだけ上下重層に埋められていたことを知ることができた。
きなかった。甕棺が掘り残された可能性を念頭に置いて、墳頂の外側斜面を調査したが、新たに確認した甕棺はなく、
調査内容と一致しない部分が多かった。特に、上層の甕棺については配置や土層などの内容を全く確認することがで
がそのまま置かれていた。ところで、当時の調査についての発掘報告がなく、略配置図だけが残っているが、今度の

（4）円筒形土器

一九一七年の墳頂調査で円筒形土器が七個体分確認され、日本の古墳時代の円筒埴輪と関連したものといち早く注目されたが、原形、配置状態などが不明確で、大きな注目は受けなかった。今度の調査を通して墳頂の北西隅の部分から一点が確認され、当時調査された円筒形土器も墳頂の周囲に巡らされていたものと推定される。

また、墳頂の外側斜面に対する甕棺の追加埋葬の有無を確認する過程で、円筒形土器列が主に北、東斜面から三二個体が確認された。西、南斜面では、北、東側のような整然とした土器列は確認されず、周溝にも円筒形土器片が少なく、当初からなかった可能性もある。これら下層の円筒形土器は上部が破損した状態で、追加で盛土されたことが確認され、墳頂下に重層で置かれた甕棺のうち、下層甕棺の埋葬時の一次墳丘の墳頂の周りに立てられていたものと推定される。各土器の配置間隔は、〇・五〜一m内外で、巡らされた土器列の推定距離は一七（東西）×一九（南北）mである。

この他に墳頂の円筒形土器と下層の土器列の間のレベルに位置する円筒形土器が西斜面から三点確認されたが、やはり上部破壊後、再び盛土され、部分的に墳丘拡張があったものと推定される。

墳丘の各位置から出土した円筒形土器の総個体数は三二基であるが、上部が露出していたため大部分が壊され、完形に近いものは二点に過ぎない。

表2　円筒形土器一覧表

| 順番 | 出土位置 (cm) | レベル (BM＋cm) | 状　態 | 大きさ（cm） | | 備　考 |
|---|---|---|---|---|---|---|
| | | | | 現高 | 最大直径 | |
| 1 | N865,　W565 | 309 | 復元不能 | | | 北西 |
| 2 | N830,　W535 | 317 | 底部1/2残 | 23 | 18 | |
| 3 | N875,　W505 | 315 | 底部1/2残 | 21 | 18.5 | |
| 4 | N885,　W465 | 305 | 底部1/2残 | 20.5 | 19 | |
| 5 | N865,　W385 | 301 | 復元不能 | | | |
| 6 | N880,　W295 | 288 | 底部残 | 33 | 22 | |
| 7 | N900,　W140 | 313 | 底部一部残 | 10 | | |
| 8 | N905,　W80 | 289 | 復元不能 | | | |
| 9 | N890,　E495 | 275 | 底部一部残 | 19 | | 北東 |
| 10 | N785,　E565 | 281.5 | 底部1/2残 | 25 | 20 | |
| 11 | N450,　E900 | 256 | 底一部欠失 | 61 | 20.5 | 北東 |
| 12 | N445,　E640 | 279 | 底部残 | 26 | 18 | |
| 13 | N350,　E670 | 285.5 | 底部一部残 | 12 | | |
| 14 | N130,　E740 | 277 | 底部1/2残 | 17.5 | 23.5 | |
| 15 | S200,　E755 | 284 | 底部1/2残 | 18 | 21.5 | 南東 |
| 16 | S390,　E760 | 290 | 底部1/2残<br>底1/3残 | 18 | 22 | |
| 17 | S550,　E760 | 279 | 底部残 | 25 | 19.5 | |
| 18 | S580,　E775 | 290 | 底部一部残 | 12 | | |
| 19 | S625,　E770 | 279 | 底部1/2残 | 21 | 17.5 | |
| 20 | S885,　E790 | 281.5 | 底部一部残 | 15 | | 南東 |
| 21 | S860,　E770 | 285 | 底部一部残 | 16 | | |
| 22 | S880,　E745 | 299 | 底部一部残 | 9 | | |
| 23 | S900,　E745 | 283 | 底部一部残<br>底一部残 | 14 | 18 | |
| 24 | S905,　E685 | 288 | 底部一部残 | 12 | | |
| 25 | N60,　W565 | 372.5 | 底部1/2残 | 20.5 | 21 | 北西 |
| 26 | N145,　W500 | 367 | 底部1/2残 | 25 | 20.5 | |
| 27 | N110,　W900 | 301.5 | 底部一部残 | 14 | | |
| 28 | N460,　W430 | 472 | 復元不能 | | | 墳頂北西 |
| 29 | N205,　W570 | 396 | 底部1/2残 | 15.5 | 20 | 南西 |
| 30 | S980,　E410 | 294 | 底部一部残 | 7 | | 南東 |
| 31 | N540,　E625 | 292 | 底部1/2残 | 20 | 17.5 | 北東堤 |
| 32 | N905,　E25 | 274 | 口縁部1/2欠失 | 60 | 18 | 南北堤西 |

円筒形土器は二種の形態があり、下部はすべて底径二〇cm内外の円筒である。上部は壺形と花盆形があるが、大部分が花盆形である。すべて赤褐色軟質で胎土には丸い砂粒が多量に含まれている。表面には輪積法成形による粘土紐、単位（五cm）の痕跡があり、集線文が打捺されている。内面は幅二cm程度の木の板で押さえて整形されている。上下の境界に突帯が巡り、花盆形は上部に更に突帯一列があり、突帯の間に三角形の透孔が三個開けられている。突帯は幅二〜四cm、厚さ一〜二cmで、大きい方であり、集線文を打捺した後に接合している。成形は輪積法であるが、上下部の粘土紐の接合傾斜が反対、すなわち円筒部は外傾斜で、上部は内傾斜で接合されており、所謂、倒立技法が用いられたことを知ることができる。底はすべて割れている。花盆形は口縁が外反しており、上部と下部の境界の屈曲が明瞭である。完形の大きさは高さ六〇cm程度で、透孔の上の部分である上部の三分の二程度が露出していた痕跡を土器表面の剥離状態から知ることができる。円筒部分は上下幅がほとんど一定か、上方が狭まる形態を呈し、下方が狭い例はない。

上部が壺形になったものは、北東斜面の円筒形土器列の外側に倒れたまま出土したものと東辺周溝の底で確認した一点が全てで、北東斜面のものは現高六一cmである。器の形は器台の上に壺を載せた状態を写実的に儀器化したものである。

（5）墳丘土層調査

九号墳が造成されたところは、徳山・新村里古墳群が立地した丘陵の頂上部で、墳丘は旧地表の上に盛土したものであるが、盛土層自体の厚さは四m程度で、周辺が低く、周溝を掘削して高大に見せる。周溝の底からの高さは六〜七mである。盛土は周溝を掘って生じた土である赤色砂質土と周辺の表土および低地帯からもって来たと推定される灰褐色泥土、黄褐色粘質土など、主に三種類の土を交互に積み上げているが、灰色泥土および黄褐色粘質土は墳丘の中心部、赤色砂質土は外側に集中的に使用している。墳丘外郭の拡張部以外は、全体的に水平に堅く押さえられている（図2）。

墳丘は少なくとも一次拡張があったが、これは円筒形土器の土層上の配置状態から知ることができる。すなわち、上部が露出するように配置された円筒形土器の上部が壊れた状態で、再び盛土がなされたことが北東土層調査堤などで確認された。墳頂下の甕棺は日帝時代の調査で完全に撹乱され、土層上で確認することはできないが、この円筒形土器列はレベル上では墳頂下の下層甕棺と似ており、これと関連したものとみることができるであろう。

墳丘は方台形で、周溝内側の線を基準にすると、その大きさは三〇・五m×二七・五mとなる。高さは墳頂の北西隅の元位置から円筒形土器が発見されており、高さもほとんど原状のままと判断され、五〇cm程度だけが削平されたものと推定される。

## 三、伏岩里三号墳

羅州伏岩里三号墳に対する調査は、整備復元のための基礎調査として実施された。調査の結果、円形墳丘である一号墳からは、板石組石室が確認され、二号墳は梯形の異形墳丘と確認された。ところで、三号墳を調査する過程で予想できなかった大型の完全な石室墳が確認され、一墳丘内に石室、甕棺などが共存する新しい形態の古墳であることが知られた。先ず一九九六年七〜八月に国立文化財研究所と全南大学校博物館の合同で墳丘南斜面の中央に位置した石室（九六石室墓）の調査が実施された結果、栄山江流域の土着墓制である大型甕棺が埋納された初期の石室であることが確認され、金銅飾履などが出土した。その重要性に鑑み、全面的な調査が必要となった。以後、一九九六年一一月以後一九九八年九月に至るまで三次に亙って全面調査を実施し、石室、甕棺など七種の墓制総四一基の埋葬施設を確認した（図3—1）。このような多葬・複合墓としての重要性以外にも、金銅飾履、銀製冠飾、圭頭大刀などの重要遺物が出土し、百済および日本との関係究明に重要な資料を提供することとなった。そして、埋葬施設の調査以外にも墳丘および周溝に対する全面的な調査を通して、先行甕棺墓群を再措定して、現在の方台形墳丘を完成させた事実も明らかとなった。

## 1　現況

伏岩里古墳群（史蹟第四〇四号）は、全羅南道羅州市多侍面伏岩里ランドン村前の平野地帯に位置しており、栄山江が近くにある。現在は四基だけ残っているが、耕地整理前には七基があり、「七造山」と呼ばれていたらしい。周辺平野および丘陵にも大型封土墳をはじめとする数多くの古墳が分布している。また、東側へ一㎞離れたところには、この古墳群と関連すると推定される會津土城（地方記念物第八七号）がある。三号墳は盗掘の被害がほとんどなく、良好な保存状態を維持していた。

## 2　調査内容

### （1）墳丘および周溝（図3—2、4）

古墳群は北東方にそびえる擧馬山（一七〇ｍ）の末端部に連なる、大変緩慢でほとんど平地に近いところに位置する。

伏岩里三号墳の形態は、三号墳自体の周溝がそのまま残っておらず、当初の規模を正確に知ることはできないが、現墳丘が原状に近いという点を考慮すれば、南西部分が若干飛び出した方台形に属する。旧地表を根拠として算出した残存規模は、東西の中央が三六ｍ、東西の最大幅（墳丘の南辺）が三八ｍ、南北の中央が三七ｍ、南北の最大幅

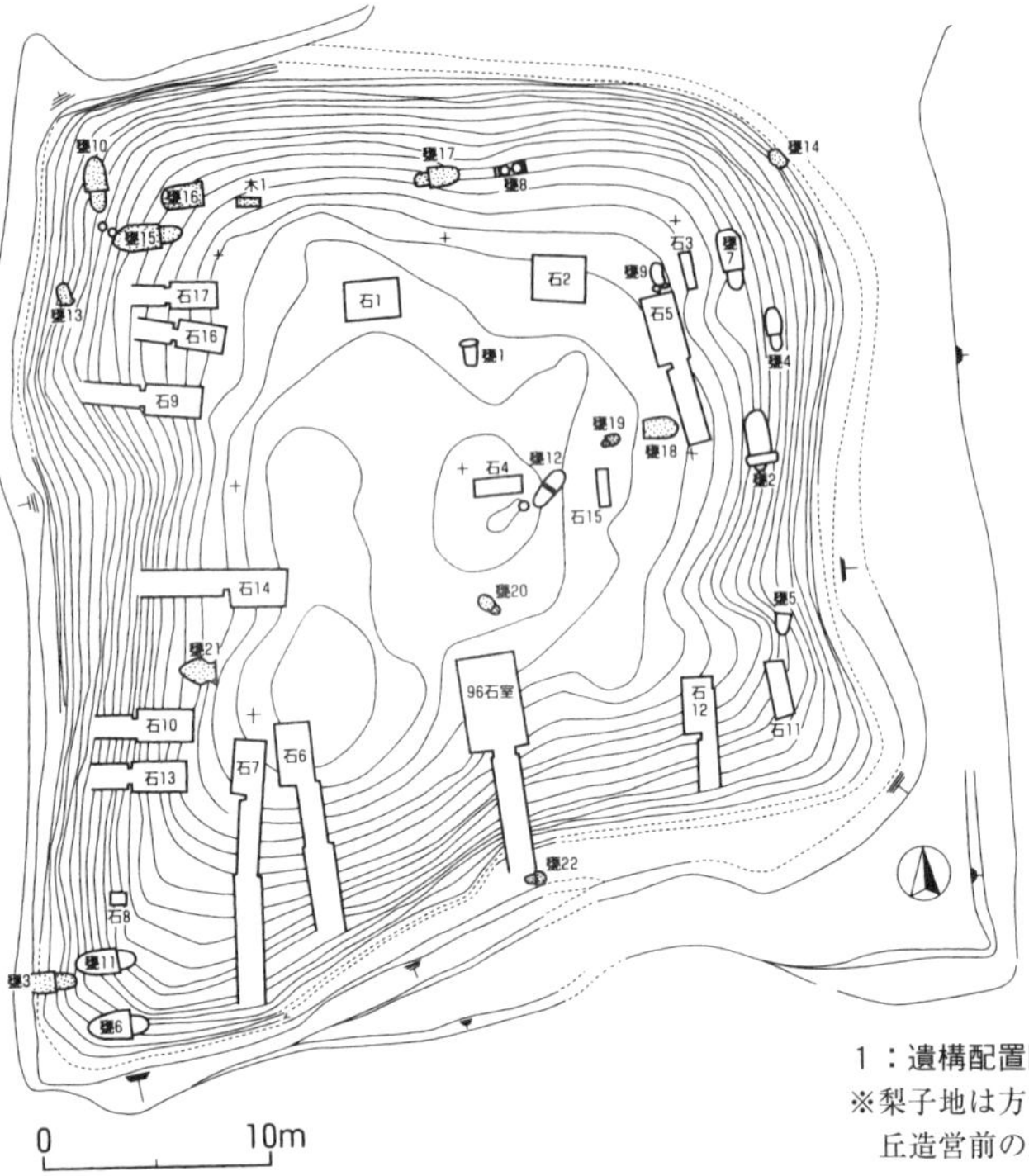


1：遺構配置図
※梨子地は方台形墳
丘造営前の遺構

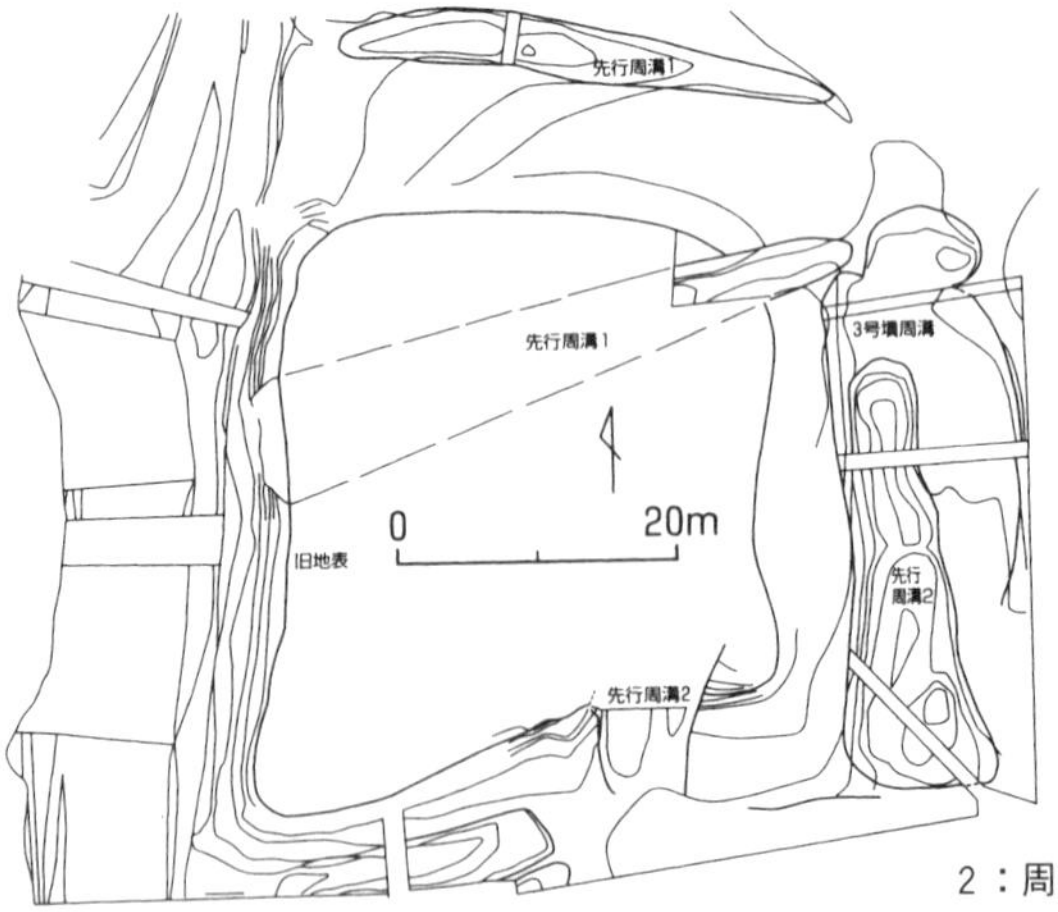


2：周溝平面図

図3　羅州伏岩里3号墳

（西辺）が四二ｍで、羅州大安里九号墳（四四・三×三四・九四ｍ）に次ぐ規模である。高さは中央平坦地の南西部分が六ｍである。中央平坦地は約四〇〇㎡あり、広い方である。

三号墳の元来の規模は、周溝がそのまま残っておらず、正確に復元するのは難しいが東辺周溝の残存状態、旧地表の高さおよび周溝内岸の傾きなどを参考にして現墳丘と合わせ考えてみると、大体の規模を斟酌することができる。これを通して得られた墳丘斜面の傾き（三五度程度）を周溝がなくなった他の斜面にも適用して復元してみると、東西の中央四三ｍ、南北の中央四一ｍ、南北最大幅（西辺）四三ｍ程度になる方形と推定される。すなわち、大体四

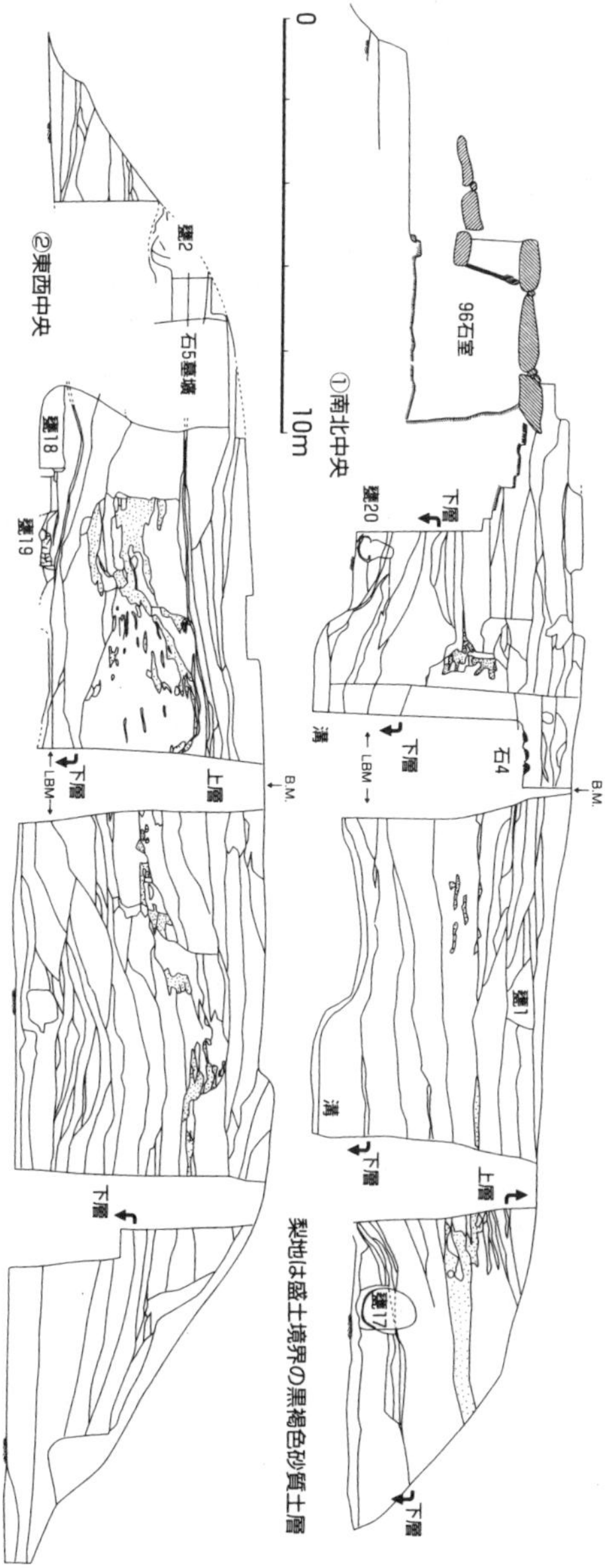


図４　羅州伏岩里３号墳丘土層図

○×四○ｍの方台形として企画されたものとみられる。高さは現在、南西部分が最も高く残っているが、北辺に位置した第一・二号石室の上部が破壊されたことを考慮すると、ほとんど同じであったと判断される。

墳丘の盛土過程および方法を調べてみると、方台形墳丘を企画しながら、すでに存在していた甕棺墓群を措定、拡大したものとみることができる。盛土自体は大きく三つの層に区分されるが、時期的な差異を反映するものではなく、過程上の問題と言える。すなわち、下層は既存の甕棺墓の封土を維持し、これに伴った周溝及び空白地帯を埋めた層であり、中層は厚く方台形の形を念頭に置いて、分割して盛土し、高大化の基本枠を作った層であり、上層は中層の上に水平に広く押し固めて方台形の形を完成したものである。下層では周辺の土を利用していて版築の痕跡は明らかでないが、中層以上は粘性の強い粘土を交互に付き固めて積んでおり、版築技法をある程度反映して積んだと言える。

方台形墳丘の完成時期を調べてみると、九六石室墓は方台形墳丘の完成以前に円形の封土を単独でもっていたものと推定されるが、その存続時期は長くないと判断される。それは方台形墳丘の形成以前に形成されていた甕棺墓の封土の上面は、地表に露出し、腐食土層と沈殿層が明らかに残っているが、九六石室墓の封土とこれに重ねて形成された方台形墳丘の盛土層との境界では、これを観察することができないためである。九六石室墓の封土の上に、方台形墳丘の上層が盛土されたことから見て、上層の盛土と共に築造された三・四・一五号石槨および一・二号石室が墳丘の完成と直接的に関連があろう。その中でも、墳丘の北辺頂上に位置し、葺石と関連しながら、盛土と共に築造された一・二号石室が方台形墳丘の完成時点と最も近いものと判断されるが、その年代は石室構造の類例を求めがたく、具体的に論じることは難しいが、出土遺物から見ると、九六石室墓と近接する六世紀前半と推定される。

以上、墳丘の盛土過程と関連して、三号墳内の埋葬施設の築造過程を分けると、大きく三時期に分けられる。先行期は方台形墳丘の造営以前の甕棺墓群の存在時期で、三・一〇・一三・一四・一五～二二号など一二基の甕棺および木棺一基が含まれる。しかし、これは試掘トレンチ上で検出されたもので、更に多くの甕棺があるものと推定される。

この時期の甕棺は個別的に存在したものもあるが、現墳丘の下を通る先行周溝を考慮すれば、多葬の梯形墳丘が少なくとも二基存在した。Ⅰ期は、方台形墳丘の完成期で、九六石室墓および墓壙をもたないで盛土層に包含されている一・二号石室、三・四・一五石室と一・二号甕棺が含まれる。九六石室墓は単独で存在していた可能性があるが、存続期間はそれほど長くなかった。Ⅱ期は方台形墳丘の完成後、盛土層を再び掘って、墓壙を設置した後、築造したもので、全ての横穴式石室を始めとして大部分の遺構が含まれる。

三号墳の周溝は、東辺の一部で内郭線が確認され、耕作によってほとんど破壊されていたが、墳丘に残っている旧地表から〇・五〜二m程度下で生土（地山）層が露出し、大体の深さを知ることができる。三号墳の造営は先行の墳丘数基を再措定して巨大化させたものであるが、その痕跡が周溝でも認められる。すなわち、現墳丘の北東隅から西側の下を通る周溝と対応する周溝が北辺で確認され、南東方から北に続く周溝と対応する周溝が墳丘南側の東辺で確認され、少なくとも二基の異形墳丘が存在していたことを知ることができる。この他にも現墳丘の南西隅が飛び出た部分の南側でも先行の周溝が認められ、この部分にも先行墳丘が存在していた可能性が高い。

（2）埋葬施設

イ　甕棺墓

甕棺墓は全二二基が調査された。甕棺墓の分布は方台形墳丘の造営以前のもの（一二基）と墳丘造営以後に造ったもの（一〇基）がある。前者は主に旧地表の上にあり、自体の単独封土をもっていたり、先行墳丘に含まれており、大体、東西方向に置かれている。後者のうち、大型は墳丘の東・西斜面の等高線に沿って配置されており、小型は中央平坦地に位置しているが、墳丘の盛土と共に埋納したものと盛土層を掘り返して埋納したものがある。

甕棺は専用棺と代用棺があり、専用棺は時期による形態の変化がある。すなわち、卵形の体部をもち、頸部は体部

## 表3　伏岩里3号墳出土甕棺属性一覧表

| 号数 | 位置 | 結合方式 | 長軸 | 頭位 | 大きさ(cm) | | | 甕棺属性 | | | | 備考 |
|---|---|---|---|---|---|---|---|---|---|---|---|---|
| | | | | | 結合 | 大甕 | 小甕 | 型式 | 質 | 文様 | 尾部 | |
| 1 | 墳頂 | 単甕(石) | N2°W | 南 | 85 | 85 | | 3 | 軟 | 格子 | ・ | 鋸歯文 |
| 2 | 東斜面 | 〃 | N4°E | 北 | 190 | 190 | | 3 | 〃 | 〃 | 陰刻円文 | 〃 |
| 3 | 南・西斜面境界 | 合口式 | N86°W | 西 | 現215 | 現11<br>0 | 1144 | 2 | 〃 | 〃 | 円形突起 | 〃 |
| 4 | 東斜面 | 〃 | N5°W | 北 | 160 | 106 | 73 | 壺1 | 硬 | 大：縄蓆鳥足<br>小：縄蓆格子 | 大：陰刻円文 | 〃 |
| 5 | 〃 | 〃 | N6°W | 北 | 現155 | 現95 | ・ | 3 | 〃 | 格子 | ? | 〃 |
| 6 | 南斜面 | 〃 | N80°E | 西 | 270 | 186 | 95 | 3 | 〃 | 〃 | 陰刻円文 | 〃 |
| 7 | 東斜面 | 〃 | N16°W | 北 | 250 | 165 | 108 | 3 | 〃 | 大：格子<br>小：長格子 | 〃 | 〃 |
| 8 | 北斜面 | 単甕(土器)<br>2基 | N90°E | ? | 8-1：60<br>8-2：50 | 45<br>現46 | | 壺2 | 〃 | 縄蓆 | ・ | ・ |
| 9 | 墳頂<br>(北辺) | 単甕<br>(石) | N-S | 北 | 83 | 83 | | 壺1 | 〃 | 長格子 | ・ | 鋸歯文 |
| 10 | 西斜面 | 合口式 | N70°W | 北 | 265 | 152 | 117 | 2 | 軟 | 格子 | 円形突起 | 〃 |
| 11 | 南・西斜面境界 | 〃 | N86°E | 西 | 268 | 194 | 113 | 3 | 硬 | 〃 | 陰刻円文 | 〃 |
| 12 | 墳頂 | 合口式<br>(突合) | N36°E | 東北 | 190 | 100 | 90 | 3 | 軟 | 〃 | 〃 | 〃 |
| 13 | 西斜面 | 単甕<br>(甕片) | N16°W | 北 | 114 | 85 | | 2 | 〃 | 〃 | ・ | 〃 |
| 14 | 北東境界<br>基底部 | 単甕 | N53°W | 西北 | 90 | 90 | | 壺1 | 硬 | 斜格子 | ・ | 〃 |
| 15 | 西斜面 | 合口式 | N89°W | 西 | 280 | 155 | 140 | 2 | 軟 | 〃 | 円形突起 | 〃 |
| 16 | 〃 | 単甕(木) | N86°W | 西 | 180 | 180 | | 3 | 硬 | 長格子 | 陰刻円文 | 〃 |
| 17 | 旧地表 | 合口式 | N69°E | 東 | 195 | 132 | 75 | 大：3<br>小：壺1 | 軟・硬 | 格子 | 〃 | 〃 |
| 18 | 〃 | 単甕(木) | N87°E | 東 | 196 | 196 | | 3 | 軟 | 〃 | 〃 | 〃 |
| 19 | 〃 | 合蓋式 | N65°E | 西 | 88 | 55 | 46 | 壺2 | 硬 | 〃 | ・ | ・ |
| 20 | 〃 | 合口式 | N70°W | 西 | 169 | 93 | 82 | 大：1<br>小：2 | 軟 | 〃 | 円形突起 | 鋸歯文 |
| 21 | 〃 | 単甕<br>(甕片) | N100°E | 西 | 150 | 150 | | 1 | 〃 | 斜格子 | ? | 〃 |
| 22 | 〃 | 合蓋式 | N80°E | 西 | 70 | 55 | 50 | 壺2 | 〃 | 格子 | ・ | ・ |

ロ　竪穴式石槨墓

| 遺構番号 | 位　置 | 規　模（cm） | 長　軸 | 出土遺物 | 備　考 |
|---|---|---|---|---|---|
| 石3 | 中　央<br>平坦地 | 170×50×35 | N6°W | 青銅製耳飾1双、直口短頸小壺2 蓋杯2組、杯1、底に敷いた土器 | |
| 石4 | 〃 | 200×60×55 | N95°02′E | 直口短頸小壺1、鉄斧、小鉄刀1、刀子1、鉄鎌1 | 西枕 |
| 石15 | 〃 | 170×40×50 | N7°35′E | | 石4と直交配置 |

から確然と狭くなり、口縁部は頸部から水平に外反する形態で、底部に円形突起をもち、肩に瘤形突起をもっている型式（1型式）と、卵形の体部、外反した口頸部、口唇の斜面処理、底部の円形突起が組合わされた型式（2型式）、そして、U字形の体部、体部と屈曲しないですぐに続く口縁部、広い水平の口唇、底部の陰刻円文が組合わされた型式（3型式）がある。1・2型式は体部の厚さが薄い共通点があるが、口頸部の形態の差異が明らかである。

出土遺物は甕棺の型式によって、副葬の様相に違いがあるが、土器、鉄刀子、玉を基本としている。例外的に代用棺である四号甕棺は、棺外に多くの量の土器を副葬しており、祭物と考えられる内容物がそれぞれ異なるように盛られていた。また、他の甕棺には副葬しない金銅製耳飾があり特徴的である。そして、旧地表上に置かれた古い甕棺には鉄刀子の他に鉄鏃、鉄斧などの鉄器が副葬されていた。

専用甕棺は体部に全て格子文を施文し、代用棺である壺形土器の体部には縄蓆文、縄蓆格子文、格子文が押捺されている。小型の壺形甕棺を除外した全ての甕棺は、頸部と体部の境界に鋸歯文の文様帯を入れている。底の処理は円形突起と陰刻円文があるが、円形突起が古い時期の甕棺（三・一〇・一五号）に見られる。甕棺墓のうち、古いものは三世紀代に編年され、方台形墳丘造営以後、石室墳が受容された以後にも継続使用され、甕棺墓の消滅年代は六世紀後半まで下げてみなければならないと判断される。

### ロ　竪穴式石槨墓

三号墳からは小型の竪穴式石槨墓が三基確認されたが、全て方台形墳丘の形成期に墓壙を持たないで盛土と共に築造されたもので、栄山江流域では初めて確認された墓制である。

## ハ　横穴式石室墓

### （1）構造

一九九六年に調査した石室（九六石室）を含めて、全一一基が確認されたが、南斜面に四基、西斜面に六基、東斜面と平坦地の境界に一基が位置している。第一四号をのぞき、全て未掘墳として残っていた。伏岩里第三号墳で確認された全ての横穴式石室墓は平天井、門構え式玄門構造、長方形の玄室という共通点をもつ。分類の基準として、先ず玄室壁面の構築石材とこれによる構築方法の違いを挙げることができる。割石を構築石材として玄室の構造が持ち送り式構造をもつⅠ、Ⅱ類型と、板石を利用して玄室の壁を四壁垂直に積んで、断面四角形を示すⅢ類型に大別される。Ⅰ、Ⅱ類型は同じ持ち送り式であるが、細部的には四壁持ち送りと両壁持ち送りに区分され、構築石材、玄室の規模、平面形において全て差異がある。Ⅱ類型のなかでも、構築石材と玄室規模、平面形を基準にすれば、三つの型式に細分が可能である。また、Ⅲ類型は同じ板石組の石室であるが、規模と平面形において差異があり二つに細分される。これは同じ類型内で玄室の規模と平面形が時期的に差異を反映する属性と見ることができることを意味すると言える。

以上の分類に基づいて、各型式の特徴及び相関関係を調べて見る必要がある。

Ⅰ類型は玄室の壁面基部には長大板石を立て、その上は割石で四壁を全て持ち送りながら積み上げ、壁隅の角をなくした型式である。規模も伏岩里古墳内では最も大きく、平面形も最も方形に近い。そして、羨道と玄室の高さの違いが一・六ｍ程度で相当である。九六石室墓。

**表4　伏岩里3号墳横穴式石室墓属性一覧表**

| 遺構番号 | 位置 | 長軸 | 大きさ（cm） | | | | | | 玄室構築石材 | 壁石構築方法 | 底部処理 | 羨道位置 | 備考 |
|---|---|---|---|---|---|---|---|---|---|---|---|---|---|
| | | | 全長 | 玄室 | 天井 | 門柱石幅 | 玄門 | 羨道 | | | | | |
| 96石室 | 南斜面 | N5°W | 910 | 380×260（北）～240（南）×260 | 290×130 | 30～40 | 75×80 | 480×120～140×200 | 割石＋長大石 | 持ち送り上部抹角 | 下 自然石<br>上 砂利 | 右 | 羨道排水溝盛土と共に築造 |
| 石5 | 東北平坦地と斜面境界 | N11°W | 670 | 270×155×130~140 | 245×90～105 | 40 | 80×72 | 360×120×100~120 | 割石＋板石 | 持ち送り | 板状割石 | 右 | 位置、方向、羨道特異 |
| 石6 | 南斜面 | N2°W<br>N6°W（羨道） | 890 | 275×155×120 | 252×131 | 45 | 80×75 | 260×110×100 | 長大石 | 持ち送り | 下 自然石<br>上 砂利 | 右 | 墓道設置、追葬、盛土後掘壙 |
| 石7 | 〃 | N8°E<br>N2°E（墓道） | 1120 | 250×130×120 | 玄室と同一 | 40 | 75×100 | 370×110×80 | 板石 | 垂直 | 板石 | 右 | 墓道460×150×230（最高）排水溝（追葬時築造） |
| 石9 | 西斜面 | N99°E | 570 | 260×155×127～133 | 240×83 | 30 | 75×60 | 290×110×110 | 割石＋板石（内壁） | 持ち送り | 板状石 | 中央 | 盛土後掘壙 |
| 石10 | 〃 | N96° E | 490 | 255×155×123 | 235×80 | 40 | 72×70 | 195×120×100 | 〃 | 〃 | 〃 | 右 | 羨道蓋石なし<br>盛土後掘壙 |
| 石12 | 南斜面 | N1°W | 500 | 250×153×130 | 230×95-100 | 30 | 80×75 | 220×115×110 | 〃 | 〃 | 板石 | 右 | 〃 |
| 石13 | 西斜面 | N96°E | 440 | 250×135×102-104 | 250×135 | 24 | 94-99×82 | 167×120×110 | 板石 | 垂直 | 〃 | 中央 | 盛土後掘壙 |
| 石14 | 〃 | N95°E<br>N96°E（羨道） | 670（残存） | 250×155×130以上 | 欠失 | 30？ | ？ | 390×110×？ | 〃 | 〃 | 砂利 | 左 | 統一新羅後拡乱盛土後掘壙 |
| 石16 | 〃 | N103°E | 449 | 215×125×98 | | 28 | 60×70 | 202×100×90 | 〃 | 〃 | 板石 | 中央 | 17号石室と双室的性格 |
| 石17 | 〃 | N96°E | 395 | 210×120×95 | | 20 | 70×62 | 165×81～93×90 | 割石＋板石 | 持ち送り | 板状割石 | 中央 | 盛土後掘壙 |

Ⅰ類型と比較することができる栄山江流域の大型石室墳としては、海南月松里造山古墳[2]、長城鈴泉里石室墳[3]、咸平礼徳里新徳古墳[4]、光州月桂洞一・二号墳、光州双岩洞古墳、光州明花洞古墳[5]などがある。墳形は円形封土墳と前方後円形が混じっているが、地上に地盤を盛土して石室を築造しながら、墳丘を盛土した地上式の特徴、門構え式玄門構造、四壁持ち送り式石室構造、羨

表5　横穴式石室墓出土遺物および埋葬人骨

| 遺構 | 土器類 | 金属類 | 玉類 | その他 | 人骨 |
|---|---|---|---|---|---|
| 96石室 | 蓋29、杯28、高杯1、有孔広口小壺3、平底直口小壺2、小杯1、平底直口壺2、瓶1、広口長頸壺1、短頸壺1 | 鉄大刀2、鉄鉾3、馬具類（杏葉3、轡1、雲珠6、壺鐙1）、鏃一括、不明5、鉄鉗1、刀子5、金銀装三葉環頭刀1、金銅飾覆1足、棺釘4、刀固定金具1 | 458果<br>※甕内未収拾 | 鉄器片2<br>甕棺4基（7点）<br>羨道：器台片1 | 8体（最小） |
| 石5 | ・ | 鉄芯冠帽2、銀製冠飾1、金銅耳飾1、刀子4、銀製銙帯金具1、圭頭大刀1、鉄環1 | 玉8点 | ・ | 4体 |
| 石6 | 土器片（玄室）<br>羨道：椀2、蓋3、直口小壺1（追葬時） | 銙板1、冠帽枠片2、金製耳飾1、刀子金具2（枠及び鋲頭金具） | 金箔玉1 | 頭枕1（羨道閉塞土） | 2体（最小） |
| 石7 | 羨道：瓶2、<br>赤褐色軟質甕片2 | 西：鉄芯冠帽1、金板冠帽装飾8、冠帽装飾鉄塊2、金銅製耳飾1対、金銀装鬼面文三環頭大刀1、青銅製銙帯金具1及び端金具1<br>東：鉄芯冠帽1、金板冠帽装飾、鉄塊2、圭頭大刀1、金銀装鉄刀子1 | ・ | 西：頭枕、雲母片<br>東：頭枕 棺釘 | 2体（頭枕から推定） |
| 石9 | ・ | 鉄刀子1 | 61果 | ・ | 1体（最小） |
| 石10 | 蓋4、杯3、小壺片、直口壺片 | ・ | 曲玉2、多面玉7、群青色玉など419果 | 棺釘 | 1（最小） |
| 石12 | ・ | 金製耳飾1 | | 頭枕2 | 2体（頭枕） |
| 石13 | ・ | 刀子1 | | 棺釘、棺環 | 1（最小） |
| 石14 | ・ | 金製刀子金具1、盛矢具片、刀子片 | | | 1（最小） |
| 石16 | ・ | 刀子1、銀製冠飾及び麻布1（羨道） | | | 3体 |
| 石17 | ・ | | ・ | 瓦形土器組合棺（羨道） | 3体 |

道と玄室の高さの差など共通する点が多い。九六石室墓の規模は光州月桂洞一号墳の次に大きく、玄室長幅比も月桂洞古墳に近く、天井石を備えた羨道をもち、玄室と羨道の高さの差も他の石室に比して大きく、大型石室の中では古い時期のものと判断されるが、築造石材の上では月桂洞古墳が割石だけを用いており、基部に長大板石を使用した九六石室墓よりは若干先行したものと判断される。

Ⅱ類型は奥壁が板石であり、両長壁は同一企画の整斉された割石を利用した持ち送り式であり、平天井の特徴をもつ。そして、規模も定形化されている。このうち、石材および規模において細部的な差異があるが、これは被葬者の身分または時期的な差異と関連があろう。

Ⅱａ型式は整斉された割石を利用して両長壁を構築して、奥壁に板状石を立てたものである。割石の整斉度および奥壁の板石数、床の処理、羨道の位置には変異がみられる。

Ⅱｂ型式は第五号石室が該当するが、Ⅱａ型式と平面形および規模に差異がある。構築石材も同一の割石であるが、五号の場合は、板石に近く薄いのが特徴的である。

Ⅱｃ型式は第六号石室が該当するが、長大石だけを利用して玄室を構築した石室で、両長壁と共に奥壁の内傾度も相当な方である。そして、玄室の規模は中型の中でも、大きい方に属し、長幅比は玄室規模が小型であるⅢａ、Ⅲｂ1型式と同じである。

Ⅲａ型式は第一七号石室が該当するが、玄室の構築石材が基部は長大板状石であり、上部は割石である点と、規模が小型である点が特徴的である。泗沘期に流行した断面六角形の板石組石室が略化した型式で、上段の支掌石が下段の壁石と角をなさないで、断面四角形に近い。Ⅲｂ類型の板石組石室と相互関連下に変形したものと判断される。

Ⅲｂ1型式は板石組石室で玄室の断面が四角形であり、長幅比が最も大きく、細長方形に近い。

Ⅲｂ2型式は第一六号石室が該当するが、板石組石室でⅢａ型式とは玄室規模および長幅比で差異がある。玄室断面が六角形であるⅢａ型式の典型例は伏岩里古墳では発見されていない。

Ⅲｂ類型と比較することができる類例は、扶餘陵山里一号墳（東下塚）、論山六谷里六号、羅州大安里四号、羅州伏岩里一号墳を挙げることができるが、板石組石室が流行した百済地域でも珍しい類型である。板石組の四壁垂直式の玄室をもつ石室は、百済が扶餘に遷都した後、最も遅く出現したものであり、最も古い例として、扶餘陵山里一号墳を挙げることができよう。このような型式の石室の出現年代は六世紀中葉、中心年代は六世紀後半から七世紀初めと編年されるのが一般的である。型式上の系譜は支掌石式から変化したものとみるのが一般的である。

四壁垂直式の中には、割石で構築された例が多いが、伏岩里では確認されていない。割石組四壁垂直式石室墳の例としては、羅州興徳里、霊岩鳳巣里、海南方山里、務安新井里、高興鳳栄里、咸平月桂洞三号墳などがあるが、板石組石室の亜流と判断される。

土層上で明らかになった石室の先後関係をみると、九号→一七号→一六号、一〇号→一三号、一〇号→七号→六号←九六石室墓→一二号である。このような築造順序と型式間の組合関係を調べてみると、大きくⅠ→Ⅱ→Ⅲ類型の順に変遷し、Ⅱ・Ⅲ類型内の各型式はⅡa（一〇号）→Ⅲb1（七・一三号）→Ⅱc（六号）、Ⅱa（九号）→Ⅲa（一七号）→Ⅲb2（一六号）の順に築造され、各類型の亜流の型式間には共存期間があったものと判断される。Ⅱb型式である五号石室は他の石室と土層上で比較することはできないが、出土遺物から見て、Ⅲb型

ニ　（横口式）石室墓

| 遺構番号 | 位　置 | 規　模 | 長　軸 | 出　土　遺　物 | 備　考 |
|---|---|---|---|---|---|
| 石1 | 中央平坦地北端 | 280×200×130（残存） | N83°47′E | 棺釘、ガラス玉、鉄斧、馬骨、金環 | 東壁入口 |
| 石2 | 〃 | 220×220×80（残存） | N94°13′E | 有孔広口壺、瓶、蓋杯、金製耳飾、棺釘 | 〃 |

ホ　横口式石槨墓

| 号数 | 位　置 | 規　模（cm） | 出　土　遺　物 | 備　考 |
|---|---|---|---|---|
| 石11 | 東・南斜面境界 | 260×93×70cm | 小壺1、蓋杯5組　杯3、鉢形土器1、無蓋式高杯1、大刀1、鉄鏃1、鍛造鉄斧1、蓋1 | 南壁横口 |

ヘ　石槨甕棺墓

| 号数 | 位　置 | 規　模（cm） | 出土遺物 | 備　考 |
|---|---|---|---|---|
| 石8 | 南･西斜面境界 | 石槨：62×44×32～26cm<br>甕棺結合、長さ：55cm | 蓋杯1、壺 | 甕棺底部に孔<br>蓋杯外面に卍字朱漆 |

ト　木棺墓

| 号　数 | 位　置 | 規　模 | 出土遺物 | 備　考 |
|---|---|---|---|---|
| 木1 | 旧地表上 | 113×34×40cm | 直口短頸小壺、棺釘 | |

式である七号石室と似ていても、若干古いものと思われる。以上の土層関係、構造発展過程、遺物の比較などを総合して、横穴式石室の変遷過程を調べて見ると、以下のように相対編年をすることができる。

Ⅰ（九六石室墓）→Ⅱａ（九・一〇・一二号）→Ⅱｂ（五号）→Ⅱｃ（六号）
泗沘　…………→　↙　Ⅲｂ１（七→一三号）→Ⅲｂ２（一六号）
…………→　↙　Ⅲａ（一七号）↘

### 二（横口式）石室墓

中央平坦地の北端に二基が東西に配置されている。方形平面として残っている壁石から見て、上部は穹窿状あるいは四壁持ち送り式の構造をもっていたものと判断される。そして、入口は明らかではないが、東壁または北壁の壁面中間の一部を開いて階段式に処理したものと推定される。この石室は九六石室墓の封土に重ねて盛土した墳丘に墓壙を掘り込まないで築造しており、三号石槨などと共に方台形墳丘形成期のもので、墳丘完成後、盛土層を掘り返し、墓壙を造った横穴式石室墓よりは層位的に先行する。このような石室は栄山江流域のみならず、公州、扶餘などの地でも大変珍しく、錦江流域の楮石里古墳群の一二〜一四号墳が知られているだけである。

## 四、倭と関連させて解釈しなければならない主要遺物

栄山江流域と倭との関連性は、一九一七〜一八年に新村里九号墳などを調査した谷井濟一によって提起されて以後、(6)一九三九年、潘南古墳を再び調査した有光教一も葬法、出土遺物を通して、最も日本的な色彩が濃厚な古墳と見た。(7)しかし、一九六〇年代以後、甕棺古墳は、この地域の独特な土着的な墓制であることが明らかとなり、周溝なども前時期の周溝墓が活発に調査され、その系統性が認められるようになったため、墓制的な側面で甕棺古墳を倭と関連さ

せることは難しくなった。ただ、最近の前方後円形古墳の調査と、倭と関連した遺物が多量に出土することから、これに対する総合的な考察が必要となった。

ここでは、新村里九号墳と伏岩里三号墳の最近の発掘調査資料の中から、このような関連性をもった遺物を抽出し、その意味を調べてみようと思う。

新村里九号墳の場合、今度の発掘調査で円筒形土器以外には、他の遺物が出土せず、円筒形土器を中心に調べてみようと思う。伏岩里三号墳の場合は、装飾大刀を除外すると、九六石室墓から集中的に出土し、この石室墓の築造時期に密接な関係を結んでいたことを知ることができる。すなわち、五世紀後半から六世紀前半にかけては、甕棺古墳の最全盛および消滅、石室墳の導入、前方後円形古墳の登場および消滅という墓制の画期的変化と、以前にはみられなかった威勢品の副葬という面は、この時期にこの地域で、大きな変化があり、その変化の一つの軸が倭であったことは間違いないであろう。

## 1　円筒形土器

栄山江流域の前方後円形古墳から出土した円筒形土器は、日本の古墳時代の円筒埴輪と類似したもので、葬送的な側面において関連があり、韓日間の古代史研究に重要な端緒となる。しかし、新村里九号墳から出土した上部壺形の円筒形土器は日本に極めて少なく、胎土、製作技法、整形手法などが在地的である。日本の埴輪が人物・器財など多様な構成をとるのに比べて、単純な器種構成を示す点、形が器台の上に容器が載せられている様子から、日本の円筒埴輪よりは実物を写実的に儀器化した形など、独特な面が強い。これは情報交流による文化要素の相互的影響の中でも、強い独自性を反映するものである。また、倒立技法は日本でも局地的にみられる現象であって、編年上の問題が解決されなければならないが、製作方法の逆輸出なども推定することができる資料である。

また、光州明花洞・月桂洞の長鼓墳、咸平津良里チュンナンの推定方形墳、羅州伏岩里二号墳など栄山江流域の各所で円筒形土器が出土しているが、明花洞古墳の墳丘基底部に列をなして配置された例を除外すると、大部分が周溝から出土している。正確な配置状態を知ることはできなかったが、新村里九号墳の場合、墳丘中に列をなして配置され、この種土器の副葬および機能の解釈に重要な端緒を提供するものと判断される。

現在まで確認された円筒形土器は、㈠月桂洞と明花洞から発見された下が狭く、上が広く、上部に突帯が二列巡る円筒形土器、㈡月桂洞から発見されたラッパ形土器（朝顔形土器）、㈢羅州伏岩里二号墳と咸平チュンナンから出土した円筒形の体部に口が大きく開き、底部がふさがれたり、一部開けられている型式、そして、㈣羅州伏岩里古墳群で確認された上部につまみが付いた瓦のように作られた土器がある（図5）。新村里九号墳から出土した上部が壺形の円筒形土器は、比較すべき例が韓半島南西部は勿論、日本列島でも求め難い。

この土器の祖型と関連して新村里九号墳出土の円筒形土器は、日本列島の埴輪の型式変遷から分離し、全南地方である程度、土着的に型式変化が進行した段階のもので、四世紀後半の古い段階に北部九州地方の円筒埴輪、壺形埴輪、小型器台形埴輪のような埴輪から導入され、在地的技術が適用され、一体化されたものが、正に新村里九号墳の円筒形土器とみているが(8)（小栗二〇〇〇、一二九〜一三一頁）、現在では新村里九号墳の年代を考慮すると、時差の問題と、これより古い段階の埴輪を韓半島南西部の甕棺古墳において、まだ確認できない点、そして日本の壺形埴輪とは異なり、器台の上に壺が載せられている写実的器形など、互いに型式学的に結び付けることが難しい弱点があり、更に資料の増加を待たなければならない状況で、無理に結び付けた感がある。そして、円筒形土器の導入を形態的な観点からのみみないで、当時の国際情勢に沿った政治的紐帯関係の象徴という観点からみると、円筒形土器の樹立と言う、それ自体だけでも重要であり、標本的な形態に固執しなかったこともありうる。

上部が花盆形の円筒形土器は、二本の突帯による三段区分、二段目にだけ透孔が開けられた点、倒立技法、打捺に

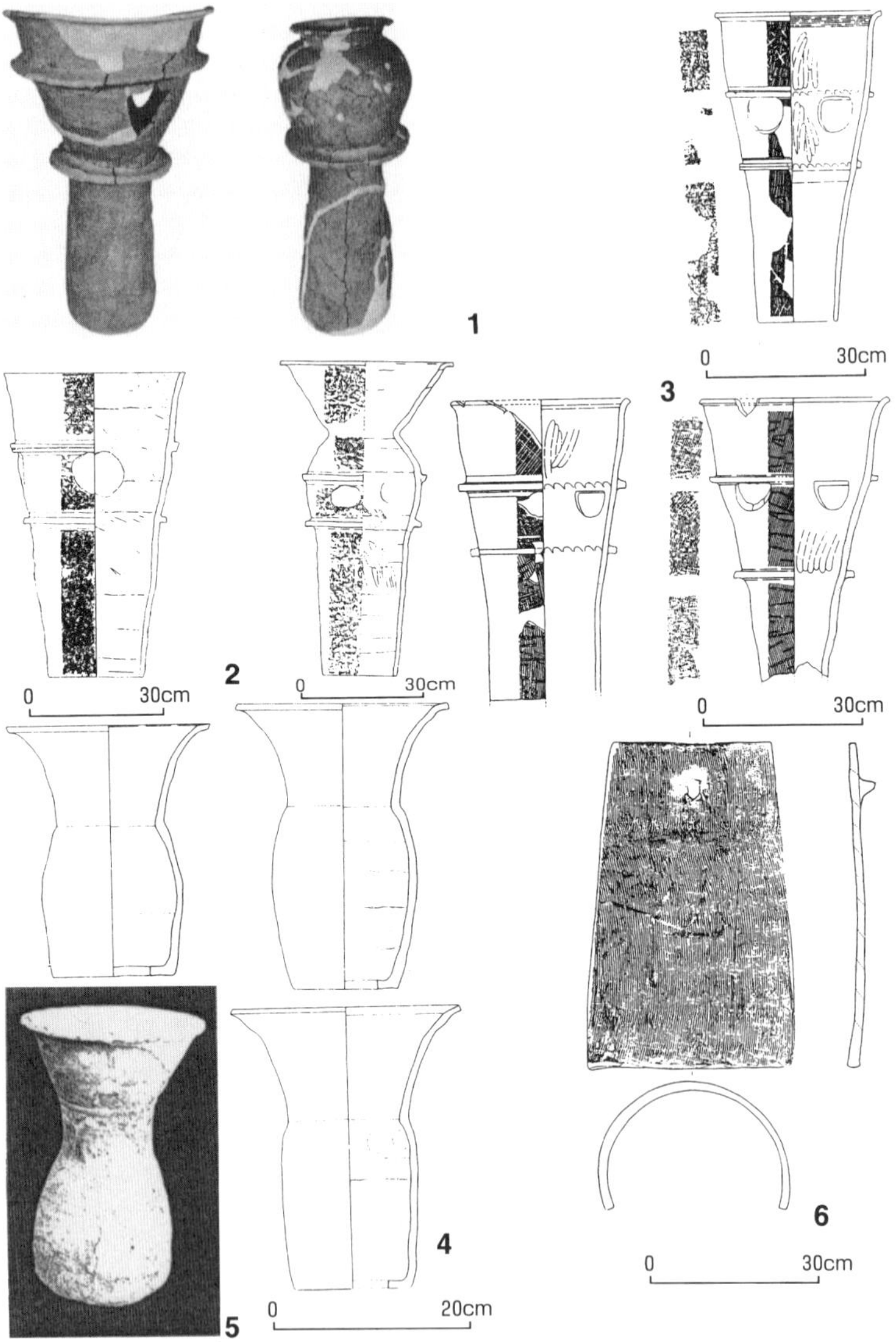


図５　栄山江流域出土の各種円筒形土器

１：羅州新村里９号墳　２：光州月桂洞１号墳　３：光州明花洞古墳　４：羅州伏岩里２号墳
５：咸平チュンナン古墳　６：羅州伏岩里３号墳

よる表面整形などから、一般的な円筒形土器と脈絡を同じくする。ただ、円筒部の底部が広い点や上部と円筒部の区分が確然とした点は、器台およびその上に載せられた形態を写実的に模倣したものとみることができ、石室墳出土品より古式とみることができる。

このような点から見ると、新村里九号墳出土の円筒形土器は、日本の前方後円墳の一要素である円筒形土器についての認識をもとに、新しく変形、適用した最初の例とみることができよう。そのような背景には五世紀後半以後、韓半島南西部と日本列島との関係、日本列島内の政治的状況、栄山江流域の再編などが複合的になされて現れたもので、新しい関係設定の一つの象徴に過ぎない可能性が高い。以後、前方後円形古墳にみられる円筒形土器は、このような埴輪の導入及び製作という土台の上に、百済の南遷において始まった栄山江流域の勢力再編過程で在地小集団の首長層が自己集団の勢力化の背景の一つとして、日本列島の諸勢力と紐帯関係を結ぶようになり、形態および制作技術に在地的性格を堅持しながら、更に埴輪的な様相に変化したものと判断される。このような推定は四〜五世紀の純粋甕棺古墳の段階には、埴輪が出土しないで、五世紀後半〜六世紀初半という大変短い期間に前方後円形古墳が散発的に造営されながら消滅して行くことと関係がある。

## 2　有孔廣口小壺（𤮊）

伏岩里三号墳の場合、有孔廣口小壺は方台形墳丘の造営前後の古い時期の遺構からだけ出土している（図6）。細部的な形態は多様であるが、灰青色硬質、盤口形の口縁部、長い頸、扁球形の体部と突帯（または沈線）、直径一・五㎝内外の注口化された孔をもつ共通点がある。その中で九六石室墓の出土品は、それぞれ扁平な体部、丸底、外から内に貫通した円孔、口頸部の上部の稠密な波状集線文、孔が高く、肩の刻目斜線文の文様など、他の遺構出土品とは区別される差異があり、栄山江流域の有孔廣口小壺よりは、日本から出土したものとより類似した点が注目される。

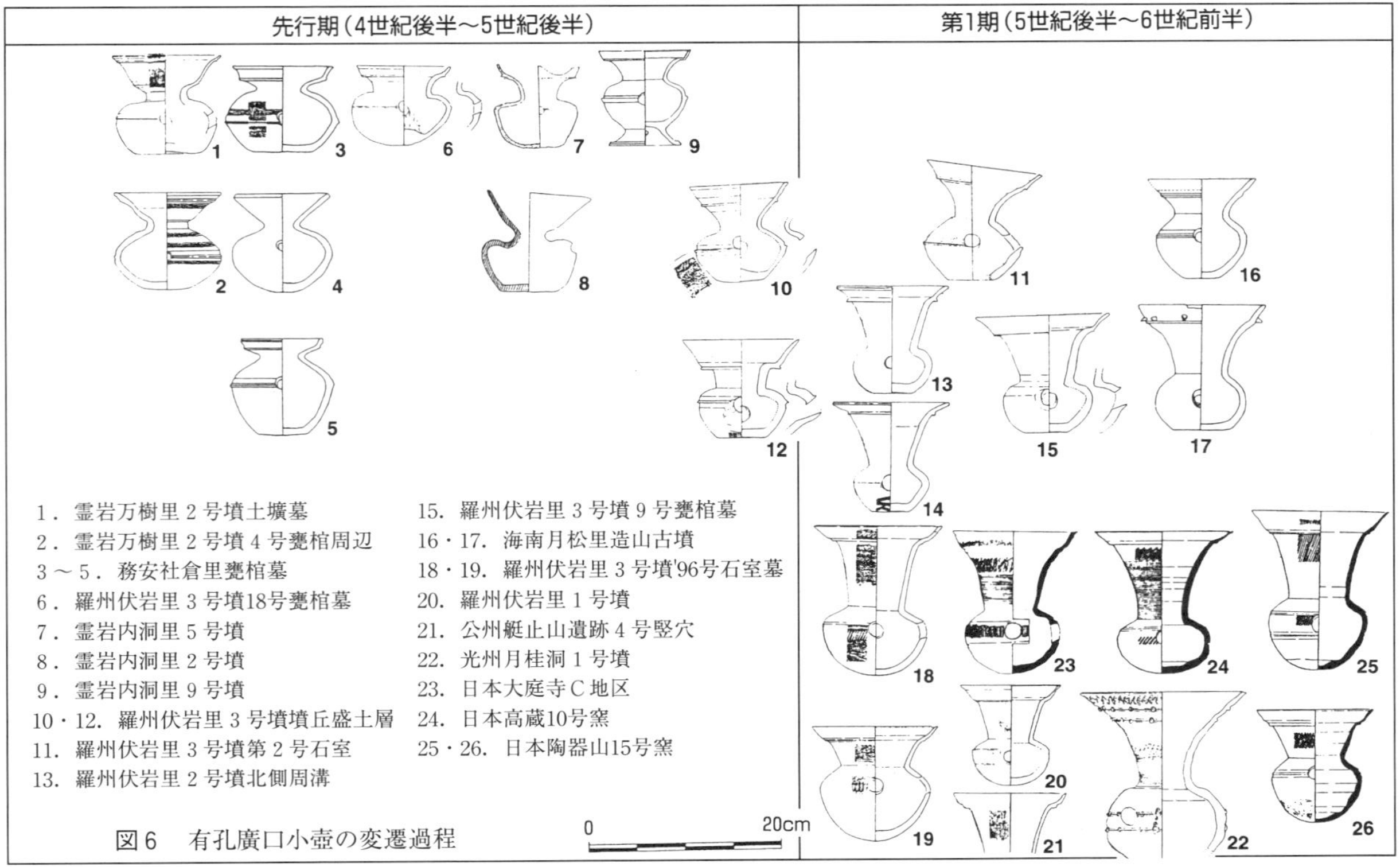


1．霊岩万樹里２号墳土壙墓
2．霊岩万樹里２号墳４号甕棺周辺
3～5．務安社倉里甕棺墓
6．羅州伏岩里３号墳18号甕棺墓
7．霊岩内洞里５号墳
8．霊岩内洞里２号墳
9．霊岩内洞里９号墳
10・12．羅州伏岩里３号墳墳丘盛土層
11．羅州伏岩里３号墳第２号石室
13．羅州伏岩里２号墳北側周溝
15．羅州伏岩里３号墳９号甕棺墓
16・17．海南月松里造山古墳
18・19．羅州伏岩里３号墳'96号石室墓
20．羅州伏岩里１号墳
21．公州艇止山遺跡４号竪穴
22．光州月桂洞１号墳
23．日本大庭寺Ｃ地区
24．日本高蔵10号窯
25・26．日本陶器山15号窯

図６　有孔廣口小壺の変遷過程

このような器形は伏岩里一号墳の周溝からも出土しているが、在来の器種と共に出土している。同一の器形と文様が施文された土器が出土した代表的な例としては、大阪陶邑の陶器山（ＭＴ）一五号窯と大阪陶邑の高蔵（ＴＫ）一〇号窯[9]、大庭寺Ｃ地区[10]がある。特に陶器山一五号窯は、日本の須恵器の発展過程の上で、最初の画期（Ⅱ期）の最初の例で、この段階から土器は群集墳の盛行と共に葬祭供献用土器として発展する。実年代は六世紀初めと見ており[11]、九六石室墓出土品との関連性が注目される。ところで、公州艇止山第四号竪穴遺構の堆積層からも同一形態の有孔廣口小壺の口頸部片が収拾されており注目される[12]。公州地域では、全く出土例がない器形で外来品と思われる。また、類似した有孔廣口小壺が固城内山里古墳から、栄山江流域の特徴的な土器である蓋杯と共に出土し、両地域間の交流を物語っている（図６）。

### ３　金銅飾履

九六石室墓から一対が出土した（図７―１）。今まで出土した三国時代の金銅飾履は三四点あり、日本からは古墳時代のものが一六点出土している[13]。

伏岩里出土の金銅飾履は足の甲の部分が傾斜をなし、文様を先ず刻んだ後に製作している。製作技法上からみると、別途の底板を置き、二枚の側板を足の甲と踵で重ねて固定し、底板と側板の結合は、側板の下の部分を折り曲げて縫い付けた型式で、馬目順一分類の第Ⅱ群Ａ型に属する[14]。ⅡＡ型は新羅、百済（公州、栄山江流域）、加耶、日本から出土するが、百済ではⅡＡ型しか出土しない。新羅からもⅡＡ型が出土しているが、ⅡＢ型が中心である。また、新羅のⅡＡ型飾履である飾履塚と伝慶州出土品は、中国南朝や百済から輸入されたものと思われることから、大半がⅡＡ型である日本の初期飾履の系統を韓半島南西部の百済に求めるのは妥当である。

スパイクは九本と推定されるが、これは益山笠店里、羅州新村里九号墳、武寧王陵出土品と日本の初期の飾履であ

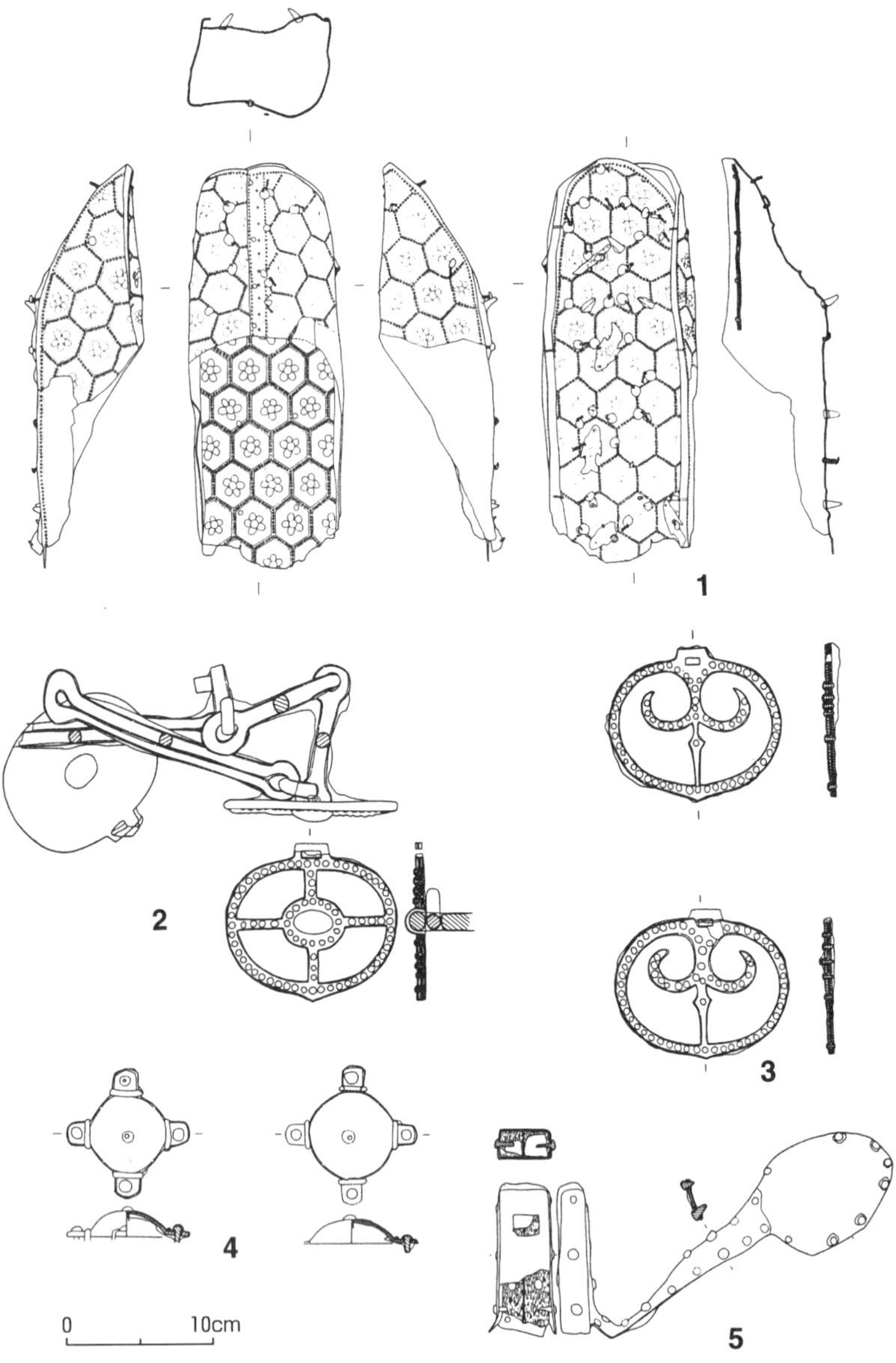


図７　羅州伏岩里３号墳'96石室出土金属遺物

1：金銅飾履　2：轡　3：杏葉　4：雲珠　5：壺鐙

表6　伏岩里出土品関連金銅飾履の属性[18]

| 出土遺跡 | 全長(cm) | 側板文様 | 底板文様 | 釘 | 瓔珞 | 足甲角度 | 文献 |
|---|---|---|---|---|---|---|---|
| 益山笠店里 | 30.2 | 菱形文内<br>三葉花文 | 菱形文内<br>三葉花文 | 9 | ※ | 22度前後 | a |
| 羅州新村里<br>9号甕棺 | 29.2 | 菱形文内<br>円点打出 | 菱形文<br>(十字形四葉花文) | 9 | ※ | 7度前後 | b |
| 羅州伏岩里<br>3号墳96石室 | 現27.0 | 亀甲文内花文 | 亀甲文内花文 | (9) | 円形<br>魚形 | 7度前後 | ※ |
| 塔ノ尾古墳 | 28.4 | 亀甲文 | 六葉花文円文 | 9 | 円形<br>魚形 | 22～23度 | c |
| 江田船山古墳 | 32.3 | 亀甲文 | 亀甲文 | 9 | 円形 | 22度前後 | d |
| 鴨稲荷山古墳 | 約28 | 亀甲文 | 亀甲文 | ※ | 円形<br>魚形 | 5度前後 | e |
| 武寧王陵(王) | 35.0 | 亀甲文内に<br>花弁文、鳳凰文 | ? | 9 | 円形 | ? | f |
| 武寧王陵(王妃) | 35.0 | 亀甲文内に鳳凰文<br>忍冬唐草文 | 亀甲文内に鳳凰文、<br>忍冬唐草文 | 9 | 円形 | ? | f |

る江田船山古墳の飾履、[15]塔ノ尾古墳の飾履[16]が九本で、定形化されたものと一致する。この点も百済と日本の初期の飾履に共通した特徴である。百済の飾履は最も新しい武寧王陵の飾履にも九本のスパイクがみられるが、日本では新しい時期の大型化した飾履では消える。このような点から九本の方錐形のスパイクが打たれた初期の飾履を百済のものと考えるのは妥当である。

左右側板および底板には、亀甲文が整然と施文されている。伏岩里三号墳より古い時期のものと判断される益山笠店里一号墳、羅州新村里九号の飾履は、菱形文で処理され、亀甲文がみられず、武寧王陵と慶州飾履塚の金銅飾履で確認される。亀甲文は三国時代に登場、五～六世紀に盛行したもので、主に王陵級古墳から出土する。起源は古代オリエント地方の六角形の幾何学文様で、主に品格の高い工芸品の意匠要素として採用されており、六角形の角の部分に点、円、花などの結節点を装飾し、内部に各種の動植物文を入れるのが特徴である。百済地域から出土した遺物のなかで、亀甲文があるものとしては、武寧王陵の王と王妃の頭枕、飾履、環頭大刀がある。[17]伏岩里の飾履の亀甲文の内には、四、五葉の花弁形文が打ち出されているが、花弁形文は武寧王陵の王足座（六弁）、飾履（八弁）と笠店里（三弁）、新村里九号墳（四弁）の飾履でも確認される。ただし、笠店里と新村里九号墳の場合は、亀甲文ではなく菱形文が打ち出されている違いがある。日本の飾履は、古い江田船山古墳出土の飾履から亀甲文が出現している。

伏岩里の飾履には円形の瓔珞が付いているが、百済の例では武寧王陵の出土品が知られているのみであり、飾履に瓔珞を付けるのは新羅地域出土のⅡB型の特徴である。

底板には魚形装飾が付けられているが、韓国ではまだ飾履で確認されたことはない。日本の場合、山口塔ノ尾古墳、滋賀鴨稲荷山古墳、[19]奈良藤ノ木古墳から出土している。このうち塔ノ尾古墳出土品は、日本の出土品のなかで最も古くみられるもので、足の甲の俯角が大きく、底板に亀甲文がない点など、伏岩里出土品より古いものとみることができる。ところで、塔ノ尾古墳出土品を船載品と考えると、魚形装飾具の付着も韓半島南西部の飾履に、その系統を求めなければならないが、まだその類例はない。伏岩里出土品が型式学的に新しく、現在まで日本でしか出土しない点を考慮すると、魚形装飾具の付着が日本でなされた、または日本に船載する飾履にだけ特に追加された装飾要素とみることができる。伏岩里の飾履に付けられた魚形装飾具は、魚形装飾具付着の時点と系統に対する再論の必要性を明示している。詳細な分析が要求されるが、ここでは伏岩里出土品が日本の魚形装飾具付着の飾履と密接な関係があり、これは両地域の緊密な接触を意味するものとして拡大解釈することができるであろうという点だけを指摘しておく。魚形の装飾がもつ象徴は神魚思想[20]と関連があるとみることもできる。

伏岩里出土の飾履は、製作技術および形態上からは、益山笠店里、羅州新村里九号墳出土品と同一であるが、亀甲文が採用されている点は、武寧王陵に近いことを示すもので、足の甲の俯角などと共に考慮すると、伏岩里出土飾履の年代を笠店里・新村里九号墳と武寧王陵の間、すなわち、五世紀末〜六世紀初めに置くことができる根拠となる。これは製作技法、文様から百済の伝統を維持し変化した様子を示すものである。また、文様のこのような違いは製作集団の差異、時期による百済との位相関係の変化を示すものとも判断されるが、益山笠店里と羅州新村里の飾履には採用されない点と関連させて解釈してみると、更に百済化の傾向が濃くなったことを知ることができる。

馬目順一は第Ⅱ群A型のうち、武寧王陵以前の金銅飾履を塔ノ尾古墳、江田船山古墳、益山笠店里出土飾履（三段階）、羅州新村里九号墳、鴨稲荷山古墳出土の金銅飾履（四段階）に分類した。船山古墳出土品は文様を除外すると、製作技法、形態上、笠店里出土品と最も類似し、伏岩里出土品は新村里九号墳出土品と近く、この見解と異ならない。伏岩里出土品は船山古墳出土品と異なり、亀甲文内に花弁文があり、瓔珞および魚形装飾が付着し、装飾性が高い。このような装飾は初期の飾履でもみられ、必ずしも時期的な変遷を意味するものとみることは難しい。笠店里、新村里の飾履のように、地域的特徴または百済中央との差別化において意図された意匠上の差異から斜格子文を使用していたこともあろう。このように威勢品としての性格上、意匠上の差異も考慮する必要があろう。上の古墳の年代は大体五世紀後半から六世紀初頭に該当し、この時期に韓半島と日本列島の間に活発な交流があったことを示唆する。伏岩里集団がこのような海上交流の中心的存在であったことは、九州の船山古墳被葬者集団を、日本列島各地と韓半島を連結した海上交通の担い手として活躍した地域集団の首長とする見解[21]に通じるものである。

## 4　馬　具　類

伏岩里三号墳の九六石室の玄室北東隅から一括で出土したものが全てである。栄山江流域から馬具類が出土した古墳として、海南月松里造山古墳[22]、咸平礼徳里新徳古墳[23]がある。伏岩里では心葉形十字文鏡板付轡、心葉形三葉文杏葉、雲珠、壺鐙などが出土しているが、時期および古墳構造の類似性にも拘わらず、月松里造山古墳はf字形鏡板附轡、剣菱形杏葉、鉄製輪鐙が組み合わせをなしている。新徳古墳の場合は、鑣轡、雲珠、木芯鉄板被輪鐙、札甲、鞍の付属品である鉸具、蒙古鉢形冑などが出土した。このように隣接地域のほとんど同時期の古墳の馬具構成が厳格に異なる点は、百済から馬具があまり出土しない点と共に伏岩里の馬具が外来品であった可能性を高めてくれる。

すなわち、馬具が一元的に製作、分配されたのではなく、多様なルートを通して入手されたため、栄山江流域の各集団の馬具構成が多様になったと理解することができよう。伏岩里出土の馬具は、益山笠店里、[24] 論山茅村里、[25] 清州新鳳洞[26]などから出土した轡、杏葉などの馬具類よりは、今までの例では唯一、新羅側に近い意匠と型式をなしている。f字形鏡板附轡と剣菱形杏葉を媒介とした百済と加耶の緊密な紐帯関係[27]を考えてみても伏岩里出土品が新羅側に近い点は特異である。

ところで、後に具体的に調べてみるが、日本の馬具とも比較できる点が多く、日本の馬具の系統のみならず、相互関係を究明する上においても重要な端緒となる。

轡（図7—2）　楕円形に近い心葉形十字文鏡板が付いた轡で、鏡板の内側から銜と引手が遊環を媒介にして連結され、銜孔および銜留金具がないのが特徴的である。百済地域から出土した轡を調べて見ると、清州新鳳洞を除外しては、その数量が極めて少ない方である。形態は清州新鳳洞の代表的な轡である鑣轡が最も多く、楕円形板轡、f字形板轡、環板轡、円環轡などは大変少なく、心葉形はみられない。最近では百済の地方支配力の拡大と共に出現する天安龍院里、原州法泉里と同じ四～五世紀の地方首長墓からも轡など馬具類と大刀などが多数確認されているが、轡は全て鑣轡一色で、伏岩里出土の轡の系譜を百済に求めるのは難しい。

心葉形鏡板は慶州を中心とした地域から主として出土し、百済地域では楕円形の例しかなく、伏岩里古墳出土品は特異な存在である。このような点も伏岩里出土品の性格および由来を説明するのに重要な糸口となろう。

新羅では鏡板は五世紀以後、楕円形鏡板が登場して本格化し、五世紀後半になると最上位階層の大型墳を中心に華麗な金工品として儀装的性格の馬具が最全盛期を迎えるが、[28] 伏岩里出土品は、その中でも金鈴塚[29]のものと通じる点が多い。すなわち、遊環の有無、銜と引手の結合方法において違いはあるが、心葉形鏡板を始めとした他の属性は大変類似する。

鏡板内側で銜と引手が結合されるものは、百済の例にはなく、皇南大塚北墳、慶州味鄒王陵地区第七地区三・五号、陜川磻渓堤タ—A主室などから少数出土しているが、現在の例としては皇南大塚北墳出土品が最も古い[30]。ところで、銜と引手の連結で、遊環の使用は百済的要素とみており[31]、心葉形鏡板、長方形の立聞孔、文様など新羅的要素が共に出現したものとみることができる。

日本の場合、五世紀末までは鏡板の外側で遊環を媒介にして銜と引手が連結されるが、六世紀前半以後では、鏡板の内側で銜と連結させ、装飾的効果を高める。楕円形鏡板も同じ特徴をもつ。楕円形鏡板と杏葉は六世紀前半〜中葉に新たに追加される種類で、鴨稲荷山古墳出土品が代表的であるが[32]、この古墳の出土品は心葉形に近い楕円形で伏岩里出土品が略化した型式であり、鏡板の内側で銜と引手が連結されており、伏岩里の轡の時間的位置を決める上に重要な端緒となる。

以上の内容を総合してみると、伏岩里出土馬具は意匠的要素が強い威勢品として、新羅的色彩が強いと同時に、百済的要素を加味している。その年代は、五世紀後半の新しい時期から六世紀初めと判断され、日本にも大きな影響を与えたものとみられる。

杏葉（図7—3）　九六石室墓から三点が出土した。全て楕円形に近い心葉形の三葉文杏葉である。三葉文および周縁部に打った鋲が大変稠密である。三葉文は中央の葉が周縁まで続き、両葉は湾曲が流麗に表現されている。心葉形杏葉は新羅、加耶、百済、高句麗、倭に至るまで広範囲に愛用されたが、百済地域では、まだ出土していない。製作技法からみると、鉄地板の上に金鍍金の金属板をあてがった後、銀箔板で保護した鉄製上板をその上に被せたもので、李尚律の分類によれば[33]、Ⅲb型式に属するものである。製作技法と意匠などから、鉄地金銅板からなる慶州味鄒王陵第七地区五号墳出土品および慶州天馬塚出土品[34]よりも先行するもので、三葉文と天馬塚出土品のような忍冬楕円形文様の折衷形と推定される。大きさ、意匠、鋲の数からみると、この杏葉は王陵級に次ぐもので、慶州以外の地域から出土する粗雑な心葉形三葉文杏葉とは比較できない。六世紀以後に出現するとみられる天馬塚の類いの杏葉よりは、意匠などから古いと推定され、新羅で出現したとみることも難しい。日本の琵琶湖周辺の山津照神社古墳と鴨稲荷山古墳出土の杏葉[36]も伏岩里のものと類似するが、心葉形を逸脱した完全な楕円形であり、三葉文の簡略化、周縁部および三葉文に打った鋲が粗い点などは、伏岩里のものより時期が下ることを示すものと判断される。このなかで鴨稲荷山古墳は、六世紀初~中盤と編年されており、伏岩里出土品の年代推定に参考となる。

雲珠（図7―4）　九六石室墓から六点が出土したが、鉄地金銅装で、低い半球状に短い脚が対称に四個付いた型式である。頂部には銀被円頭鋲があり、脚には革帯に固定するための円頭鋲一個と固定金具がある。最も似た例としては、慶州味鄒王陵第七地区三号墳出土品[37]があるが鉄製品である。日本の例としては鴨稲荷山出土品があるが、轡の鏡板および杏葉と共に、九六石室墓の馬具とよく似ており輸入品と思われる。三国時代のものとしては、慶州天馬塚出土品があるが、脚部分に革帯と連結するための小さい鋲が三個ずつある。このような型式は四脚雲珠では一般的である。すなわち、伏岩里の出土品は鴨稲荷山古墳出土品と天馬塚出土品より先行する半球形雲珠出現期のものとみてもよいであろう。

壺鐙（図7―5）　九六石室墓から一点が出土した。踏受部が木製と推定される、いわゆる木芯鉄板被杓子形壺鐙で、足先の外側にあてがった覆鉢形の鉄板が特徴的である。三国時代の壺鐙として報告されたものは、陜川磻渓堤タ―A号墳から出土したものが唯一[38]である。伏岩里出土品と比較すると、柄部は一般的な輪鐙と同じく類似するが、壺部に続く鉄板[39]が短く、その先が三角形で終わり、三個の孔が開けられている点など大変珍しい。日本では五世紀後半以後、木芯鉄板被杓子形壺鐙が登場し、六世紀の間、製作されるが、初期の例としては和歌山市大谷古墳、福岡勝浦一二号墳、埼玉稲荷山古墳の出土品があるが、全て舶載品と推定されている[40]。ところで、木製壺部の足先にあてがった金具は、伏岩里のものが唯一で、酷似する例はない。六世紀中葉以後に出現する三角形錐の壺鐙の原形となるような杓子形の壺鐙として、東大寺山六号墳の出土品がある。[41] 伏岩里出土品は同じ杓子形であり、柄部の前面の鉄板が壺部の底まで続く形態とみると、その原形になり得るものとみられる。そして、柄部の前面から伸びて壺部の上部と先端まで続き、その左右に忍冬唐草文が派生した藤ノ木古墳の出土品は、伏岩里のものと意匠が最も類似したものとして、その系統を推定する上に示唆する点が多い。

伏岩里古墳の出土品は、陜川磻溪堤タ—A号墳出土の壺鐙と船載品と思われる五世紀後半の日本の壺鐙の例（稲荷山古墳出土品など）よりは、発達した型式として三角錐形のまさに前段階の型式である東大寺山六号墳出土品と時期が近く、典型的な杓子形壺鐙に属する藤ノ木古墳出土の二点[42]よりは先行する様式と判断され、その時間的位置は五世紀末〜六世紀初めと判断される。

## 5　装飾大刀

金銀装三葉環頭刀（図8—1）　環頭刀は小刀で、九六石室墓から一点が出土しただけである。羅州新村里九号墳乙棺から大刀と共に出土した銀装三葉文環頭刀子[43]と最も類似する。把に巻いた魚鱗文を打ち出した銀帯は特徴的なもので、東莱連山里から出土したと伝えられる円頭大刀のそれと同一である。[44] この金銀装三葉環頭刀は羅州新村里九号墳と伏岩里三号墳、九六石室墓の時期的な差異が大きくなく、性格が類似することを示唆するものと考えられる。また、楕円形の環頭形態、三葉の形態、金具の特徴が新羅、高句麗とは差異があり、六世紀以後と編年される日本の奈良県珠城山一号墳および福井県丸山塚古墳出土品と類似し[45]、両地域間に何らかの交流があったことを示している。

圭頭大刀（図8—2・3）　第五・七号石室から各一点ずつ、計二点が出土したが、韓国内では初めて発見された装飾大刀である。日本では現在まで九〇余点が出土しているが、関東地方の北部からまとまって出土する傾向を示し、特に群馬県からは一三点ほど発見されている。それに対し畿内地方ではごく少数しか発見されず、畿内政権の地方支

配と関連した遺物と把握されている。(46)

圭頭大刀は、柄頭の形態が円形の環頭ではなく、日本で「袋頭大刀」と総称される円頭大刀、圭頭大刀、方頭大刀、頭椎大刀、鶏冠頭大刀の一つである。(47)このうち、このような大刀の祖型と判断される円頭大刀は韓半島でも羅州新村里九号墳乙棺出土の銀装円頭刀子、(48)武寧王陵の王と王妃の装刀と公州宋山里第一号墳出土の銀製円頭把頭、(49)伝東莱連山里、(50)昌寧校洞古墳群一一号墳、(51)梁山夫婦塚から出土し、(52)李養収集品にも一点があり、(53)その系統を韓半島、その中でも百済に求めることができるであろう。圭頭大刀は柄頭の製作方法によって、Ⅰ覆輪式、Ⅱ一枚の薄い板を一周させ合わせて作ったもの、Ⅲ鋳造して作ったものに、大きく分類され、頂部の角張りの度合いによって細分することもある。(54)Ⅰ式は主に九州から出土するが、伏岩里第五号石室出土品がこれに属する。第七号石室の出土品はⅡ式に属する。

この他にも鐔と佩用方法によって圭頭大刀を分類することもあるが、伏岩里のものは発達した鐔がなく、柄頭に洗練された文様が施文されている点が日本の出土品とは異なる。

第五号石室出土の大刀は覆輪式で、類似した例は日本大阪府三日市一〇号墳出土品があるが、(55)この古墳の墳丘は直径一四mの円形で、主体部は全長七・二mの横穴式石室である。(56)また、円墳の横穴式石室である福岡童南山一二号出土品と群馬県藤岡市内の古墳出土品もあるが、(57)(58)三点とも覆輪式で、柄頭に火炎形または木葉形の文様板を別途付着させた点が同一である。ところで、柄頭の文様板の文様要素は、扶餘陵山里中上塚出土の金銅製透彫金具（棺飾と推定）、金銅製棺装飾のそれと大変類似し、(59)百済的要素とみることができよう。

第七号石室出土品と比較できる例としては、埼玉県小見真観寺古墳出土品があるが、年代は六世紀第三分期と推定されている。(60)しかし、伏岩里出土品とは柄頭の文様意匠や材料において差異がある。

日本の場合、金、銀、銅など、装飾的な金属を用いた装飾大刀は、大変限られた古墳から出土する象徴的な儀刀で、

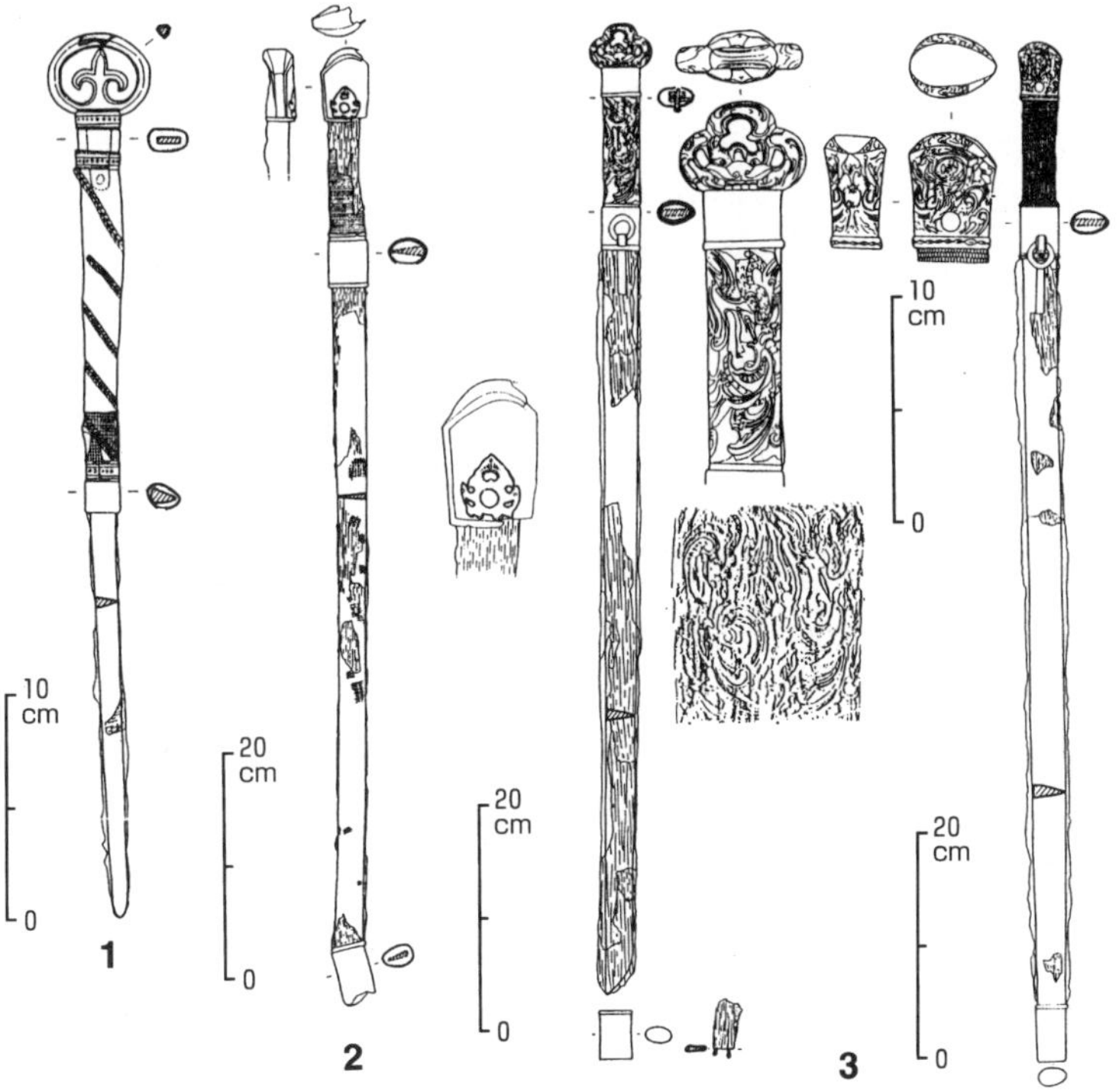

図８　羅州伏岩里３号墳出土の装飾大刀
１：96石室墓の三葉環頭刀　２：５号石室墓の圭頭大刀　３：７号石室墓の鬼面文三環頭大刀および圭頭大刀（右）

六世紀後半からの地方支配体制の確立と関連して、畿内政権が地方の有力豪族層を支配下に編入させるための手段として使用した(61)。このような大刀の製作、分配は二つの異なった状況を想定して、①有力豪族層に在地での軍事権と支配権を承認する証として、畿内政権直属の工人集団が製作した装飾大刀を賜与した場合と②有力豪族層が地方支配をより強固にするために、畿内政権に服従して装飾大刀を佩用する資格を受け、在地や隣接地域の工人集団に製作を委託する場合を挙げている。初期段階（六世紀後半）には、畿内政権に対立する有力豪族層が、その佩用の中心であって、六世紀末から七世紀前半には地方でも、そのように強力でない種類の豪族層まで佩用範囲が拡大したとみている。

装飾大刀の製作分配は、古墳時代後期の古墳の動向とも密接に関連しているが、畿内を中心としてみると、前方後円墳の減少および小型化、そして消滅、横穴式石室墳の普及と一部での大型化、群集墳の盛行という特徴を示している(62)。

このような圭頭大刀がもつ意味と関連して、伏岩里出土品の製作地を明らかにすることは大変重要である。この問題を扱う上で、先ず念頭に置かなければならないこととして、伏岩里出土品は圭頭大刀が盛行した日本のいかなるものよりも技術的にも、意匠的にも卓越する点と、このような刀の系統を推定し得る始源的形態の圭頭大刀の資料が韓半島でまだ出土していない状態で、突如として最も精製されたものが出現した点、そして、威勢品としての役割は日本で盛行していたという点である。勿論、上で調べてみたように、圭頭大刀の祖型と判断される円頭大刀は韓国内で出土している。特に、武寧王陵出土品のうち、王妃の銀装刀子は円頭で、把を刻み目を施した金糸と銀糸で巻き、円形環が伴った銀製佩用金具が付着した点は、第七号石室の大刀とほとんど同一で、製作の技術的基盤は充分にあったと判断される。また、伏岩里三号墳の第五・七号石室よりは、石室構造、出土遺物の上から新しいと判断されるが、羅州新村里九号墳の三葉文環頭大刀の柄部と同一の魚鱗文様をもつ圭頭の銀装刀子が羅州大安里四号墳から出土したことは(63)、このような技術的伝統を反映するものとみることができる。そのような点から、製作地が百済である可能性は充分にある。しかし、圭頭大刀を地方に賜与して統治体制を強固にしようとしていた威勢品としての役割は、日本で盛行した反面、百済地域ではまだただの一点も確認された例がなく、また七号石室の年代を日本出土の全ての圭頭大刀の祖型とみるような、先行するものとも認められないため、畿内政権が地方の在地勢力家に与えた威勢品としての性格とは、また違った意味で、彼らの必要によって栄山江流域の代表的な新興勢力である伏岩里集団に献上していた可能性も大変高い。この点は栄山江流域が百済と倭の間で有する重要な地勢学的位置と、これを利用した国際的役割と密接に関連があるものと推定される。

金銀装鬼面文三環頭大刀（図8―3左）　第七号石室の西側人骨の左側から一点が出土した。三累環の外環と鬼面文の環内装飾で構成された特異な例として韓国内で唯一である。

外環としての三環は外環の形態がC字形の環三個を上側と左右側に接合して三角形に連結したもので、新羅（慶州）と日本で集中して出土し、百済から出土した例はまだない。古新羅において、三累環頭大刀は三葉文環頭大刀よりも高い地位の象徴として、その分布は新羅の政治勢力圏と何らかの関係があるものと想定されている[64]。

環内の装飾としての鬼面文は、まだ日本でしか出土しないもので、日本では獅噛文という。ところで、鬼面文の例は刀剣類の以外に金属遺物や瓦類において、三国とも幅広く受容し使用している[65]。鬼面文が環内装飾として受容された刀を、日本では獅噛環式環頭大刀と称するが、東日本に偏重して三〇点が出土している[66]。東日本に偏重したのは、六〇〇年前後の畿内政権による東国経営と関係があるものと推定されている[67]。この大刀は百済から畿内政権に限定した数だけを輸出して配布したものではないかと推定することもできるが、中国では唐長安の大明宮の玄武門から出土した一点が唯一である[68]。

三環と鬼面文が結合した鬼面文三環頭大刀[69]の例は、日本の青森県丹後平一五号墳[70]から出土したものが唯一で、日本でも稀貴な例である。

百済での鬼面文の盛行と伏岩里大刀の意匠の精製性、初期的傾向、完成度の面から日本で流行した鬼面文環頭大刀の製作地として百済を挙げるのは妥当であろう。ただ、栄山江流域がその製作地であるのか、日本列島の各地方の首長が畿内政権から賜与を受けたのと同じく、栄山江流域も百済の中央から賜与を受けたものかどうかは知ることはできないが、とにかく百済の中央と日本との間で、莫大な役割および影響力を行使した産物であることは間違いないと判断される。

## 五、栄山江流域における政治体の性格変化および倭との関係

先ず、以上で調べてみた羅州新村里九号墳と伏岩里三号墳の調査成果を簡略に整理し、これをもとに潘南古墳群および伏岩里三号墳段階の栄山江流域における政治体の性格、百済および倭との関係について簡単に言及しようと思う。

新村里九号墳に対する今度の調査で、墳丘の垂直拡張と円筒形土器を確認した。特に、円筒形土器は栄山江流域の大型古墳で確認された最古の例であり、また純粋な甕棺古墳から出土した最初の例である。この点は円筒形土器の出現および以後の栄山江流域に石室が導入され、本格的に出現する円筒形土器の変化の基準となる。そして、一九一七年の調査で確認された金銅冠、金銅飾履、環頭大刀などは、百済との関係を調べる上に重要な資料である。このような威勢品についての解釈が、この地域の政治体の性格を究明する上に最も重要な鍵となる。

羅州伏岩里三号墳では、墳丘内に甕棺墓、竪穴式石槨墓、横穴式石室墓、横口式石槨墓、石槨甕棺墓、木棺墓など、従来、栄山江流域で確認されていた全ての類型の墓制が網羅された四一基（墳丘造営以後の墓の数は二八基）の埋葬施設が確認された。このように多様な墓制が複合した古墳は、韓国内で唯一のもので、古代栄山江流域における墓制の多葬・複合墓的性格研究の基礎資料となろう。特に、古代国家の登場と共にたびたび個人のための大型古墳が出現する新羅や百済の例と比較して、多葬でありながらも高塚化した古墳を造営した、この地域の政治体の性格を理解する上に大きな助けとなろう。

伏岩里三号墳では、複雑な築造過程が解明されることによって、栄山江流域の大型墳丘の盛土過程および盛土方法を研究する上にまたとない資料となろう。また既存の甕棺墓群を措定、拡大造営した墳丘は、栄山江流域の大型墳の調査と研究に模範的な資料となるものであり、墓の造営集団の連続性、巨大化の原因解明にも大きな助けになるもの

と期待される。特に、層位関係と遺構の重複関係を通して伏岩里三号墳の変遷過程がよく把握されたが、方台形墳丘の先行期である甕棺専用期と九六石室墓、竪穴式石槨墓、一・二号石室墓が造営された方台形墳丘の造営期（Ⅰ期）、方台形墳丘造営以後の盛土層を掘って造られた石室墳の盛行期（Ⅱ期）の三期に分けられる。甕棺墓はⅡ期の古い時期まで使用され、甕棺墓の下限年代に対する既存の見解を修正させ、既存の甕棺墓造成の勢力と同一の集団と思われる三号墳石室墓の被葬者集団の政治的性格についての再解釈と共に、栄山江流域と百済との関係に対する慎重な再考の必要性を提起した。

伏岩里三号墳の造営期間を調べてみると、方台形墳丘の先行期の甕棺の中には、栄山江流域の専用甕棺の中では、古い時期（三世紀）に該当するものがあり、横穴式石室墳の中には七世紀前半まで下るものがある。全体的に約四〇〇年間に亙って使用されていたといえるが、方台形墳丘の造営と関連した中心年代は、五世紀後葉〜七世紀前半と推定される。

伏岩里三号墳の性格を把握するにあたっては、有力者と判断される九六石室墓、第五・七号石室墓と、その副葬遺物が重要な資料となろう。特に、九六石室墓の金銅飾履および銀製三葉環頭刀、五・七号石室の冠帽・圭刀大刀、五号石室の銀製冠飾などは注目される遺物である。その中の銀製冠飾と冠帽は、百済との関係究明に直接的な資料となり、圭頭大刀は日本の古墳時代末期である六世紀後半〜七世紀初めに、主に出土しており、両地域間の関係究明にも重要な資料となろう。

伏岩里三号墳は、完全な状態で残っている埋葬遺跡が少ない、この地域の実状において大型甕棺墓の出現から最も発達した石室墳に至るまでの各墓制が多様にみられ、全て完全な状態で残っており、各墓制間の関係および各墓制の変遷過程を研究する上において、標本的な資料となるに充分であろう。また、栄山江流域の土着墓制である甕棺墓と外来系である石室墳の融合、代替過程をよく物語る遺跡として、栄山江流域の土着勢力と百済との関係を研究する上に決定的な資料となろう。すなわち、甕棺自体の変化過程、金銅飾履などを副葬した大型石室墳、地域型式の石室墳の盛行、百済石室の導入などは、具体的な発展過程と百済との関係研究において、文献資料の希少からくる空白を埋めるに充分であろう。

栄山江流域の初期大型石室墳は、大部分単独で存在し、甕棺古墳造営段階の族的共同体の基盤が解体され始め、個人に力が集中していく過程の産物とみなすこともあるが[71]、伏岩里の場合は甕棺古墳と同じく、多葬の伝統を維持して群集しており、更に性格についての検討が必要である。栄山江流域の政治状況が百済の南遷で状況が緊迫していく過程で、個別的に百済や加耶、倭などの力を借りて勢力化を試図したが、大部分は失敗し、伏岩里集団だけが既存の族的伝統を維持したまま、地域の基盤をもった族的共同体として、百済と新しい関係を結ぶことによって、既存の羅州潘南古墳群のような土着的甕棺古墳集団から新しい勢力へとして成長したのではないかと考えられる。

伏岩里三号墳では、九六石室墓、第五・七号石室などから、金銅飾履、装飾大刀、馬具類、冠帽および金銀製装飾など、威勢品（prestage goods）とみられる金属製遺物が出土した。

威勢品は政治同盟体系の維持に使用された品物として、領土拡張、下位集団の統制のために現れた非実用的な品物と言える。古代国家にとって形成期の威勢品は、中央権力の地方への拡散度、中央権力と地方権力、または地方権力間の政治関係を把握する上に、大変有用な資料である。新羅の場合、四世紀後葉から五世紀という限られた時期に、中央権力である斯盧の代表的な着装形金工品である冠、帯金具、装飾大刀などが、洛東江以東地方という限られた地域において、高塚が集団的に築造されるのと関連して共通的にみられるのは、新羅の地域的拡散による賜与品の性格をもつものと考えられている[72]。このような支配形態は在地勢力を解体させないで、彼らを利用して地方統治を企てるものであり、統制と結束の象徴的手段として、冠、腰帯装飾、耳飾などの服飾を賜与しており、製鉄生産の統制、武器類の所有を通して、生産基盤の一部および軍事的基盤を直接統制したもので、尼師今時期の自立性が強い支配と中古期以後の領域的支配を繋ぐ過渡的な性格と把握されている。[73] 日本の古墳時代にも銅鏡、碧玉製腕飾、装飾大刀など、生活必需品でないものが流通し、畿内地方の中央権力が各地の首長の政治的地位を保証する証として使用し、必需品と威勢品の流通掌握が政治権力の獲得と維持に重要な基礎となっていたとみられる。[74]

百済と栄山江流域集団との関係も新羅の辺境支配方式の変化と同様の過程を経たものと判断されるが、五世紀の中・後半と判断される益山笠店里、羅州新村里古墳群と五世紀末〜六世紀初めと判断される伏岩里古墳群の年代を考慮すると、その変化の時期も新羅とほとんど同じであったと判断される。すなわち、新羅各地に現れる大型墳の中で、金銅冠、腰帯装飾、耳飾が出土する墳墓は、五世紀中葉〜六世紀初葉に集中し、智證王六（五〇五）年の州郡制実施による地方官の派遣と地方に対する領域的支配が貫徹されたと把握されていることと対比される。[75] ところで、伏岩里の場合は百済と共通した威勢品だけがあるのではなく、倭や新羅と関連するものが複合的に存在しており、百済—栄山江流域集団という単一構造だけで把握するのが難しく、また政治的な関係だけで解釈することもできない難しい点がある。

金工品と関連して伏岩里集団の対百済関係を調べてみると、先ず銀製冠飾が副葬される以前、すなわち、九六石室墓に代表される段階では、石室内に在来的墓制である甕棺を埋納し、金銅飾履、金銀装三葉文環頭刀など、羅州新村里九号墳と同じ性格を堅持している。すなわち、在地の最高首長としての性格を維持し、威勢品を通して百済と一定の関係を結んでいる。百済の地方支配と関連してみると、九六石室墓以前の段階は、威勢品の性格が羅州新村里や益山笠店里と同じで、百済の間接支配下にあり、ある程度の独自性は維持していたと判断される。しかし、百済式の土器及び馬具類などの副葬は、栄山江流域における初期大型石室墳の登場に象徴される国際秩序の再編過程で、百済—新羅または加耶—倭と多元的に関係定立を模索し、その他の地域とは異なり、ある程度既存の力を維持し、勢力化に成功したものと判断される。このような関係は、単純に百済の間接支配という表現だけでは正確ではなく、栄山江流域での新しい勢力として、基本的には百済の支配を認めながらも相互の必要によって結んだ同盟関係 すなわち、支配の認定に対する表示として貢納・威勢品の賜与程度がある、ほとんど完全な自治形態であったと解釈することができよう。これは中央政府の統治力が体系的・持続的に行使される支配領域の概念よりは、百済の影響圏ないし勢力圏に含まれていたという意味とみるのが妥当であろう。(76)

ところで、ここで伏岩里古墳群の性格と関連して、栄山江流域の前方後円形古墳について少し言及する必要がある。伏岩里古墳群の造営集団は羅州潘南面の古墳群に代表される甕棺古墳集団の解体過程で、最も成功的に、この地域の勢力集団化に成功したものと思われる。前方後円形古墳は栄山江流域という限定された地域で分散的に短い期間に限って造営された特徴がある。墳形、出土遺物などにおいて倭の色彩が濃い点からみて、倭との関係の中で勢力化を推進したが、成功しなかったとみることができる。勿論、このような前方後円形古墳にも在来的遺物、百済系の遺物、加耶系の遺物が出土することからみて、墳形で表現された倭との密接な関係が伏岩里集団と同じく多元的なルートの中の一つに過ぎなかった可能性も大きい。

また、前方後円形古墳を除外した初期大型石室にも、このような特徴は同じである。長城鈴泉里の石室からは、小加耶系統（固城内山里）のつまみの付いた蓋が出土した。海南月松里や霊光テチョン古墳の場合、在来的遺物と共に百済の土器、馬具などが優勢に登場する。特に、テチョン古墳の場合は、百済中央の穹窿状石室と栄山江流域の初期石室を形態的に引き継ぐ構造をもち、百済の遺物が優勢に出土しており、この地域の石室墳の登場および発展と関連して注目される。前方後円形古墳を除外した円墳からは、まだ日本系統の遺物が出土していないが、百済を最も優先的なパートナーとして加耶とも結び付いていたことを物語っている。(77)

初期大型石室の流行した五世紀後半から六世紀初頭の状況と関連して、日本の江田船山古墳の被葬者集団の性格は注目される。百済系の金銅製冠・冠帽、耳飾、帯金具、飾履などの装身具類と馬具、武器・武具類、銀象嵌銘大刀など、華麗な副葬品が二代あるいは二人に亙って副葬された。このような品物を副葬した被葬者集団は有明海を起点として日本列島各地と韓半島まで伸びた海上交通の担い手として活躍した、この地域の首長の一人として理解するのが妥当である。畿内の王または、最有力豪族が殊更に銀象嵌銘大刀を作ってまで協力を得なければならなかった理由は、この地域のずば抜けた海運力と豊富な外交的経験と知識のためであろう。(78)

伏岩里で石室が小型化・定形化し、定着する六世紀中盤以後には官等組織、衣冠制の成立と関連した銀製冠飾などが出土する点からみて、独自的な政治体としての性格は希薄になり、政治的には百済に完全に服属していたとしなければならないであろう。ところで、注目されるのは栄山江流域における初期大型石室墳などが大部分単独で分布するのとは異なり、伏岩里古墳群の場合は群集し、銀製冠飾および冠帽の着装が一式をなしておらず、分散している点は、集団として百済と関係を結んでいたことを物語るものと判断され、金製冠飾の存在からみて、百済の直接支配には、ある程度の限界性もあったことを知ることができる。すなわち、甕棺古墳の造営以後持続した、この地域の土着的性格が完全に消えてしまったとはいえないであろう。

ところで、金銀製冠飾と冠帽など、百済の直接的支配統治を象徴する威勢品が登場する伏岩里三号墳の代表的な石室である第五・七号石室からは、百済と倭で特徴的に使用された威勢品が共伴し、支配主体が相互に衝突する。すなわち、第五号石室の西側の被葬者と第七号石室の被葬者二人は、頭に百済の威勢品である冠帽、金銀製冠飾を被り、腰には倭で通用した威勢品としての装飾大刀である圭頭大刀と鬼面文三環頭大刀を佩用し、両者から一定の権威を付与されていたり、付与されようとした事実を知ることができる。ところで、それが単純に政治的な問題だけでは解決するには難しい点が多い。銀製冠飾は百済に政治的に完全に統合され、地方行政組織化された地域の地方官的性格をもつものとみられるが、そのような状況において倭で通用する威勢品を同時に副葬したのは、伏岩里被葬者集団がまた異なった役割を担っていたということを示唆するものといえよう。それは政治的な面もあろうが、それよりは経済

（対外交易）、文化的性格が強いものとして、百済―栄山江流域―加耶・倭に続く国際交易網の仲介者的役割を担ったものと判断される。このような役割を果たすことができたのは、地勢学的な側面もあり、在来の独自性をある程度維持していたためであろう。そして、百済は五世紀後半に至って、国際交易の主導権を回復しようとしたが、内部的に情勢が不安定であり、倭も国際交易の主導権を握り、百済と競争相手として台頭したことも[79]、栄山江流域がそのような仲介者の役割を担うのに重要な状況となったのであろう。金銀製冠飾の性格が百済の中央政府からの必要性、すなわち、在地勢力の完全な統合と牽制という観点から賜与したが、伏岩里の勢力は、これを再び在地での威勢品として使用したのであろう[80]。

## 六、むすび

五世紀後半から六世紀中盤は、栄山江流域で大きな政治的変革のあった時期と判断される。これは勿論、百済の動向と最も関連性が深いものであり、栄山江流域の土着集団は、このような状況の中で、在来的な力をもとに百済は勿論、倭、加耶など、多角的な交流および協力体制の構築を通して新しく政治勢力化を企てたが、大部分は持続できず、伏岩里古墳の造営集団など、幾つかの集団が勢力を維持し、百済の滅亡まで、それなりに地域的基盤を維持したものと判断される。倭と関連した遺物は、このような状況の中で出現した産物と思われる。

しかし、このような推定を裏付けるためには、具体的な遺跡に対する緻密な論議が要求される。新村里九号墳に対する研究は、既存の調査内容および遺物、そして、円筒形土器を総合的に検討しなければならず、この地域のみならず、百済、倭などを含めた広域的な次元での位相についての整理が必要であろう。

伏岩里三号墳は全面的な発掘調査がなされたことによって、栄山江流域の古代文化の研究のみならず、百済の勢力拡張過程を研究する上においても、一つの画期をなす重要な遺跡となった。しかし、三号墳自体に対する研究だけで、この地域の古代社会の性格および発展過程を正しく把握するには限界があろう。最近、西海岸高速道路敷地に対する発掘調査などで、栄山江流域の甕棺墓の出現背景についての糸口を模索しており、伏岩里三号墳の九六石室墓のような栄山江流域の初期石室墓に対する発掘調査と研究も進行している。加えて城郭や住居址に対する調査も進行していることから、今後多くの進展があるものと期待する。

註

(1) 遺跡概要は韓国考古学全国大会で発表した次の文をほとんど転載したことを明らかにしておく。
金洛中　一九九八「羅州伏岩里三号墳発掘調査」(『三〜五世紀錦江流域の考古学』第二二回韓国考古学全国大会、韓国考古学会)。
金洛中　一九九九「羅州新村里九号墳発掘調査」(『考古学を通して見た加耶』第二三回韓国考古学全国大会、韓国考古学会)。

(2) 徐聲勳・成洛俊　一九八四『海南月松里造山古墳』(国立光州博物館)。

(3) 李榮文　一九九〇『長城鈴泉里横穴式石室墳』(全南大学校博物館)。

(4) 成洛俊　一九九二「咸平礼徳里新徳古墳緊急収拾調査略報」(『第三五回全国歴史学大会論文及び発表要旨』)。

(5) 朴仲煥　一九九六『光州明花洞古墳』(国立光州博物館)。

(6) 朝鮮総督府　一九二〇『大正六年度古蹟調査報告』。

(7) 朝鮮古蹟研究会　一九四〇『昭和十三年度古蹟調査報告』。

(8) 小栗明彦　二〇〇〇「全南地方出土埴輪の意義」(『百済研究』第三二輯　忠南大学校百済文化研究所)。

(9) 田辺昭三　一九八一『須恵器大成』(角川書店)。

(10) 大阪府教育委員会・財団法人大阪府埋蔵文化財協会　一九八九『陶邑・大庭寺遺跡』。

(11) 田辺昭三　一九八一『須恵器大成』(角川書店)。

(12) 国立公州博物館　一九九九『艇止山』五二頁。

(13) 松田真一　一九五五「藤ノ木古墳出土の金銅製飾履の位置」(『斑鳩藤ノ木古墳第二・三次発掘調査報告書』奈良斑鳩町・斑鳩町教育委員会)二二七・二三〇頁の表。

(14) 馬目順一　一九九一「金銅製飾履」(『古墳時代の研究』八)一二四〜一三二頁。

(15) 本村豪章　一九九一「古墳時代基礎研究稿資料編」(『東京国立博物館紀要』第二六号)。

(16) 桑原邦彦　一九八八「山口県防府市桑山塔ノ尾古墳」（『古文化談叢』第二〇集）。

(17) 国立公州博物館　一九九〇『亀甲文と鬼面文』。

(18) a：文化財研究所　一九八九『益山笠店里古墳発掘調査報告書』。

b：穴沢咊光・馬目順一　一九七三「羅州潘南面古墳群—梅原考古資料による谷井済一氏発掘遺物の研究—」（『古代学研究』七〇号）。

c：桑原邦彦　一九八八「山口県防府市桑山塔ノ尾古墳」（『古文化談叢』第二〇集）。

d：本村豪章　一九九一「古墳時代基礎研究稿資料編」（『東京国立博物館紀要』第二六号）。

e：吉井秀夫　一九九六「金銅製飾履の製作技術」（『碩晤尹容鎭教授停年退任紀念論叢』）。

f：文化財管理局　一九七三『武寧王陵』

(19) 吉井秀夫　一九九六「金銅製飾履の製作技術」（『碩晤尹容鎭教授停年退任紀念論叢』）。

(20) 金秉模　一九九八『金冠の秘密』

(21) 白石太一郎　一九九九「江田船山古墳の被葬者像」（『古墳の語る古代史』歴博ブックレット⑥）。

(22) 徐聲勳・成洛俊　一九八四『海南月松里造山古墳』（国立光州博物館）。

(23) 成洛俊　一九九二「咸平禮徳里新徳古墳緊急収拾調査略報」（『第三五回全国歴史学大会論文及び発表要旨』）。

(24) 文化財研究所　一九八九『益山笠店里古墳発掘調査報告書』

(25) 安承周・李南奭　一九九四『論山茅村里百済古墳群発掘調査報告書（Ⅱ）—一九九三年度発掘調査—』（公州大学校博物館）。

(26) 李隆助・車容杰　一九八三『清州新鳳洞百済古墳群発掘調査報告書』（忠北大学校博物館）。

車勇杰　一九九〇『清州新鳳洞百済古墳群発掘調査報告書』（忠北大学校博物館）。

車勇杰・趙詳紀・呉允淑　一九九五『清州新鳳洞百済古墳群』（忠北大学校博物館）。

(27) 李尚律　一九九八「新羅、伽耶文化圏から見た百済の馬具」（『百済文化』第二七輯、公州大学校百済文化研究所）。

(28) 姜裕信　一九九七『新羅・加耶の馬具研究』（嶺南大学校博士学位論文）。

(29) 梅原末治　一九三二「慶州金鈴塚・飾履塚発掘調査報告」（『大正十三年度古蹟調査報告』第五冊）。

(30) 金斗喆　一九九三「三国時代轡の研究」（『嶺南考古学』一三）。

(31) 金斗喆　一九九三「三国時代轡の研究」（『嶺南考古学』一三）。

李蘭暎・金斗喆　一九九九『韓国の馬具』（馬文化研究叢書

Ⅲ　韓国馬事会馬事博物館）。
(32) 千賀久　一九九一「馬具」（『古墳時代の研究』八　古墳Ⅱ副葬品）。
(33) 李尚律　一九九三「三国時代杏葉小考」（『嶺南考古学』一三）。
(34) 金廷鶴・鄭澄元・林孝澤　一九八〇「味鄒王陵第七地区古墳群発掘調査報告」（『慶州地区古墳発掘調査報告書』第2輯　文化財管理局・慶州史蹟管理事務所）。
(35) 文化広報部文化財管理局　一九七四『天馬塚』。
(36) 京都大学文学部考古学研究室　一九八〇『琵琶湖周辺の六世紀を探る』。
(37) 金廷鶴・鄭澄元・林孝澤　一九八〇「味鄒王陵第七地区古墳群発掘調査報告」（『慶州地区古墳発掘調査報告書』第二輯　文化財管理局・慶州史蹟管理事務所）。
(38) 金正完・任鶴鐘・權相烈・孫明助・鄭聖喜　一九八七『磻渓堤古墳群』（国立晋州博物館）。
(39) 韓国では用語がまだ定められておらず、日本では鳩胸金具とする。
(40) 千賀久　一九八八「古墳時代壺鐙の系譜と変遷―杓子形壺鐙を中心に―」（『考古学と技術』同志社大学考古学シリーズ）。
(41) 千賀久　一九九一「馬具」（『古墳時代の研究』八　古墳Ⅱ副葬品）。
(42) 奈良県立橿原考古学研究所　一九九〇『斑鳩藤ノ木古墳―第一次調査報告書』一〇六頁。
(43) 徐聲勳・成洛俊　一九八八『羅州潘南古墳群』（国立光州博物館）。
(44) 東京国立博物館　一九八二『寄贈小倉コレクション目録』。
(45) 大阪府立近つ飛鳥博物館　一九九六『金の大刀と銀の大刀』（特別展図録図版一九）。
(46) 岐阜県・岐阜県教育委員会　一九八六『椿洞古墳群―公共急傾斜地防災事業に伴う緊急発掘調査―』五四〜五九頁の圭頭大刀出土地一覧表による。
(47) 瀧瀬芳之　一九八六「円頭大刀・圭頭大刀の編年と佩用者の性格」（『考古学ジャーナル』二六六）九頁。
(48) 穴沢咊光・馬目順一　一九七三「羅州潘面古墳群―谷井濟一氏発掘遺物研究―」（『古代学研究』第七〇号　古代学研究会）。
(49) 朝鮮総督府　一九二七『昭和二年度古蹟調査報告書』。
(50) 東京国立博物館　一九八二前掲書　図版番号一二一。
(51) 韓永熙・李相洙　一九九〇「昌寧校洞一一号墳出土有銘圓頭大刀」（『考古学誌』二）。
(52) 小川敬吉　一九二七「梁山夫婦塚と其遺物」（『古蹟調査特別報告』第五冊　朝鮮総督府）。男性の円頭大刀と婦人の金銀装刀子二点が出土する。
(53) 国立慶州博物館　一九八七『菊隱李養璿蒐集文化財』図

版番号一九四。
(54) 岐阜県・岐阜県教育委員会　一九八六『椿洞古墳群―公共急傾斜地防災事業に伴う緊急発掘調査―』五二～五三頁。
(55) 瀧瀬芳之　一九八六　前掲書。
(56) 大阪府立近つ飛鳥博物館　一九九六『金の大刀と銀の大刀―古墳・飛鳥の貴人と階層―』図版四六。
(57) 八女市教育委員会　一八八五『童南山一一・一二号古墳』。
(58) 東京国立博物館　一九九七『日本のかたな―鉄のわざと武のこころ―』。
(59) 朝鮮総督府　一九一六『朝鮮古蹟図譜』三。
国立中央博物館　一九九九『百済』(特別展図録)一六六頁。
(60) 大阪府立近つ飛鳥博物館　一九九六『金の大刀と銀の大刀―古墳・飛鳥の貴人と階層―』図版五八。
(61) 瀧瀬芳之　一九八六「円頭大刀・圭頭大刀の編年と佩用者の性格」(『考古学ジャーナル』二六六)　一五頁。
(62) 高島徹　一九九六「装飾付大刀を出土した古墳」(『金の大刀と銀の大刀―古墳・飛鳥の貴人と階層―』大阪府立近つ飛鳥博物館)。
(63) 崔夢龍　一九七八『羅州大安里五号百済石室墳発掘調査報告』(羅州郡庁)。
(64) 穴沢咊光・馬目順一　一九八四「三国時代の環頭大刀」(『考古学ジャーナル』二三六)。
(65) 国立公州博物館　一九九〇　前掲書。中国の例として唐長安の大明宮から出土した環頭大刀を模倣した意匠があるが、時期的に新しい。
(66) 小谷地肇　二〇〇〇「獅噛式環頭大刀の分類」(『青森県考古学』第一二号)一～一八頁。
(67) 大洋村教育委員会　一九八一『常陸梶山古墳』―茨城県鹿島郡大洋村梶山所在―。
(68) 穴沢咊光・馬目順一「獅噛環刀考」(『信濃』三一―四信濃史学会)。
(69) 日本で使用される三累環獅噛文という用語を具滋奉の意見によって正して使用したものである。具滋奉　一九九八「環頭大刀の図像について」(『韓國上古史学報』第二七号)。
(70) 青森県八戸市教育委員会　一九九〇「丹後平古墳」(『八戸市埋蔵文化財調査報告』第四四集)。丹後平古墳一五号墳は八世紀初めの小型円墳で、大刀は周溝内から出土したが、韓半島で製作されもたらされたものと報告している。
(71) 成洛俊　一九九七「百済の地方統治と全南地方古墳の相関性」(『百済の中央と地方』百済研究論叢第五輯　忠南大学校百済文化研究所)。
(72) 李熙濬　一九九八「四～五世紀新羅の考古学的研究」(ソウル大学校博士学位論文)。
朴普鉉　一九九五「威勢品から見た古新羅社会の構造」(慶北大学校博士学位論文)。
(73) 李漢祥　一九九四「五～六世紀新羅の辺境支配方式―装

身具分析を中心に―」（ソウル大学校大学院国史学科碩士学位論文）。
李漢祥　一九九七「装飾大刀の下賜に反映された五～六世紀新羅の地方支配」（『軍史』第三五号　国防軍史研究所）。
(74) 都出比呂志　一九九四「古代文明と初期国家」（『古代史復元』六―古墳時代の王と民衆　講談社）。
(75) 李漢祥　一九九四　前掲論文。
(76) 金英心　一九九七『百済地方統治體制研究―五～七世紀を中心として―』（ソウル大学校大学院博士学位論文）。
(77) 崔成洛・金建洙　二〇〇〇『霊光鶴丁里・咸平龍山里遺跡』（木浦大学校博物館・益山地方国土管理庁）。
(78) 白石太一郎　一九九九「江田船山古墳の被葬者像」（『古墳の語る古代史』歴博ブックレット⑥）。
(79) 姜鳳龍　一九九八「栄山江流域の古代社会の羅州」（『羅州地域古代社会の性格』羅州市・木浦大学校博物館）七九頁。
(80) 金洛中　二〇〇〇「五～六世紀の栄山江流域における政治体の性格―羅州伏岩里三号墳出土威勢品分析―」（『百済研究』第三二輯　忠南大学校百済文化研究所）。

# 韓国全羅南道の円筒形土器

## ――いわゆる埴輪形土製品をめぐって――

大竹弘之



### 一、はじめに

韓国の全羅南道地域ではこれまでに一〇余基の前方後円形古墳が確認され（図1）、霊岩チャラボン古墳（姜仁求一九九二）をはじめ、咸平新徳古墳（成洛俊一九九二、国立光州博物館二〇〇〇b）、光州明花洞古墳（朴仲煥一九九六）・月桂洞一・二号墳（林永珍一九九四）、海南長鼓峰古墳（国立光州博物館二〇〇〇a）が発掘調査されている。これらのうち明花洞古墳で日本の円筒埴輪に似た円筒形土器の樹立が確認され、月桂洞古墳では円筒形土器に加えて、朝顔形埴輪に似たラッパ形土器、さらに石見型木製品や笠形木製品も出土し、韓日の研究者を驚かせたことは記憶に新しい。そしてその造営集団や成立の事情をめぐって論議を呼んでいる(1)。

これまで韓国の円筒形土器は、いずれも五世紀末前後から六世紀前半の横穴式石室を内部主体とする前方後円形古墳に伴うものであった。これらは周囲に盾形の周溝を繞らせた前方後円形の墳丘裾に樹立されており、月桂洞一号墳のように石見型木製品や笠形木製品を樹立した例も認められることから、その系譜を前方後円形という墳形の採用とともに日本列島に求めざるを得ず、倭の埴輪の影響、ひいては前方後円墳とともに倭の墓制の強い影響下に成立したとする見方が定着しつつある。

ところがその後、先の理解を複雑にする注目すべき発見が相次いだ。一九一七・一八年に朝鮮総督府によって調査され、金銅冠・飾履・環頭大刀等、豪華な副葬品が出土したことで知られている羅州市潘南面新村里九号墳（甕棺を内部主体とする方形墳）の再調査では、上部が鉢形や壺形を呈する円筒形土器が墳頂周縁を方形に続って置かれていたことが明らかとなった。また咸平郡咸平邑津良里チュンナン遺跡の方形墳や、羅州市多侍面伏岩里二号墳（梯形古墳）においても周溝から有孔平底壺形の円筒形土器の出土が報告され、墳丘周囲に樹立されていたものと推定されるに至っている。

このように全羅南道の円筒形土器には、前方後円形古墳以外の在地墓制の甕棺古墳や異形墳等においても円筒埴輪のように墳丘周囲を囲繞するあり方が認められる点と、円筒埴輪や朝顔形埴輪が直接のモデルとは考えられない形態とバリエーションの存在することが明らかになってきた。

そこでこれらの円筒形土器の事例を紹介すると共に系譜について検討し、全羅南道地域に前方後円形古墳が出現する以前にも在地勢力が埴輪習俗の情報を得て、在来の土器をモチーフとしてさらにアレンジして円筒形土器を成立させた可能性のあることを指摘したい。また逆に日本列島において埴輪が使用されなくなる六世紀後半頃に、各地の古墳等において単発的に円筒形土器の影響を受けたと考えられる埴輪の樹立が認められ、これらも合わせて紹介してみたい。

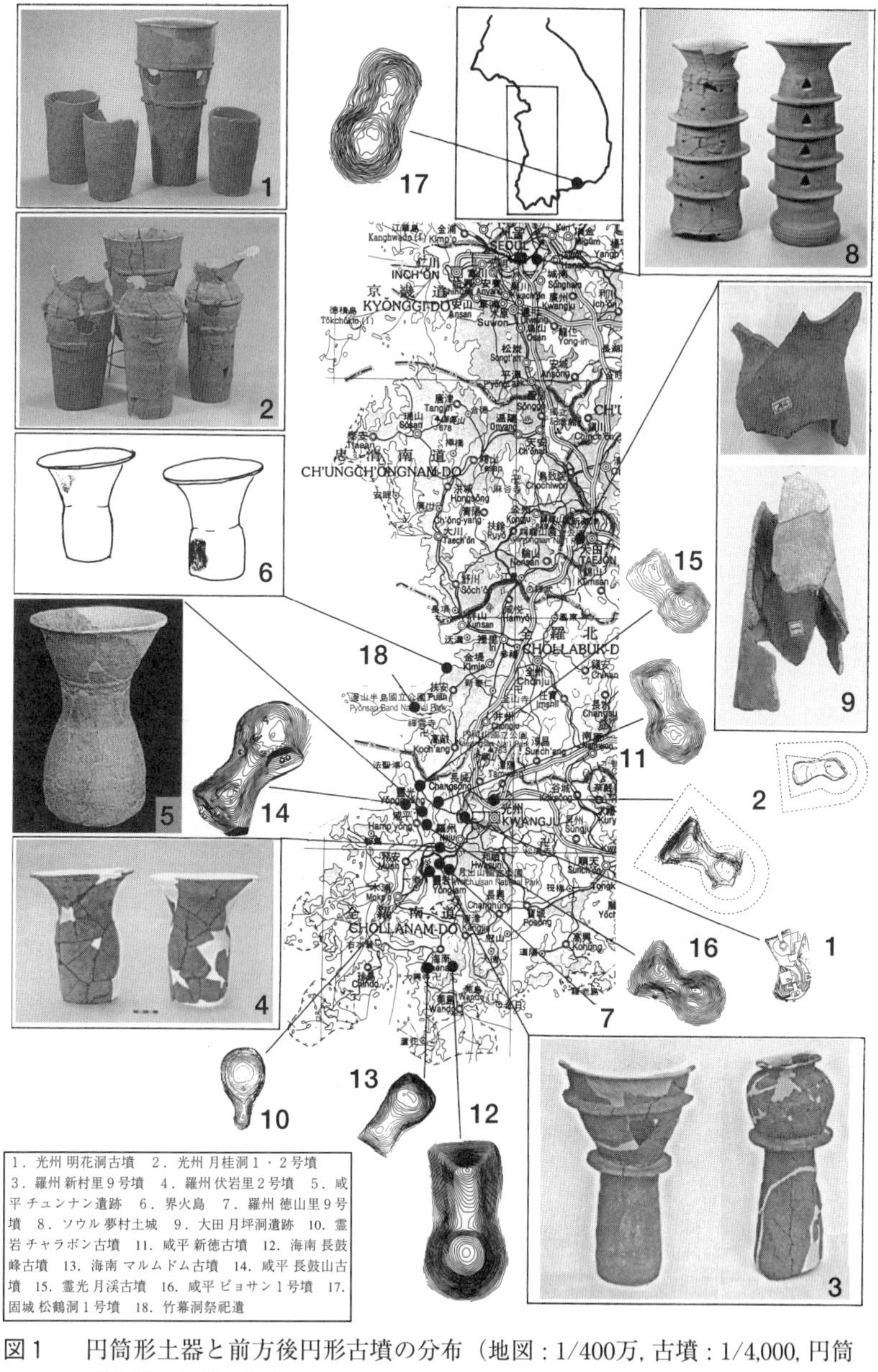


1. 光州 明花洞古墳　2. 光州 月桂洞1・2号墳　3. 羅州 新村里9号墳　4. 羅州 伏岩里2号墳　5. 咸平 チュンナン遺跡　6. 界火島　7. 羅州 徳山里9号墳　8. ソウル 夢村土城　9. 大田 月坪洞遺跡　10. 霊岩 チャラボン古墳　11. 咸平 新徳古墳　12. 海南 長鼓峰古墳　13. 海南 マルムドム古墳　14. 咸平 長鼓山古墳　15. 霊光 月渓古墳　16. 咸平 ピョサン1号墳　17. 固城 松鶴洞1号墳　18. 竹幕洞祭祀遺

図1　円筒形土器と前方後円形古墳の分布（地図：1/400万, 古墳：1/4,000, 円筒形土器：縮尺不同）

## 二、全羅南道地方の円筒形土器

**明花洞古墳**（図2・3）（朴仲煥一九九六）

光州広域市光山区明花洞集落背後の低丘陵の先端部に位置する前方後円形古墳である。一九九三年と一九九四年の二次にわたり国立光州博物館によって発掘調査された。墳丘西側の円部から方部にかけて、民家建築に伴う土取りで破壊され、特に円部は石室の奥壁基底部分にまで破壊が及んでいた。残存墳丘で全長三三m、円部径一八m、同高二・七三m、くびれ部幅一二m、同高一・八七m、方部幅二四m、同高二・七三mを測る。墳丘はほぼ完全な盛土によって築造され、土層観察によって円形部と方形部が同時に築造されており、しかも墳丘縁に沿って土手状に盛土した後にその内部を充填するという工法の採られたことが確認された。方部をN―二六度―Wに向け、方部両端から始まり後円部を取り巻いて盾形の周溝が続る。幅と深さは地点によって異なるが、くびれ部で最大幅五・五m、深さ〇・八mで、円部南側で幅一・五m、深さ〇・四mを測る。墳丘東側くびれ部において概ね五〇cm間隔で樹立された円筒形土器一一本が列をなし約八・二mにわたって検出された。円筒形土器は墳丘盛土層を掘って据えられていた。

石室は徹底的に破壊され構造の詳細を知り得ないが、円部中央から若干西に寄せて構築され、北西方向に開口する横穴式石室である。玄室は長大石を下部に据え、その上に割石を小口積みしていた。奥壁部分で幅一・八mを測る。

出土遺物としては、石室からは盗掘を免れた鉄鏃、鉄斧、胡籙金具、耳環等の他、陶質土器があり、また周溝のほぼ全域において墳丘から転落した円筒形土器片が多数出土した。

円筒形土器（図3―1～9）

円筒埴輪に似る。体部は底部から口縁側に向けて緩やかに開く逆テーパー状をなし、口縁部は斜め上方に大きく外

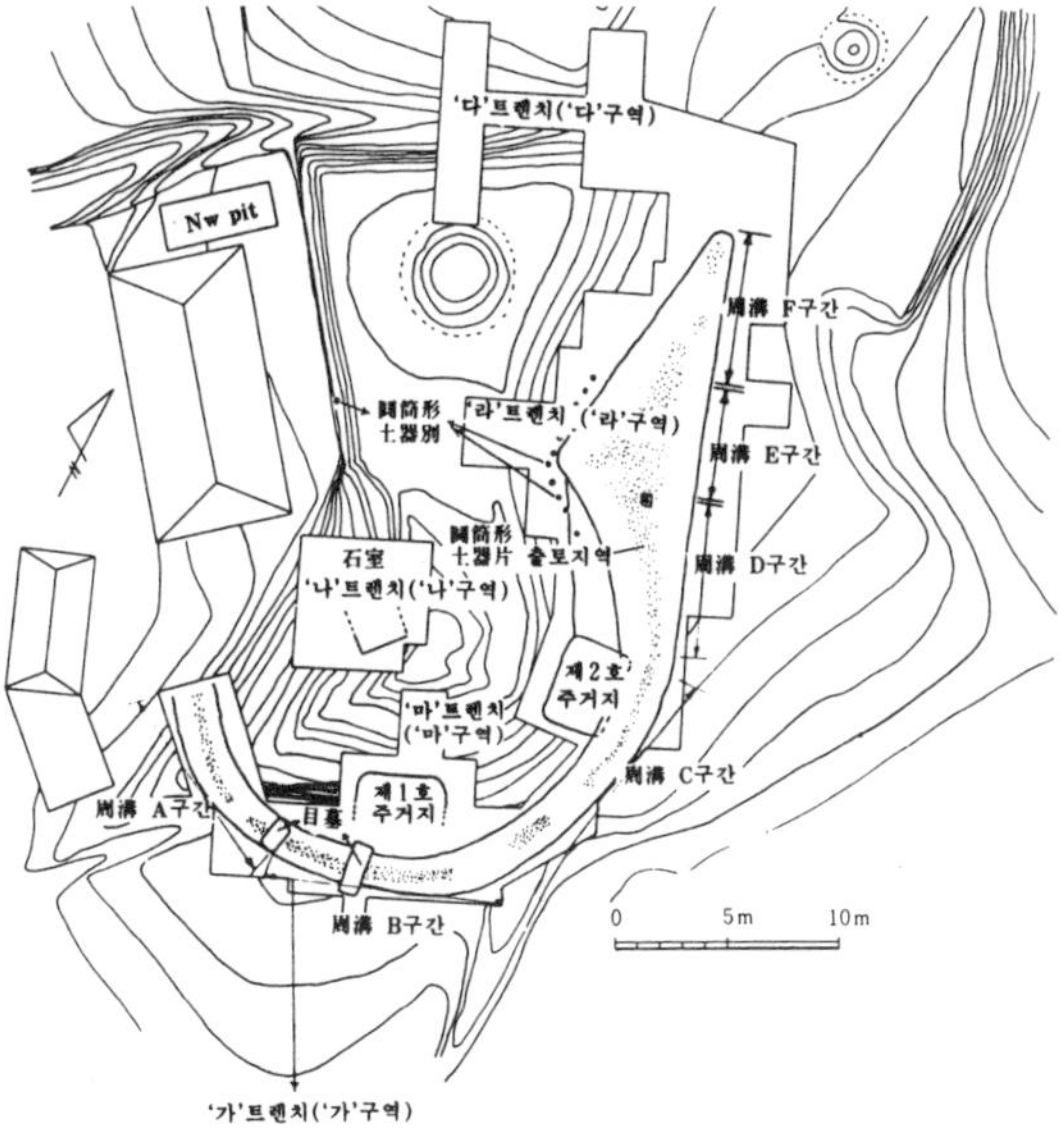

図2　光州明花洞古墳の平面図（上）と円筒形土器列の出土状況（下）（朴1996）

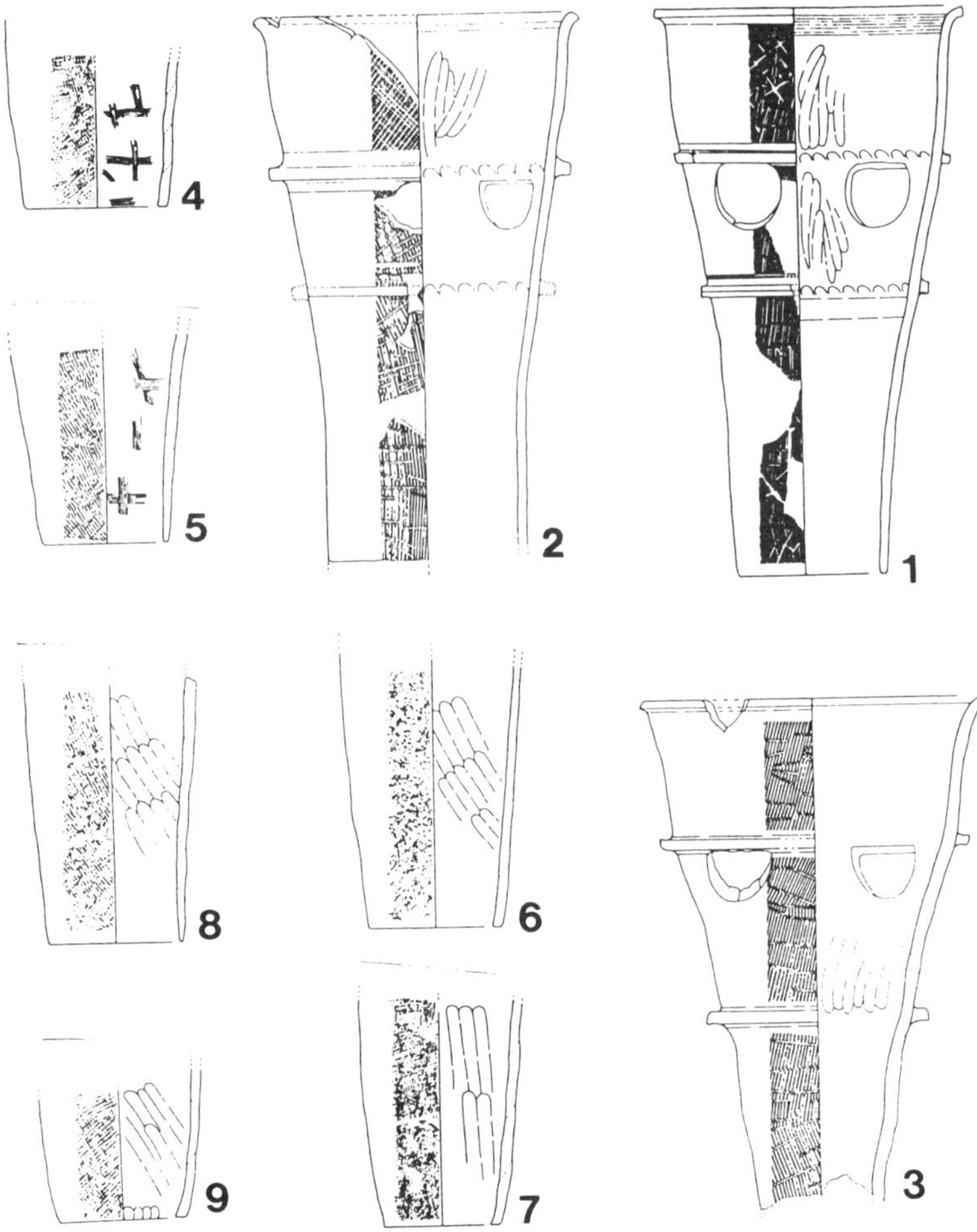


図3　光州明花洞古墳出土円筒形土器（S=1/10）（朴1996）

反する。二条突帯三段構成で、突帯の位置は下段・中段・上段の比が概ね二：一：一を示す。突帯の突出度は高い。器高六〇㎝弱、口径三〇㎝前後、底径一二～一五㎝を測るが、形態は細部に個体差が認められる。胎土は粗砂混じりで粗く、焼成も黄褐色軟質、赤褐色軟質、灰黒色硬質と多様で、焼成法に酸化焔焼成、還元焔焼成の両者の存在することがわかる。

内面には縦方向のナデを、外面にはタタキメを施しているが、一部にハケ状工具による調整を施す個体もある。突帯は、文様を叩き出した後に貼り付けていて、上部突帯下に接してU字形あるいは半円形のスカシ孔が四方に穿たれている。上下両突帯の中間部分の内壁に接合痕を留め、外面、上部突帯の端部は上方に反転気味、下部突帯の端部は下方に反転気味の逆位をとり、器壁断面に表れた粘土紐接合痕から倒立技法による成形も認められる。

外面タタキメには放射文平行タタキ（1）、平行タタキ（5・8）、鳥足文付平行タタキ（3）、格子タタキ（4・9）がある。また中段中位までは格子タタキ、以下は漸次、平行タタキに移行しており、倒立工程の前後で成形工具の取り替えられた例（2）や、下段外面に格子タタキを施した後、下半をハケ状工具で調整した例（7）も認められる。下段部分がハケ状工具による調整のみ認められる例（6）や、内面にナデ調整後ハケ状工具による縦横の調整痕を留める例もある（4・5）。

**月桂洞一・二号墳**（図4）（林永珍一九九四、林永珍・趙鎭先二〇〇〇）

光州広域市光山区月桂洞に位置する二基の前方後円形古墳であるが、付近の旧地名は長鼓村といった。光州尖端科学産業団地造成に先だって一九九三年と一九九五年に二次にわたり全南大学校博物館によって発掘調査された。

一号墳　方部を南西に向ける前方後円形古墳である。円部東側と南側は民家建築時の土取りで崖面をなし、石室の一部が露出していた。残存墳丘で全長三六・六m、円部径一六m、同高四・八m、くびれ部幅一〇・四五m、同高三・

三m、方部幅二七m、同高四・九mを測る。周溝は盾形を呈し、幅と深さが地点によって少しずつ異なるが、幅は方部と円部では五・五m〜六・五m、くびれ部付近で一四m内外を測る。全長四四m、円部径二四m、周溝を含めた古墳の全長は六〇m程に復原される。

石室は、円部中央から南側に寄せて墳丘盛土層中の旧地表面から約一m程の位置に構築され、西南西に開口していた。割石を小口積みし、前壁玄門部分は二枚の板石を立てていた。玄室は長さ四・六m、幅三m、残存高二・六mを測る。羨道は、玄室前壁中央から若干右にずれて付設されており、残存長二・八m、幅一・四m、最大高一・七mを測る。板石からなる二枚の天井石が斜めに傾いたまま残存していた。

石室内部は既に盗掘を受けており、耳環一点、鉄鏃一点と若干の土器片が出土したにすぎないが、周溝から多量の円筒形土器及び石見型木製品、笠形木製品等が検出されている。

円筒形土器（図4—下左・右）

円筒埴輪に似た円筒形土器と朝顔形埴輪に似たラッパ形土器の二種がある。

円筒形土器（右）は二条突帯三段構成、粘土紐輪積成形で底部から口縁端部に向けて開き気味に立ち上がる逆テーパー状につくる。中段は外方に僅かに膨出し、上段は僅かに外反して口縁部に至る。口縁端部は四角く収める。器高六六㎝、口径四一・七㎝、底径二一・八㎝、厚み一・三㎝内外を測る。

突帯の位置は下段・中段・上段の比が概ね二：一：一を示す。突帯は突出度が高く、上部突帯の端部は上方に反転気味、下部突帯の端部は下方に反転気味の逆位をとる。貼付時のヨコナデが器面のタタキ痕を消しており、器面調整後に突帯の付されたことがわかる。

外面調整は下段から中段中位までは格子タタキ、中段中位から上は鳥足文付平行タタキが施される。内面調整は粗いナデ、随所に粘土紐接合痕と指頭圧痕が認められる。

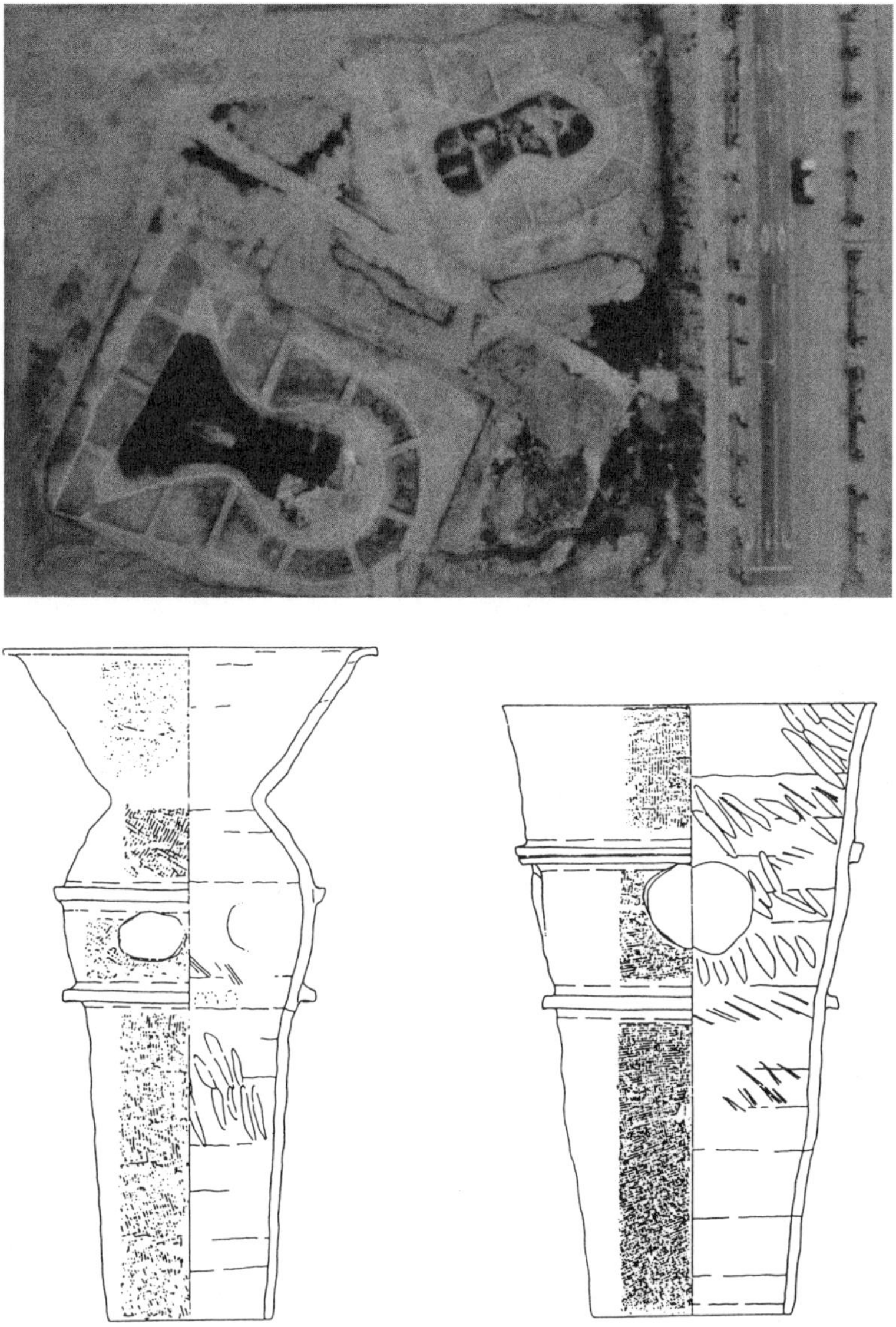

図４　月桂洞１・２号墳の俯瞰（上）（林・趙2000）と
　　　１号墳出土円筒形土器（S=1/10）（下）（林1994）

スカシは歪みの著しい扁円形で、中段、上部突帯に接するように三個が穿たれるが、スカシの間隔は一定でなく、円周を概ね四分割したうちの三方に配置されている。突帯下側のヨコナデを切っていることから突帯貼付後の穿孔であることがわかる。

器壁断面に表れた粘土紐接合面が上半では内傾し下半では外傾しており、倒立技法の採用されていることが知られる。砂礫を含んだ粗い胎土、酸化焔焼成で淡褐色を呈す。

ラッパ形土器（左）も二条突帯三段構成で、器高七二・六cm、口径四二cm、体部最大径二八・五cm、底径一八cm、厚み一・二cmを測る。逆テーパー状の下段の上に球形に近い体部をもつ広口壺の載るもので、壺状部分の肩にあたる位置に上部突帯を繞らせ中段上段界とする。肩から上方に内彎して窄まり頸部に至るが、頸部に突帯は付されていない。口縁部は大きく外反し、端部は水平方向に延びる。口縁部中間にも突帯は認められない。板ナデ調整ののち口縁端部にヨコナデを施している。端部は四角く収める。

体部外面調整は格子タタキ、平行タタキ、鳥足文付平行タタキ等でなされるが、個体毎、各段毎に多様で、同一個体中に複数種のタタキが併用されている。内面はナデ調整で、突帯に対応する位置に横方向に連続する指頭状の圧痕が認められる。

突帯の位置は下段・中段・上段の比が概ね三：一：二を示す。突帯は突出度が高く、上部突帯の端部は上方に反転気味、下部突帯の端部は下方に反転気味の逆位をとり、円筒形土器と同様に倒立技法の採用されていることが知られる。

スカシは円形、不整円形、半円形で、中段、上部突帯に接するか、これに近い位置に三個が穿たれるが、その間隔は一定でなく、円周を概ね四分割したうちの三方に配されている。

砂礫を含む胎土、酸化焔焼成で淡赤褐色を呈する個体と橙褐色を示す個体がある。

二号墳　方部を西から僅かに南側に向けた前方後円形古墳で、一号墳の北北東五〇mに位置する。過去の耕地整理に際して周辺が旧地表下まで削平され、これが墳丘周囲にも及んでおり墳丘形状は旧状を殆ど留めていない。残存墳丘で全長約二八m、円部径一三・九m内外、同高二・三m、くびれ部幅七・九m、同高〇・七m、方部幅一一・九m、同高二mを測る。周溝は一号墳と同様に円部側と方部側が狭く、くびれ部が広い盾形を呈するが、深さも地点によって少しずつ異なるが一m内外である。なお地山面で確認された全長は三四・五mで、円部径二〇・五m、くびれ部幅一四・五m、方部幅二二m程である。

石室は、墳丘盛土層中の旧地表面から一・一m程の位置に構築され、北西方向に開口していた。一号墳と同様に盗掘を受け、石室壁面の下半部分の、最大高で一m程を留めるにすぎない。玄室羨道共に割石小口積みであるが、玄室最下段に長さ一五〇cm、高さ二〇cmほどの長大な石材を配した部分もある。玄室は長さ三・八m、幅二・四〜二・五m、保存が最良であった奥壁部分で高さ一m程を測る。玄室床面には板石を敷き詰めていた。羨道は玄室前壁中央に付設されていたが、閾石を中心に長さ二・五m、幅一・五m程が残存する。石室からの遺物は、刀子片、土器片の他に、僅かな数のガラス玉に留まる。周溝内からはやはり円筒形土器片が出土している。

円筒形土器は、一号墳と同様に円筒埴輪形と朝顔形埴輪形の二者がある。形態・技法共に共通するが、円筒埴輪形の口縁部が明花洞古墳例と同様に外反するのが特徴である。(2)

**新村里九号墳**（図5・6）（国立文化財研究所一九九九、金洛中一九九九）

潘南古墳群は、羅州市潘南面に所在する栄山江流域に特有な甕棺古墳を代表する古墳群である。羅州市南西に位置する紫微山を中心に大安里（一二基）、新村里（九基）、徳山里（一〇基）と、計三〇余基で構成されている。(3)

新村里九号墳は、栄山江流域の首長墓群のなかでも、墳丘規模と副葬品の内容からみて潘南古墳群の中心的古墳と目されているが、報告書が発刊されておらず、後に潘南面古墳に関連する調査記録が再報告されているものの（穴沢・馬目一九七三、有光一九八〇、徐聲勳・成洛俊一九八八）、詳細はいぜん不明のまま今日に至っている。こうしたなか、一九九九年四月から八月にかけて韓国国立文化財研究所によって復元整備に先立つ全面調査が実施された。

古墳は、徳山里古墳群が営まれた丘陵の最高所に位置し、立地上の優位性を示している。墳丘の保存状態は良好で、墳形は方台形を呈し、その規模は三四（南北）×三一（東西）×五（高さ）m、頂上の平坦部一二×一一・五mを測り、潘南古墳群では大安里九号に次ぐ規模である。墳丘主軸はN―四〇度―Eである。

墳丘の築成状況は、旧地表上に盛土したもので、盛土層自体の厚さは四m程であるが、周辺が低く、周溝を掘削してあり実際よりも高大に見え、周溝底からの高さは六～七mを測る。盛土は周溝を掘って生じた赤色砂質土と周辺の表土及び低地帯の灰色泥土を交互に積んでおり、灰色泥土を内側に、赤色砂質土を外側に集めようとする意図が見てとれる。

墳丘の四方に最大幅七m、最深二mを超える規模の周溝が墳丘の四方を繞るが、溝の形状は窪み状の穴が二～四個ずつ不規則に連なったようにも見える。周溝の深さは、立地する地形の関係から北半部では深く、南半部は浅い。周溝内から、蓋杯・壺等、少量の灰青色硬質土器の他、円筒形土器の上部の破片が多数出土した。

墳頂部の精査では、一一×一一m、最大二mの深さに及ぶ一九一七年の発掘坑が確認された。そして甕棺を取り上げた痕跡も一部で確認されたが、本来の配置状態は知りえなかった。副葬品のみを取り上げた後、埋め戻された甕棺も確認された。また未調査の甕棺の存在を想定して墳頂外側斜面にまで拡張したが、新たには確認されず、甕棺は墳頂内にのみ上下に重複して埋められていたことが知られた。

墳頂外側斜面への拡張過程で墳頂平坦地西北隅において円筒形土器が一点検出された。そして北側から東側にかけて鍵手状に二八個体が確認され、当初は墳頂周縁を方形に繞って置かれていたことが明らかとなった。一九一七年・

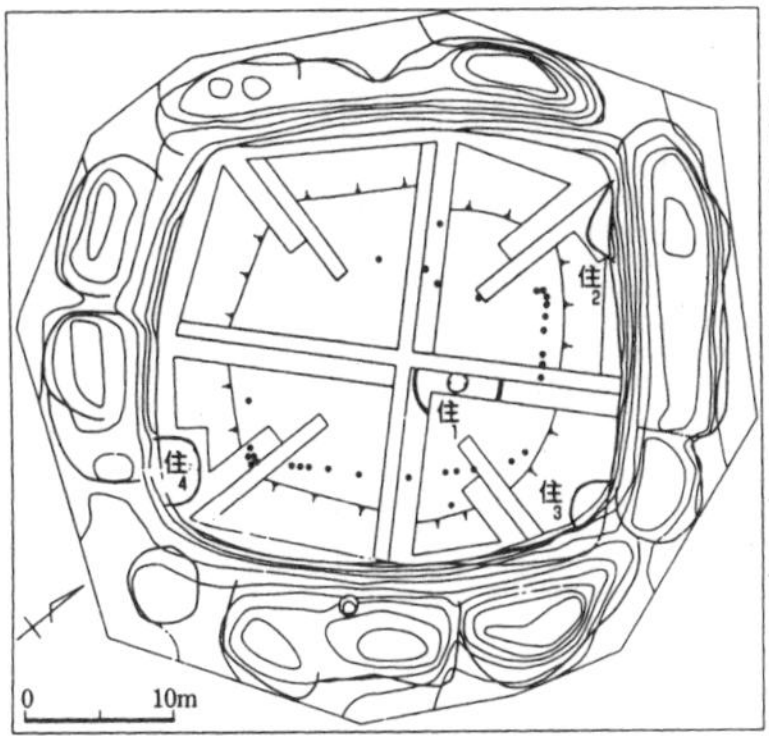


周溝および円筒形土器配置図　・は円筒形土器

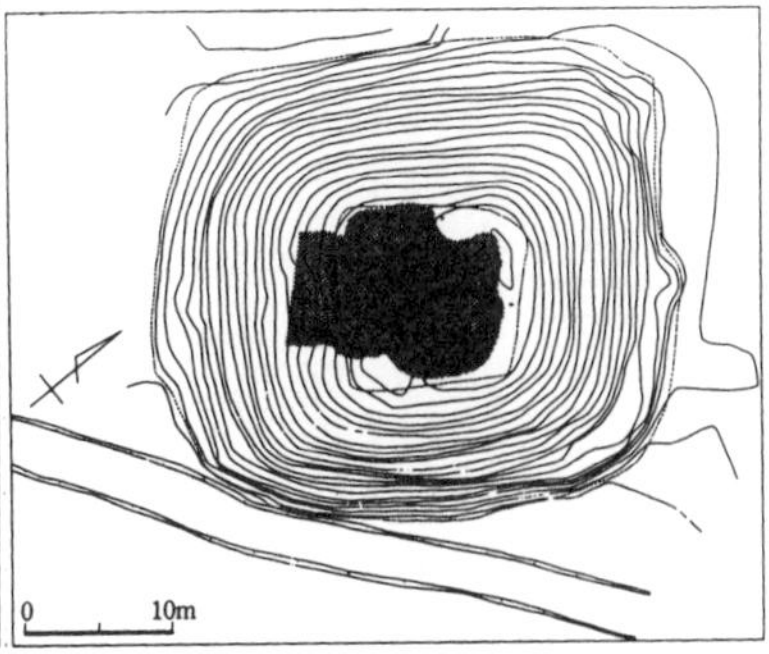


墳丘測量図（調査前）　アミは1917～18年の調査範囲

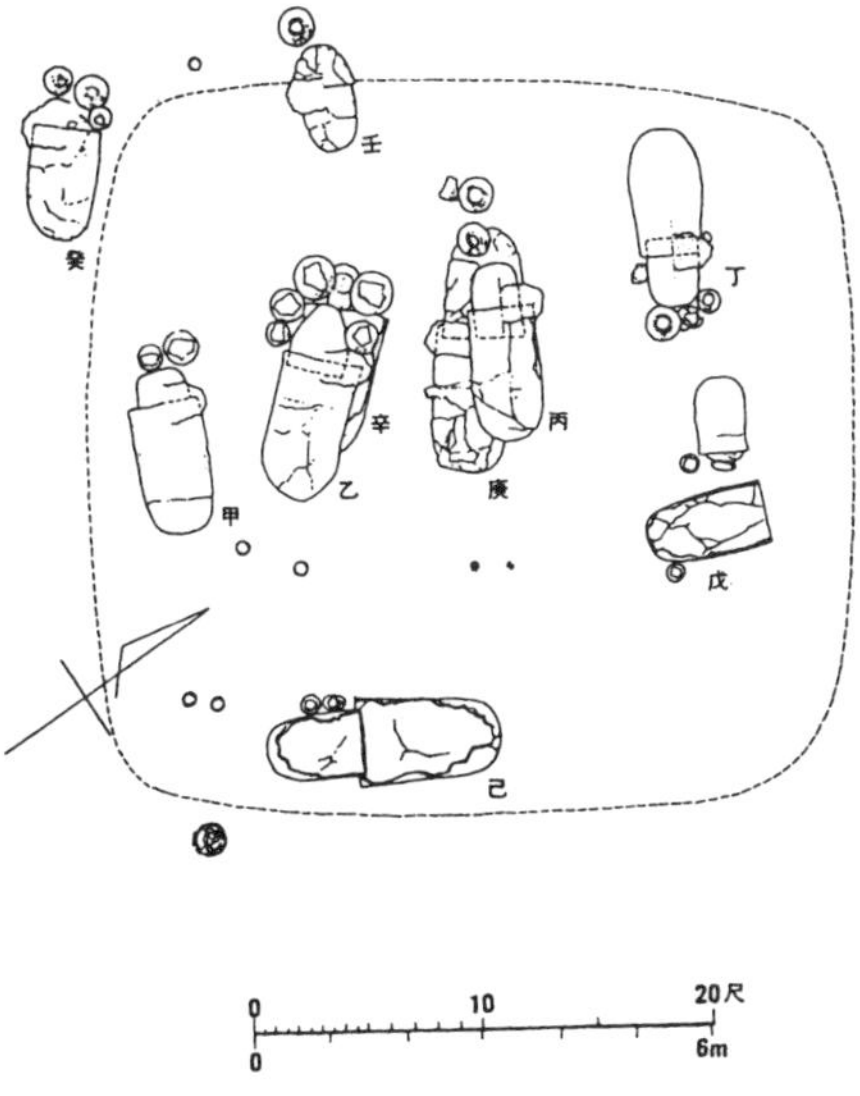


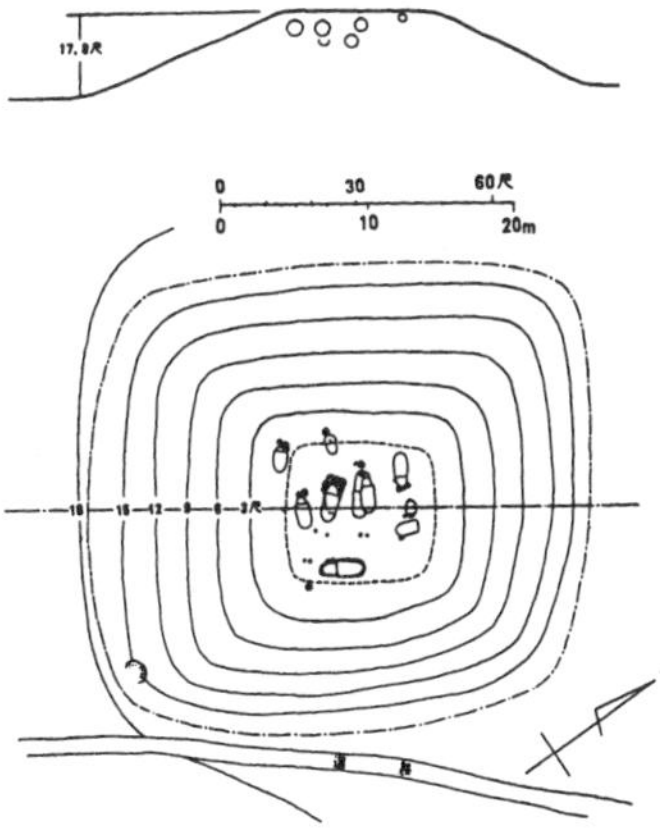


図5　新村里9号墳　円筒形土器の配置（上）（金1999）と
甕棺の配置（下）（有光1980）

一八年の調査でも己甕棺の傍で二点、庚甕棺外部で一対二点、辛甕棺内部で一対二点、壬甕棺外部で一点分一箱の計七点の円筒形土器の下部が出土しているが、詳しい配置状態を知るに至っていない。(5) さらに墳丘は、円筒形土器列の上半部が損壊流失した段階で再び盛土されており、これらの円筒土器列が上下に重層する甕棺のうち、下層の甕棺埋納時の一次墳丘の初葬に伴うものであることも知られた。土器列の土器は五〇cm前後の間隔で樹立されており、方形区画の規模は一七(東西)×一九(南北)mに復元できる。円筒形土器は西斜面においても確認され、ここでも上部損壊後に再び盛土された状況が確かめられた。円筒形土器の出土総数は三二個体である。

円筒形土器(図6—下)

脚台を思わせる底径二〇cm内外の幾分円錐気味の円筒を下部とし、その上部に壺形と鉢形の載る二者が認められる。三二個体のうち鉢形が大部分で、壺形は二点が得られたに過ぎない。全て赤褐色軟質で、表面に縦位の平行タタキが施されている。上下部界に角頭でしっかりした鍔状の貼付突帯が繞る。下部の粘土紐接合痕の観察から倒立技法の採用されていることが確認されている。

鉢形は、内彎気味に立ち上がり口縁部が水平方向に外反する鉢状部の上から三分の一程の位置にも鍔状の突帯がもう一条繞り、下部の突帯との間に逆三角形のスカシが三方に穿たれている。口縁と上部突帯の端部は共に丸く収められている。大きさは完形品で高さ六〇cm程で、上部の上の三分の二程が墳丘上に露出していたことが器面の風化の具合から知ることができる。

壺形は、口頸部の短い広口壺状を呈する。体部は幾分か肩の張り気味の球形をなし、短く直立してから水平方向に外反する口頸部を有する。口頸部はヨコナデが施されタタキメが消され、口縁端部は角頭をなすが、強いヨコナデによって上下に幾分か拡張されている。(6)

図６　新村里9号墳　円筒形土器の出土状況（上）と円筒形土器（下）（金1999）

伏岩里二号墳（図7・8）（林永珍・趙鎭先・徐賢珠一九九九）

羅州市多侍面に所在する四基からなる古墳群（伏岩里古墳群）の二号墳から円筒形土器が出土している。二号墳は、当初梯形の墳丘を造営した後、水平方向に拡張して細長い梯形墳丘とし、更に後の段階に長方形墳に改変されている。当初の北、西、南の三方の溝で囲まれた東西に長い梯形墳丘の西側と南北側の周溝西半の下層から二〇余個体の円筒形土器が出土している。元々は墳丘上に樹立されていたものが転落したものであるという。遺物は上層である灰黒色粘土層から多種多数の陶質土器類が大部分出土し、下層の灰黄色粘土層からは円筒形土器が間隔をおいて出土した。下層から出土した円筒形土器は、墳丘裾に立てられていたものがずり落ちたもので、上層から出土した数多くの遺物は祭祀と関連する遺物と判断されるが、上・下層の遺物は時間的差異があると考えられている。

円筒形土器（図8）

二号墳の周溝の下層から出土したものであるが、二〇余個体に達する。西側周溝と南・北側周溝の西半部分で出土し、全て壊れて出土したが、ある程度一定の間隔をおいた円筒形土器の出土状況から見て、現在確認される周溝の西半部側で出土しており、当初の梯形古墳の墳丘上に繞らせてあったものと推定される。

円筒形土器は、僅かに胴の張り出した円筒形の体部に大きく外反する口頸部の付く三〇㎝足らずの有孔平底壺で、口頸部体部界は僅かに括れる。底部の円孔は底部径に比して大きい。黄褐色軟質の焼成で、外面はナデ調整、内面には輪積み成形痕が認められる。(7)

これらの円筒形土器は、当初の梯形古墳に伴うものであるが、伴出遺物が他になく、上層出土遺物の検討から五世紀後葉以前に遡ると考えられる。

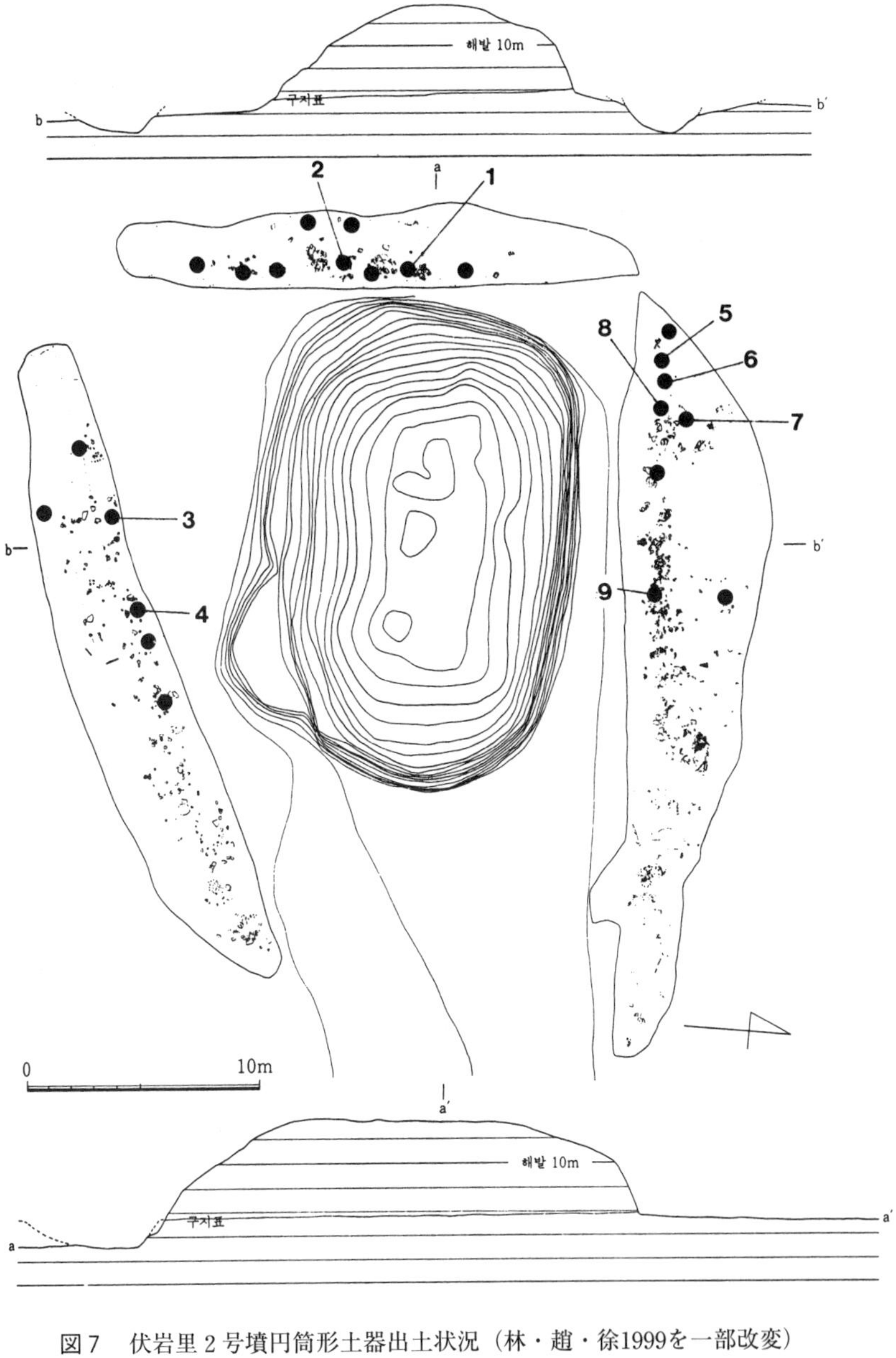


図7　伏岩里2号墳円筒形土器出土状況（林・趙・徐1999を一部改変）

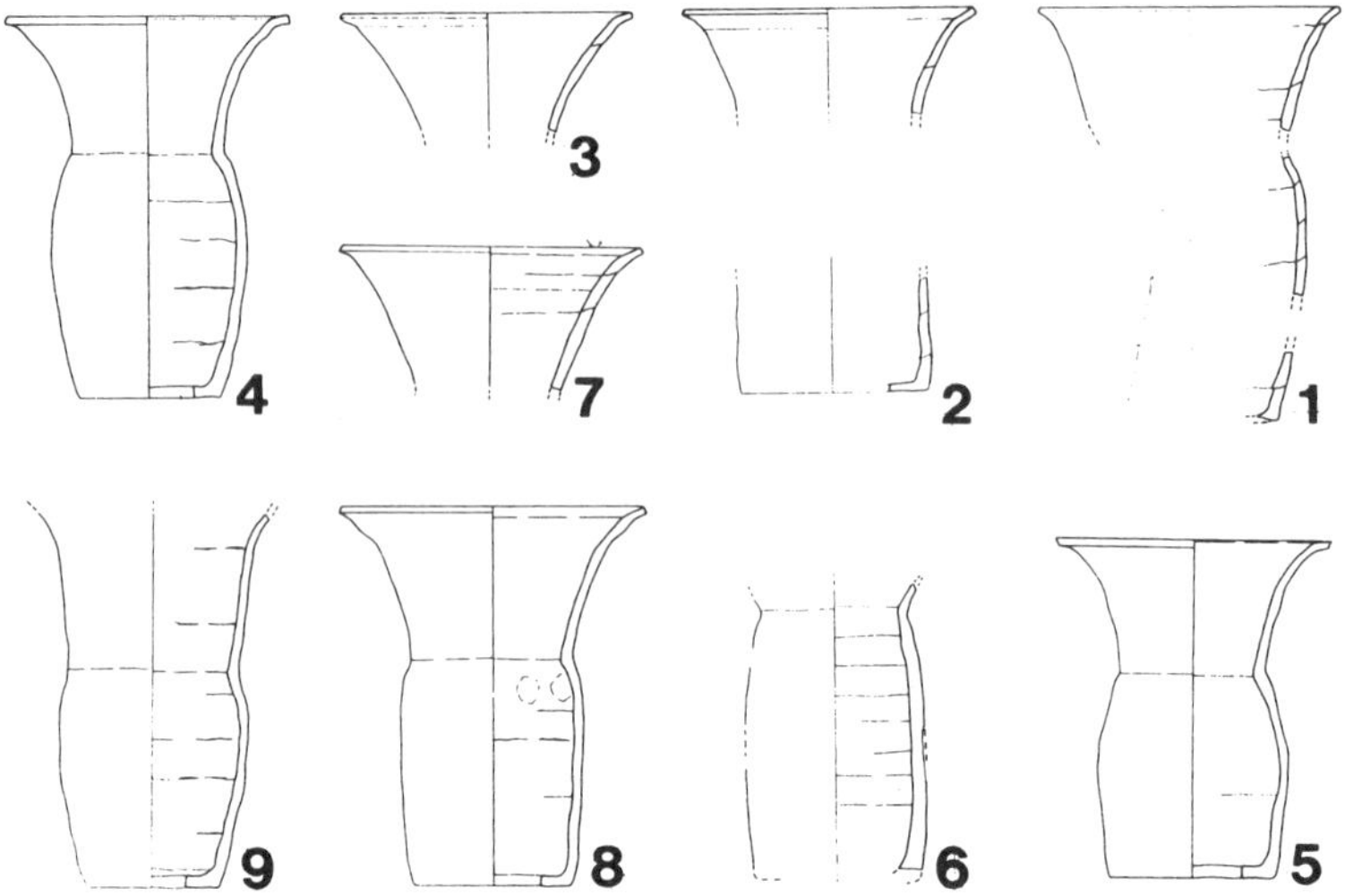


図8　伏岩里2号墳出土円筒形土器（S=1/10）（林・趙・徐1999）
（土器番号は図7に一致）

## チュンナン遺跡（図9）（木浦大学校博物館一九九九、崔盛洛・李暎澈二〇〇〇）

潘南古墳群の北西約一八kmに位置する咸平郡咸平邑津良里チュンナン遺跡のナ地区の稜線部において一辺三〇m内外の方形墳の周溝と考えられる方形周溝遺構が検出され、多量の土器類とともに一五個体以上の円筒形土器が出土している。

### 円筒形土器（図9―下）

臼あるいはチャング（長鼓）に似た壺形を呈し、高さは四〇～五〇cmほどであるが、形態に個体差が目立ち、高杯形器台の形状に近い例も認められる。内彎気味に内傾して立ち上がる下部（体部）は脚台を思わせ、これに鉢状に開く上部（口頸部）が載るが、上部下部界の括部には一～三条の強いナデによる凹線の繞るものが多い。平底で中央に大きな円孔の穿たれたものと閉じたものがある。外面には縦位あるいは斜位の縄蓆文タタキを全面に施したものと、ナデ消調整の施されたものがある。大部分が赤褐色軟質焼成であるが、硬質の例も認められる。共伴土器等から六世紀前半末と推定されている。墳丘周囲に樹立されていたと

図９　チュンナン遺跡円筒形土器出土状況（上）と円筒形土器（S=1/10）（下）（木浦大学校博物館1999）

考えられる。(8)

## 三、円筒形土器の分析

### 現状認識の整理

祖形と故地については、明花洞古墳、月桂洞一・二号墳例をもとに、日本の埴輪を祖形として成立したとする説（東一九九五、土生田一九九六、太田一九九六、小栗一九九七、鐘方一九九九）が大勢を占め、これらを埴輪と呼んでいることは前述のとおりである。(9)その故地の候補としては石室形態の類似等、地理的関係からも北部九州が先ず挙げられるが（東一九九五、土生田一九九六、鐘方一九九九）、これに対して小栗は倒立技法に着目し、その起源を東海地方にあるとした。(10)

これらの時期は、明花洞古墳例が石室出土遺物から六世紀前半（朴仲煥一九九六）、月桂洞一号墳例は、調査直後には五世紀後半と報告され（林永珍一九九四）、その後の石室構造の検討から五世紀第4四半期の年代が提出されている（林永珍二〇〇〇）。そして小栗は先の倒立技法が東海地方の尾張地域で六世紀前葉に出現することから六世紀前葉以降とし（小栗一九九七）、一方、鐘方は二条突帯の埴輪の分析から初現期が五世紀代に遡上し、当該期に北部九州地域から伝播しており先行型式の存在する可能性を指摘した（鐘方一九九九）。

さらに調整原体や成形から焼成に至る製作技法が、周辺地域出土の陶質土器や軟質土器と共通していることから、製作にあたっては在地工人の主体的に関与したものと推定されている（岡内一九九六、太田一九九六）。また太田は月桂洞一号墳のラッパ形円筒形土器の複数個体の分析から複数の生産者の関与を、そして製品に酸化焔焼成品と還元焔焼成品とがあり焼成技法の相違が認められ、酸化焔焼成品のうちにも橙褐色と淡褐色の個体が存在することから、この色調の差を、使用する胎土や微妙な焼成技法の相違に起因すると見て複数の生産組織の関与も想定している。

ところが新村里九号墳の再調査を契機として円筒形土器研究は新たな局面を迎えた。新村里九号墳例については、これまでに全南地方で出土した円筒形土器のなかで型式的に最も遡上するものと報告されている（金洛中一九九九）。新村里九号墳の造営時期についての年代観は流動的であるものの[11]、その初葬の時期が明花洞古墳や月桂洞一・二号墳に先行することは大方の一致するところである。しかしながら明花洞例や月桂洞例の先行型式と考えるには型式的断絶等から躊躇せざるを得ない。また伏岩里二号墳やチュンナン遺跡の例も加わり、倭の埴輪の体系だけでは理解が困難な状況に至ったといってよい（大竹一九九九）。

こうしたなか小栗は新村里九号墳例を加え、円筒形土器の再整理を行った。これらを二条突帯三段構成の円筒埴輪と見て、口縁部、突帯の突出度、スカシの形態から新村里九号墳→明花洞古墳→月桂洞一号墳の順に変遷したと考え、新村里九号墳の円筒形土器に四三〇年、明花洞例に五一〇年、月桂洞例に五三〇年と、それぞれの中心年代を与えた。すなわち四世紀後半の早い段階に北部九州地域の円筒埴輪、壺形埴輪、小型器台形埴輪が全南地方に導入され、ある程度独自に型式変遷して新村里九号墳例が生まれ、その後、朝顔形埴輪の成立、円筒埴輪の突帯位置の均整化といった倭の埴輪の影響を受けて明花洞古墳例が、さらに月桂洞一号墳例が生まれたとする新しい見解を提示した。倒立技法の成立と伝播についても、六世紀初頭に全羅南道地域と日本列島の越前、加賀地域の交流によって全羅南道から日本列島に伝わったとして前稿を翻した。また伏岩里二号墳出土例についても、新村里九号墳とほぼ同じ五世紀前半の時期である可能性と、九州地方の壺形埴輪を祖形と考え、それに比べてかなり変容を遂げていることから、その脈絡が新村里九号墳と同じ可能性を指摘している（小栗二〇〇〇）[12]。

### 円筒形土器の分類

全羅南道地域出土の円筒形土器は出土例も少なく、研究も緒に就いたばかりである。形態の多様性は、埴輪を祖形としながらも、系譜の異なる幾つかの埴輪情報の伝達ルートあるいはモデルが存在し、それらモデルの直接模倣、イメージから創造され、さらにアレンジされた可能性をも示唆し、また埴輪以外にも祖形の存在する可能性があると考えられる。そこで倭の埴輪の枠組み内だけで理解しようとするのではなく、形態的特徴から円筒埴輪系・筒形器台系・有孔平底壺系に分類した。

### 円筒埴輪系（明花洞古墳、月桂洞一・二号墳）

これらに共通する特徴を日本列島の埴輪と比較検討すれば、①上中段と比べ下段の長い二条突帯三段構成の埴輪は、日本列島においては六世紀代に北部九州の嘉穂地域、また六世紀末には関東地方で流行する。②スカシの形態は、円形、扁円形、半円形が認められ、中段に三方ないし四方に配されている。円形スカシは四世紀後葉以降の一般的形態で、五世紀以降に円形に統一される傾向にある。一方、半円形のスカシは五世紀前葉には関東地方の一部を除き消滅する。スカシの数も同一段に三方以上に配されるのは四世紀までの特徴といえる。③ラッパ形土器の形態に近い朝顔形埴輪は、肩部が円筒よりも外方に張り出し丸みを帯びた例が四世紀代に認められる。

このように日本列島の埴輪の枠組みから見た場合には、それぞれの属性と諸特徴の所属年代との間に齟齬が見られる。もっともソウル風納土城の最近の調査（趙大衎二〇〇〇）においても百済漢城期に遡る円筒埴輪系の円筒形土器の破片が出土しており[13]、より古い段階の日本列島からの埴輪情報の伝播が想定され、古い特徴が新しい時期まで残った可能性も否めない。しかし現段階では、円筒埴輪系の円筒形土器には埴輪情報の伝播にいくつかの時期とルートが存在し、それぞれに在地的にアレンジされた可能性を指摘するに留めておきたい。

筒形器台系（新村里九号墳）

新村里九号墳出土円筒形土器は、明花洞古墳、月桂洞一・二号墳に先行すると考えられるが、明花洞例や月桂洞の例とは型式的断絶がある。壺形円筒形土器は、古墳時代後期の山陰地方の出雲型子持壺[14]を彷彿とさせ、また鉢形のもう一方も鉢形（高杯形）器台のイメージに近い。いずれにせよ円筒埴輪や朝顔形埴輪が直接のモデルであったとは考えにくい。そこで筒状の脚台の上に鉢形や壺形を載せた筒形器台や壺結合型筒形器台と見なして類例を求めると、大田月坪洞遺跡（図10—18・19[15]）等にそれを見いだすことができる。

月坪洞遺跡の（18）は灰青色硬質焼成で、内彎気味に開く大型の受鉢状部分の下半から筒状の脚台部分の破片で、鉢状部分は内外面共にナデ調整が施され、三方に隅の丸い逆三角形のスカシが穿たれている。鉢状部分と下部の筒状脚台部との接合部に突帯はない。同内面には横位のケズリ調整が認められ、脚台部外面には縦位の平行タタキメを施す。突帯の有無を除けば、新村里九号墳例に酷似する。B19・20号貯蔵坑出土で、残存高一四・四㎝を測る。

また（19）は、灰青色硬質の円筒形土器の筒状脚台部の破片で下端部を欠失する。上方に向かって漸次窄まり、外面には平行タタキメが施され、上端に強い回転ナデ痕跡が認められる。内面はケズリ調整されているが、輪積み成形の粘土接合痕跡を留める。E11号土坑出土で残存高二〇・一㎝を測る。上部欠失のため、いずれか決しがたいが、壺結合型の可能性もある。

この他にも新村里九号墳の至近に位置する徳山里九号墳からは鉢形（高杯形）器台形の円筒形土器が出土しており[16]、新村里九号墳出土の器台形円筒形土器と親縁関係を示す資料の存在が確認され、筒形器台をモチーフとした組列の成立することが理解される。そして新村里九号墳→月坪洞遺跡→徳山里九号墳の変遷を想定することができる。また天安市斗井洞遺跡においても新村里九号墳例に遡る時期の筒状の脚台部と思われる破片が出土している[17]。

このようにして円筒形土器に形態的に類似する筒形器台を検討するなかで注目されるのが百済漢城期の中心地であっ

たと推定されている夢村土城出土の筒形器台である（図10―1～17）。

（1）は、中空でテーパー状をなす円筒形の体部に外反する口縁を付したものである。口縁直下は僅かに膨らみ、四条の平行する突線が繞る。円筒部分の下端も四条の突線で飾られた膨らみを持つ。口径一八・九cm、残存高五四cm、厚み〇・七～〇・八cmを測る。下部の膨らみの直径は一四・五cmである。円筒部分は三条の等間隔の鍔状の突帯により四分割される。最上部には径一cmの円孔五個が交互に二段繞る。他は一段六孔を繞らす。下部の膨らみにも他例から六孔の存在したことが知られる。これは壺を載せた器台を一体化してデフォルメしたものと考えられる。（…A類）（夢村土城発掘調査団一九八五）。

（2）は砲弾状の円筒形体部上端に外反する口縁部を付したもので、体部は四条の鍔状突帯を繞らせ五分割し、下端には一回り径の大きな脚部が付き、段をなす。最上段は広口壺の上半を彷彿とさせる。上から四段にわたって三角形スカシが三方に穿たれている。胎土は一～二㎜の砂粒を微量に混じえた精選されたもので、軟質の灰白色土器である。残存高四六・六cm、口径二一cm、現存底径一七・五cm、厚み〇・六～一cmを測る（…B類）（夢村土城発掘調査団一九八五）。

これら二点の夢村土城出土の瓦質筒形器台は、百済漢城期の早い段階のもので[18]、形態、スカシ等の検討から壺結合型筒形器台（A類）が先行し、続いてA類から壺を外した筒形器台（B類）が生まれ、以後筒形器台の二者として陶質土器化して発展したものと考えられる。

夢村土城出土の筒形器台（A類）については早くに金元龍（一九八五）によって日本列島の朝顔形埴輪の祖形となる可能性が論じられている[19]。その他にも円筒形土器との関連を想定するものがあるが、出土遺構が墳墓でないことから機能の差異も想定され、年代的にも懸隔があることから直接結びつけえないとして、いずれも指摘に留まる（国立金海博物館一九九九、国立公州博物館一九九九b）。

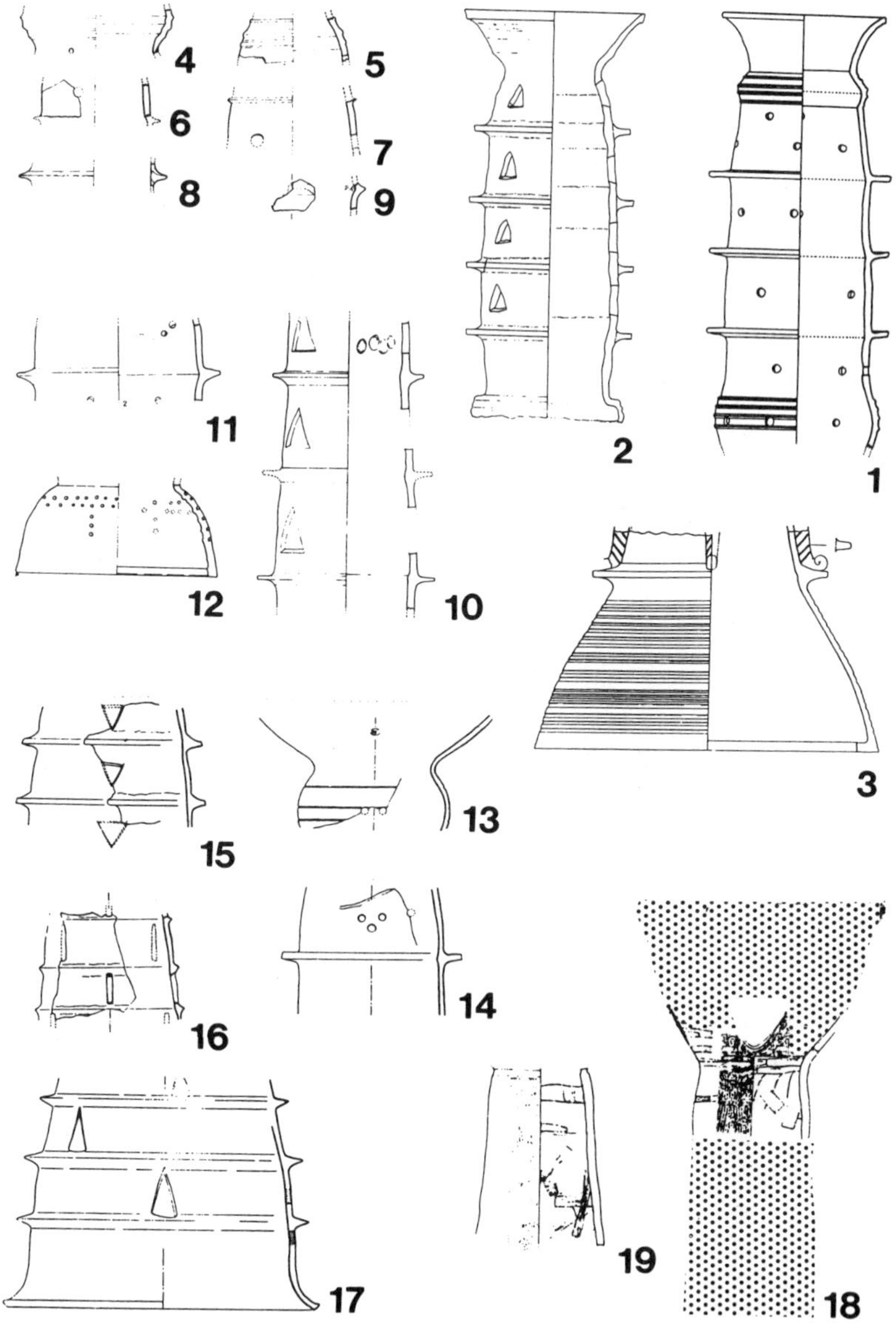


図10　夢村土城と周辺出土の筒形器台と月坪洞遺跡出土の円筒形土器
1～3：夢村土城発掘調査団1985　4～9：金・任・朴1988　10～11：金・任・朴・崔1989　13～17：藤澤1955　18～19：国立公州博物館1999を一部改変（S=1/10）

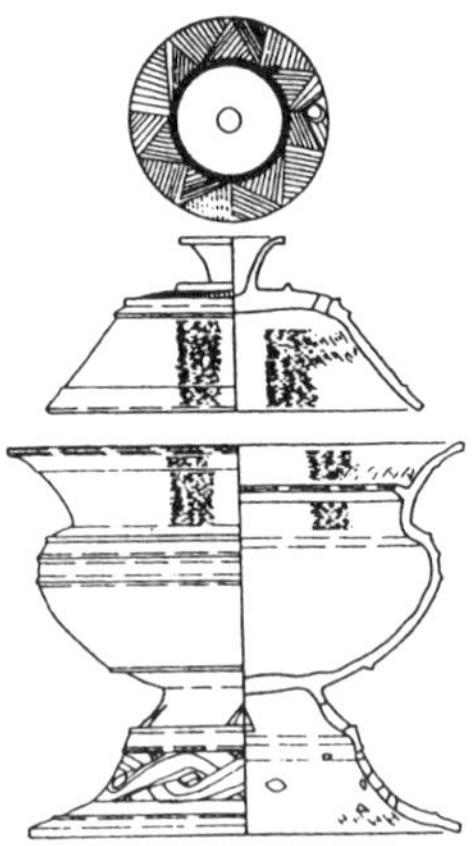

図11　忠南大学校博物館所蔵
炉形土器（S=1/10）
（朴2000）

筒形器台についてはすでに原口正三（一九七五）によって系譜の整理がなされている。百済・新羅・伽耶の各地域の類型を設定し、その淵源を中国漢代に求め、藤澤一夫によって夢村土城付近の風納洞で採集された資料（図10―13～17）[20]のうち瓦質の筒形器台（13～15）をその原初形として陶質土器に転換して発展するという編年観を示した。この資料は先の夢村土城出土の筒形器台A類に相当する。

ここで弥生時代後期から終末にかけて吉備地方を中心に発達した墳墓祭祀用の特殊器台形土器との関係に注目したい。特殊器台形土器が特殊壺形土器と共に型式変遷を遂げる中で、「都月形埴輪」と呼ばれる特殊器台形埴輪が成立する。この時期がまさに初期の前方後円墳の築造された時期であり、その後、円筒埴輪と朝顔形埴輪として盛行する。

このような特殊器台形土器や特殊壺形土器を念頭に置くならば、夢村土城出土品（図10―1）は、特殊器台形土器と特殊壺形土器が結合されたもので、壺状部分体部の突線、突帯間の上下二段の交互小円孔、筒部の三条の鐔状突帯、下端の膨らみは、それぞれ特殊壺形土器の体部に見られる突帯、そして特殊器台形土器の文様帯の組帯文のデフォルメされた姿とみることができる。

すなわち壺と器台が結合した、これらの筒形器台の製作者は日本列島の特殊器台形土器と特殊壺形土器の情報を得ていたものと思われる。今唯一、その根拠となりうる資料が忠南大学校博物館蔵の炉形土器（図11）である。脚台部下半の組紐文帯とその余白部分のスカシが特殊器台形土器の組帯文帯に酷似しており（朴淳発二〇〇〇ａ）、特殊器台形土器あるいは特殊器台形埴輪に特徴的な文様が炉形土器に採用されていることが知られる。[21]

したがって夢村土城出土の筒形器台A類からB類の変遷過程のなかに、特殊器台形土器から都月形埴輪の段階、円筒埴輪の定型化する以前の段階の影響が凝縮されているものと考えられるが、夢村土城出土の円筒形土器は、大きさをはじめ各属性が特殊器台形土器や特殊壺形土器から大きく変容しており、先行型式の存在や大胆な製作上のアレンジを想定しなければならない。

なお、倒立技法が特殊器台形土器に認められる（古市一九九六）ことは小栗（一九九七）も指摘しているが、特殊器台形土器の盛行した段階での彼我の交流によって、かかる土器製作上の技術も伝播した蓋然性も存在するのである。

このように筒形器台は、日本列島において初期の前方後円墳の築造された三世紀代に遡って特殊器台形土器の影響下に百済漢城期に成立し、以後多様な形態に発展した。そしてこうした伝統の中から筒形器台系円筒形土器が生まれたものと思われる。

有孔平底壺系（伏岩里二号墳、チュンナン遺跡）

正確には底部有孔平底広口長頸壺と呼ぶべき形態的属性を有する。伏岩里二号墳例、チュンナン遺跡例は平底の広口壺の形態で、これらに伝界火島出土例（図1―6）[22]を加え、有孔平底壺形（A類）の組列を設定して、（伏岩里二号・伝界火島）→チュンナン遺跡の変遷が想定される。そしてチュンナン遺跡の段階で底部の塞がったタイプの有孔平底壺（B類）や鉢形器台のプロポーションの影響の認められる個体が派生したものと考えられる。

九州の壺形埴輪と関連する可能性が指摘されるが（林永珍二〇〇〇、小栗二〇〇〇）[23]、当該地域では早くから平底土器や中国磁器が使用されており、こうした在来の土器や陶器の器形をモチーフとした可能性を求め[24]、平底・広口・長頸という属性に注目すれば、高句麗の南下によってもたらされた広口長頸四耳壺の存在が注目される。高句麗系の広口長頸四耳壺は、高句麗南下に伴い、漢城陥落前後の時期には韓国中西部にまで及んでいる（朴淳発一九九九）ことから、伏岩里二号墳出土例の時期が五世紀後葉頃と考えられ、時期的に整合する。

このように有孔平底壺系の円筒形土器は、日本列島の壺形埴輪の影響で成立したにせよ、老司古墳の段階、あるいはさらに遡って考えるのではなく、東九州のように五世紀中頃まで壺形土器の伝統が残る地域もあり（田中二〇〇〇a）、こうした時期に壺形埴輪の情報を得て、平底土器を志向した集団によって広口長頸四耳壺のような広口平底壺のイメージをモチーフとして製作されたものと考えたい。そしてこれらが方形や梯形墳丘の甕棺古墳等の墳頂部に囲繞されたものと思われる。

## 四、日本列島の円筒形土器

一方、六世紀代の日本列島各地において埴輪樹立行為の衰退する時期に朝鮮半島の円筒形土器を祖形とすると考えられる遺物が出土している。これらは一部を除き、古墳に埴輪のごとく樹立されたものである。管見で知り得た例は以下のとおりである。

有孔平底壺系

須恵質と土師質、底部に円孔のあるものとないもの、底部のないものに分けることができる。

中の山古墳（埼玉県行田市）[25]（図12―1～3）から多量の埴輪壺二種と須恵質朝顔形埴輪が出土している。ここでの須恵質埴輪壺は、製作技法と形態の違いからA・Bの二類に分けられるという。

A類（1）は体部が長手の倒卵形を呈する広口平底壺形で、撫肩状の肩部から頸部に至り、緩やかに外反しながら開く口頸部が付く。器高四七㎝前後、口径三〇㎝前後、底径一七㎝前後を測る。円盤状の底部から粘土紐巻き上げて成形されており、調整は体部外面では縦位のヘラ状工具によるナデの後、カキメを施す。内面には斜め方向の強いナデが断続的に施されている。口縁部は、外面はタテハケの後、回転ヨコナデを施し、さらにカキメ調整で仕上げてある。口縁端部は凹面をなす。底部は焼成前に外面から不整円形状に穿孔されている。穿孔径は一〇cm前後の大きめのものと、六cm前後の小さめのものがある。体部外面の下端には幅一cm足らずの凹線が一巡しており、回転台への固定痕と推定される。焼成は良好で堅緻に焼き上がり暗青灰色を呈するものが大半であるが、還元度が低く鈍い赤褐色や褐灰色を示す個体も含まれる。

B類（2）は体部の形状は前者と共通するが、口頸部に相違が認められる。頸部が直立気味に立ち上がった後、大きく外反して水平方向に開く。口縁端部には沈線を繞らせる。また体部外面調整においてもカキメ調整が省略されている他、体部外面の下端周縁はヨコケズリを巡らせ、A類の凹線は認められない。最低九個体が確認できるが、還元度が低く赤みを帯びたものが目立つ。

他に朝顔形埴輪として報告されている個体がある。（3）は、円筒形の体部で撫肩をなして括れ、直立気味に立ち上がる口頸部の中程から緩やかに外反して開くもので、器高四五・二cm、口径二七・五cm、底径一九cmを測る。粘土紐巻き上げ成形で器壁の凹凸が顕著であるが、底部は内面に肥厚し、調整は体部外面では上から下にタテハケを施すが、肩部だけは平行タタキを用いる。体部中程には直径二cmほどの小円孔一対が対向して穿孔されるが、同部位には二条のユビナデによる凹線が巡る。口頸部外面にはタテハケの後、上半部を回転ヨコナデで擦り消している。中程には三条のヨコナデによる凹線が巡り、凹線より上には振幅の大きい波状文が施してある。体部内面には強いナデ調整、頸部内面には縦方向のナデ、口縁部はヨコナデされ、端部両角は尖り気味で端面は凹面をなす。

北野遺跡（三重県多気郡明和町）[26]から三〇個体以上の土師質有孔広口筒形土器が出土している（図12―4～6）。器高三五cm前後、底径一四～一五cm、口径三〇cm内外を測る。橙色系の色調を示す土師質焼成で、内彎気味の筒状体部上方を絞り、広口の高い口頸部を付した形態に輪積み成形したものである。平底底部を貼り付けた後、底部中央に大きめの円孔を外方から穿っている。内外面共にハケメ調整が認められ、外面にはタテハケ調整後、縦位のヘラケズリを下から上に施して下半部を整形し、口縁端部にヨコナデを廻らせている。これらの円筒形土器は形態上、国立扶餘博物館蔵の伝界火島出土円筒形土器に酷似する。

天満二号墳（大分県日田市）[27]から大型広口壺が出土している（図12—7・8）。須恵質で上方が窄まった長手寸胴の体部に外反する口頸部が付いた平底壺である。体部外面には格子タタキメ、平行タタキメを施し、内面には同心円状の当て具痕が認められる。体部口頸部界に強いヨコナデ、口頸部には数条の沈線と櫛描波状文が続る。高さ四五cm前後、口径、底径共に二八cm前後を測るが、形態、調整、施文法等、個体差が顕著である。

次郎太郎二号墳（福岡県嘉穂郡稲築町）[28]から円筒埴輪と共に円筒形土器の底部と考えられる破片が二個体分出土している。共に須恵質であるが、うち一点（図12—9）は体部下半の破片で、復原底径約一七cm、残存高約一八cmを測り、緩やかに開きながら立ち上がるものと考えられる。上半部は失われているが、撫肩の体部に大きく外反する口頸部が続くものと考えられる。外面の調整にカキメの後に縦位の平行タタキ、内面には青海波状の当て具痕を留めるが、底部付近は内外面共にナデ調整を重ねる。さらに底部は平底に見せるように内側に粘土を継ぎ足した後、ヘラケズリによる面取が施されており、有孔平底壺の底部を彷彿とさせる。埴質の円筒埴輪を主体とするなかで異質の存在であり、中の山古墳の朝顔形埴輪の底部の形態に類似する。

筒形器台系

小丸一号墳（福岡県筑紫郡那珂川町）[29]からは、土師器器台が出土している（図13）。直線的にのびる受け部に直線的に開く筒状の脚台部を付したもので、受け部と脚台部の比は概ね一：二である。受け部は直線的にのびて端部が僅かに外反するものと内彎気味に開いたのち端部が外反するものがある。口縁端部は断面長方形に肥厚するものと、尖

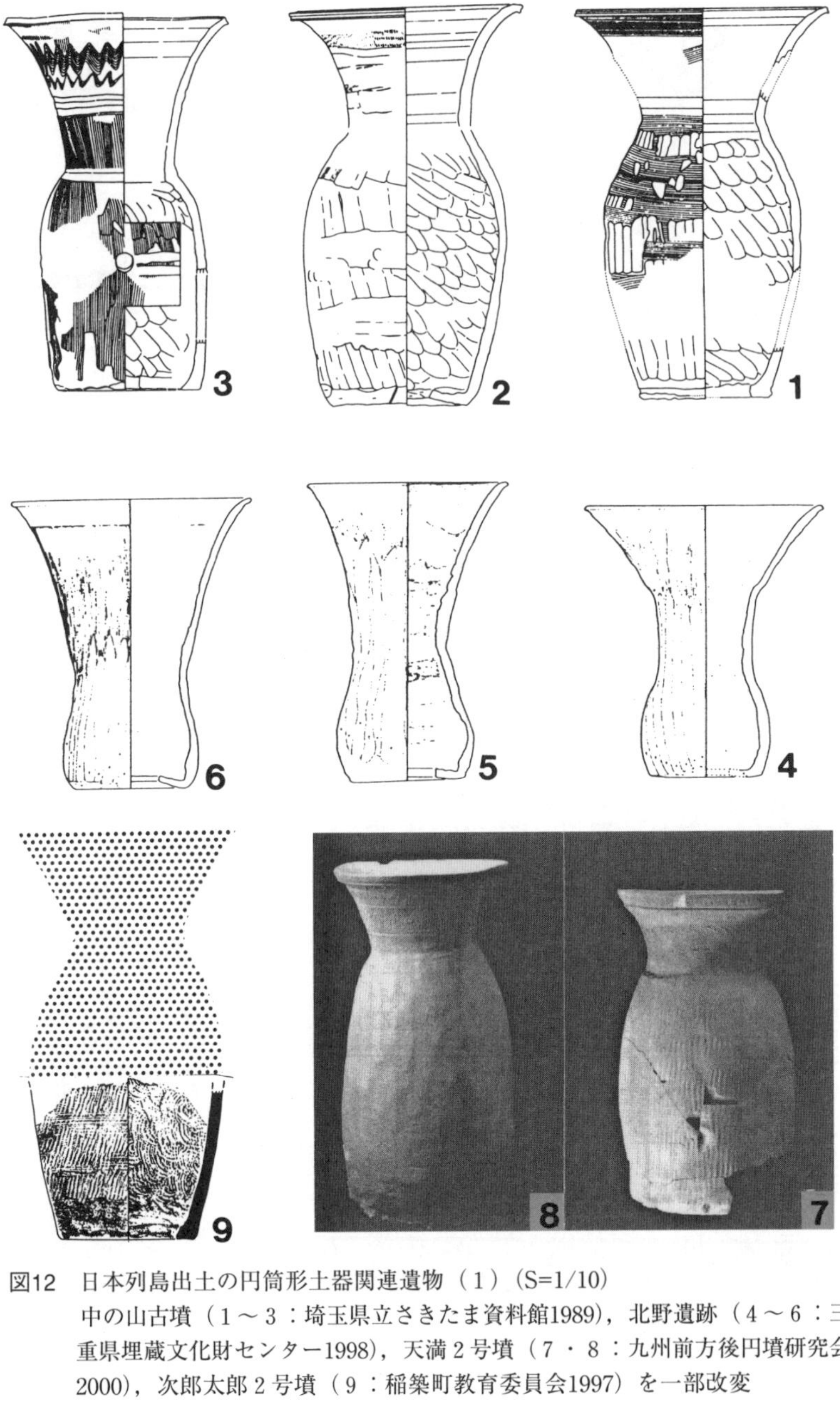


図12　日本列島出土の円筒形土器関連遺物（1）（S=1/10）
中の山古墳（1～3：埼玉県立さきたま資料館1989），北野遺跡（4～6：三重県埋蔵文化財センター1998），天満2号墳（7・8：九州前方後円墳研究会2000），次郎太郎2号墳（9：稲築町教育委員会1997）を一部改変

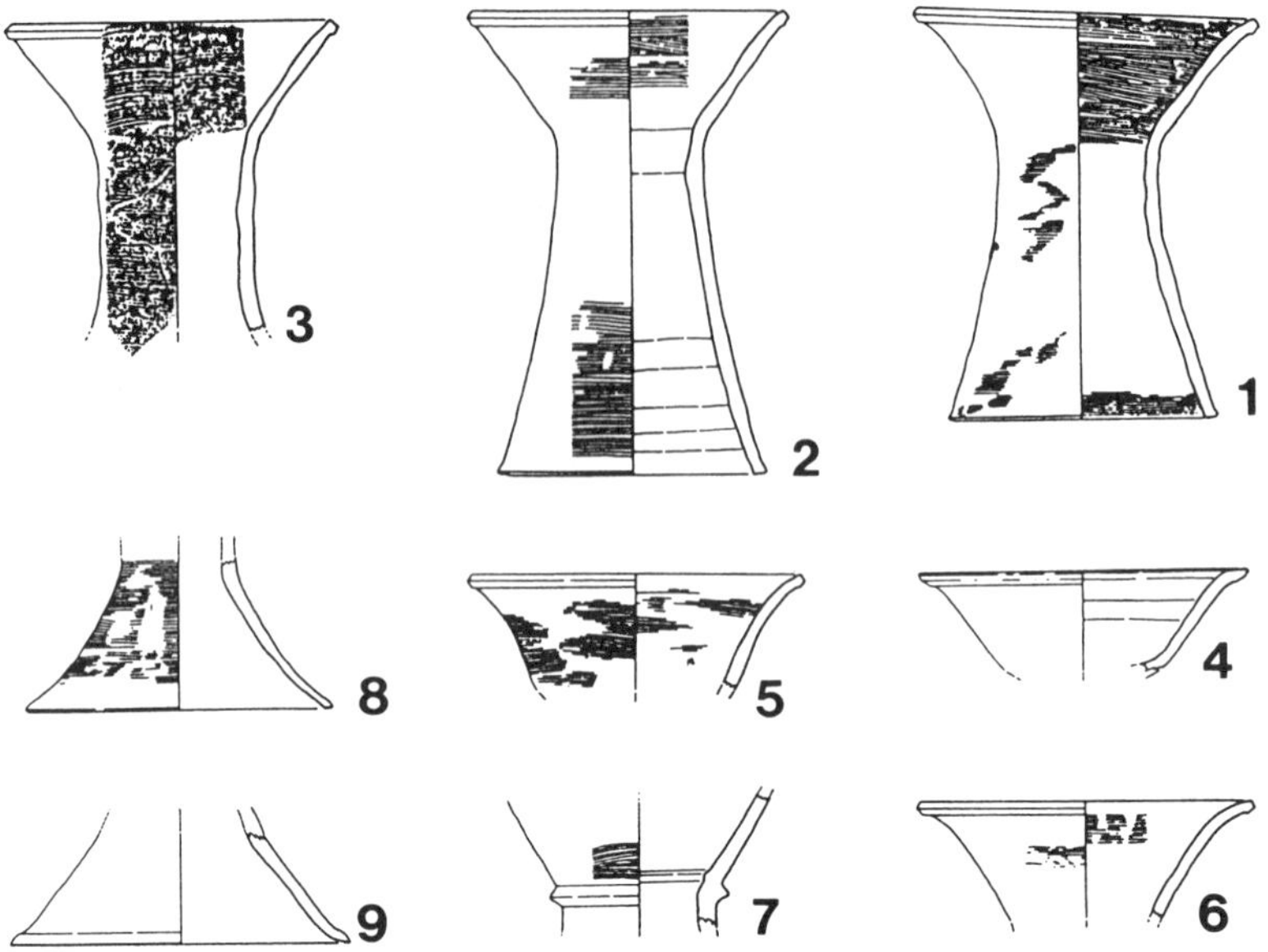


図13　日本列島出土の円筒形土器関連遺物（２）(S=1/10)
小丸１号墳（那珂川町教育委員会1985）

り気味に丸く収めたものがある。脚部は長く直線的に開くものと、外反気味に開く裾の中位から柱状に立ち上がるものがある。端部は四角く納めるものと、薄く収めるものがある。受け部脚台部界に突帯を繞らせたものもある。内外面共にヨコハケを基調としており、黒斑、赤顔料の認められる例もある。

これらは須恵質と土師質の二者があるが、有孔平底壺系、筒形器台系ともに北野遺跡を除き古墳に円筒埴輪と同じように配列されたものである。

中の山古墳の埴輪壺、北野遺跡の土師質有孔広口筒形土器は有孔平底壺系A類、天満二号墳の大型広口壺は有孔平底壺系B類、小丸二号墳は筒形器台系B類に系譜を求めることができる。

これらはいずれも六世紀後半から七世紀初頭の所産で、日本列島においては埴輪が使用されなくなった時期に単発的に認められるが、継続性は認められない。その意味付けは今後の課題としたいが[30]、全羅南道地域の円筒形土器が祖形であるのは間違いない。また子持壺などが付加されてはいるものの、脚台の付いた出雲型子持壺（筒形器台系A類）、あるいは一の瀬二号墳（筒形器台系B類）[31]に見られる装飾付器台等が古墳に供献されるのも同様な脈絡のなかで生み出された可能性があり興味深い。

## 五、まとめにかえて

韓国全羅南道の円筒形土器は、日本列島の円筒埴輪や朝顔形埴輪に酷似し、それらが埴輪と同様のあり方を示すことから、前方後円形の墳丘の採用と共に倭の墓制の強い影響を受けて成立したとする見方が定着しつつある。その後、鉢形や壺形を呈する異形の円筒形土器や有孔平底壺形の円筒形土器の存在が知られるようになった。これらは日本列島の円筒埴輪や朝顔形埴輪が直接のモデルであったとは考え難い形態を呈している。そしてこれらは全羅南道地域に見られる一連の前方後円形古墳の築造時期を遡る大型甕棺を埋葬施設とする方形をはじめとする様々な墳丘墓に採用されていた。このように早くから在地墓制に異形の円筒形土器が採用され墳丘上に繞らされていたことは、当該地域での円筒形土器を理解する上で看過できない点と言える。

このような円筒形土器の形態の多様性は、埴輪を祖形としながらも、系譜の異なる幾つかの埴輪情報の伝達ルートあるいはモデルが存在し、それらモデルの直接模倣、イメージから創造された可能性を示唆する。さらには円筒形土器の祖形が埴輪以外にも存在する可能性があると考え、円筒形土器を整理し形態的特徴から円筒埴輪系・筒形器台系・有孔平底壺系に分類し、これらの系譜をあとづけてみた。

円筒埴輪系については、現状では風納土城出土の百済漢城期に遡る例を含めて三遺跡が知られ、埴輪情報の伝達時期が五世紀中葉にまで遡ることが確認される。このうち月桂洞一・二号墳と明花洞古墳の距離は互いに二〇㎞程と、全羅南道の栄山江流域という比較的狭い範囲において、製作技法（倒立技法による成形、タタキによる外面調整）と形態が互いに類似している。このことは同一系統の工人集団によって製作されたか否かはともかく、同一地域内における円筒形土器樹立習俗の採用という点において両者が親縁関係にあったことが見て取れる。そして月桂洞一号墳の円筒形土器は円筒埴輪形と朝顔形埴輪形が揃い、形態、法量共に斉一的で個体的偏差が少ないのに対して、明花洞古墳のそれは円筒埴輪形に限られ個体差も顕著であり、円筒形土器製作に際しての規範の崩壊が窺える。

したがって当該地域での円筒埴輪系の円筒形土器は、月桂洞一号墳→（月桂洞二号墳・明花洞古墳）の順に製作されたと考えられる。なお、風納土城出土例は、漢江南岸地域で時期的にも百済漢城期と考えられており、地域的に全羅南道から遠く隔たり、時間的懸隔も大きく、現段階では一点だけの出土で後続型式も知られないことから、全羅南道の円筒埴輪系円筒形土器とは系譜的に断絶するものと思われる。

一方、筒形器台系の円筒形土器は、百済漢城期に成立した瓦質土器の壺結合型筒形器台（筒形器台系A類）を祖形とし、これから派生した筒形器台（筒形器台系B類）と共に、その後陶質土器化して各様に発展しながら型式変遷を遂げる。この筒形器台が三世紀代に遡って日本列島の特殊壺形土器と特殊器台形土器の影響下に成立した点は重要である。そしてその後の段階で日本列島の円筒埴輪、朝顔形埴輪を器台と壺を載せた器台として受け入れ、筒形器台系A類・B類をモチーフとして円筒形土器を製作し、新村里九号墳のように墳丘墓の墳頂に樹立したものと考えられる。この際、筒状の脚台部は墳丘封土内に埋めることを前提に製作されたため、スカシ等が省略されたのではなかろうか。

さらに有孔平底壺系の円筒形土器は、日本列島の壺形埴輪等の習俗の影響を受けながらも、先の筒形器台系の円筒形土器の脚台部分が封土内に埋められ、上部のみが墳丘上に露出させてあった可能性から、墳丘上に据えられた壺あるいは器台の上部として表徴されるようになり、この過程で有孔平底壺形の円筒形土器が製作されたとも見ることもできる。その際のモチーフの候補として高句麗の広口長頸四耳壺のような平底の広口壺が挙げられ、供献の器であることから底部に焼成前の穿孔が施されたと考えられる。その後本来の機能的意味が忘れられ、チュンナン遺跡のように底部の穿孔が省略された例や壺形から大きく変容した例も認められるようになる。

このように全羅南道地域では、当該地域に前方後円形古墳が出現する以前から在地集団によっては、造墓に際して日本列島の埴輪習俗の情報を得て、在来の筒形器台等をモチーフとして製作した円筒形土器の墳丘上への樹立を行っていた。これらの円筒形土器は、同一地域の古墳でありながら、形態および製作技法、調整技法等が多様である。このことは円筒形土器製作にあたり、モデルの各属性の恣意的選択がなされ、さらにオーダーメイドであった可能性を示唆し、そこに栄山江流域の各地域集団の自立性を窺うことができる。

いずれにせよ葬送儀礼という保守的な習俗の領域においても彼我で共通性が認められるのは、それだけ積極的かつ親密な交流のあった証に他ならない。これがまさしく竹幕洞遺跡において倭系遺物を伴った祭祀の行われた五世紀から六世紀前葉のことであった。そして逆に日本列島において埴輪が使用されなくなる六世紀後半頃に全羅南道地域の筒形器台系や有孔平底壺系の円筒形土器の影響が一部で認められ、全羅南道と日本列島各地の地域間交流の結果と見ることができる。

また円筒形土器については、北部九州に限らず、日本列島から朝鮮半島への一方的伝播のみならず、双方向に影響を及ぼしあった可能性もある。特に山陰から丹後地域に見られる独特の形態的特徴をもつ埴輪については、朝鮮半島の筒形器台系円筒形土器の影響をも考慮する必要があろう。古墳時代の日本列島と朝鮮半島の交渉は、畿内の主導によってのみなされたのではなく、そこには日本列島の各地域ごとの活発な交渉も想定しなくてはならない。

以上、日本列島の埴輪から離れた視点で韓国全羅南道地方の円筒形土器を概観してみた。しかしながら現段階での資料の少なさは否めない。今後の資料増加によって、円筒形土器の系譜を含めた日本列島と朝鮮半島の全羅南道地域との交流の実態がしだいに明らかになるに違いない。調査の進展と資料の増加を待って改めて考えてみたい。

## 註

（1）韓国では長鼓墳、長鼓形古墳、前方後円形古墳と呼び、日本の前方後円墳とは区別している。韓国における前方後円形古墳の存在を最初に指摘したのは姜仁求である。日本の前方後円墳の起源が韓国にあり、これら土築墓は中国の土墩墓から出発したとし（姜仁求一九八三・一九八四）、これに対してその存在の真偽を含め韓日、特に日本の学者間に論争を巻き起こした（森一九八四）。その後全南地方での相次ぐ前方後円形古墳の発見を受け、測量調査と発掘調査が実施されるようになると、争点が起源論へ、さらに造営主体論に移行してきている。この間の経緯は小田富士雄（一九九七）、崔盛洛（二〇〇〇）に詳しい。

造営集団については、在地首長を被葬者と見る説と倭系人物と見る説とに大きく二つに分かれる。在地首長とするものには、六世紀前半までの栄山江流域や九州は未だ百済や畿内政権が及んでおらず、九州と交流した在地勢力と見るもの（土生田一九九六）。百済―大加耶―栄山江流域―倭王権という対高句麗連合の構図が百済の南遷によって瓦解し、新たに百済―大和朝廷連合という新国際秩序が確立するまでの過渡期に現れた栄山江流域及び日本列島の諸地域勢力の制限的な力動性のなかで在地勢力が採用したと見るもの（朴淳発二〇〇〇b）。日本列島の近畿地方の須恵器に栄山江流域の影響が見られることから、日本列島に移住し前方後円墳墓制を経験した栄山江流域の住民が、本拠地との活発な交流と往来にともない栄山江流域の新たな墓制として採択したと見るもの（申敬澈二〇〇〇）。百済の領域化がすすむ中で、その全面的な受け入れに抵抗する在地勢力が、倭との勢力とも通じていることを可視的に表現するために前方後円形の墳形を採用したとするもの（田中二〇〇〇）。甕棺古墳地帯の外郭に「月松里型石室」の古墳が分布し、これに前方後円形墳も含まれることから、当該勢力が継体擁立勢力と関係を結び、継体擁立勢力と百済との間を取り持つ支援を行ったことにより、倭における階層が相対的に高まり、一斉に前方後円形墳を築造したと考えるもの（小栗二〇〇〇）などがある。

倭系人物とするものには、鉄素材等の対外交易に従事しながら栄山江流域に定住・定着した倭人もしくは倭系集団であるとし、彼らが大和・河内・筑紫などと独自の交流をしていたと見る。そして全羅南道地域を『日本書紀』継体天皇六年条の「任那四県割譲」記事の上哆唎、下哆唎、娑陀、牟婁にあてる末松保和（一九四九）の比定に従い、さらに『宋書』に表れる慕韓が馬韓の後身で、慕韓勢力は五世紀末に百済に吸収されながらも六世紀前半まで倭と交流関係があったと考えるもの（東一九九五）、栄山江流域は、当時百済の間接支配下にあったとし、当該地域に残留あるいは配置された倭系人（倭系百済官僚）が築造したと見るもの（朱甫暾二〇〇〇）などがある。

（2）資料実見に際して林永珍教授、徐賢珠氏を煩わせた。記して謝意を表したい。

（3）潘南古墳群に対する調査の歴史は古く、朝鮮総督府の古蹟調査委員会によって始められた。谷井濟一は、一九一七年と翌一八年の二回にわたって潘南面新村里九号墳と徳山里四号墳、大安里八・九号墳、徳山里一号墳を発掘し、これらの古墳を「その葬法と関係遺物とより推して、恐らくは、倭人のものなるべし」と復命している（谷井一九二〇）。これらは円形又は方形の一墳丘内に一基ないし七〜八基の硬質の甕棺を内部主体とするものが多く、甕棺には合口甕棺と単甕棺とがあり、合口は接合部を粘土で目張りしたものである。特に新村里九号墳からは、墳頂から一一基の甕棺が検出され、乙棺から金銅冠・飾履、環頭大刀等、豪華な副葬品が出土し注目された。

その後、潘南古墳群での相次ぐ盗掘を憂い、一九三八年に有光教一と澤俊一は、新村里六・七号墳と徳山里二・三・五号墳等、甕棺古墳五基の発掘調査と興徳里石室墳を実測調査した。そして新村里六号墳、徳山里二号墳のように「前方後円墳に似たるもの」、徳山里三号墳、大安里九号墳のように「湟（濠）をめぐらしたるもの」があり、副葬品に「勾玉、環頭柄頭大刀、埴輪円筒類品（4）及び多数の祝部風の土器（須恵器）」が含まれており、「構造、内容共全朝鮮を通じて最も日本的色調の濃厚なる古墳群」であるとして、先に「恐らくは倭人のものなるべし」と述べた谷井の考えを積極的に評価するとともに、朝鮮半島における栄山江下流域の古墳の特異性に着目し、当該地域が倭との関係を考える上で特に注意すべきところであることを指摘した（有光一九四〇）。

しかし光復後、韓国の学者によって霊岩地域をはじめとする甕棺古墳が精力的に調査研究され、甕棺古墳こそが栄山江流域の馬韓の残存勢力の在地的墓制であることが明らかにされるようになった（崔盛洛一九九九）。潘南古墳群では一九七八年に大安里四号墳の発掘調査、一九八六年には国立光州博物館によって各古墳の墳丘測量と出土遺物の再調査が実施されている（徐聲勳・成洛俊一九八八）。爾後、新村里四・五・六号、大安里一・二・三号、徳山里六・七・八・九・一〇号墳等で整備復元のための周溝調査が実施されてはいるものの、本格的な発掘調査が実施されていない。

（4）小川敬吉の手記には「埴輪」と記載されており（有光一九八〇）、当時においてすでに埴輪と認識していたことが知られる。

（5）「大正七年度羅州潘南面新村里九号墳遺物目録」によれば、己甕棺の傍で二点、庚甕棺外部で一対二点、辛甕棺内部で一対二点、壬甕棺外部で一点分一箱の計七点の円筒形土器（埴輪）の下部が出土している（有光一九八〇）、詳しい配置状態を知るに至っていない。

（6）資料実見に際して金洛中氏を煩わせた。記して謝意を表したい。

(7) 資料実見に際して林永珍教授、趙鎭先氏を煩わせた。記して謝意を表したい。

(8) 資料実見に際して李暎澈氏を煩わせた。記して謝意を表したい。

(9) 禹在柄は、円筒形土器が日本列島の埴輪を祖形として成立したと結論付けるのは時期尚早であるとし、日本列島に陶質土器文化が伝わり、須恵器生産として成立、拡散する過程で出現した須恵質円筒埴輪との関連性が窺え、当該期の日本列島各地と栄山江流域との多様な交流の中で成立した可能性を論じている。(禹在柄二〇〇〇)。

(10) 月桂洞一号墳出土の円筒形土器に倒立技法が採用されている点に着目し、その技術的系譜を跡付けた。日本の尾張地方で発生した「倒立技法」の埴輪の形態・製作技術の情報が北陸、日本海を経由して変化しながら朝鮮半島全羅南道光州にもたらされ、その情報に基づき彼地の土器製作者によって作られたものと考え、それを六世紀前葉以降のこととした(小栗一九九七)。

(11) 甕棺編年による造営期間は、四世紀中葉~五世紀初め(潘南式)(徐聲勳・成洛俊一九八六)や、五世紀前半~六世紀前半(Ⅲ類型)(李正鎬一九九六)と大きく異なる年代観が提出されている。したがって造営当初時期についても四世紀中葉~五世紀前半と幅がある。

(12) 朝鮮半島における円筒形土器(埴輪)出現の歴史的背景についてはともかく、新村里九号墳の甕棺の埋葬層位と配置から各甕棺の副葬遺物の先後関係が把握できるとしているが、日本列島の須恵器の見方で蓋杯の編年軸を作成し、須恵器(陶邑)編年の各段階の併行関係を示し、さらに須恵器型式の暦年代を援用することが果たして有効であるのかが疑問である。

(13) 朴淳発忠南大学校百済研究所長のご教示による。詳細は報告書の刊行を待たねばならないが、百済漢城期に収まる資料と考えられ、円筒埴輪の情報が全羅南道のこれまで知られている円筒埴輪系の円筒形土器に先行して百済の中心地域に到達していたことが知られる例として注目される。

(14) 古墳時代後期に出雲地方で流行した壺に子壺を付けた長脚の装飾壺で、親壺に底部が無く、親壺と脚部が筒抜けになった儀式専用の須恵器で、古墳の墳丘に立て並べたものと考えられている。特に上野遺跡出土例(倉吉市教育委員会一九八三、愛知県陶磁資料館一九九五)は子壺と脚台部のスカシを省いた形状が新村里九号墳の壺器台結合型の円筒形土器に酷似する。

(15) 大田広域市西区月坪洞に所在する百済時代(六~七世紀)に築造された関防遺跡。一九九〇年八月に月坪山城に隣接する大田広域市月坪洞浄水事業場拡張工事に際して発見された。防御用の木柵列、壕、城壁と貯蔵施設の木槨庫、貯蔵坑、そして当時の人々が生活した住居址等が稜線全体に密集して検出されている（国立公州博物館一九九九ａ）。報告書では六点の円筒形土器が記載されているが、このうち二点が円筒形土器であることを実見によって確認した。資料実見に際して申英浩氏を煩わせた。記して謝意を表したい。

(16) 林永珍教授のご教示による。口縁部の外反する鉢状部に長い裾拡がりの脚台部の付くものである。脚台部の下半は失われ、その全体の形状を知り得ないが、須恵器の大型の高杯形器台を彷彿とさせる。鉢状部には底が無く脚台部と一体で成形され、鉢状部下端、脚台部との界に鍔状の突帯が繞るが、端部は丸く収める。突帯下には径一㎝ほどの円孔が四方に穿たれている。外面には鉢状部、脚台部共に縦位の平行タタキが施される。焼成には硬質と軟質があり、灰色系の色調を呈する。また扶餘西羅城においても脚台部破片が出土している（姜秉權・金起範二〇〇〇）。

(17) 天安市斗井洞遺跡Ⅱ地区の丘陵頂部に位置する長径一八m、短径一四mの長楕円形を呈する葺石墳丘墓裾から出土したものである。細砂と雲母を多少混じえた比較的精選された胎土で、赤褐色を呈する軟質土器である。脚台部下半脚端に向けて開いたテーパー状をなすが、脚端手前で一旦内彎気味に僅かに膨らみそして外反して端部に至る。器面の剥離が顕著であるが、外面に平行タタキメを留める。残存高三〇・八㎝、推定底径三〇・一㎝、器壁厚〇・七～〇・九㎝を測り、報告者は直径が大きいことから器台の脚台で、その時期を三世紀末葉～四世紀前半と考えている（李南奭・徐程錫二〇〇〇）図面七六―①、図版二九四―②。

(18) 夢村土城出土土器を灰色軟質土器群（瓦質土器）と灰青色硬質土器群（陶質土器）に二分し、それぞれを夢村Ⅰ期（漢城百済Ⅰ期）、夢村Ⅱ期（漢城百済Ⅱ期）とし、前者が三世紀中葉～四世紀中葉、後者が四世紀中葉～五世紀後葉の年代が与えられており（朴淳発一九九八）、漢城百済Ⅰ期で四世紀中葉以前に遡ると考えられる。

(19) ソウル地域で発見される漢城期の筒形器台を朝顔形埴輪の祖形とし、日本列島の山陰地域との交流を想定した。

(20) 日本植民統治時代に風納洞で採集された資料である。瓦質と陶質の二者がある。図10―13～15は瓦質で、器物を受ける杯状部と高大な脚台部とからなる。脚台部に特色が認められる。上端に膨張した壺状部があり、その下に漸次拡がる筒状部があり、更に下部は外反せず、内彎して大きく拡がり下端において僅かに外反する。13は杯状部から壺状部にかけての残欠。14、15は陶質土器で、壺状部の下方に続く筒状部の残欠である。装飾としては顕著な突帯、篦描き沈線文がある。また三方に円形・三角形・逆三角形の透孔が穿たれる。陶質のものも瓦質のものと形態的に共通するが、突帯間の透孔が各段交互に穿たれ、円形・三角形の他に矩形が加わる（藤澤一九五五）。

(21) 鉢部内面に蓋受けの突帯が繞るが、全体的な形態は炉形器台に類似し、これに先行するものと考えられる。出土地不詳であるが、四世紀前半を遡る可能性があるという。

(22) 国立扶餘博物館に伝界火島出土異形土器として二点が常設展示されている。有孔平底壺形の円筒形土器が二個体ある。共に埴質を思わせる淡灰橙色の軟質土器で、両者ともに黒斑が認められる。高さは三〇cmほどで、短い樽状の体部に外傾しながら大きく開く口頸部が付くが、口頸部体部界の括れは弱い。底部には底径に対して大きめの円孔が外方から穿たれている。外面はナデ調整、内面には粘土紐の接合痕を留める。

購入資料であり、出土地については検討を要するが、界火島は辺山半島（全羅北道扶安郡）北端沖の小島（現在は干拓によって陸化）で、半島先端には竹幕洞祭祀遺跡が存在しており、倭系遺物が出土する可能性は充分にあると思われる。

資料実見に際して朴仲煥・金賢晶両氏を煩わせた。記して謝意を表したい。

なお竹幕洞祭祀遺跡（全羅北道扶安郡辺山面格浦里）（国立全州博物館一九九四・一九九五）は、黄海に突き出た辺山半島の先端近くの断崖上に立地する三国時代から朝鮮時代の祭祀遺跡である。付近の海域は周辺に島嶼が多く潮流の変化が激しく、難所の一つであったと推定される。また錦江河口を扼する海上交通の要衝でもあった。航海安全や豊漁を祈った所として現在も水城堂がまつられ海神信仰が息づく。堂の裏手の堂窟（龍窟）とよばれる海蝕洞窟には黄金の扇と鉄馬にまつわる伝説が残されている。

ここでは四世紀前半頃から土器を中心とした露天祭祀が始まり、五世紀に入ると盛期を迎え中国製の青磁も用いられるが、後半には石製模造品による祭祀が加わり、五世紀後半から六世紀前半にかけては大甕に剣菱形杏葉、鞍橋等といった馬具、鉄鉾等の武器、鏡などをおさめた供献祭祀がおこなわれた。八世紀には統一新羅の瓦の出土から建物を伴った屋内祭祀も想定される。土器をはじめとする各種遺物は絶壁上の平坦面、すなわち水城堂裏側の八×九mの範囲に二〇～三〇cmの厚みで堆積していた。

このように百済をはじめ、中国の南朝、伽耶、倭との交流を示す国際色豊かな遺物が出土している。特に五世紀から六世紀前半の祭祀の一端には石製模造品等、倭人の直接の関与も想定され、竹幕洞遺跡は日本列島から朝鮮半島を経て中国大陸に連なる海上交通のネットワークの中継点として、倭人が重要視したところに違いなく、また高敞郡孔音面七岩里で最近、前方後円形古墳（円光大学校馬韓・百済文化研究所二〇〇〇）が発見されており、今後、辺山半島を中心として全羅北道においても円筒形土器や、その他の倭との交流を示す文物が発見される可能性は大きい。

(23) 伏岩里二号墳出土品の祖形を九州のⅡ期（五世紀初頭）の

壺形埴輪に求めようとして福岡市老司古墳の単口縁（B類）（吉留一九八九）を例示するが、平底をはじめとする形態上、製作技法上の差異から結論を保留している。

(24) 焼成前に平底底部に円孔の穿たれた器台が夢村土城においてて出土している（図10―3)。脚台部から筒状体部の下端にかけての灰青色硬質土器の破片である。脚台は、長鼓の端のように開いていて幾条かの印刻線文を繞らしてある。脚台は平底で底径よりも六cm下まわる円孔が穿たれている。筒状体部は、五～六cm程残存するが、脚台部との境に突帯を繞らしてある。筒状体部は四方に縦位の粘土紐を貼り付けてある。下端は脚台部に達しワラビ手状に巻き、表面には印刻斜線文が施されている。残存高二六cm、底径四二cm、筒状体部径二四cm、器壁厚〇・七～一cmを測る。百済漢城Ⅱ期の資料である（夢村土城発掘調査団一九八五）。

(25) 埼玉県行田市に所在する埼玉古墳群中、最後の前方後円墳。全長七九・二mを測る。トレンチ調査によって二重の周堀が繞り、中堤と外堤を備える。周堀は、墳丘両側面側が前方部・後円部共にくびれ部に向かって斜行し、さらに前方部・後円部先端が尖った千切形を呈するものと推定されている。周堀から墳丘や中堤を繞って樹立されていた多量の須恵質埴輪壺、二一個体以上と須恵質朝顔形埴輪、七個体以上が転落した状態で出土している。埴輪生産が行われなくなった六世紀末の築造で、これらは埴輪の代替品として、須恵器工人によって製作され、百済系平底壺を祖形と見ている（埼玉県立さきたま資料館一九八九）。その後の調査でこれらの須恵質埴輪壺が埼玉県大里郡寄居町末野三号窯で焼成されたことが確認されている。

資料の実見にあたり利根川章彦・西口正純・中山浩彦の各氏を煩わせた。記して謝意を表したい。

(26) 三重県多気郡明和町に所在する六世紀中頃～八世紀にわたる土師器生産遺跡。一九九一～一九九六年にかけて多数の竪穴住居、掘立柱建物、粘土溜の土坑と共に二二五基の土師器焼成坑が調査されている。土師器焼成坑は、隅丸の二等辺三角形、長台形あるいは洋梨形の平面形を呈するのが特徴であるという。

三〇個体以上の土師質有孔広口筒形土器が出土している。器高三五cm前後、底径一四～一五cm、口径三〇cm内外を測る。橙色系の色調を示す土師質焼成で、内彎気味の筒状体部上方を絞り広口の高い口頸部付した形態を輪積み成形したものである。平底底部を貼り付けた後、底部中央に大きめの円孔を外方から穿っている。内外面共にハケメ調整が認められ、外面にはタテハケ調整後、縦位のヘラケズリを下から上に施して下半部を整形し、口縁端部にヨコナデを廻らせている。なお体部外面をナデによって平滑に仕上げた個体もあり、これらの一群は、国立扶餘博物館蔵の伝界火島出土円筒形土器に酷似する。

当該遺跡は生産遺跡であり、供給先の古墳は不明であるが、供給先の候補の一つが斎宮であったと想定されており、問題を残す。資料実見にあたり松葉和也氏を煩わせた。記して謝意を表したい。

(27) 大分県日田市朝日町(大字小迫字天神山)に所在する全長約六〇mの前方後円墳で、周溝が埼玉古墳群中の山古墳のように前方部側と後円部側の双方に尖った千切形に二重に繞る。周溝内から表飾石製品、器台・高杯・大甕・蓋杯などの須恵器とともに平底寸胴の大型広口壺が三〇余個体出土した。六世紀前半から中頃の築造(日田市教育委員会一九九七、吉田一九九九)。資料実見にあたり吉田博嗣氏を煩わせた。記して謝意を表したい。

(28) 福岡県嘉穂郡稲築町に所在する全長五〇m前後の前方後円墳二基(一号墳・二号墳)、径四〇m程の大型円墳からなる次郎太郎古墳群を構成する一基であったと考えられるが、一九六五年に採土工事で消滅した。この際に埴輪と須恵器が採集保管されている。このうち円筒埴輪は二条突帯の、所謂「嘉穂型」(岸本一九九六)に属す可能性が高い。六世紀第2四半期の築造か。

(29) 福岡県筑紫郡那珂川町に所在する小型の前方後円墳である。墳丘の大部分が破壊されていたが、全長二五m前後に復元される。二段築成で段上斜面に葺石を持ち、墳丘裾部には周溝が間欠的に繞る。前方部を西に向け、後円部側に平面形が羽子板形を呈する横穴式石室が南側に開口している。石室内は赤色塗彩されていた。墳頂部からは須恵器片が出土している。墳丘中位の段状テラスに墳丘を繞るように器台形土器が並べられていたと推定されている。くびれ部付近の葺石には赤色顔料の塗布が認められ、テラス上の何らかの祭祀が想定されている。六世紀前半の築造か(那珂川町教育委員会一九八五)。円筒形土器の樹立を除けば、墳丘形状と葺石等の在り方が咸平新徳古墳を彷彿とさせる(国立光州博物館二〇〇〇a)。

(30) 中の山古墳出土の須恵器壺を六世紀代に北部九州から関東に及ぶ百済系の平底短頸瓶の系譜のなかで捉える考え方がある。そして中の山古墳の被葬者を埼玉古墳群最後の大型前方後円墳である将軍塚古墳の被葬者の従属的地位の人物で、五世紀代の百済系の渡来人の末裔として六世紀後半に東国において活発であった対朝鮮半島交渉に係わったであろうという評価が提出されている(田口一九九五)。

(31) 一の瀬二号墳(大分県東国東郡安岐町)出土の器高五八㎝、底径二六㎝を測る装飾付須恵器である。テーパー状の体部上端に斜め上方に開く口縁部が付加された有孔平底壺(A類)を思わせるが、端部を丸く収めた四条の鍔状突帯を繞らせ、突帯間には円形スカシが三方あるいは四方に穿たれており、筒形器台系B類の系譜にのる資料と考えられる。上方の三条の突帯には計七個の子壺が載せられ、最下段の突帯には相対する形で人物と鳥を乗せた二艘の小舟が配されている。六世紀後半から七世紀初頭頃と考えられている（田中二〇〇〇b）。

### 引用文献・挿図出典（*韓国語）

愛知県陶磁資料館　一九九五『古代の造形美 装飾須恵器展』（秋季特別企画展図録）
東潮　一九九五「栄山江流域と慕韓」（『展望考古学―考古学研究会四〇周年記念論集』考古学研究会）
穴沢咊光・馬目順一　一九七三「羅州潘南面古墳群―「梅原考古資料」による谷井濟一氏発掘遺物の研究―」（『古代学研究』第七〇号）
有光教一　一九三八「羅州潘南面古墳の発掘調査」（『昭和十三年度 古蹟調査報告』朝鮮古蹟研究会）
有光教一　一九八〇「羅州潘南面新村里第九号墳発掘調査記録―主として小川敬吉氏手記の紹介―」（『朝鮮学報』第九四輯）
稲築町教育委員会　一九九七『次郎太郎古墳群』（稲築町文化財調査報告書 第四集）
李正鎬　一九九六*「栄山江流域の甕棺古墳の分類と変遷過程」（『韓国上古史学報』第二二号）
李南奭・徐程錫　二〇〇〇*『斗井洞遺跡』（公州大学校博物館学術叢書〇〇-〇六）
林永珍　一九九四*「光州月桂洞の長鼓墳二基」（『韓国考古学報』三一）、（橋本博文訳『古文化談叢』第三四集 一九九五）
林永珍　二〇〇〇*「栄山江流域の石室封土墳の性格」（歴史文化学会国際学術シンポジウム『栄山江流域古代社会の新たな照明』歴史文化学会・木浦大学校博物館）
林永珍・趙鎭先　二〇〇〇*『全南地域古墳測量報告書』全羅南道・全南大学校博物館
林永珍・趙鎭先・徐賢珠　一九九九*『伏岩里古墳群』全南大学校博物館・羅州市
円光大学校馬韓・百済文化研究所　二〇〇〇*『高敞の墳丘墓―分布及び実測調査報告書―』（遺跡調査報告 第三九輯）
禹在柄　二〇〇〇*「栄山江流域の前方後円墳出土円筒形土器に関する試論」（『百済研究』第三一輯）
太田博之　一九九六「韓国出土の円筒形土器と埴輪形土製品」（岡内三眞編『韓国の前方後円形墳―早稲田大学韓国考古学術調査研修報告』雄山閣出版）
太田博之　一九九九「韓国光州明花洞古墳と円筒形土器」（『ASIAN LETTER（アシアン レター）』第五号）
太田博之　二〇〇一「全羅南道の埴輪とその特質」（『ASIAN LETTER（アシアン レター）』第八号）
大竹弘之　一九九九「潘南面 新村里九号墳の再調査」第七回 春日井シンポジウム資料集（森浩一・門脇禎二編 二〇〇〇『継体王朝』大巧社に加筆再録）

岡内三眞　一九九六「韓国西南部の前方後円墳と埴輪形土製品」(『早稲田大学文学研究科紀要』四一)
岡内三眞編　一九九六『韓国の前方後円形墳―早稲田大学韓国考古学学術調査研修報告』雄山閣出版
小栗明彦　一九九七「光州月桂洞一号墳出土埴輪の評価」(『古代学研究』第一三七号)
小栗明彦　二〇〇〇*「全南地方出土埴輪の意義」(『百済研究』第三二輯)
小田富士雄　一九九七「韓国の前方後円形墳―研究史的展望と課題―」(『福岡大学人文論叢』第二八巻 四号)
鐘方正樹　一九九九「二条突帯の円筒埴輪」(『埴輪論叢』第一号)
姜仁求　一九八四*『三国時代墳丘墓研究』嶺南大学校出版部
姜仁求　一九八七*『韓国の前方後円墳　舞妓山と長鼓山測量調査報告書』(韓国精神文化研究院調査研究報告　八七―一)
姜仁求　一九九二*『三国時代の調査研究(Ⅰ)チャラボン古墳附マルムドム古墳』(韓国精神文化研究院調査研究報告九二―三)
姜秉權・金起範　二〇〇〇*「扶餘東羅城・西羅城 発掘調査概報」(『湖西考古学』第三輯)
岸本圭　一九九六「北部九州における円筒埴輪の規格性」(『九州考古学』第七一号)
金洛中　一九九九*「羅州新村里九号墳の発掘調査」(『第二三回韓国考古学会全国大会発表要旨』韓国考古学会)
Kim Won-Yong(金元龍)　一九八五 'A Cylindrical Pottery Stand from Seoul -A Possible Relationship with Japanese Ento-Haniwa(円筒埴輪)、(『三上次男博士喜寿記念論文集考古編』平凡社)
金元龍・任孝宰・朴淳発　一九八八*『夢村土城東南地区発掘調査報告』ソウル大学校博物館
金元龍・任孝宰・朴淳発・崔鍾澤　一九八九*『夢村土城南西地区発掘調査報告』ソウル大学校博物館
九州前方後円墳研究会　二〇〇〇『九州の埴輪　その変遷と地域性―壺形埴輪・円筒埴輪・形象埴輪・石製表飾―』(第三回九州前方後円墳研究会資料集)
倉吉市教育委員会　一九八三『四王寺地域遺跡群遺跡詳細分布調査報告書』
国立金海博物館　一九九九*『伽耶の器台』(特別展図録)
国立光州博物館　一九九八*『栄山江の古代文化』(国立光州博物館二〇周年紀念特別展図録)
国立光州博物館　二〇〇〇a*『海南方山里長鼓峰古墳発掘(試掘)調査―現場説明会資料―』
国立光州博物館　二〇〇〇b*『湖南考古学の成果』(新たな千年(一九九九~二〇〇〇)特別展図録)
国立公州博物館　一九九九a*『大田月坪洞遺跡』(国立公州博物館学術調査叢書 第八冊)

国立公州博物館　一九九九b＊「前方後円墳出土の百済の円筒土器と日本の埴輪」（『日本所在百済文化財調査報告書1―近畿地方―』国立公州博物館研究叢書 第9冊）

国立全州博物館　一九九四＊『扶安竹幕洞祭祀遺跡』（国立全州博物館学術調査報告 第一輯）

国立全州博物館　一九九五＊『海と祭祀―扶安竹幕洞祭祀遺跡―』（特別展図録）

国立文化財研究所　一九九九＊『羅州新村里九号墳発掘調査』（現場説明会資料）

国立文化財研究所　二〇〇〇＊『羅州伏岩里三号墳』

埼玉県立さきたま資料館　一九八九『奥の山古墳　瓦塚古墳　中の山古墳』（埼玉古墳群発掘調査報告書 第七集）

申敬澈　二〇〇〇＊「古代の洛東江、栄山江、そして倭」（百済研究所編『韓国の前方後円墳』忠南大学校出版部）

末松保和　一九四九『任那興亡史』吉川弘文館

徐聲勳・成洛俊　一九八六＊『霊岩内洞里 チョブンゴル古墳』（光州博物館学術叢書 第一一冊）

徐聲勳・成洛俊　一九八八＊『羅州潘南古墳群綜合調査報告書』（光州博物館学術叢書 第一三冊）

成洛俊　一九九二＊「咸平禮徳里新徳古墳緊急収拾調査略報」（『第三五回全国歴史学大会発表要旨』歴史学会）（太田博之訳『韓国の前方後円墳―早稲田大学韓国考古学学術調査研修報告』雄山閣出版　一九九六）

田口一郎　一九九五「平底短頸瓶覚書―東国の渡来文化研究Ⅰ―」（『群馬考古学手帳』五）

田中俊明　二〇〇〇「栄山江流域における前方後円形古墳の性格―造墓集団の性格を中心にして―」（歴史文化学会国際学術シンポジウム『栄山江流域古代社会の新たな照明』）

田中祐介　二〇〇〇a「九州における壺形埴輪の展開と二・三の問題」（九州古文化研究会編『古墳発生期前後の社会像』）

田中祐介　二〇〇〇b「大分県における埴輪の変遷と地域性」（『九州の埴輪 その変遷と地域性―壺形埴輪・円筒埴輪・形象埴輪・石製表飾―』第三回 九州前方後円墳研究会資料集）

朱甫暾　二〇〇〇＊「百済の栄山江流域支配方式と前方後円墳被葬者の性格」（百済研究所編『韓国の前方後円墳』忠南大学校出版部）

崔盛洛　一九九九＊「羅州地域の古代社会研究の現状と課題」（『羅州地域の古代社会の性格』羅州市・木浦大学校博物館）

崔盛洛　二〇〇〇＊「全南地域の古代文化の性格」（『国史館論叢』第九一輯）

崔盛洛・李暎澈　二〇〇〇＊「咸平チュンナン遺跡」（『第四三回全国歴史学大会考古学部発表資料集』韓国考古学会）

趙大衍　二〇〇〇＊「ソウル 風納土城 発掘調査の成果」（『第四三回 全国歴史学大会考古学部発表資料集』韓国考古学会）

那珂川町教育委員会　一九八五『小丸古墳群』（那珂川町文化財調査報告書 第一三集）

土生田純之　一九九六「朝鮮半島の前方後円墳」（『専修大学人文科学年報』第二六号）
土生田純之　二〇〇〇*「韓・日前方後円墳の比較検討—石室構造と葬送儀礼を中心として—」（百済研究所編『韓国の前方後円墳』忠南大学校出版部）
朴淳発　一九九八*『百済国家の形成研究』（ソウル大学校大学院文学博士学位論文）
朴淳発　一九九九*「高句麗土器の形成について」（『百済研究』第二九輯）
朴淳発　二〇〇〇a*「加耶と漢城百済」（『加耶と百済』第六回加耶史学術会議発表要旨）
朴淳発　二〇〇〇b「百済の南遷と栄山江流域政治体の再編」（百済研究所編『韓国の前方後円墳』忠南大学校出版部）*
朴仲煥　一九九六*『光州明花洞古墳』（国立光州博物館学術叢書　第二九冊）
原口正三　一九七五「須恵器の源流をたずねて」（『古墳と国家の成立ち（古代史発掘　六）』講談社）
日田市教育委員会　一九九七『天満古墳群（二号墳）現地説明会資料』
藤澤一夫　一九五五「百済の土器陶器」（『世界陶磁全集　第一三巻—朝鮮上代・高麗篇—』河出書房）
古市秀治　一九九六「特殊器台形埴輪の研究」（『考古学研究』第一六九号）
百済研究所　二〇〇〇*『韓国の前方後円墳』忠南大学校出版部
三重県埋蔵文化財センター　一九九八『研究紀要　第七号—土師器焼成坑と古代土器の生産と流通—』
夢村土城発掘調査団　一九八五*『夢村土城発掘調査報告』
木浦大学博物館　一九九九*「チュンナン遺跡」（『西海岸高速道路（務安—霊光間）建設工事区間　文化遺跡発掘調査概要』木浦大学校博物館他）
森浩一編　一九八四『韓国の前方後円墳—松鶴洞一号墳問題について—』社会思想社
谷井濟一　一九二〇「羅州郡潘南面古墳群」（『大正六年度古蹟調査図譜』朝鮮総督府）
歴史文化学会・木浦大学校博物館　二〇〇〇*『栄山江流域古代社会の新たな照明』（歴史文化学会国際学術シンポジウム）
吉田博嗣　一九九九「天満古墳群」（『平成九年度』〈一九九七年〉日田市埋蔵文化財年報　日田市教育委員会）
吉留秀敏　一九八九「老司古墳出土の埴輪・土器について」（『老司古墳』福岡市埋蔵文化財調査報告書　第二〇九集）
若松良一　一九八九「中の山古墳の須恵質埴輪壺について」（『奥の山古墳　瓦塚古墳　中の山古墳』埼玉古墳群発掘調査報告書　第七集）

【補記】脱稿後、新村里九号墳の報告書（国立文化財研究所『羅州新村里九号墳』二〇〇一）と海南方山里長鼓峰古墳の試掘報告書（国立光州博物館『海南方山里長鼓峰古墳試掘調査報告書』二〇〇一）が刊行された。そして海南方山里長鼓峰古墳の墳丘封土において円筒形土器片が採集されていることを知った。赤褐色軟質焼成の筒形器台系円筒形土器で、受鉢状部分の下端から筒状脚部上端部分の破片で境界部に突帯の繞らないものである。

また新たな韓国の円筒形土器についての論文に接した。林永珍氏の二編の論文である。

林永珍（庄田慎矢訳）二〇〇二「韓国の墳周土器（円筒形土器）」『東アジアと日本の考古学　Ⅱ』同成社

林永珍（太田博之訳）二〇〇二「月桂洞古墳群の墳周土器」（『季刊考古学』第七九号）雄山閣

これらで培材大学校博物館にも国立扶餘博物館館蔵品と酷似する円筒形土器の存在を知った。有孔平底壺系に分類されるものである。

# 倭と栄山江流域

## ——倭韓の前方後円墳をめぐって——

東　潮

### 一、栄山江流域の墓制

栄山江は全羅道の内蔵山塊を源となし、五龍川・黄龍江などの支流が合流して、その流域に広闊な平野を形成している。その流域に、前方後円墳、方形墳、円墳、石室墳、甕棺・甕棺墳が分布する（徐聲勳・成洛俊一九八六、崔盛洛一九八六、徐聲勳一九八七、林永珍・趙鎮先一九九三・二〇〇〇、李正鎬一九九六、金洛中二〇〇〇）。

前方後円墳はこれまで全羅道の地域において一二基が確認され、新徳一号墳、月桂洞一・二号墳、明花洞古墳、チャラボン古墳、海南長鼓山古墳の五基が発掘されている。また海南長鼓山古墳で盗掘にともなう緊急調査で横穴式石室が確認された。墳丘に大形の甕棺が埋葬される古墳は大型甕棺墳とよばれている。

全羅南道西北海岸地域

霊光地域・臥灘川流域—石室墳（月山里ウォルゲ古墳〈四一・二m〉、用徳里トクサン古墳群・龍城里チャンボク古墳・川馬里クムチャドン古墳群・城山里ピョングン古墳・城山里テーソン古墳・元興里玉女峰古墳群・雪梅里ソゴ古墳群・道長里長鼓古墳・大徳里ホンジュ古墳）、甕棺（可谷里・月山里・禾坪里・甫羅里・松鶴里・暘徳里・雪梅里・上渓里）

咸平川上流域・咸平地域―石室墳（咸平長鼓山古墳〈七〇m〉、咸平方形墳、馬山里表山一号墳〈四六m〉、表山古墳群）、甕棺（馬山里）

務安地域―甕棺（社倉里）

栄山江上流域

咸平・月夜川流域―石室墳（新徳一号墳〈五一m〉、新徳二号墳・石渓洞古墳群・鶴星古墳群）、甕棺（礼徳里・草浦里）

光州地域―石室墳（月桂洞一号墳〈四五・三m〉・月桂洞二号墳〈三四・五m〉・明花洞古墳〈三三m〉、聲月里月田古墳〈三八m〉）、甕棺（新昌里）

栄山江中流域

羅州地域―石室・甕棺墳（伏岩里古墳群）、山城（会津山城）

潘南紫微山地域―石室墳（興徳石室墳・松堤古墳）、甕棺（徳山里・新村里・徳山里・大安里、長洞里）

霊岩地域―石室墳（チャラボン古墳〈三五m〉、錦池里古墳群・沃野里新山古墳群・鳳巣里古墳群・水山里古墳群）、甕棺（新燕里・水山里・沃野里・臥牛里・月松里松山・内洞里・万樹里・泰澗里・両渓里）

斗億山北方地域―甕棺（斗億里・仙皇里）

海南地域

三山川流域―石室墳（龍頭里古墳？〈四〇・五m〉、甕棺（鳳鋻里・院津里・冨吉里・海倉里）

頭龍山東方・北日地域─石室墳（海南長鼓山古墳〈七七m〉、方山里古墳群、龍日里古墳群、新月里古墳群、内東里古墳群）

前方後円墳は、全長三三・三五（二基）・四一（二基）・四五・四六・五一・七〇・七七mで、約三三〜七七mと差違はある。咸平長鼓山古墳と海南長鼓山古墳の二基のみ七〇m級で、他は三〇・四〇m台である。埋葬施設は五基が横穴式石室、一基が竪穴式石室（横口式石室）である。

前方後円墳の築造は企画的である（成洛俊一九九三）。後円部を八等分し、前方部の長さ・幅との関係をみる築造企画論（石部他一九七九）によると、計測しえる五基のいずれもが六区型、前方部幅は七区ないし八区に相当し、後円部の直径以上にひらかない。一区は三・七五〜五・五〇mで、尋数による完数はえがたい。同時期の九州地方の前方後円墳のなかでは、石人山古墳が五区型ないし六区型で類似する。また光州月桂洞一号墳は前方部が開き、その幅は後円部直径よりひろい。列島内において、五世紀後葉から六世紀前半にかけて発達する形態である。古市・百舌鳥古墳群の土師ニサンザイ古墳や岡ミサンザイ古墳など近畿地方の前方後円墳の形態・構造と共通する。栄山江流域の前方後円墳の形態は同時期の日本列島の変遷と軌を一にする。

企画の共通性から、栄山江流域における築造集団間に前方後円墳に対する共通意識のあったこと、墳丘構造に大きな差異がみられないということは、一定の時期に築造されたことを推測させる。その時期は、五世紀末から六世紀前半であり、一〜三世代に相当する。

前方後円墳は、甕棺墓・大型甕棺墳の分布地域に、一〜二基が造営されている。前方後円墳が築造される地域では、その前段階に甕棺墓・甕棺墳が発達している。前方後円墳を築造しうる諸集団が存在した地域といえる。前方後円墳の消滅後も、同一地域に石室墳が築造されている。栄山江流域の中心地である紫微山一帯の潘南古墳群において、前方後円墳は確認されていない。前方後円墳は、羅州地域（市・郡域）の周辺地域に分布する（朴淳発二〇〇〇）。小

表1　栄山江流域の円墳・方墳・前方後円墳の変遷

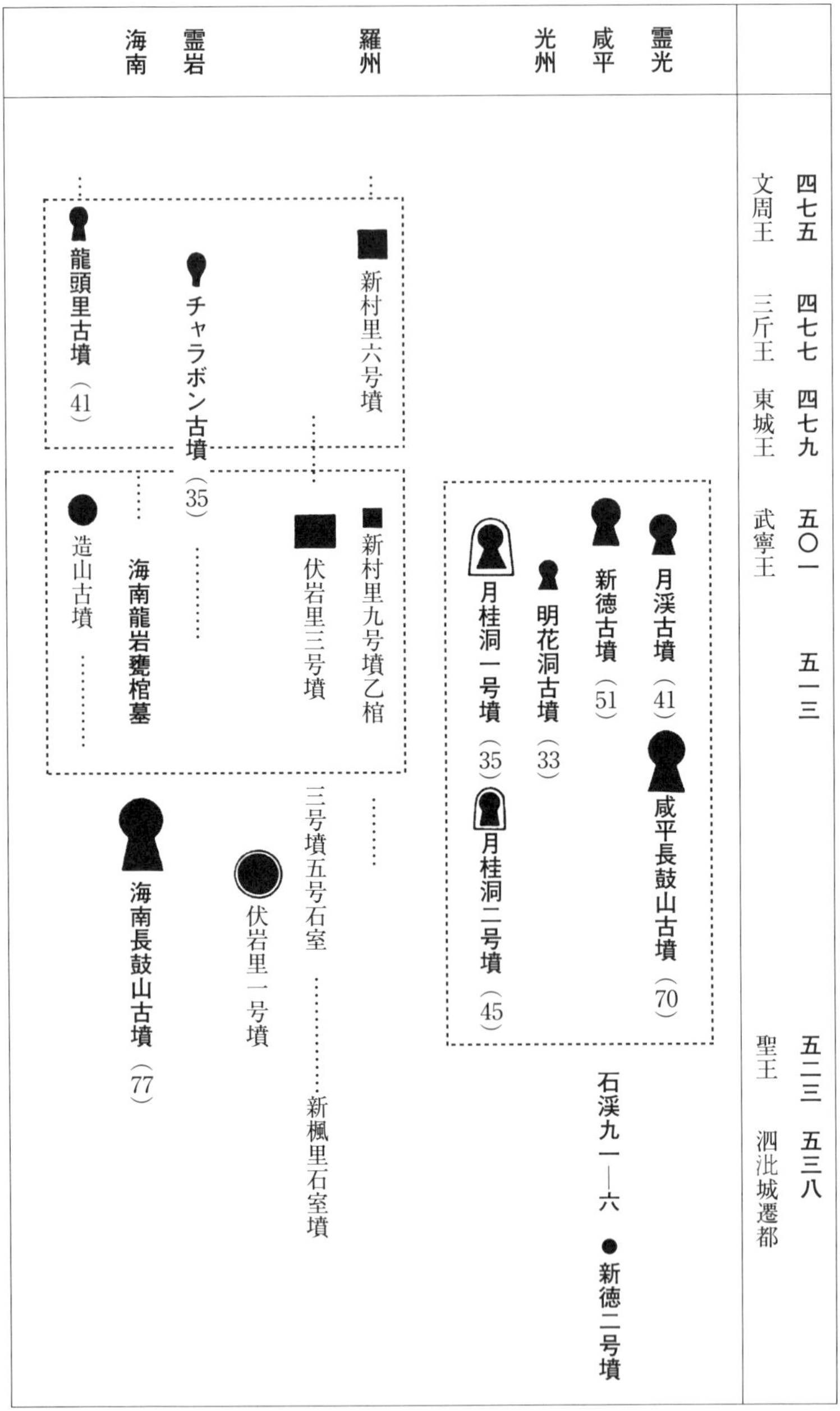

霊光
咸平
光州
羅州
霊岩
海南
四七五　文周王
四七七　三斤王
四七九　東城王
五〇一　武寧王
五一三
五二三　聖王
五三八　泗沘城遷都
月渓古墳（41）
咸平長鼓山古墳（70）
新徳古墳（51）
明花洞古墳（33）
月桂洞一号墳（35）
月桂洞二号墳（45）
石渓九一—六
新徳二号墳
新村里六号墳
新村里九号墳乙棺
伏岩里三号墳
三号墳五号石室
新楓里石室墳
伏岩里一号墳
チャラボン古墳（35）
龍頭里古墳（41）
造山古墳
海南龍岩甕棺墓
海南長鼓山古墳（77）

形甕棺墳の分布地域でもある（李正鎬一九九六）。

前方後円墳は、南北約一五〇、東西約五〇㎞の栄山江およびその支流、西海の沿岸部に分布する。月桂洞一・二号墳は平地に築造されているが、大半は丘陵尾根や独立丘陵などの自然地形を利用、切断、造成して築かれる。いずれも一定の築造企画にもとづいてつくられている。前方後円墳が、同時にかつ広範に散在的に分布することから、いくつかの邑落の協業によって小地域単位に築造されたのであろう。前方後円墳の築造は中小規模のばあい、地域集団においても可能である。築造数も、数十年の期間に多くとも一〇数基ときわめてすくない。月桂洞一・二号墳のように、同一地点に継起的に造営されることから、造墓集団の定住性もうかがえる。倭国・倭人特有の墓制である前方後円墳は、百済の領域に属した六世紀初めにも存続し、前方後円墳じたいが百済の慕韓支配と抵触するものでなかったことをしめす。墳墓の破壊などの行為はともなっていない。その意味で前方後円墳の築造じたい非政治的である。

## 栄山江流域の甕棺墳

三国加耶時代、この栄山江流域にかぎって大型甕棺墳・甕棺墓が盛行する。成洛俊（一九八三）によると、大型甕棺墳は四世紀ごろ出現し、五世紀後半の百済の統治体制の強化によって、墓制じたいに変化がおこり、甕棺墓が漸次衰退、石室墳があらわれるようになった。

徐聲勲（一九八七）は、新昌里式（紀元前一世紀〜紀元後一世紀）―仙皇里式（紀元三世紀前半〜三世紀中葉）―新山式（紀元三世紀中葉〜三世紀後半）―松山式（三世紀後半〜三世紀末）―内洞里式（三世紀末〜四世紀中葉）―潘南式（四世紀中葉〜五世紀前半）―水山里式（五世紀前半〜五世紀中葉）と設定する。甕棺が大形化するのは、「水山里式」（五世紀前半〜中葉）とよばれる段階で、四〜五世紀である。

李正鎬（一九九六）は、甕棺を三形式、二亜形式、六形式に分類し、甕棺墳を三類型化する。Ⅰ類型は三世紀後半から四世紀前半、Ⅱ類型は四世紀前半から五世紀前半ごろ、Ⅲ類型は五世紀前半から六世紀前半に編年する。また分布状況について、Ⅰ類型の甕棺古墳が霊岩・務安・咸平・霊光など栄山江流域の各支流に分布するのにたいし、Ⅱ類型段階になると、大形古墳が霊岩・始終、羅州・潘南一帯に築造され、その他の地域ではたまに小形墳だけが築造される。Ⅲ類型になると大形古墳は羅州潘南一帯に築造され、他地域では小形墳が継続したとかんがえる。そして大規模古墳が密集する羅州潘南一帯を中心地域とする上位の首長層が栄山江流域の各地域集団を治める、いわゆる地域的・階層的な位階化が生じるようになり、栄山江流域と西南海岸を統括する広域的な勢力が形成されたという。

羅州新村里九号墳乙棺は、出土遺物から五世紀後半～六世紀初め（五二〇年ごろ）（伊藤一九七二）、六世紀前葉（朴普鉉一九九八）で、大形の甕棺としては末期に位置づけられる。羅州伏岩里三号墳（九六石室）の横穴式石室内に配置された甕棺は、墳丘内に直接埋葬（直葬）されるのではなく、石室内の棺として使用されている。甕棺墳から石室墳への過度的な埋葬法である。甕棺埋葬という伝統性が消失していることをしめす。この伏岩里三号墳（九六石室）例をもって、甕棺埋葬の風習が形骸化したことにほかならない。その時期は五世紀末～六世紀前葉に比定され、大形甕棺墳はおそくとも六世紀前葉ごろには消滅する。

## 横穴式石室の編年と系譜

栄山江流域には、月松里型（朴淳発一九九八）、栄山江式（林永珍一九九九）、宋山里型（東一九八九）、宋山里式（曺永鉉一九九〇）、扶余型（尹武炳一九八九）、陵山里型（東一九八九）石室が分布する。

月松里型石室は五世紀後葉～六世紀前半（造山古墳、新徳古墳、明花洞古墳、月桂洞一・二号墳、伏岩里三号墳九六石室、鈴泉里古墳）、チャラボン型石室は五世紀後半～六世紀後半（汾江楮石里一三号墳、伏岩里三号墳一・二号石室）、宋山里型石室は五世紀後葉～六世紀前半、宋山里亜型石室は六世紀中葉（光州雲林洞古墳）～、陵山里型石

室は六世紀中葉～七世紀後半（新徳二号墳）に存続する。栄山江流域で典型的な宋山里型石室は未確認である。

前方後円墳の埋葬施設は、チャラボン古墳が竪穴式石室で、未確認の龍頭里古墳・咸平長鼓山古墳をのぞいて、月松里型石室の横穴式石室である。

海南長鼓山古墳の石室は両袖式で、玄室・羨道天井石の下面が同じ高さの平天井式である。宋山里亜型でなく、月松里型の発展形態といえる。そのいっぽう慶尚南道固城郡松鶴洞一号墳の石室も同一構造といえるものであった。松鶴洞一号墳石室は、加耶の慶尚南道泗川郡船津里古墳や宜寧郡中洞里四号墳などの系統上にある。同時に海南長鼓山古墳の系統上に位置づけられる。

龍頭里古墳に近接して、海南郡院津里龍岩、鳳叡里新琴里、冨吉甕棺墓里群が分布する。龍頭里古墳の墳丘は低平で、埋葬施設が甕棺墓である可能性もあるが、近在する海南長鼓山古墳は横穴式石室であった。埋葬施設の問題は、前方後円墳の築造時期やその被葬者の性格にかかわるので、その解明がまたれる。

チャラボン古墳でも、後円部の墳端で大型甕棺の破片が採集されているが、後円部じたいの発掘においては石室以外確認されていない。伏岩里三号墳では、同種の方形竪穴式石室とともに大型甕棺がある。

咸平長鼓山古墳は、墳丘の規模から、横穴式石室と推察される。また近接して、大形の方台形墳が立地する。

新徳一号墳は月松里型石室であるが、その前方部に接してつくられた二号墳は典型的な陵山里型石室である。相前後する時期、近在する石渓古墳群で陵山里亜型の石室がみられる。新徳一・二号墳の被葬者は同族的関係にあろう。陵山里型じたい泗沘政権の官人層の墓制である。一号墳の前方部後円墳いらい、在地の有力者の墓域であったのであろう。

月桂洞一・二号墳は平地に築かれ、盾形の周溝がある。埴輪、埴輪形木製品も樹立され、日本列島の前方後円墳の構成要素をかねそなえる。一・二号墳は継起的に築造されているので、同系の有力家族によることがわかる。横穴式石室はいずれも月松里型である。

伏岩里三号墳は、一九基の石室、甕棺墓など四一基が同一墳丘内で確認されている。先行する甕棺墳があり、それに造成して多様な横穴式石室が築かれている（金洛中二〇〇〇）。

五～六世紀代の竪穴横口系の正方形ないし長方形墓室が、チャラボン古墳、公州汾江楮石里一三号墳（五世紀前葉）（成正鏞一九九八）、羅州・伏岩里古墳三号墳で確認された。月松里型に先行し、伏岩里三号墳のように六世紀後半まで存続する。この型式の石室は北部九州にみられない。チャラボン古墳は古い段階の前方後円墳であるが、在地的な石室がつくられたことを意味する。前方後円墳の性格をかんがえるうえで看過しえない事実である。

月松里型石室は、その構造や出土遺物からみて、月松里造山古墳→新徳古墳→月桂洞一号墳→月桂洞二号墳・鈴泉里古墳のように、時期的に重複しながら、漸次築造されたとみられる。月松里型でもっとも初期の造山古墳は円墳であり、月松里型石室と前方後円墳とがかならずしも組み合わさっていない。

月松里型石室の上限年代は五世紀末～六世紀初めである。その系統関係については、漢城時代の漢江・錦江流域、北部九州の二つの考えがある。

漢江流域のソウル地域に、積石塚と横穴式石室墳が分布する。積石塚（基壇階梯式）の時期は四世紀前半から五世紀前半である。石室墳の可楽洞古墳群の三・五号墳は四～五世紀代、芳荑洞古墳群の一号石室墳は六世紀前半代である。六世紀後半以降の新羅系土器は追葬にともなうものと解釈される。芳荑洞一号墳は穹窿天井式の宋山里型で、六世紀中葉の新羅侵攻の以前、高句麗の占領されていた漢江流域に、百済の宋山里型石室が築造されたとかんがえる。漢城期の領域は錦江流域におよんでいるが、その域内において横穴式石室墳の調査例はすくない。

栄山江流域において、月松里型は鈴泉里古墳や月桂洞二号墳をさいごに宋山里型、のちには陵山里型に交替する。月松里型はきわめて短期間に成立・消滅した石室といえる。

それにたいし九州では、鋤崎古墳→丸隈山古墳→釜塚→番塚→関行丸古墳→桂川大塚古墳と、四世紀末から六世紀中葉ごろまで変遷する。鋤崎古墳・丸隈山古墳などは、漢城時代の百済からの影響で成立したのであり、月松里型も漢江・錦江流域の石室から成立したものであろう。九州の影響で造営されたとすると、甕棺墳から倭系統の横穴式石室へ替わったということになる。甕棺墳消滅の要因が倭系の墓制の影響ということになりうるからである。伏岩里三号墳には在地の方台形墳に甕棺埋葬の石室が採用されている。栄山江流域の慕韓に政治力がおよび、併合していくのは、漢城時代の末期から熊津時代である。墓制上の変革がゆるやかに、かつ急激に進行したのであった。ともかく栄山江流域と九州北部・中部地域の横穴式石室が類似している点は看過しえない。

五世紀後半から六世紀初め、近畿地方に藤の森古墳や高井田古墳のような百済・加耶系の横穴式石室、奈良椿井宮山古墳のような穹窿天井式の宋山里型石室が出現する。栄山江流域の横穴式石室と類似するのは、九州地方のものである。

宋山里型石室の系譜は、集安の麻線溝一号墳（四世紀末）などの穹窿天井式石室、遼東半島の漢魏塼室墓にもとめられる。四七五年の熊津城遷都後に、宋山里型石室が発達する。その宋山里型石室は、漢城時代の墓制の系統上にない。高句麗の南下によって、漢江流域は軍事的に制圧されるのであるが、その過程で穹窿天井式石室も伝播したことになる。芳荑洞一号墳石室の系統関係もあらためて検討すべきかもしれない。四七五年以後ならば大同江流域では、平壌型石室が成立している。

栄山江流域の前方後円墳のなかで、埋葬施設からみて、チャラボン古墳がもっとも古く、五世紀後半ごろである。月桂洞一・二号墳が六世紀前半ごろで、泗沘城遷都の五三八年ごろには築造は終わっている。

甕棺墳が消滅する過程で、月松里型石室が築造される。前述のように月松里型の伏岩里三号墳（九六石室）で、横穴式石室が採用され、その埋葬のための棺として甕棺が用いられた。伏岩里古墳は方台形墳である。前方後円墳と横穴式石室の組み合わせは、潘南古墳群（在地層）のなかにみいだせない。

五・六世紀の栄山江流域では、固有の墓制である方台形の大型甕棺墳、円形・前方後円形の横穴式石室墳が築造されている。甕棺墳から石室墳へ変化する。墓制はあくまで埋葬習俗であり、他界観の表象である。それゆえ墓制の変化は社会現象を反映する。注目すべきは、甕棺墳が消滅する時期に、横穴式石室とともに前方後円墳が出現するということである。

甕棺は埋葬用の施設であり、埋葬施設が石室に変化した。方台形墳とはことなる、あらたな完成されたかたちで、前方後円墳が出現する。韓族が前方後円墳を採用することはない。倭族の習俗であるからである。

海南造山古墳は円形の横穴式石室墳である。月松里型石室はほぼ同時期に、前方後円墳・円墳に採用された。前方後円墳と横穴式石室が組み合わさってつくられたならば、その種の石室は九州以外には確認できないので、その関係ということになる。

## 二、百済と慕韓の境域

四世紀ごろから四七五年の熊津城遷都まで、対高句麗戦争などで、領域関係は変動している。漢江流域は、五世紀後半から六世紀中葉（五五三年）の新羅による新州の設置まで、高句麗が領有化していた。

百済と高句麗の戦争は、つぎのような段階が想定されている（崔鍾澤一九九八・二〇〇〇）。

Ⅰ段階は、四世紀中葉～後半の高句麗の侵攻。Ⅱ段階は、四世紀末～五世紀後半の臨津江から漢江流域にかけての攻防である。臨津江流域に瓠蘆古塁、堂浦城、無等里城、隠岱里城などの土城が分布する。Ⅲ段階は五世紀後葉～六世紀前半で、漢江以南の地が高句麗に占領される。その南境は小白山脈、忠清北道中原郡（中原高句麗碑）・忠州・

鎮川、忠清南道天安一帯である。

五世紀後半から六世紀前半、高句麗は臨津江から漢江にかけての地域を占領し、領有化していた。漢江流域の峨嵯山一帯に要塞（堡塁城）を構築し、軍事的に支配した。九宜洞堡塁城は五世紀代、峨嵯山第四号堡塁・シル峰堡塁城は六世紀前半～中葉ごろであるという。臨津江流域の京畿道坡州郡舟月里遺跡の高句麗土器もそうした状況と関連する（京畿道博一九八九、漢陽大博一九九九）。峨嵯山第四堡塁城などの土器・鉄器類は、平壌城などから兵とともに持ちこまれたのであろうが、鍛冶工房が併設されているので、鉄器の補修だけでなく、鉄素材から武器・武具・農具・工具も製作されたにちがいない。大田月坪里遺跡の高句麗土器は、対高句麗とのなんらかの関係を反映する。九宜洞や峨嵯山第四堡塁城では、犂・鍬・鎌の鉄製農具が出土している。高句麗兵は営農する屯田兵的な性格をもつ。

またソウル陵洞、忠清北道清原郡上鳳里、伝忠清北道鎮川郡会竹里、忠清北道清州市新鳳洞で高句麗系太鐶式耳飾、九宜洞や峨嵯山第四堡塁城で高句麗の武器類、天安龍院洞一〇八号墓で、本渓墓や集安七山洞九六号墳のものに類似する高句麗系の馬具（鏡板）（李南奭二〇〇〇）も出土している。伴出土器は新鳳洞Ⅱ期（四世紀末～五世紀前葉）（成正鏞一九九八b）で、鏡板の型式もその時期にあたる（東一九九七）。いずれも高句麗の南境ないしは百済との境界付近に位置する。

高句麗の墓制の影響は、三角持送式天井石室墳にみることができる。江原道春川芳洞里古墳、同春城郡新梅里古墳、京畿道驪州・梅龍里ヨンガンゴル古墳群、甫通里古墳で、北漢江から南漢江流域に分布する。三角持送式構造は、三国・加耶のなかで高句麗特有のものといえる。その時期は五世紀末から六世紀代であり、南下した高句麗集団が築造したばあいと、その影響のもとで百済人がつくったばあいもあろう。峨嵯山一帯の高句麗要塞と同一時期である。新羅が漢江流域へ進出する六世紀中葉以前のものとかんがえられよう。

忠清北道忠州一帯には中原高句麗碑とともに薔薇山城・忠州山城が立地する。前者は城壁の構築法などからみて高句麗系と推定される。碑文にみえる「幢主」による軍事的支配の拠点であった。また忠州は鉄鉱石の産地で、朝鮮時代に八大鉄所の一つが置かれた。中原碑の付近にも朝鮮時代の製鉄跡や鉱山が所在する。

忠州の東南の鎮川石帳里では四世紀代の製鉄遺跡が存在する。製錬・精錬・鋳造・鍛冶の全工程がそろった製鉄一貫工場跡である。周辺にも製鉄遺跡が分布する。百済の製鉄技術、粉鉱石利用の製錬技術、砂鉄製錬の技術的条件が達成されていたことがわかる。石帳里遺跡以外、漢城時代の製鉄遺跡は知られていないが、七支刀（三六九年）もそうした技術で製作されたことはうたがいない。この鎮川郡一帯は、百済と高句麗の政争地で、五世紀後葉以降は高句麗の支配下にあった。その時代の製鉄遺跡はみつかっていないが、そこで生産された素材は、峨嵯山一帯の高句麗軍の要塞や平壌城に供給されたのであろう。

熊津時代、宋山里型は、漢江流域（芳荑洞一号墳）、南漢江流域（清州新鳳洞一号墳）、錦江中流域（公州宋山里古墳群・熊津洞古墳群・新基里古墳群）、錦江下流（益山熊浦里二〇号墳・笠店里一号墳）と、錦江流域の王都熊津城を中心とした地域に分布する。宋山里型石室の分布圏は熊津期の領域をしめしている。武寧王陵・宋山里六号墳は南朝の梁系統の塼室墳で、築造された基数や地域も公州にかぎられる。諸侯などは宋山里型石室に埋葬された。宋山里型石室の分布地域は、熊津城時代の百済領域の中心地である。

宋山里型石室は五世紀末から六世紀初めに発展するが、五三八年には泗沘城に遷都する。遷都後は宋山里型の系譜でなく、武寧王陵・宋山里六号墳などの塼室を祖形として、陵山里型石室に変遷する。六世紀は百済石室墳の変革の時期で、その背景に社会的変動がある。

三足土器は型式差・時期差があるが、漢江流域のソウルから錦江流域、蟾津江上流域に分布する。ソウル夢村土城八八―一号貯蔵穴、京畿道華城郡日旺面、忠清北道清州新鳳洞古墳群、忠清南道大田月坪里・洪城神吟城跡、洪城結城邑城、青陽白谷里山城、公州公山城・中壮里古墳・宋山里古墳、論山表井里古墳群、扶餘豆谷里古墳群・定林寺跡・

錦城山、保寧長峴里古墳、益山笠店里一号墳・五金山城、扶餘弥勒寺跡、全羅北道南原尺門里山城、慶尚南道陜川倉里古墳群などである（尹煥・姜熙天一九九五）。漢城時代に出現し、熊津時代に発達する百済土器である。五世紀〜六世紀前半代の三足土器の分布は、熊津時代の百済領域と関連する。なお佐賀県野田遺跡出土の三足土器は、熊津時代の百済との人的往来をしめす資料である。

栄山江流域には、大型甕棺墳・陶質土器・冠帽など、地域性をあらわす遺跡・遺物が分布する。大型甕棺墳は、全羅北道高敞郡から全羅南道一帯の地域に分布する。大型甕棺墳の分布は、五世紀後半から六世紀前葉にかけては栄山江流域にかぎられてくる。同じ時期、百済・加耶・新羅の諸地域では、横穴式石室墳・竪穴式石室墳・積石木槨墳・石槨墓などが発達している。したがって大型甕棺墳は慕韓の特徴的な墓制といえる。また栄山江流域の土器はじゅうらい百済土器とよばれてきたが、栄山江流域特有の土器が広範に分布する（朴淳発二〇〇〇、金洛中二〇〇〇）。大型甕棺とともに地域性をしめす。

百済・慕韓の冠帽は、天安龍院洞九号墓・益山笠店里一号墳・新村里九号墳乙棺・新徳古墳、伏岩里三号墳九六石室で出土している。龍院洞九号墓では金銅製縁金具（長さ一二㎝、幅〇・七㎝）、金箔付着の有機物、東晋の黒釉鶏首壺が伴出した（李南奭二〇〇〇）。時期は五世紀初めで、漢城時代ではじめて確認された冠帽といえる。

益山笠店里一号墳に金属製冠帽と立飾からなる冠帽がある。古墳は、錦江南岸の百済と慕韓の境界に位置する。石室は宋山里型で、五世紀末以降の熊津期に属する。笠店里冠帽は慕韓地域や熊本県江田船山古墳、慶尚南道磻溪堤カA号墳の金銅冠帽と共通する。つまり慕韓と倭、さらに加耶と関連する遺物である。笠店里一号墳と江田船山古墳とは、熊津政権の百済王からの冠帽・飾履の賜与という関係があるとすれば、同等の関係になる。

熊津期には、五角形や方形板の金銅製冠飾の一部がみられる。武寧王陵の唐草文透彫りの装飾物は冠帽でなく、団扇であろう。百済では服飾の制・身分制が発達し、新羅や加耶のような、金・銀・金銅といった金属製冠帽による冠位制度についてはあきらかでない。泗沘城遷都後に盛行する銀花飾は、泗沘期の版図内に分布する。

笠店里一号墳・新村里九号墳の飾履は格子文、武寧王陵は亀甲文である。亀甲文は格子文系にくらべて後出する。伏岩里三号墳九六石室は亀甲花弁文で、武寧王陵のものに先行し、江田船山古墳のものに後出する。

T字文透彫飾履は伝公州や伝昌寧、慶州金冠塚の百済・新羅の各地に分布する。T字文透彫り飾履そのものは高句麗で確認されていないが、同種の文様が冠飾などで多用され、高句麗系統の飾履かもしれない。笠店里一号墳の飾履は金属製としてもっとも古く、履底が金属板のスパイク状の高句麗履が祖形と推定される。

江田船山古墳の飾履は形態からみて武寧王陵と同系統で古い。熊津期の百済から流入したものであろう。なお飾履は亀甲文であるが、冠帽Aは唐草文立飾で帯は格子文、冠帽Bは亀甲文である。

亀甲文系┬無　文…江田船山古墳→（鴨稲荷山古墳、塔ノ尾古墳、藤ノ木古墳）
　　　　└花弁文…伏岩里三号墳九六石室（五弁花文）→武寧王陵（八弁花文）、伝奈良県磯城郡
格子文型――花弁文…笠店里一号墳（格子三弁花文）→新村里九号墳（格子五弁花文変形）
T字文型――伝公州、伝昌寧、金冠塚

鐶頭大刀は百済・慕韓の地域に分布する。天安龍院里一号石槨墓の単龍鐶頭大刀は、伴出土器からみて新鳳洞Ⅱ期（成正鏞一九九九）、漢城時代の四世紀末~五世紀前葉のものである。同じ龍院洞一二号墓の単龍鐶頭大刀はそれに後出する。

龍院洞一二九号墓の「二葉文」の鐶頭大刀も四〇〇年前後のものである。奈良県於古墳（円鐶）や慶尚南道固城郡蓮塘洞二三号墳（五角鐶）に類する。於古墳例は蓮塘洞古墳群のある加耶からよりも、その以前に百済から流入したのであろう。二葉文鐶頭大刀は、三葉文から分化した可能性がある。三葉文じたいは高句麗の四世紀代の禹山下三五六〇号墓や麻線溝一号墓などにみられる（東一九九七）。百済の三葉鐶頭大刀は、同時代の高句麗から流入し、発展

図1　5・6世紀の政治的領域（朴永福・金聖明1990、李南爽2000、金洛中2000他）

表2　鐶頭大刀の系統関係

| 系統 | ◀四〇〇　◀四五〇　◀五〇〇　◀五五〇 |
|---|---|
| 単龍鐶 | 龍院洞一　…　龍院洞一二　……………………………………　武寧王陵　…　奈良・城山一 |
| 単鳳鐶 | 石上神宮禁足地　…………………新村里九乙棺　伝大阪・仁徳　…… |
| 三葉鐶 | 新鳳洞九〇A―一　……………………　新村里九乙棺　伏岩里三（九六）　…… |
| 二葉鐶 | 龍院洞一二九　……………………………　奈良・於　……　固城蓮塘洞　…… |
| 獅噛鐶 | ……　伏岩里三―七　御崎山 |

させたものであろう。

栄山江流域において、鐶頭大刀や冠帽は新村里九号墳乙棺・伏岩里三号墳九六石室など、方墳（方台形墳）や長方形墳で出土し、前方後円墳では未確認である。

五世紀末の段階では、羅州新村里九号墳（銀装単鳳鐶頭大刀、三葉鐶頭大刀・刀子、冠帽、飾履）、海南造山古墳（円墳）との階層的・身分的関係がみとめられる。

六世紀前葉では羅州・伏岩里三号墳九六石室（三葉鐶頭大刀）、新徳古墳、月桂洞一号墳との階層関係でとらえられる。武寧王陵の単龍鐶頭大刀はその上位にある。

六世紀中葉以降、伏岩里三号墳では、五号石室で装飾文の施された圭頭大刀と銀花飾、七号石室で鬼面文（獅噛）三累鐶頭大刀、一六号石室で銀花飾が出土している。銀花飾は、六世紀後葉移行の泗沘城時代の身分制、五部五方制にかかわる冠飾である。

紫微山一帯の潘南古墳群は慕韓の中心勢力である。その勢力を核として慕韓社会が形成されていた。甕棺墳という、共通の埋葬観念や葬送儀礼にもとづく墓制の分布にみられるような紐帯をもつ社会、一定の境域をもつ政治的な地域集団が形成されていた。墳墓や副葬遺物に階層関係もみられる。慕韓政権とよびうる。慕韓は狭義の国で、政治機構をもっていた。紫微山城の構造や時期はあきらかでない。同じ羅州の会津山城、その西麓の伏岩里古墳群は、潘南古墳群に次ぐ勢力の墓域であった。伏岩里三号墳は大規模な方台形墳であり、一・二号墳などとともに慕韓の王族の後裔である。

六世紀にはいると、慕韓政権は百済の熊津政権下に属するようになった。武寧王代の南下、栄山江流域の領有化が進み、蟾津江へ進出する。

『宋書』倭国伝にみえる「慕韓」は非百済勢力、「秦韓」は非新羅勢力の地域で、五世紀の段階で実在していた（東一九九四・九七）。慕韓は『魏書』東夷伝の「馬韓」、「秦韓」は「辰韓」であるが、その境域は異なる。四三八年、倭珍は「使持節都督倭百済新羅任那慕韓秦韓六国諸軍事安東大将軍倭国」と自称して徐正をもとめた。四五一年、倭済に「使持節都督倭新羅任那加羅慕韓秦韓六国諸軍事」に加号、「安東大将軍」に進号する。四七八年の「秦韓慕韓」をふくめ自称し、冊封される。このように「慕韓秦韓」については、中国の正史に記されている。倭の自称が南朝によっても容認されたのである。慕韓・秦韓境域の存在について、倭と南朝によって共通認識されていたのである。ただしその解釈にさいして、南朝じたいの政治的利害関係、北朝・高句麗との国際関係が反映されており、南朝の国際的戦略の論理、史実の検証が不可欠である。また都督権の自称にさいして、終始一貫して百済もふくめている。それは倭の百済をもふくめた支配にたいする意志表示である。倭と百済の利害関係は明瞭である。百済を友好国とするのでもなく、百済への援軍でもなく、まぎれもなく百済・新羅・加耶・慕韓・秦韓への侵略の国家意志がみえる。武の上表文の「渡平海北九十五国」と付合する論理である。

なお四五一年の倭済に対する加号には「任那加羅」と記され、加耶諸国は金官加耶と大加耶に二分されていた。四三八年の倭珍の自称では「任那」だけであった。この間に大加耶勢力の台頭を想定することができる。

百済は慕韓（栄山江流域）を服属し、新羅は秦韓（洛東江上流・小白山脈南麓から東海岸）の地域を領域化する。いずれも五世紀末から六世紀前半にかけての時期である。

新羅による領域化は山字形金銅冠の分布がしめしている（東一九九六・九七）。江原道江陵草堂洞古墳の山字形金銅冠は五世紀末から六世紀ごろの形態で、そのころ新羅領域にくみこまれたと推定される。東海岸地域での辰韓・濊の境界が問題となる。濊は、『魏書』東夷伝によると、弁辰の地域で韓・倭とともに鉄を「取（市）」っている。江陵安仁里で濊代の集落跡があり、楽浪系の土器も出土している。慶尚北道迎日郡冷水里付近で「晋率善伯長」銅印が出土しているが、濊と辰韓の境域にかかわるものである。五世紀末には新羅の勢力が蔚山から江陵地域にまでおよんだといえる。

## 三、倭の五王と巨大前方後円墳

### 倭王族の出現

日本列島内での最古の前方後円墳は奈良・箸中山古墳(1)（箸墓古墳）で、その成立時期は三世紀中葉である。二世紀末から三世紀初めには倭国の王として卑弥呼が共立されていた。卑弥呼は二四八年ごろ没している。あらたに創出された前方後円墳は倭国の王の墓制である。

『三国志』魏書東夷伝にみえる「倭国の国とは倭王の統治する領域」であり、「女王の統治する領域」であった（西嶋一九九九）。『魏書』においては、倭国は高句麗・夫餘・馬韓・弁韓・辰韓と同様、「国家」として認識されていた。

邪馬台国は、倭国三〇国のなかで、七万戸（三〇～五〇万人）を擁する大国であり、奈良盆地・大阪平野・山城盆地をふくむ境域と推定される。播磨東部もふくめることもできよう。三世紀後半以降、大和・河内の前期古墳の板石積み竪穴式石室の石材はカンラン石輝石玄武岩や輝石安山岩で、奈良盆地・大阪平野の境の芝山、二上山春日山で採掘されたもの（奥田一九八三、岡林一九九九）であり、「邪馬台＝大和」の境域内に分布する。また古式の三角縁神獣鏡や特殊円筒形埴輪、大和型・河内型庄内式土器が分布する。

邪馬台国内では諸集団が存在したが、その有力な集団の墓域が纒向墳墓群で、ホケノ山古墳はその王墓に比定される。そしてその南側の同一の低丘陵尾根線端に築かれたのが箸中山古墳である。その箸中山古墳の被葬者は卑弥呼の可能性がつよい。

箸中山古墳（全長二八〇ｍ）には段築成があり、前方部・後円部に吉備地域（投馬国）由来の祭器である特殊器台（宮山型）から発達した特殊器台形埴輪（都月型）が樹立され、吉備・播磨・讃岐地域一帯の伝統的な葬制の板石積み竪穴式石室などで構成される。箸中山古墳は、地域的祭儀・伝統的葬制、共同利害にもとづく祭儀をとりこむかたちで、呪術的支配の表象物として、あらたに創造された前方後円墳であった。倭国の王墓、前方後円墳という倭国の墓制が出現した。とくに箸中山古墳において、吉備地域の葬送祭儀を表象する特殊壺・特殊器台を発展させて、出現した特殊器台形埴輪（都月型）は大和の箸中山古墳、弁天塚、馬口山古墳、山城元稲荷古墳、播磨権現山五一号墳、吉備浦間茶臼山古墳に存在する。

ホケノ山古墳から箸中山古墳へ止揚し、前方後円形の墳墓は前方後円墳として、諸国によって共立された倭王卑弥呼の死をもって再生されたといえる。「ヤマト」の勢力が最初の「倭王」をだしたのである（山尾一九八九）。倭王は邪馬台国の諸集団から析出され、倭王族が形成されてゆく。

三世紀後半以降の邪馬台国の境域は「邪馬台（やまと）」とよぶことができる。「邪馬台」は、宮都の所在地として「大和」として地名にのこる。従来の研究史をかんがみて、「邪馬台」を広義の大和、その政治体を「邪馬台＝大和政権」とよぶことにしたい。「吉備政権」「筑紫政権」と対応する地域政権である。大和政権の中枢地は、倭国の宮都である纒向遺跡を中心とした三輪山麓一帯の地域とかんがえている。大和政権は、倭（国）政権と峻別される。

## 公孫氏政権と倭国

摂津の安満宮山墳墓では、青龍三（二三五）年銘の方格規矩鏡一・斜縁二神二獣鏡一、三角縁環状乳四神四獣鏡一・三角縁獣文帯四神四獣鏡一・画文帯同向式神獣鏡一が出土している。その青龍三年鏡は魏時代ではなく、公孫氏政権下の帯方郡から流入したものと推定される。その製作地は燕（公孫氏政権）の都の遼陽が候補となる。景初三年鏡に先行する時期の鏡である。宮山墳墓への副葬は三角縁神獣鏡の時期であろうが、景初三年にちかい時期であろう。安満宮山墳墓も邪馬台国の境域にふくめられる。青龍は魏の年号であるが、その製作地や流入経路が今後問題となる。青龍三年鏡は同型鏡として、丹波の太田南二号墓と安満宮山墳墓で発掘されているが、こんご近畿の各地、とくに邪馬台国内で発見されるにちがいない。

ホケノ山墓の木槨構造は、狗耶韓国など三韓地域に発達した墓制が導入されたものである。岡山・楯築墓や徳島・萩原墓からホケノ山古墳へという流れがみられる。

これら三世紀前半代には、公孫氏政権下にある楽浪・帯方郡との交渉があった。公孫氏政権下の遼陽では、三道壕で方格規矩鳥文鏡が出土している。また太康二（二七八）年銘の瓦が出土した三道壕七号墳では「宜子長生」銘の内行花文鏡（面径一五・六㎝）が出土している。銅鏡の報告例はすくないが、公孫氏政権下の遼陽や楽浪・帯方郡から相当数の銅鏡が流入したものと推定される。そして馬韓の月支国に居る辰王と倭国の邪馬台国に居する卑弥呼と公孫氏との関係はふかい。

表3　倭国王系列と邪馬台王系列

| | 邪馬台国政権 | 倭国政権 |
|---|---|---|
| 年代 | 二三五　二三九　二四五　二四八 | 三〇〇 |
| 倭国王系列 | | （卑弥呼）箸中山 ― （壱与）西殿塚 ― 行燈山 ― 渋谷向山 |
| 邪馬台王系列 | ホケノ山 | 大和政権：天神山 ― 桜井茶臼山 ― メスリ山 |
| 大和 | | 中山大塚　弁天塚　黒塚　下池山　東殿塚　新山　島の山 |
| 山城 | （太田南五号墓） | 椿井大塚山　元稲荷　五塚原　寺戸大塚　南原　妙見山 |
| 摂津 | | 安満宮山　西求女　弁天山Ａ一 |
| 播磨 | | 権現山五一　吉島 |
| 吉備 | 投馬国政権：楯築墳墓　宮山 | 吉備政権：都月二　穴甘山王山　浦間茶臼山　備前車塚 |
| | | 諸政権（筑紫・出雲・毛野） |

二三九　大夫難升米（率善中朗将・銀印青綬）、次使都市牛利（率善校尉・銀印青綬）

二四三　大夫伊声者・掖耶狗等八人（掖耶狗等に率善中朗将の印綬）

二四五　難升米（黄幢仮綬）二四七倭載斯烏越等郡に遣使、張政等難升米に黄幢拝仮、激で告論

二四八　卑弥呼没、壱与即位、張政、激で告論。倭大夫率善中朗将掖耶狗等二十人の遣使、張政帰国

## 邪馬台（＝大和）王系列と倭王系列

〈邪馬台〉の地域、近畿中央部における大形前方後円墳のなかで、二つの系列を設定しえる。邪馬台国王が倭国王となるのは、卑弥呼が最初であろうが、そのまま王権が継承されたのではなく、四世紀段階に想定される。なお古墳の編年については、基本的に白石太一郎（一九九九・二〇〇〇）による。

〈倭王系列〉箸中山古墳→西殿塚古墳→行燈山古墳→渋谷向山古墳→五社神古墳・佐紀陵山古墳→津堂城山古墳→仲ツ山古墳→上石津ミサンザイ古墳→誉田御廟山古墳→大仙古墳→土師ニサンザイ古墳→岡ミサンザイ古墳→今城塚古墳→見瀬丸山古墳

〈邪馬台（＝大和）王系列〉ホケノ山古墳→（纏向石塚墓）→桜井茶臼山古墳→メスリ山古墳……

ホケノ山古墳の頂部の壺形土器は、桜井茶臼山古墳の壺形埴輪に変化したのであろう。埴輪の出現過程で、特殊器台形埴輪とややおくれて壺形埴輪の二者がある。後者は在地的である。メスリ山古墳の段階になると、邪馬台の在地首長層も前者の特殊器台形埴輪から変化した大形円筒埴輪を採用するが、その埴輪の文様は消失し、三角形透孔のみが遺存する。東殿塚古墳の円筒埴輪の一部には都月型の文様が変化をとげて残存する。

埋葬施設も、ホケノ山の積石木槨構造は、中山大塚・黒塚のような合掌形竪穴式石室ではなく、桜井茶臼山古墳のような平天井の竪穴式石室に変遷する。桜井茶臼山古墳の被葬者は在地的であるが、玉葉は漢魏の葬制にかかわり、帯方郡をつうじて伝えられた。倭政権を構成する有力者であった。ホケノ山古墳と茶臼山古墳の中間に天神山古墳がはいる。方格規矩鏡を中心とする鏡群は三角縁神獣鏡の出現以前の特色をもつ（河上一九九九）。三世紀代の方格規矩鏡は公孫氏政権下の帯方郡から流入したものと推定される。

邪馬台国政権は邪馬台＝大和政権につながるが、政権内の諸勢力は、大和・河内・摂津・山城・播磨地域の首長層で構成される。三世紀段階では、纏向・大和・柳本古墳群の中山大塚・黒塚古墳、山城の元稲荷・五塚原・椿井大塚山古墳、摂津の弁天山Ａ一号墳・西求女塚古墳などが存在する。大和・河内を中心とした、吉備型土器の分布（秋山他二〇〇〇）は、特殊器台形埴輪と同様、初期の倭国政権が邪馬台国（大和・河内・和泉・摂津）と投馬国（吉備）の勢力を核としていたことを示唆する。四世紀になると、大和の馬見古墳群（新山古墳など）・磯城古墳群（島の山古墳）、山城の乙訓古墳群、河内の玉手山古墳群などの諸勢力がみられる。

## 倭政権と魏の官品

倭国政権は二三九（景初三）年から二四八年に遣使するが、親魏倭王をはじめ、率善中朗将・率善校尉が三〇余人に授与されている。とくに難升米への「黄幢」の授与は魏が軍事権（軍旗）をあたえたもので、軍事同盟の象徴である。倭王卑弥呼を核とした政権が樹立された。

難升米は、黒塚古墳出土の「U字形鉄製品」を「黄幢」と想定すると、その被葬者である可能性がつよくなる。黒塚古墳は、西殿塚古墳築造以前ならば、箸中山古墳に次ぐ規模の古墳で、墳丘はしかも箸中山古墳と相似形といわれる。竪穴式石室の構造は椿井大塚山古墳より古い。

中山大塚では宮山型特殊器台が出土し、立地条件からみて西殿塚古墳に先行する。竪穴式石室は黒塚古墳の前段階のものである。箸中山古墳の被葬者と政権を構成した有力者の墓であろう。

都市牛利の都市は「国ぐにの市を監督する官職名」、牛利は倭国の官で、その宮都のある邪馬台国から選ばれた人物であろう。二四三年の大夫伊声耆・掖耶狗等八人、二四七年の倭載斯烏越等、二四八年の倭大夫率善中朗将掖耶狗等二十人のなかに、邪馬台国を中心として投馬国（吉備）などの人物もふくまれていたにちがいない。

箸中山古墳と築造企画が相似形の古墳は「箸中山古墳型」と設定されている（岸本一九九五）。京都の椿井大塚山古墳・五塚原古墳、大阪弁天山Ａ一号墳、岡山備前車塚、福岡石塚山古墳など西日本の各地に分布する。初期の倭国の勢力範囲をしめすのであろう。

## 倭王族の系譜

倭王卑弥呼の出自は邪馬台国で、次代の倭王は壱与であった。その墓は大和古墳群の西殿塚古墳にあてられる。三代以降は奈良盆地東辺の柳本古墳群の行燈山古墳・渋谷向山古墳、さらに盆地北辺の佐紀盾列古墳群の五社神古墳に移りかわる。

西殿塚古墳や東殿塚古墳など、丘陵上に立地するものでも、長方形状に基底部が造成され、その上に墳丘が築かれている。それがどのように発達するか不明だが、築造企画や周濠（壕）施設と関連するであろう。また後円部・前方部頂部の檀構造の変化がみられ、前方部が発達するようになる。

周濠（壕）については、行燈山古墳・渋谷向山古墳のばあいは後世の灌漑地として整備された可能性がつよい。佐紀・盾列古墳群の佐紀陵山古墳は盾形周溝をもつ（一瀬一九九二）。

佐紀・盾列古墳群では、五社神古墳がもっとも巨大で、築造時期はもっとも古い。これまで佐紀・盾列古墳群への「大王墓」の葬地の移動について論じられている。その大変動を、倭王族の形成という面からみたい。

行燈山古墳・渋谷向山古墳は定型化した前方後円墳として位置づけられている。三段築成、埴輪祭式（円筒埴輪の定型化、形象埴輪の出現）、吉備系の特殊器台形埴輪が変容したのは、前方後円墳祭式を飛躍的に発展させたことを意味する。行燈山・渋谷向山古墳段階である。その前段階が東殿塚古墳やメスリ山古墳である。前方後円墳墳頂部の方形檀から円形壇へ変遷するのが、行燈山古墳・渋谷向山古墳の段階であり、段築が形成される。

箸中山古墳から行燈山古墳へ、古墳の構造・規模、立地条件・墓域が移りかわるなかで、倭王族が形成されたのであろう。共立された倭王の卑弥呼から壱与へと邪馬台国王族が倭国の王族として成長した。王統・王権が継承された。

そのいっぽうで桜井茶臼山古墳からメスリ山古墳へと邪馬台王系が存続したとかんがえられる。それが確立したのが、奈良盆地北辺の佐紀盾列古墳群への王墓の移動であろう。あくまで邪馬台内境域であるが、卑弥呼の共立のころから、邪馬台国の墓域であった盆地東南部の「狭義のやまと」から、葬地が移ったといえる。五社神古墳など「佐紀陵山型」古墳は、兵庫五色塚古墳、京都網野銚子塚、大阪摩湯山古墳、群馬大鶴巻古墳などに分布する（岸本一九九五）。

倭王族の葬地はさらに大阪平野に移動する。古市・百舌鳥古墳群の津堂城山古墳は二重の盾形周濠をもつ、全長四五〇ｍの前方後円墳である。筒形銅器・三角板革綴短甲などの副葬品からみて四世紀後葉である。

五世紀前葉に「誉田御廟山型」、五世紀中葉に「大仙型」前方後円墳が発達する（岸本一九九五）。

四世紀末から五世紀をつうじて、倭国（倭政権）は列島の諸国を包括する領域国家として形成される。倭国内には大和・吉備・出雲・筑紫・上毛野の各政権が存在した。

三世紀前半、卑弥呼を倭王とする倭国政権が出現するが、あくまで邪馬台国を中心とした、投馬国・奴国・伊都国をふくめた倭国であった。倭国政権は、時期によって地域政権間の関係、紐帯が変動した。四世紀末に巨大前方後円墳が築造されはじめ、倭の五王の時代となる。

## 倭の五王の墓

前方後円墳の編年研究（白石一九八九、一瀬一九九五ａ・ｂ、岸本一九九五他）によって、『日本書紀』の「陵墓」と五王との関係、倭の五王の墓の比定がおこなわれるようになった。大王墓が抽出され、巨大墳と五王との関係についても言及されている。五王の正確な没年は不明であるが、遣使の年次によっておおよその在位年代が推定できる。五王の比定はあくまで仮説であるが、実年代があきらかとなり、その仮説を検証すれば有意である。これまで倭の五王については、仲ツ山古墳―誉田御廟山古墳―上石津ミサンザイ古墳―大仙古墳―土師ニサンザイ古墳（石部一九八

表4　倭の五王とその被葬者（――父子相続　‖兄弟相続）

| | | | | | | | | |
|---|---|---|---|---|---|---|---|---|
| 二世紀末～ | 二四八 | 四二一 | 四三八 | 四五一 | 四六二 | 四七八 | | |
| 倭王卑弥呼 … | 壱与 … | 倭讃 ‖ | 倭珍 … | 倭済 ― | 倭興 ‖ | 倭武（雄略大王） … | 継体大王 … | 欽明大王 |
| | | （上石津ミサンザイ） | （誉田御廟山） | （大仙） | （土師ニサンザイ） | （岡ミサンザイ） | （今城塚） | （見瀬丸山古墳） |

一）、誉田御廟山古墳―上石津ミサンザイ古墳―大仙古墳―土師ニサンザイ古墳―岡ミサンザイ古墳（天野一九九六など）と推定されている。

倭王武の墓についても倭讃墓の比定とかかわって見解がわかれる。上石津ミサンザイ古墳・岡ミサンザイ古墳・前の山古墳（白鳥陵）のいずれかであろう。『延喜式』によると雄略陵古墳の「丹比高鷲原陵」は「河内国丹比郡」に所在する。仲哀陵古墳（岡ミサンザイ古墳）の「恵我長野西陵」は「河内国志紀郡」に所在する（白石一九六九）。雄略大王墓が後の「河内国」に築造されたとすれば、土師ニサンザイ古墳は「和泉国」にあたるので、除外されるという。なお雄略大王墓の兆域は東西・南北三町、陵戸四烟であったと伝える。

五世紀中葉の四三八年、倭珍は「安東将軍倭国王」に除され、倭隋ら十三人に平西・征虜・冠軍・輔国「将軍号」（第三品）が徐正された。四五一年倭済に「安東将軍」（第三品）、二十三人に「軍郡号」が授けられた。

倭珍の前代の倭讃墓は上石津ミサンザイ古墳（三六五ｍ）に比定される。倭讃の没年は四三八年以前の五世紀第2四半期である。それに次ぐ古墳は吉備の造山古墳（三六〇ｍ）である。同じ時期、九州の巨大古墳は西都原古墳群の女狭穂塚古墳（一七七ｍ）・男狭穂塚古墳（一六七ｍ）である。女狭穂塚古墳（六区型）が上石津ミサンザイ古墳（六区型）の長さの二分の一規模の相似形で、造山古墳（三六〇ｍ）は五区型であるが、上石津ミサンザイ古墳と同規模に築造されている（宮川一九九六）。巨大古墳の上石津ミサンザイ古墳と造山古墳は同一の築造企画であり、大和政権と吉備政権の「同盟的関係」（白石二〇〇〇）にあった。倭国政権内での権力構造をしめす。

**倭珍と倭隋等十三人（四三八年体制）**

倭珍は、倭済の遣使（四四三年）以前に没しているので、その埋葬時期は五世紀第2四半期後半である。その時期、最大規模の古墳は誉田御廟山古墳（四二〇m）であり、倭珍墓に比定される。

倭隋は倭（姓）の王族で、平西将軍として九州に派遣された将軍（武田一九七五）である。王族であれば、本貫の地で埋葬された可能性もあるが、倭王族の墓域として形成されていた古市古墳群の一画に築造されたとかんがえられる。平西将軍倭隋は安東将軍倭珍に次ぐ位階である。倭珍王墓が誉田御廟山古墳であれば、古市古墳群の墓山古墳（二二四m）が候補となる。誉田御廟山古墳の東北側に位置する仲ツ山古墳（二八六m）は五世紀初め、市の山古墳（二二七m）は五世紀後半のものである。そのほかも巨大墳である。

倭王族の葬地はやはり「大和」内に存在したのであろう。倭王族の出自が狭義の大和にあるとすると、奈良盆地の佐紀盾列古墳群のウワナベ古墳（二六五m）が想起される。

倭珍の安東将軍と平西将軍以下の将軍はいずれも第三品であるが、一級以上の階層差のあることが指摘されている（武田一九七五）。ほかの十二人の征虜・冠軍・輔国将軍も「将軍号」である。巨大古墳の分布状況からみて、倭隋をのぞく他の十二人の僚属は、邪馬台＝大和およびその周辺地域および吉備の勢力に授与されたと推測される。平西将軍に次ぐ征虜将軍は吉備の造山古墳の被葬者にあたえられたかもしれない。

このように倭珍政権の四三八年体制に相応するのが「誉田御廟山型」の分布である（岸本一九九五）。誉田御廟山型段階で、誉田御廟山古墳―上石津ミサンザイ古墳―吉備造山古墳という卓越した巨大古墳に次いで、墓山古墳（二二四m）などが、邪馬台＝大和の各地に存在する。いずれも二〇〇mをこえる巨大墳で、規模もほぼ均一する。前時期の四世紀後半段階にくらべ、格差が顕在化するが、大王墓（上石津ミサンザイ古墳）と三対二ほどの差である。このほか河内墓山古墳、摂津太田茶臼山古墳、山城久津川古墳、大和コナベ古墳、室宮山古墳、丹波雲部車塚、吉備造山古墳、豊前御所山古墳、毛野御富士山古墳など関東から九州地域に分布する。

ところが倭王墓（上石津ミサンザイ古墳・誉田御廟山古墳）を頂点とした階層関係をしめすが、大和政権下の大和（奈良盆地）では市庭古墳・コナベ古墳・室宮山古墳など三分の二規模の古墳群が築造されている。倭国（倭政権）内と大和政権内での隔絶性が相対的にみて顕著でない。臣僚制の形成過程の問題であり、地方政権の征服なり、服属という関係でない。身分秩序の形成、倭国政権内の政治機構の問題である。

**倭済と僚属二十三人（四五一年体制）**

倭済墓は大仙古墳に比定される。五世紀中葉の安東将軍（第二品）倭済と二十三人に授与された軍・郡号では、倭王と僚属において格差がひろがった。市の山古墳（二二七ｍ）の被葬者も倭珍と同じ王族、倭済の有力な僚属であったのであろう。「大仙型」前方後円墳の分布と有機的な関連をもつ。その大仙型には和泉（百舌鳥御陵山古墳・淡輪ニサンザイ古墳）、河内（はざみ山古墳）、大和（河合大塚山古墳）、吉備（両宮山古墳）、上総（二子山古墳一三八ｍ）、房総（内裏塚）、薩摩（横瀬古墳）などがふくまれる。

倭済の時期には、倭王墓の大仙古墳のみが超大であり、他地域の古墳は規模を縮小している。大和でも同様で、河合大塚山古墳が造営されているにすぎない。墳丘規模・構造に象徴される王権力が絶大化した。絶対的になった。そのいっぽう汎日本列島的に前方後円墳が築造される。僚属二十三人の軍郡号は大和と吉備以外の地域、とくに関東地方の首長層にあたえられたものであろう。

この時期に衝角付冑・三角板鋲留短甲・横矧板鋲留短甲などの甲冑が大量生産され、古墳への副葬例が増加する。

九州から関東地方に分布し、前段階の長方板革綴短甲や三角板革綴短甲にくらべ、拡大する。その背景に軍事力が強化され、軍事体制が布かれたことが想定される。武器・武具（甲冑）は奈良盆地・大阪平野内の鍛冶専業工房で生産され、各地に供給された。臣僚制と軍事制度は一体のものであった。

四五一年体制は、僚属制が施行され、地方統制が進行したことにほかならない。しかし倭王権のもとで、国家機構、身分制度が確立されるのは、つぎの四七八年体制である。

**倭武と僚属（四七八年体制）**

「祖禰」の領域拡大過程は、倭珍・倭済政権の史実が反映されている。五世紀第2四半期から第3四半期にかけての倭国の領域拡大があった。「五世紀の畿内に中心をもつ倭国政権は、倭国王を政治的中心とし、有力王族をも含む首長豪族層を結集して、征服して拡大された倭国領域の各地に、将軍号あるいは軍号を帯びた多くの僚属を派遣した。この地方統制策は、五世紀段階における倭国統一国家の形成と展開において、積極的で重要な役割を果たした」（武田一九七五）。倭王珍・倭王済による地方統制は、誉田御廟山型・大仙型の前方後円墳の分布と対応する。『宋書』倭国伝にみえる臣僚制・府官制から、倭国政権の構造をみてきた。武＝雄略王権は、倭珍・倭済王権の地方統制をへて、倭国の境域を形成した。「東征毛人五十五国」、「西服衆夷六十六国」は日本列島内の統制過程である、東は稲荷山古墳、西は江田船山古墳の鉄剣銘にみられるように、倭国領域がかたちづくられた。

武王の上表文にみえる「渡平海北九十五国」については、その論理からみて高句麗をのぞく新羅・百済・加耶・慕（馬）韓・秦（辰）韓を包摂し、諸国内の諸地域をさすのであろう。しかし倭が朝鮮半島の新羅、加耶諸国、百済を征服したという史実はない。「東征毛人」・「西服衆夷」と「渡平海北」は表記法がことなる（武田一九八七）。列島内、国家内での状況とことなっている。

四七二年、百済王余慶（蓋鹵王）は北魏孝文帝に遣使し、高句麗の南侵をうったえ、兵を乞う。その六年後の四七八年の倭武の上表文に類似する。百済は北魏に、倭は宋に上奏する。宗主国はことなるが、直訴するところは高句麗の脅威であり、南下であった。武の上表文が百済からの渡来人によることはつとに指摘されている。この二つの上表文は互いに関連する。倭は百済への支配権をも一貫して主張するところに倭・百済の政治的関係がみえる。宋は百済への都督権を絶対的にみとめなかった。このことはとりもなおさず、百済をふくむ「九十五国」についても容認しなかったはずである。新羅や加耶に対する支配も成立しない。

五世紀末葉から六世紀前半、高句麗は漢江流域を制圧し、領域化していた。漢江に面する阿旦山城、峨嵯山一帯の要塞（堡塁城）、高句麗中原碑が建てられた忠州一帯を軍事的に支配していた。それにたいし百済の領域は忠清南道から全羅北道、忠清北道西部の錦江流域を中心とした地域であった。

竹幕洞祭祀遺跡は、百済・慕韓の境界にあたる全羅北道の西海岸に立地する。倭の南朝建康城（南京）への海上交通路上にある。四七五年まで百済の王都漢城のあった漢江流域、その北の臨津江流域は高句麗との戦乱の地であった。倭は百済とともに宋に朝貢するが、具体的に建康城への航路が遮蔽され、西海（黄海）の制海権が掌握されていたのかどうかである。また、高句麗と交戦するような事態が勃興し、高句麗との戦争に対する国家意志が存在したのかどうかである。上表文と同時期の国際環境を勘案しなければならない。

**武（雄略）王権と海北九十五国**

倭興の墓は土師ニサンザイ古墳（二八八m）にあてられる。土師ニサンザイ型には和泉（田出井山古墳一四八m）、河内（前の山古墳一九〇m）、尾張（断夫山古墳一五一m）、毛野（七輿山古墳一四六m）など、東日本の各地に拡がっている。斉一的な古墳が各地に築造されている。倭珍・倭済いらいの臣僚制が浸透していく様相がうかがえる。

そして倭武の王陵は岡ミサンザイ古墳（二三八ｍ）に比定した。大王墓じたいが、前段階の大仙古墳、土師ニサンザイ古墳にくらべて、格段に規模が縮小する。すでに土師ニサンザイ古墳の段階でみられたが、岡ミサンザイ古墳段階では明瞭となる。それは王権力の弱体化でなく、武（雄略大王）政権の政治体制が強化され、国家機構が整備されたことをものがたる。

武の時代、王権の府官制的秩序が形成される（鈴木一九八八）。栄山江流域に前方後円墳が出現するのはそのころである。六世紀前葉には消滅する。その意味で、武の上表文にみえる統制・征服物語と時期的にずれるのである。珍王から済王の時期、日本列島内での地方統制は進行したが、海北九十五国を征服したという史実はない。

武（雄略）王権下の日本列島では、前方後円墳の規模が急激に縮小する。同時に列島各地に一〇〇ｍ以下の中小規模の前方後円墳が増大する。栄山江流域の前方後円墳もそうした規模のものである。

前方後円墳に規模の差異があるが、基本的に前方後円形の土塚（墳丘）である。築造も一定の労働力があれば容易である。前方後円墳は一時期に盛行した倭人・倭族の葬制であることにかわりない。

五世紀第３四半期では、王陵の土師ニサンザイ古墳のみが突出して巨大であり、その他の前方後円墳は小形化、縮小化、均一化し、量的に全国的に急増する。前方後円墳として、大仙古墳が巨大化の頂点にあった。五世紀末の武（雄略大王）の時代に国家機構、身分制度が確立された。もはや巨大性の意味を失いはじめた。前方後円墳築造における規制がなくなったといえる。しかし倭の葬制としての前方後円墳は存続する。

倭珍・倭済による臣僚制の施行が進むにつれて、権力関係の表象として、巨大な前方後円墳を築造する意味がなくなってくる。このように五世紀末から六世紀にかけての時期、前方後円墳じたいの性格が変容する。さらに次の段階は「前方後円墳が造られなくなった時代（六世紀末葉～七世紀初め）」（山尾一九九九）であり、前方後円墳祭儀が終焉する。六世紀代には、横穴式石室が墓制として、身分制度を表象するものとなった。

## 今城塚と岩戸山古墳

次代の継体大王は、摂津の今城塚古墳（一九〇m）に比定されている。この今城塚と福岡・岩戸山古墳は築造企画のうえで相似の関係にある。「今城塚型」と称する。岩戸山古墳（一四四m）はじゅうらいから比定されているように磐井の墓であろう。磐井政権は倭政権によって平定される。磐井は岩戸山古墳に埋葬される。継体大王の今城塚の四分の三の規模であるが、同時代の六世紀前半では、倭国内において、二基は突出している。関東の下毛野吾妻古墳（一二五m）などをのぞいて、巨大である。継体の墓と磐井の墓の築造計画に共通性のあることは、継体大王と磐井ないし磐井の継承者との人間的・政治的関係を示唆する。

磐井の墓（岩戸山古墳）が前方後円墳という墓制をとり、しかも継体陵（今城塚）と相似形であるということに意味がある。磐井は戦争で敗退し、継体政権にくみこまれるが、当時継体陵に次ぐ巨大な墓をつくりえたのである。磐井の君は、古墳の規模からみれば、従属的関係にあったにせよ、継体の権力に匹敵しうる政治権力をもっていたということである。

今城塚古墳につづく巨大古墳として、見瀬丸山古墳（三一八m）が築造される。見瀬丸山古墳は欽明大王墓に比定されている。墳丘と同時に巨大な横穴式石室は全長約三〇mで、隔絶性をしめす。その巨大な石室は大王権力の象徴である。以後石室規模は衰退するが、石舞台古墳（蘇我馬子墓）がその過程での巨大なもののさいごであった。六世紀後半以降、「旧国」単位で巨石墳が築造され、藤ノ木古墳などのように地域ごとにモチーフのことなる冠帽が発達する。推古朝の「冠位制」によって、金属性の冠帽は意味を消失する。墓室・墳丘の規模も身分によって規制、薄葬化されるようになる。

五世紀の日本列島では、九州から関東地方にかけて、前方後円墳が分布する。当時の列島内で、倭国内では、大和政権（大和・摂津・河内・和泉）を核として、列島各地に地域政権が存在していた。武王の段階で、関東から九州にいたる領域が形成された。

五世紀後半代に、画文帯神獣鏡の同型鏡の分布圏が形成される（川西二〇〇〇）。甲冑、鉄鋌（鉄素材）などの分布範囲と重なりあっている。これらの遺跡・遺物の分布圏は政治文化圏であり、同時に経済的流通圏である。倭政権を核とする倭国の領域をしめす。西は九州の江田船山古墳有銘大刀、東は関東の埼玉稲荷山古墳の有銘鉄剣にいたる政治的領域、倭国の領域と推定される。

## 都市の形成と技術移転

倭の五王時代、南朝の建康城（南京）に遣使した。使臣はその都城を見聞したはずである。漢城時代の百済の都宮は夢村土城であった。雄略期には、奈良盆地の東南部に倭国の王都が形成されていた。宮都の所在については確認されていないが、隣接する邪馬台国以来の倭国の宮都である都市纒向がさらに発達したのであろう。五～六世紀をつうじて、集落・生産遺跡などの集中地域が宮都・都市の候補となろう。

丹比道―大坂道―横大路を経て、長谷街道・伊勢街道、東海から関東地方に至る。画文帯神獣鏡が交通路に沿って分布する。纒向の「市」、海石榴市は宮都の市である。三輪山周辺の纒向遺跡など広範な地域であろう。

五世紀代には、分業、手工業生産が発達する。奈良盆地・大阪平野一帯に、生産遺跡が分布する。鍛冶生産（武器・武具・金工・農工具）は、布留・脇田・南郷・大県・森遺跡、玉生産は曽我・布留・南郷遺跡、窯業は大阪南部（陶邑）古窯跡群、製塩は中野遺跡などである（花田一九八九、金田一九九六、坂一九九八）。木工・杣や朱生産は奈良山間部に想定される。造船も木工と関連する。奈良県兵家古墳群など内陸部の遺跡での、船形埴輪の出土地は、造船・船舶・海運などにかかわる集団と関連する。

鍛冶の素材である鉄鋌は、奈良盆地の大和六号墳（八七二枚）、南山古墳（二一〇枚）、高山古墳（七枚）、大阪平野の野中古墳（一三〇枚以上）、鞍塚古墳（五枚）などで副葬されている。集落関係では、大阪交野郡津渋りの鍛冶遺跡で出土している。また鉄鋌を素材としてつくられる短甲の大量出土地が両地域に集中している。鉄鋌と武具・武器が大量に埋納された古墳とその被葬者は、政治的・経済的に鉄を保有しえる階層にある。鋳造鍬（耒）はあきらかに将来品であり、五世紀代では奈良南郷遺跡・兵家六号墳や三重わき塚一号墳、大阪森遺跡などで出土している。これらは鉄素材でなく、農具、主として畑作用の耕作具である。日本列島では朝鮮半島南部地域ほど普及していない。水田開発の開墾具として使用されたにちがいない。

倭政権は、鉄生産・農業生産・製塩生産など生産組織・生産体制を掌握していた。コメの貢納制度、農工具の配給、鉄素材の物流体制は整備されつつあった。

五世紀後葉になると、列島内で鉄生産が開始する。いまだ製鉄跡は未確認であるが、近江・播磨・吉備・筑紫など山間、海浜地域ではじまったのであろう。雄略期には韓鍛冶によって製鉄技術が移転されたといえる。

五世紀代には窯業、製鉄、鍛冶、金工、農業、織物などの諸技術が移転され、とくに農業生産力が飛躍的に発展する。五世紀初めには洛東江流域から陶工が渡来し、大阪南部古窯群跡の大庭寺窯が成立するが、五世紀前葉には栄山江流域の陶工が渡来、高蔵（ＴＫ）七三窯などの操業がはじまる。大庭寺窯は洛東江流域、次の段階の大阪南部古窯跡群の高蔵窯（ＴＫ七三）は栄山江流域の製陶技術の移転による。平城宮下層ＳＤ六〇三〇出土のＴＫ七三型式の須恵器と伴出した木器未製品の原木の伐採年代が四一二年であるという（光谷・次山一九九九）。ＴＫ七三型式の時期は五世紀前葉ごろといえる。大庭寺窯はそれより古いので、五世紀初めごろに位置づけられる。

五世紀の前葉に洛東江流域の加耶や栄山江流域慕韓から相前後して陶工集団が渡来した。集団の移住の国際的契機は、高句麗の南下とかかわっている。栄山江流域における動乱は、高句麗と百済との戦争、広開土王碑文にみえる「倭寇」の「帯方の界」への侵入（四〇四年）、百済への南進（四〇七年）と関係する。

忠清北道鎮川郡石帳里製鉄跡で、四世紀代の百済の製鉄技術水準があきらかになった。七支刀製作の技術段階である。同時期、鉄鋌の鍛冶生産もなされていた。四世紀後半には、百済・慕韓から鉄素材や鍛冶技術の移転もなされたであろう。栄山江流域は一大鉄生産地であり、倭にとっては洛東江流域の加耶とともに鉄鋌（鉄素材）の供給地であり、交易が活発であった。

## 四、百済と慕韓の政治的関係

### 百済・新鳳洞の甲冑

新鳳洞墳墓群は忠清北道清州市に位置する。Ｂ－一号土壙墓で五世紀中葉ごろの三角板鋲留短甲・肩甲一領、武器、馬具、土器が出土した。短甲・肩甲は倭製で、同種の三角板鋲留短甲は咸陽上栢里古墳、金海加達古墳、東萊福泉洞四号墳などの加耶地域にみられる。つまり洛東江流域の加耶から、錦江上流の百済の地域に倭製の三角板鋲留短甲が分布する。また伴出した土器の蓋杯については、加耶土器、錦江流域の土器、倭の須恵器とする見解がある。蓋杯の用途やその型式が問題となるが、初期須恵器が逆輸入するような状況は想定しがたい。搬入品であることはたしかで、栄山江流域（慕韓）産の可能性がつよい、甲冑と伴出した意味がおおきい。慕韓と倭が関与していることがわかる。新鳳洞Ｂ－一号墓の被葬者を「親倭、親加耶的な状況の中で、対外関係に深く介入できた武将的な人物」とも推定されている（申鐘煥一九九六）。清州地域は「漢城期百済の貴族であった木氏の根拠地」で、木満致と新鳳洞Ｂ－一号墓と同時代の人物という見方もある（朴淳発一九九九）。

そのころ臨津江から漢江上流域の忠州一帯は高句麗の軍事的支配境域であった。山城・土城や武器・武具、高句麗土器が分布し、戦乱の状況をものがたる。また洛東江上流、小白山脈の鳥嶺を越えると忠州・中原に、さらに、秋風

表5　百済の王侯と地名（末松一九四九）

| | 武珍（全南光州） | 錦山豆肹（全南羅州）豆肹（全南高興） | 発羅（羅州）、半奈夫里（全南潘南） | 阿次山郡（全南羅州群島） | 馬西良（全北沃溝）馬斯良（全南長興） | 比自火（全北全州） | 碧骨・辟骨（全北金堤） | 分嵯（全南宝城） |
|---|---|---|---|---|---|---|---|---|
| 四七二（北魏） | | | | | | 冠軍将軍駙馬都尉弗斯侯 | | |
| 四九〇（南斉） | 寧朔将軍面中王 | 冠軍将軍都将軍都漢王 | 建威将軍八中侯 | 寧朔将軍阿錯王 | 竜驤将軍邁盧王 | 建威将軍弗斯侯 | | |
| 四九五（南斉） | 広威将軍面中侯 | | | | 征虜将軍邁盧王 | | 安国将軍辟中王 | 武威将軍弗中侯 |

嶺を越えれば大田から清州に至る。忠州から清州にかけての地域は、高句麗と百済の係争地であった。

五世紀の第2四半期は、百済の加耶への侵攻の時期であった。それゆえ新鳳洞B－一号墓の甲冑は、小白山脈をはさんだ百済と加耶、倭との戦いのなかでの産物といえる。鉄製甲冑は儀仗具でなく、実用の武器である。武器・武具は軍事物資として移動するが、兵も動く。高句麗・百済・新羅による覇権争いのなかで、倭が関与したとしても、百済・加耶に対する一時期の、小規模な武力的行為にすぎない。百済は、蓋鹵王の四七五年に、高句麗との戦争で滅亡の危機をむかえた。

### 百済の王侯制と慕韓

五世紀末、百済は地方支配方式として、王侯制を布き、各地の征服をおしすすめ、王の一族や高官を一時的にその地域の王・侯に任じた（坂元一九七八）。王侯名は地名と密接に関連し、諸王侯の任地は、「北は全羅北道の西北部を一群とし、南では全羅南道の南部沿岸を一群」とし、百済王が「実際の封国・封地」、つまり「百済の領有として公認」してもらうためであったという（末松一九四九）。

「都漢王」と「八中侯」の地が注目されるが、全羅南道羅州潘南とすれば、百済による慕韓の統合過程をしめすものといえる。四九〇年の上表文では、羅州地域の冠軍将軍都将軍都漢王（全羅南道）がもっとも上位であり、光州付近の寧朔将軍面中王（侯）が下位である。四九五年では、征虜将軍邁盧王（全羅北道）が最上位である。五一二・三年ごろまで、栄山江流域の諸勢力は百済大王に統合されたのであろう。百済王牟大は鎮東大将軍（四九〇年）、征東大将軍（五〇二年）で、官品に差違がある。慕韓は熊津政権に従属したのであった。

王侯制という身分制度については、鐶頭大刀、装身具（冠帽・飾履・耳飾）などがかかわる。漢城期に天安龍院洞一・一二号墓のような龍鳳鐶頭大刀、清州新鳳洞九〇A―一二号墓のような三葉鐶頭大刀が出現している。新村里九号墳乙棺では単鳳鐶と三葉鐶頭大刀の二種が伴出する。

熊津城を中心とした錦江流域に宋山里型石室が分布する。栄山江流域では典型的なものが未確認で、月松里型石室が普及していた。ただ光州雲南洞古墳は宋山里型の変形といえるものである。武寧王陵などの王族の墓制は塼室墳であったが、王族とともに支配層を形成していた沙氏・燕氏・劦氏などの墓制は宋山里型石室墳であったと推定される（東一九九七）。都漢王・面中王・八中侯など栄山江流域の各地に封地された王侯貴族は帰葬されたであろうが、任地で埋葬されることも生じたであろう。

王侯制の施行と前方後円墳築造の開始時期は五世紀後葉でほぼ一致する。羅州潘南古墳群・伏岩里古墳群（会津山城）の在地勢力の中心地で、前方後円墳は採用されていない。

## 「任那四県」割譲問題と武寧王の境域拡張

百済が四七五年、熊津城に遷都したころ、栄山江流域に独立した勢力が存在した。それは大型甕棺墳を伝統的な墓制とする諸集団であった。それは「慕韓」(『宋書』倭国伝)と称された。その地域はまた『日本書紀』継体紀の、五一二年に倭が百済に賜うという「任那四県(上哆唎・下哆唎・娑陀・牟婁)」にあたる。末松保和(一九四六)によると、哆唎は全羅南道の西南部、栄山江東岸一帯(光州・霊岩地方)、娑陀は全羅南道求礼郡地方、牟婁は全羅南道西部、栄山江西方の沿岸地帯に比定する。任那四県や己汶・帯沙の地については慶尚南道地域にあてる説(千寛宇一九九一)、上哆唎を麗水半島、下哆唎を突山島、娑陀を順天、牟婁を光陽に比定する説(全榮來一九八五)がある。地名比定については末松説を首肯しえる。

『日本書紀』において、慶尚南北道から忠清南道、全羅南北道一帯を「任那」の境域とした、「偽任那国」がつくりあげられたのであった。その意味で『日本書紀』では「任那四県」の地を栄山江流域に想定していた。しかしこれらの地は倭の領土でなく、倭が百済に割譲したのでもなく、百済による「任那四県」の地の領有化にほかならない。「割譲」記事は、『日本書紀』の編纂過程でつくりあげられた「任那支配」という虚構の物語である。ただ「四県」にかかわる地名が栄山江流域に存在することからみて、『日本書紀』による架空のことではなく、百済による栄山江領域の領有化という史実を反映しているとおもわれる。任那支配を肯定する論からでさえ、「名目上は割譲・譲与とされても、実質的には、百済の全羅南道大半の領有の承認といはねばならぬ」(末松一九四六)と解釈せざるをえなかった。五一三年、百済は己汶・帯沙へ進出した。その己汶は南原、帯沙は河東付近で、蟾津江流域にある。

百済武寧王(在位五〇一~五二三)は、即位の五〇一年、兵馬を帥いて牛頭城を攻め、兵五千を帥いて高句麗の水谷城を襲い、五〇二年に高句麗の辺境に派兵する。五一二年四月、高句麗が加弗城と円山城を攻撃するが、武寧王は騎兵三千を帥いて葦川の北で戦う。五二三年には漢城に行幸し、雙峴城を築く。このように六世紀の第1四半期の武寧王の治世は百済復興の時期で、対高句麗戦争をへて、栄山江流域の慕韓、蟾津江流域の加那へ南下し、さらに東進したのであった(『日本書紀』継体紀)。

熊津政権の領域拡大過程や百済文化の伝播は、宋山里型およびその亜型の横穴式石室の分布状況から推測できる。宋山里六号墳などの塼室墳や影響をうけた宋山里亜型の穹窿天井式石室（「金鶴洞型」と設定しえる）は全羅北道南原（己汶）、慶尚南道陝川・高霊地域に伝播する。蟾津江下流の河東（帯沙）地域には巨石墳も出現する（東一九九五）。百済の政治的・文化的影響がおよんだのであった。加耶は六六一年の滅亡まで、新羅と百済との境域にあり、倭との国際関係を保ってきた。

### 栄山江流域の倭系集団

五〜六世紀のころ、竹幕洞祭祀遺跡など全羅南北道一帯では、子持勾玉・石製模造品などの倭系遺物が散在する。子持勾玉は全羅南道昇州郡月山里、全羅南道新安郡大川里、忠清南道扶餘軍守里でみつかっている。九州から東北地方まで汎日本的に分布するが、沖ノ島祭祀遺跡をはじめ北部九州での発見例が多い。壱岐・対馬から朝鮮半島へと分布する。石製模造品は、全羅北道務安竹幕洞遺跡・南原細田里、慶尚南道金海府院洞などにある。これらは、倭人固有の祭祀品であり、倭人集団によって百済・慕韓の地にもたらされたものである。

五世紀中葉、菊池川流域の江田船山古墳の被葬者集団は、慕韓・加耶・百済・南朝という国際的交易、海上交易に従事していた。江田船山古墳の南朝系龍文帯金具・龍文肉彫鏡板、画文帯神獣鏡、栄山江流域産の陶質土器、百済慕韓系の冠帽（唐草文立飾）、百済系耳飾、銀象嵌大刀など、対内的・対外的関係をあらわしている。江田船山古墳の被葬者は、雄略から宋王朝の「将軍」号を授かり、四七九年に「筑紫の軍士五百人」(2)を率いて百済王権再興に尽力した人物であった（山尾一九九九）。江田船山古墳集団は、磐井を首長とした筑紫政権を構成した。肥後中部から筑後、筑前東部にかけて、横口式家形石槨・石人石馬が分布するが、その筑紫君磐井の権力地盤は、「筑前南部から、建部君・大伴君・額田部君・肥君らがいた肥後中部」（山尾一九九九）であった。その地域独特の肥後型といわれる穹窿天井式石室は熊津期の百済から流入した。

いっぽう筑前西部から肥前北部にかけて、一定の勢力が盤踞していたと推察される。福岡丸隈山古墳・番塚古墳や佐賀関行丸古墳などの横穴式石室の分布する地域で、それらは栄山江流域の月松里型石室につながっている。磐井の権力基盤の外に、栄山江流域の慕韓勢力と結ぶ地域勢力が存在した。栄山江流域の前方後円墳には北部九州と類似する横穴式石室、埴輪・木製装飾物はあるが、石人石馬や横口式家形石槨の痕跡はみられない。倭人の往来はあったが、いかなる地域の集団との関係か問題となろう。

四三八年倭珍の南朝への通交以来、倭—慕韓—百済—南朝を結ぶ国際関係、政治的関係が基軸となって、交易・技術移転がなされていた。その環西海（黄海）の海域に、海上交通の拠点である竹幕洞祭祀遺跡が立地する。百済と慕韓の境界にあたる位置でもある。遺跡の立地する丘陵からその南の湾にかけて港市が形成されていたとおもわれる。大加耶の馬具などを入れた大甕も奉納されている。四七九年の大加耶の荷知王の南朝への朝貢も、蟾津江河口の河東（帯沙の津）から、この竹幕洞などの西海岸を海流に乗っていったん北上し、山東半島の沿岸から建康城に漕運したのであろう。

栄山江流域の甕棺・甕棺墳では、鉄素材（鉄鋌）の副葬されることが多い。忠清南道瑞山明智里二号墓、錦江流域の忠清南道舒川烏石里や大田九城里、竹幕洞祭祀など鉄鋌の類例が増加している。発掘調査のたびに分布圏がぬりかえられる状況である。『日本書紀』神功紀に、百済の王から倭王に「ねりがね（鉄鋌）四十枚」が贈られたということも、四世紀代のこととしてみとめられる。同時期の石帳里製鉄遺跡などで鍛造された鉄素材、鋳造された鍬（耒）が流通していたのであった。

竹幕洞祭祀遺跡や前方後円墳、大型甕棺墳の築造された拠点的地域には倭人も集住していた。五世紀代に北部九州の諸勢力が集団的に移住し、栄山江流域の諸集団によって、諸技術や文化が受容された。前方後円墳もまた、そうした移住集団（その以前に移住していた集団をふくめて）が、在地勢力とともに築造したのであろう。

## 五、栄山江流域の前方後円墳と倭

五世紀末～六世紀初めの日本列島において、前方後円墳の分布域は九州から関東地方に拡大する。前代にくらべて一〇〇m以下の中小の前方後円墳の築造数が増大する。五世紀代の平野・可耕地の開発、農業生産力の高まりによる人口増大などの要因があげられるが、前方後円墳築造の意味の変質が最大の理由であろう。

倭武＝雄略期に形成された四七八年体制（臣僚制）下で、前方後円墳に表象された階層制が頂点にたっしていた。武の王墓に比定した岡ミサンザイ古墳の段階では、国家機構や身分制が発達し、前方後円墳が諸権力の表現でなくなってゆく。すなわち前方後円墳築造じたいに対する規制が変容した。政治的諸権力の象徴としての前方後円墳の意味が失われる。栄山江流域の、百済国領域内まで拡大した前方後円墳がそのことを証明している。国家への帰属意識をもたない倭・韓人の世界であった。

前方後円墳には、成立と同時に政治力・経済力・葬送観念、他界観などが表現されているが、五世紀末から六世紀以降、その性格を異にするようになる。前方後円という墳形も円形・方形にかわる。葬送観念の変化は横穴式石室という埋葬施設を普及させた。

六世紀前半、北部九州と関東地方をのぞく地域に斉一的な中小規模の前方後円墳が分布し、同時に今城塚（継体大王）と、それに次ぐ岩戸山古墳（筑紫君磐井）のような巨大な前方後円墳が築かれる。六世紀後半になると、横穴式石室を埋葬施設とする群集墳（円墳）が増大し、前方後円墳は関東地方をのぞき築造されなくなる。

倭国においても、武の四七八年体制が確立されるころ、群小の前方後円墳の築造が拡大される。栄山江流域においても五世紀末から六世紀初めに栄山江流域は百済に統合された。まさにその時期に前方後円墳が造営されている。

栄山江流域の前方後円墳の被葬者の性格をめぐって諸説がだされている。基本的認識としては、前方後円墳が日本列島内の倭人社会で形成された共通の葬送観念にもとづく墓制であるということである。倭人・倭系集団とのかかわりなくして造営されえないもので、同時に五世紀末〜六世紀初めという時代の産物でもある。五世紀末ごろ倭系の移住民と韓人とで構成された倭韓の社会において築造されたのであった。

前方後円墳が出現する五世紀後半には倭系集団が集住していた。さらに百済復興という国際的政治状況のなかで「援軍」をふくめ、あらたに倭人の集団的移住という事態も生じたのであろう。

五世紀後葉から六世紀前半、栄山江流域と日本列島において、前方後円墳、横穴式石室、埴輪、鐶頭大刀、冠帽、飾履、馬具、石製模造品など、倭系・韓系相互の考古資料がそうした歴史環境をものがたる。

倭珍・倭済の朝鮮諸国にたいする「使持節都督」、倭武の上表文（四七八年）の「平海北九十五国」は史実でなく、栄山江流域の前方後円墳の分布も、倭国政権による領域支配とは無関係である。前述のように雄略大王期に関東から九州地方を包括する国家が形成されていた。したがって「毛人五十五国」・「衆夷六十六国」もほぼその域内とかんがえられる。「渡平海北九十九国」は、慕韓（栄山江流域）との相互の交流関係をもとに想像された倭武王の野望であった。実現しなかったことはいうまでもない。

列島内においても前方後円墳の築造じたいは、倭国政権の「支配」を表裏一体の関係としてつくられたものでない。支配構造、階級関係とは別の問題である。

栄山江流域における倭系移住民の存在、五世紀後葉の高句麗・百済・加耶・倭の国際関係、五世紀末から六世紀前葉にかけての倭国内での政変、列島内での国家形成、国家機構の確立などに起因する前方後円墳の性格の変容など、倭と慕韓・百済をめぐる国際環境のなかで、前方後円墳は列島内各地で拡散的に築造され、栄山江流域においても出現したのであった。

五世紀後半から六世紀にかけて、加耶をめぐる国際情勢のなかで、倭系集団は洛東江・南江流域や栄山江流域、さらに錦江流域に住み着いた倭人がいた。慶尚南道固城の松鶴洞一号墳の前方後円墳もそうした情勢のなかで、倭系集団のかかわりのなかで築造されたものであろう。

百済・加耶からの渡来人も列島各地に住み着いていた。同じころ列島内において高霊型・咸安型・泗川固城型などの加耶土器、三足土器などの百済土器が分布する（東・田中一九八九、定森一九九四）。百済・加耶系の装身具・馬具なども流入しているが、土器のばあい煮沸用の軟質土器も流通し、人の渡来もあった。武＝雄略期における農業・手工業生産は発展した。それは百済・慕韓・加耶からの諸技術の移転によるものであった。

栄山江流域における前方後円墳出現の背景は、その地での倭系集団の集住、列島内における前方後円墳じたいの性格の変質によるのであろう。

**註**

（1）箸中山古墳（箸墓）を卑弥呼の墓と推定する理由は、箸中山古墳の前段階であるホケノ山古墳で画文帯神獣鏡・内行花文鏡、太田南五号墓で青龍三（二三五）年銘方格規矩鏡が出土したのにたいし、箸中山古墳に後出する黒塚古墳では画文帯神獣鏡・三角縁神獣鏡群であった。景初三（二三九）年の遣使によってもたらされた鏡に三角縁神獣鏡をふくむという前提にたって、箸中山古墳も黒塚古墳と同様の鏡群の副葬が想定されるからである。

（2）「軍士五百人」という実態が問題となるが、往時は、石城、土城の一城に匹敵する軍事力である。高句麗の軍事支配、軍の駐屯では、漢江流域の九宜洞や峨嵯山堡塁城のような要塞が十数カ所、尾根に点々としてつくられている。峨嵯山四堡塁城は周囲三〇〇ｍで一〇〇名規模、峨嵯山一帯であわせて一五〇〇名規模の兵士、九宜洞堡塁城では約一〇名が駐屯していたと推定されている（崔鍾澤一九九九）。百済本紀によると、四七八年三斤王は「二千人」の軍隊で反乱を鎮圧できず、さらに「五百人」の軍隊を派遣したとみえる。

## 引用文献（年代順）

末松保和　一九四九『任那興亡史』吉川弘文館
白石太一郎　一九六九「記・紀および延喜式にみられる陵墓の記載について」（『古代学』一六—一、『古墳と古墳群の研究』塙書房所収）
伊藤秋男　一九七二「耳飾の型式学的研究にもとづく韓国古新羅時代古墳の編年に関する一考察」（『朝鮮学報』八四）
武田幸男　一九七五「平西将軍・倭隋の解釈—五世紀の倭国政権にふれて」（『朝鮮学報』七七）
石部正志・田中英夫・宮川徏・堀田啓一　一九七九「畿内大形前方後円墳の築造企画について」（『古代学研究』八九）
石部正志・原島礼二・今井堯・川口勝康　一九八一『巨大古墳と倭の五王』青木書店
奥田尚　一九八三「大和・河内の前期古墳の石室材」（『考古学論攷』九）
全榮來　一九八五「百済南方境域の変遷」（『千寛宇先生還暦紀念韓国史学論叢』正音文化社）
徐聲勳・成洛俊　一九八六「古墳」（『霊巖郡の文化遺蹟』『木浦大学博物館学術叢書』三）
崔盛洛　一九八六「先史遺蹟・古墳」（『海南郡の文化遺蹟』『木浦大学博物館学術叢書』五）
申鐘煥　一九九六「清州新鳳洞出土遺物の外来系要素に関する一考察—九〇B—一号墳を中心として」（『嶺南考古学』一八、吉井秀夫訳　二〇〇〇『古文化論叢』四四）
徐聲勳　一九八七「栄山江流域甕棺墓の一考察」（『三佛金元龍教授停年退任紀年論叢Ⅰ　考古学篇』一志社）
徐聲勳・成洛俊　一九八八『羅州潘南古墳群綜合調査報告書』（『光州博物館学術叢書』一三）
尹武炳　一九八九「三国時代　百済」（『韓国の考古学』講談社）
花田勝広　一九八九「倭政権と鍛冶工房—畿内の鍛冶専業集落—」（『考古学研究』三六—三）
鈴木靖民　一九八八「倭の五王—雄略朝前史—」（『雄略天皇とその時代』吉川弘文館）
東潮・田中俊明　一九八九『韓国の古代遺跡2　百済伽耶篇』中央公論社
王雲　一九九〇「魏晋南北朝時期的度量衡」（『中国古代度量衡論文集』中州古籍出版社）
一瀬和夫　一九九二「周濠」（『古墳時代の研究』七、雄山閣出版）
成洛俊　一九九三「全南地方長鼓形古墳の築造企画について」（『歴史学研究』一二　大竹弘之訳　一九九六『古代学研究』一三四）
林永珍・趙鎮先　一九九三「霊光郡の考古学遺蹟Ⅱ」（『霊光郡文化遺蹟学術調査』）
柳沢一男　一九九三「横穴式石室の導入と系譜」（『季刊考古学』四五）

松田真一　一九九三「藤ノ木古墳出土の金銅製履の位置」(『斑鳩藤ノ木古墳第二・第三次調査報告書』)
定森秀夫　一九九四「陶質土器からみた近畿と朝鮮」(『ヤマト王権と交流の諸相古代王権と交流五』名著出版)
東潮　一九九四「前方後円墳がなぜ韓国に存在するか」(『幻の加耶と古代日本』文藝春秋文庫)
一瀬和夫　一九九五ａ「埴輪にみる『陵墓』研究」(『「陵墓」からみた日本史』青木書店)
一瀬和夫　一九九五ｂ「河内」(『全国古墳編年集成』雄山閣出版)
東潮　一九九五「栄山江流域と慕韓」(『展望考古学』考古学研究会)
岸本直文　一九九五「『陵墓』古墳研究の現状」(『「陵墓」からみた日本史』青木書店)
李正鎬　一九九六「栄山江流域甕棺古墳の分類と変遷過程」(『韓国上古史学報』二二)
金田善敬　一九九六「古墳時代後期における鍛冶集団の動向―大和を中心に―」(『考古学研究』四三―二)
天野末喜　一九九六「倭の五王の墳墓を推理する」(『倭の五王の時代』藤井寺市教育委員会)
東潮　一九九七『高句麗考古学研究』吉川弘文館
成正鏞　一九九八ａ「錦江流域四〜五世紀墳墓及び土器の様相と変遷」(『百済研究』二八)
成正鏞　一九九八ｂ「三〜五世紀錦江流域馬韓・百済墓制の様相」(『三〜五世紀錦江流域の考古学』第二二回韓国考古学会全国大会　亀田修一訳　一九九九「三〜五世紀の錦江流域における馬韓・百済墓制の様相」『古文化談叢』四三)
坂靖　一九九八「古墳時代における大和の鍛冶集団」(『橿原考古学研究所論集』一三)
崔鍾澤　一九九八「考古学上からみた高句麗の漢江流域進出と百済」(『百済研究』二八)
崔鍾澤　一九九九「京畿北部地域の高句麗関防体系」(『高句麗研究』八　高句麗研究会)
山尾幸久　一九九九『筑紫の君磐井の戦争―東アジアのなかの古代国家―』新日本出版社
朴淳発　二〇〇〇「百済の南遷と栄山江流域政治体の再編」(『韓国の前方後円墳』忠南大学校出版部)
全南大博物館　一九九九『伏岩里古墳群』
京畿道博物館　一九九九「坡州舟月里遺蹟九六・九七京畿道博物館調査地域」(『坡州舟月里遺蹟』『京畿道博物館遺蹟調査報告』一)
漢陽大博物館　一九九九「坡州舟月里遺蹟九六・九七漢陽大学校調査地域」(『坡州舟月里遺蹟』『京畿道博物館遺蹟調査報告』一)
光谷拓実・次山淳　一九九九「平城宮下層古墳年代の遺物と年輪年代」(『奈良国立文化財研究所年報』一九九九―一)

崔鍾澤　二〇〇〇『高句麗―漢江流域の高句麗要塞』ソウル大学校博物館
川西宏幸　二〇〇〇「同型鏡考―モノからコトへ―」(『先史学・考古学研究』一一)
奥田尚　一九九九「石からみた庄内式併行期」(『庄内式土器研究』XX)
毛利光俊彦　一九九九「古代朝鮮の冠―百済―」(『瓦衣千年―森郁夫先生還暦記念論集―』同刊行会)
金洛中　二〇〇〇「五～六世紀の栄山江流域政治体の性格」(『百済研究』三二)
林永珍・趙鎮先　二〇〇〇『全南地域古墳測量報告書』全羅南道)
白石太一郎　二〇〇〇『古墳とヤマト政権古代国家はいかに形成されたか』文藝春秋
白石太一郎　二〇〇〇『古墳と古墳群の研究』塙書房

# 全南地方の栄山江型横穴式石室の系譜と前方後円墳

柳沢一男

## 一、はじめに

一九八〇年代後半以降、朝鮮半島南西部の全羅南道（以下、全南という）の各地から前方後円墳(1)の発見が相次ぎ、確実なものだけでも現在九基(補註1)が知られている。これまでに霊岩チャラボン、咸平新徳、光州明花洞、光州月桂洞一・二号、海南長鼓峯古墳の六基の前方後円墳が発掘調査された。二〇〇〇年夏、朝鮮半島最大規模の海南長鼓峯古墳（墳長七六m）の確認調査によって後円部のほぼ中央に発見された横穴式石室は、全南地方の既知資料との違いが大きく、驚かされたところである。この間、韓国側研究者の高い関心のもとに調査が継続されたことに敬意を表したい。なお、一九八〇年代の姜仁求による問題提起以来の韓国の前方後円墳研究については、小田富士雄の丁寧な研究史があるので参照されたい（小田一九九七）。

これらの調査を通じて、前方後円墳の墳形、周堀や埴輪や木製樹物などの外表施設、埋葬施設や副葬品などの実態

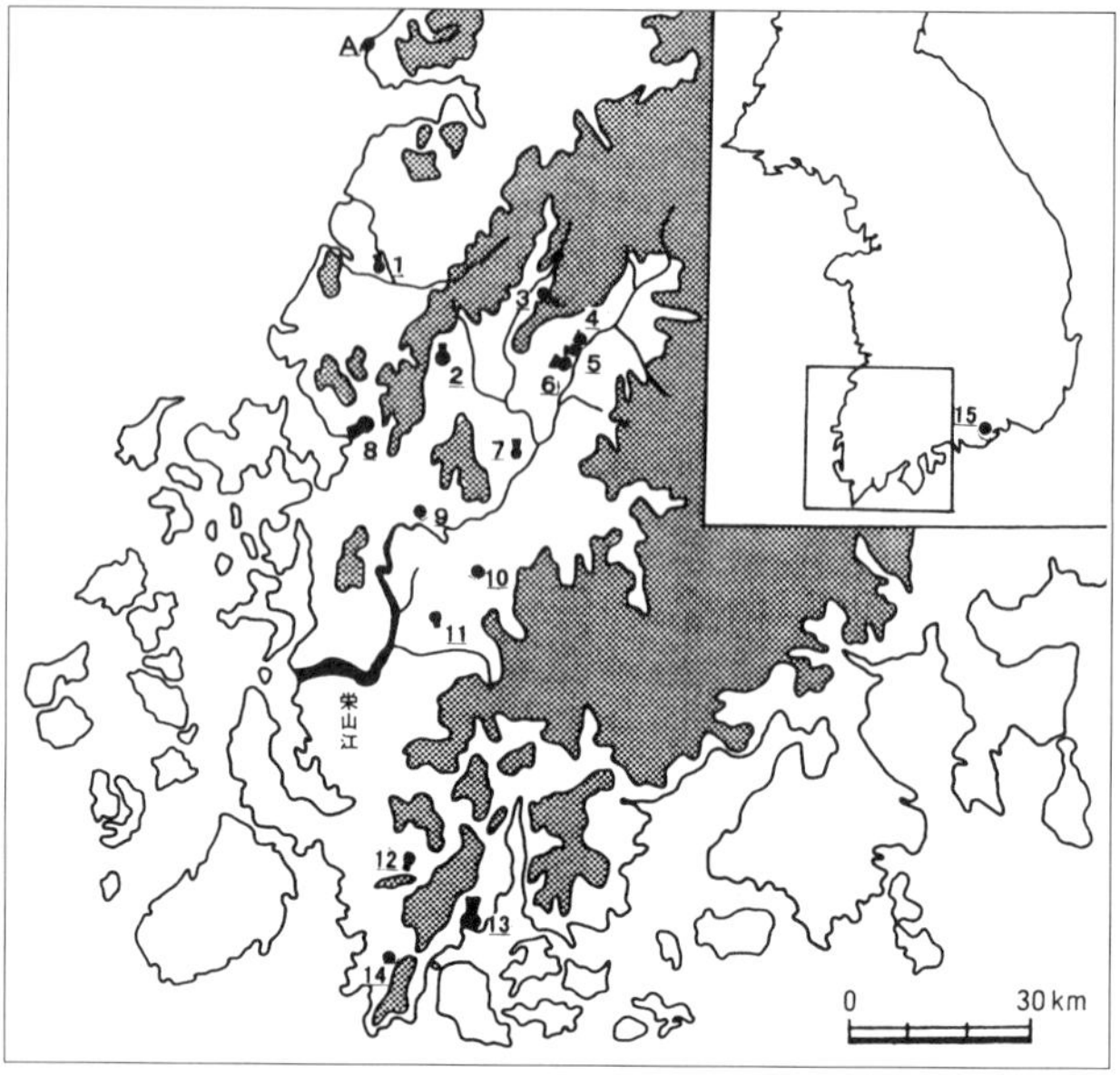


図1　全南地方における前方後円墳と栄山江型横穴式石室分布図（岡内1996編を一部改変）

1. 月渓古墳　2. 新徳古墳　3. 鈴泉里古墳　4. 雙岩洞古墳　5. 月桂洞2号墳　6. 月桂洞1号墳　7. 明花洞古墳　8. 咸平長鼓山古墳　9. 伏岩里3号古墳　10. 松堤里古墳　11. チャラボン古墳　12. マルムドム古墳　13. 長鼓峯古墳　14. 造山古墳　15. 松鶴洞1B-1号墳　A. 竹幕洞祭祀遺跡

が判明しつつある。なかでも明花洞と月桂洞一・二号墳から出土した円筒形・朝顔形埴輪（円筒形土器）や、月桂洞一号墳から出土した木製樹物（石見型盾形・笠形）は、日・韓両地域の前方後円墳が墳形のみならず、葬送儀礼においても近似することをしめすものであろう。

一方、一九九〇年代に入って、全南地方に分布する横穴式石室のなかに九州系横穴式石室と関係するものが認められるとする見解が提出された（曺永鉉一九九三、洪潽植一九九三）。その契機となったのは、一九九一年に調査された新徳古墳（前方後円墳・五一m）の横穴式石室が北部九州型石室と近似することであったことは間違いないであろう。以後、その是非と意義をめぐって全南地方の横穴式石室について多くの見解が提出されているが、石室系譜に関する基本的認識で理解が分かれている状況にある。

全南地方の横穴式石室墳の調査例は、錦江流域を中心とする百済中心地と比べて少なく、横穴式石室の数や分布状況もはっきりしていなかった。一九九〇年代前半に行われた全羅南道内の悉皆調査によって、おおよその分布状況と石室墳の数が把握されたことは重要である（林永珍一九九六）。それによると、単独墳を含めて石室墳からなる古墳群は約一六〇ヶ所、総数五〇〇基以上と推測されている（林永珍一九九七）。これまで発掘調査された古墳群（単独墳を含む）は二二ヶ所あまり、合計七〇基ほどの横穴式石室が確認されている(2)。全体からみれば、まだごく一部の内容が知られていたにすぎず、今後の調査の進行によっては新たな展開も予想されるが、現状での整理を行っておくことも必要であろう。

本稿は、全南地方一帯に広く分布する横穴式石室のうち、泗沘期横穴式石室出現前の横穴式石室、とくに百済系横穴式石室と異質の形態をしめす石室群について、その築造系譜を中心に検討する。それは単に石室系統論だけにとどまらず、全南地方の広域に分布する前方後円墳の理解を深めるうえで重要な意味をもつと思う。

## 二、全南地方横穴式石室の系譜と編年に対する諸見解と問題点

### 1　横穴式石室系譜に関する先行研究と問題点

全南地方に横穴式石室が出現するのは、年代観に多少の違いがあるけれども先行研究の多くが指摘するように、五世紀後〜末葉であろう。そして六世紀中葉頃に陵山里型石室が出現するまでのあいだ、きわめて特色のある横穴式石室が築造されたことは周知のとおりである。

それらの横穴式石室は、大・中型の円墳や方墳、さらに前方後円墳など首長墳級の大型墳に採用されていることも重要である。そしてこの一群の横穴式石室は、墳丘の基底面上ないし墳丘盛土内に石室床面が構築される地上式で、同時期の百済・加耶（西部地域を除く）・新羅の横穴式石室が地山に掘削した深い墓壙内構築であるのに対して対照的

なことが早くから指摘されている。

さらに、横穴式石室の形態・構造的特徴として、つぎの諸点をあげることができる。

第一に、羨道が玄室前壁のほぼ中央に接続する両袖形（中央羨道。以下、韓国で使用される用語を括弧内に記す）であること、第二に玄門部に立柱石（門柱石）・梱石（門地枋石）を配置した玄門（門石）を設けること、それに加えて玄室壁面下部に腰石（長大石）を配置する石室例が多い。なお、玄門前面に天井石を架構した羨道を接続するものと、羨道がなく前庭側壁が接続するものがある。使用石材は花崗岩が多く、玄室壁面は腰石を除いて扁平な割石ないし小振りの塊石を使用するのが一般的である。

このような特徴的な構造の横穴式石室が朝鮮半島のなかで異質であることは、すでに日・韓の研究者が指摘しているとおりである。しかし、その系譜をめぐっての理解は必ずしも一致していない。さらに問題を複雑にしているのは、発掘調査で確認された前方後円墳の埋葬施設のうち、チャラボン古墳を除くすべての横穴式石室がこうした特徴をもつことにある。全南地方の横穴式石室の系譜に関する議論は、そのまま前方後円墳をめぐる論点と重なるのである。

栄山江流域を中心とした全南地方に分布する特徴的な横穴式石室の系譜をめぐる先行研究は、つぎのような四種に分かれる。なお新徳古墳調査以前の論究は議論の公平を欠くおそれがあり、必要と思われるもの以外は取り上げていない（それ以前の全南地方横穴式石室の代表的な見解として、李榮文一九九〇があげられよう）。

①九州系横穴式石室とのつよい関連をみるもの
②初現期は漢城期百済の横穴式石室、その後に九州系横穴式石室との関連をみるもの
③熊津期百済の横穴式石室の一形態とみるもの
④出自・系統は不明だが非百済系の横穴式石室とみるもの

①の見解は相前後して二名の韓国若手研究者から提起されたものである。曺永鉉は、海南造山・長城鈴泉里古墳石

室を横口式石室とみたうえで、これらの祖型を九州地方の横口式石室に求められるとし、この一群に「鈴泉里式」または「栄山江式」の名称を提唱した（曺永鉉一九九三）。また洪潽植は、上記二例に新徳古墳を加えて、これらの石室に共通する立柱石・梱石からなる玄門構造、造山・新徳の玄室壁面下部の腰石配置などの構造的特徴に着目した。そうして、これらの属性が北部九州型や肥後型などの九州系横穴式石室と類似することから、この一群は九州系石室に出自を求めることが妥当として、「九州型系」と名付けて積極的に評価した（洪潽植一九九三）。

②は、①に遅れて東潮・土生田純之らによって提示され、また李正鎬もこれに近い見解を提示しているが、細部で違いがある。

東は、造山・新徳・鈴泉里古墳を五世紀末～六世紀初頭頃と推測し、それらの石室はソウルの可楽洞二・五号墳など漢城期石室の系統上に築造され、それに後続する六世紀前半～中葉の明花洞・月桂洞一号墳の石室に北部九州型石室との関係を想定する（東一九九五）。土生田の見解は前後する二つの論文で内容に少しの違いがあるが、基本的には栄山江流域の石室はソウルの漢城期石室の系統上に出現し、五世紀末以降の新徳の石室に北部九州型石室と密接な関連を認めている。とくに新徳の石室について、福岡県番塚古墳や佐賀県関行丸古墳石室との類似性を主張している。これらの石室の築造過程は、第一論文では造山→新徳→鈴泉里とみたが（土生田一九九六）、第二論文では鈴泉里→造山→新徳と変更している（土生田二〇〇〇）。

李正鎬は全南地方における横穴式石室の端緒を羅州松堤里古墳に想定し、その石室はソウル可楽洞五号墳などの両袖形石室と穹窿状天井の宋山里型が複合したものとみる。そして、その後に登場する造山・新徳・鈴泉里などの石室群は北部九州型とつよい関連をもつとする（李正鎬一九九九）。

③は、九州系石室やソウルの漢城期石室との関係を想定する①・②の見解に対して、無意識に、ないしは意識的に百済の横穴式石室のなかで理解できるとする見解である。

早くに百済の横穴式石室を包括的に整理した李南奭は、当時まだ資料数が少なかった全南地方の石室についてとくに言及していないが、松堤里や鈴泉里古墳の石室を熊津期の穹窿式天井石室（宋山里型）を模倣した地方型と理解する一方、鈴泉里古墳石室の玄門立柱石は泗沘期石室からの影響下に成立したとみる（李南奭一九九五）。曺根佑は全南地方の横穴式石室に独自的な要素を認めながらも、天井構造を中心にした石室築造方法は百済的要素が顕著とみるほか、玄門立柱石については李南奭の理解を継承している（曺根佑一九九六）。これらの見解は、全南地方の横穴式石室の形成と変遷を百済による領域支配の歴史過程に即して理解しようとするもので、九州系石室との関係は考慮されていない。

これに対して朴淳発は、先述した構造的特徴を備えた横穴式石室に「月松里形」の名称を与え、月松里形石室に近似する横穴式石室を錦江流域の百済圏域に博捜した。その結果、甫通洞四号・新基洞・草村里E一〇号墳の三例を見出しえたことをもって、月松里形石室は熊津期百済の横穴式石室のなかから成立したとみた（朴淳発一九九八）。その後、高敞上甲里M一号墳（全榮來一九九二）の石室を加えて前説を補強するとともに、錦江以南の忠南・全北地域では月松里形石室が普遍的にみられるという。また伏岩里三号墳の石室を五世紀後半とみて、土生田が新徳の石室につよい関連を予想した関行丸古墳とは年代差があり、月松里形石室の成立に北部九州型からの影響を想定するのは難しいとみる（朴淳発二〇〇〇）。

④は、これまで全南地方の横穴式石室墳に積極的に発言してきた林永珍の近年の見解や、百済の横穴式石室を総合的に検討した若手研究者から提出されたものがある。

林永珍は、早く全南の横穴式石室を栄山江式、南海岸式、百済式の三類型に区分し、前二類型の石室は百済式（陵山里型系石室）の出現以前に築造され、その構造的特徴から百済の横穴式石室とは無関係とみた（林永珍一九九七）。最近さらに栄山江式石室を、朝鮮半島の他地方、中国、九州地方の横穴系墓室と比較し、中国南朝磚室墓を石材に置き換えた可能性や、北部九州型石室との類似性を指摘しつつも、いずれも栄山江式に一致しない差異があるとみる（林永珍二〇〇〇）。このほか、陵山里型石室出現前の全南地方の横穴式石室を百済系とみるのは難しいという見解は、姜賢淑・吉井秀夫からも提出されている（姜賢淑一九九六、吉井一九九七）。

つぎに①～④の見解を検討するが、その前にこの石室群の名称について触れておきたい。

本稿が対象とする全南地方の石室群に対して、これまで「鈴泉里式」「栄山江式」「九州型系」「月松里形」とさまざまに呼ばれてきた。しかし、「栄山江式」は形式における時系列上の区分＝型式とまぎらわしく、また「鈴泉里式」や「月松里形」は特定古墳の石室に引き寄せられる懸念がある。ここでは、朝鮮半島他地域の横穴式石室と異なった属性を共有する石室群の意味で、仮に「栄山江型」横穴式石室と呼んでおきたい。

まず九州系横穴式石室との関連を重視する見解のうち、曺永鉉の場合は石室構造に対する具体的記述がないためよく分からないが、洪潽植が想定した造山の石室と肥後型石室、鈴泉里の石室と福岡県瑞王寺古墳（北部九州型石室）との構造的関連は事実関係のうえで問題があり、また古墳の年代比定にも疑問が残る。

つぎに、栄山江流域における初現期の石室を漢城期百済石室の系統上に想定する見解と、宋山里型との複合型式石室の延長線上に築造されたとみる見解は、築造系譜の連続性の説明が難しい。

前者の見解を提示した東と土生田には多少の違いがあるが、両袖形石室という理由だけで栄山江型石室の系統を可楽洞二・五号墳などのソウル地方漢城期石室に求めるのは困難である。一言で言えば、立柱石・梱石などからなる玄門構造、玄室壁面下部の腰石（あるものとないものがある）などの栄山江型に特徴的な属性は、ソウルの漢城期石室から成立する余地はほとんどないと思われる。

後者の李正鎬が、全南地方横穴式石室の端緒とみる松堤里古墳(3)の築造年代は不明で、また後続するとみる栄山江型石室群とのあいだの形態・構造的差異があまりにも大きく、その連続性を説明するのは難しい。

これらの見解の根底にあるのは、可楽洞・芳荑洞古墳群などソウル地方の横穴式石室のなかに、漢城期にさかのぼる横穴式石室の存在を予想してのことであろう。この問題は本論から外れるので深入りしないが、可楽洞・芳荑洞古墳群の発掘調査によって出土した土器から、すべてを新羅領有後の石室群とみなす論調に対して、型式学的方法による横穴式石室の再検討を求めるものといえよう（亀田一九九〇、東一九九三、李南奭一九九五）。

最後に百済の横穴式石室との関係を重視する朴淳発の見解は、栄山江型石室の系譜理解のうえで重要な問題を提起しているが、古墳の時間的位置付けで問題を残している。朴淳発が月松里形（栄山江型）石室として抽出した四例のうち三例は、吉井秀夫による百済の横穴式石室分類（吉井一九九三）でも保寧里式やそれより新式に属するもの（いずれも泗沘遷都後の石室群）で、栄山江型盛行時にさかのぼる可能性があるのは高敞上甲里M一号墳（表井里式段階か）を指摘しうるにすぎない。そのほかにも栄山江型の特徴を備えた保寧里五号墳(4)（成周鐸ほか一九八四）などがあるが、栄山江型最古と想定される造山古墳の時期までさかのぼる可能性は少ない。いずれにしても熊津期横穴式石室のなかに占める数はきわめて少なく、栄山江型を百済系横穴式石室とみるのは困難であろう。

## 2　栄山江型石室の形式分類・編年案とその問題点

栄山江型石室に対して、石室構造を基準に一定の編年案を提示したのは李正鎬、林永珍である。曺根佑は全南地方横穴式石室の分類と編年案をしめしているが、先述したように玄門立柱石をもつ一群は泗沘期横穴式石室の影響下に出現した百済系横穴式石室とみているので（曺根佑一九九六）、ここで扱うことはできない。

李正鎬は、羨道の接続位置と天井架構の有無、玄門の有無、玄室の平面・断面形態、使用石材などを基準に四つの形式に区分した。そうして、羨道への天井架構から天井架構の省略化、および玄室壁面の扁平割石積みから石材の大型化という変化を想定し、一形式（松堤里）→二形式（月桂洞一号墳・伏岩里三号）→三形式（鈴泉里）→四形式（新徳・造山）の変遷過程をしめしている（李正鎬一九九九）。この形式分類と編年案は石室群の全体的理解を目指した試みとして評価される。しかし、形式分類の基準とした羨道の有無を重視したため、玄室の立面形や壁面構成など石室の基本的な構築原理の整理が不十分で、一つの形式内に多様な形態・構造をもつ石室が混在して全体像が分かりにくい。例えば四形式の場合、新徳・造山の石室が前庭側壁の属性を共有するにしても、玄室平面形・立面形・壁面構成などの基本的な属性に大きな違いがあり、同一形式とみるのは難しい。

林永珍は、玄室の平面形にみられる顕著な差異と羨道の接続位置の違いに着目して、玄室平面形が長方形から方形に、羨道接続が右偏気味のものから中央接続へという変化の方向を想定した。そうして、造山→伏岩里三号・雙岩洞・月桂洞一号→月桂洞二号・新徳→鈴泉里・松堤里・明花洞という四段階の築造過程をしめし、こうした石室の築造推移は出土遺物からも支持されるとみる（林永珍二〇〇〇）。

玄室平面形の一定方向への変化を編年基準とする方法は、かつて尾崎喜左雄が群馬県の横穴式石室で行った編年作業（尾崎喜左雄一九六六）を彷彿とさせるが、玄室平面形や羨道の接続位置の変化が横穴式石室の構築原理のなかでどのような意味をもつのか不明瞭である。また同一時期と想定した一群に多様な石室形態が混在し、李正鎬の見解と同様に理解が困難である。

一般的に、横穴式石室の築造は、設計・企画、石材の採取・加工・輸送、そして構築にいたる体系的作業である。とくに構築段階は高度な石材運用技術を伴い、そこに石室構築原理の違いが明瞭にあらわれる。朝鮮半島・日本列島各地の横穴式石室は、地域・時期によってじつに多様な形態・構造をしめしているが、その多様性の要因は構築原理の枠組みの差異に求められる。

栄山江型石室の場合、先述したように①羨道が玄室前壁のほぼ中央に接続し、②立柱石・梱石を配置した玄門を設け、③玄室壁面下部に腰石配置する例が多い、の三点が共通する属性だが、そのほかにも玄室の平面形・立面形（天井構築法)、羨道接続の有無なども構築原理の重要な属性である。栄山江型石室が①、②、③の属性を共有しながらも多様な石室がみられるのは、個々の石室によって異なった構築原理の石室系譜と関連するためではないかと考えられる。

李正鎬や林永珍の形式分類は栄山江型石室を一系列上に理解しているが、いくつかの築造系譜に区分して理解すべきであろう。

## 三、栄山江型石室群の諸類型

### 1　類型の設定

この石室群は、共通する属性を除くと、形態・構造が多様で単系列の発展的変化だけでは理解できない。表1に栄山江型と認定しうる横穴式石室例をあげたが、松堤里古墳の石室は上記の栄山江型の石室属性が未確認であるため除外している。これらの石室のうち、明花洞・雙岩洞・月桂洞二号墳は破壊されているため確認できないが、残存する石室構造からみて玄門立柱石が配置されたとみてよい(月桂洞二号墳の梱石は遺存している)。

横穴式石室の形態・構造的特徴をもっとも特徴的にあらわす玄室の平面形・立面形と壁面構成などからみると、栄山江型石室は複数例からなる三つの類型と、一例しかない二つの類型を含めて五類型に区分できる。

①造山類型…造山古墳(除聲勲・成洛俊一九八四)・雙岩洞(林永珍ほか一九九四、李南奭編一九九五)・明花洞古墳(朴仲煥一九九六)

②新徳型…新徳古墳(成洛俊一九九二、李南奭編一九九五)・伏岩里三号墳九六年石室(金洛中二〇〇〇)

③月桂洞類系…月桂洞一号・同二号墳(林永珍一九九四)

表1　栄山江型石室一覧　　　　　　　　　　　　　　（数字単位はm、概数である）

| 古墳名 | 墳形と規模 | 玄室規模（幅×長×高） | 羨道（幅×長×高） | 石室構造の属性 | | | | |
|---|---|---|---|---|---|---|---|---|
| | | | | 羨天 | 腰石 | 立柱 | 梱石 | 閉塞 |
| 新徳 | 前円・51 | 2.0-2.3×2.9×2.4 | − | − | ○ | ○ | ○ | 板 |
| 月桂洞1号 | 前円・45 | 2.9×4.5×？ | 1.4×2.8×1.6 | ○ | − | ？ | ○ | ？ |
| 月桂洞2号 | 前円・34 | 2.5×(3.9)×？ | 1.5×2.5×？ | ○ | − | ○ | ○ | 板 |
| 明花洞 | 前円・33 | 1.9×？×？ | ？ | ？ | ○ | ？ | ？ | ？ |
| 長鼓峯 | 前円・76 | 2.1-2.4×4.6×1.8-1.9 | 1.2×4×1.3 | ○ | ○ | ○ | ？ | 塊 |
| 造山 | 円・18 | 2.0-2.2×3.1-3.5×2.0 | − | − | ○ | ○ | ○ | 板 |
| 雙岩洞 | 円・11-12 | 1.9×？×？ | ？ | ？ | ○ | ？ | ？ | ？ |
| 伏岩里3号 | 方・40-43 | 2.4-2.5×3.9×2.6 | 1.2×4.5×1.3 | ○ | ○ | ○ | ○ | 板 |
| 鈴泉里 | 円・18-20 | 2.3-2.5×2.9×(2) | 1.6×3.2×− | − | − | ○ | ○ | 板 |

※伏岩里３号墳は'96石室である。※墳形の「前円」は前方後円墳の略。※長鼓峯古墳の石室数値は国立中央博物館のホームページによる。※石室構造属性の「羨天」は天井架構羨道の有無、「腰石」は腰石配置の有無、「立柱」は立柱石の有無、「閉塞」は閉塞方法をしめす。閉塞の「板」は板石閉塞、「塊」は塊石閉塞である。鈴泉里の羨道数値は羨道状側壁の規模である。

④鈴泉里類型・・・鈴泉里古墳（李榮文一九九〇）

⑤長鼓峯類型・・・長鼓峯古墳

以下、各類型の特徴を要約しておきたい。

①の造山類型で石室が完存するのは造山古墳にすぎない。破壊が著しい雙岩洞・明花洞古墳の石室は、玄室立面形や羨道の有無が不明である。玄室壁面下部の腰石規模や配置法から仮に本類型に含めておくことにする。

造山の石室は玄室立面形が奥壁がやや内傾気味に、前壁上部は垂直近くに積み上げられて箱形に近い。側壁は全体に内傾し、上部にわずかな持ち送りが認められる。玄室奥壁・側壁下部に小型の腰石を複数配置し、その上部に割石ないし塊石を積み上げる。玄門前面の構造が未確認だが、おそらく「ハ」字形に開く前庭側壁が接続する可能性が大きい。

②の新徳類型の玄室は天井が高く、立面形は奥壁に対して前壁上部の持ち送りが顕著である。奥壁・側壁の最下部に全体の二分の一〜三分の一程度の高さを占める大型の腰石を配置し、その上部に割石ないし小振りの塊石を積み上げる。新徳の石室は玄門前面に「ハ」字形に開く前庭側壁を付設する。これに対して伏岩里三号墳の九六年石室（以下、九六年は略す）は、玄門前面にやや右側に偏し

て狭長な羨道が接続する。また玄門立柱石上の天井石（冠石）は羨道天井石よりも一段低い楣石状の配置をとるが、前壁上部壁体を支える点で異例である。

③の月桂洞類型は、隣接する前方後円墳（一・二号墳）に採用されたものである。二例とも玄室上部が破壊され、玄室上部の構造は不明である。比較的保存状態が良い月桂洞一号墳を参考にすると、玄室壁面は下部から割石で構築し、持ち送りが強い平天井構造になる可能性が高い。一号墳は二石の天井石を架構した羨道が接続する。

破壊されて羨道上部を欠く二号墳も同様であろう。なお二号墳の羨道中ほどの床面に、両側壁に沿って左右対称に板石を置くのは他に例のない特徴である。

④の鈴泉里古墳の石室はきわめて個性的である。玄室周壁下部から割石で構築される点は月桂洞類型と等しいが、壁体上部を強く持ち送る。玄室平面形の前壁隅角が丸みをもつこと、玄門立柱石の二重配置は異例である。玄門前面の幅広い羨道状の石組みがあるが、墳丘斜面と等しい傾斜をもつことから、この部分に天井石は架構されなかったとみられる。この石組みは先端に向かってやや狭まるが、新徳のように上部が外傾して「ハ」字形に開く前庭側壁と異なるため、仮に羨道状側壁と呼んでおきたい。

⑤長鼓峯古墳は韓国国立中央博物館のホームページ上で公開された調査概要を参考に特徴を要約する。

この石室は墳丘基底面より約五m上位にあり、後円部側面（ほぼ真西）に開口する（日本の前方後円墳のように段築があるとすれば、羨道端は段テラスに開口する可能性がたかい）。石室全長約八・六m、玄室平面形は長短比が一・九～二・一と栄山江型のなかではもっとも細長く、玄室高が一・八～一・九mで玄室幅（二・一～二・四m）を下回る。玄室の奥・側壁壁面下段に腰石を配置し、上部に割石ないし横長の塊石を積み上げる。玄室立面形は直線的に内傾する箱形である。玄門部は羨道部から内側に突出した形状だが、大型板石を向かい合わせに立て据えて、側壁のあいだに割石積みの壁体を挟んだ変則形で隔壁に近い。天井部は玄室から羨道端までほぼ水平に架構され、玄門上部に

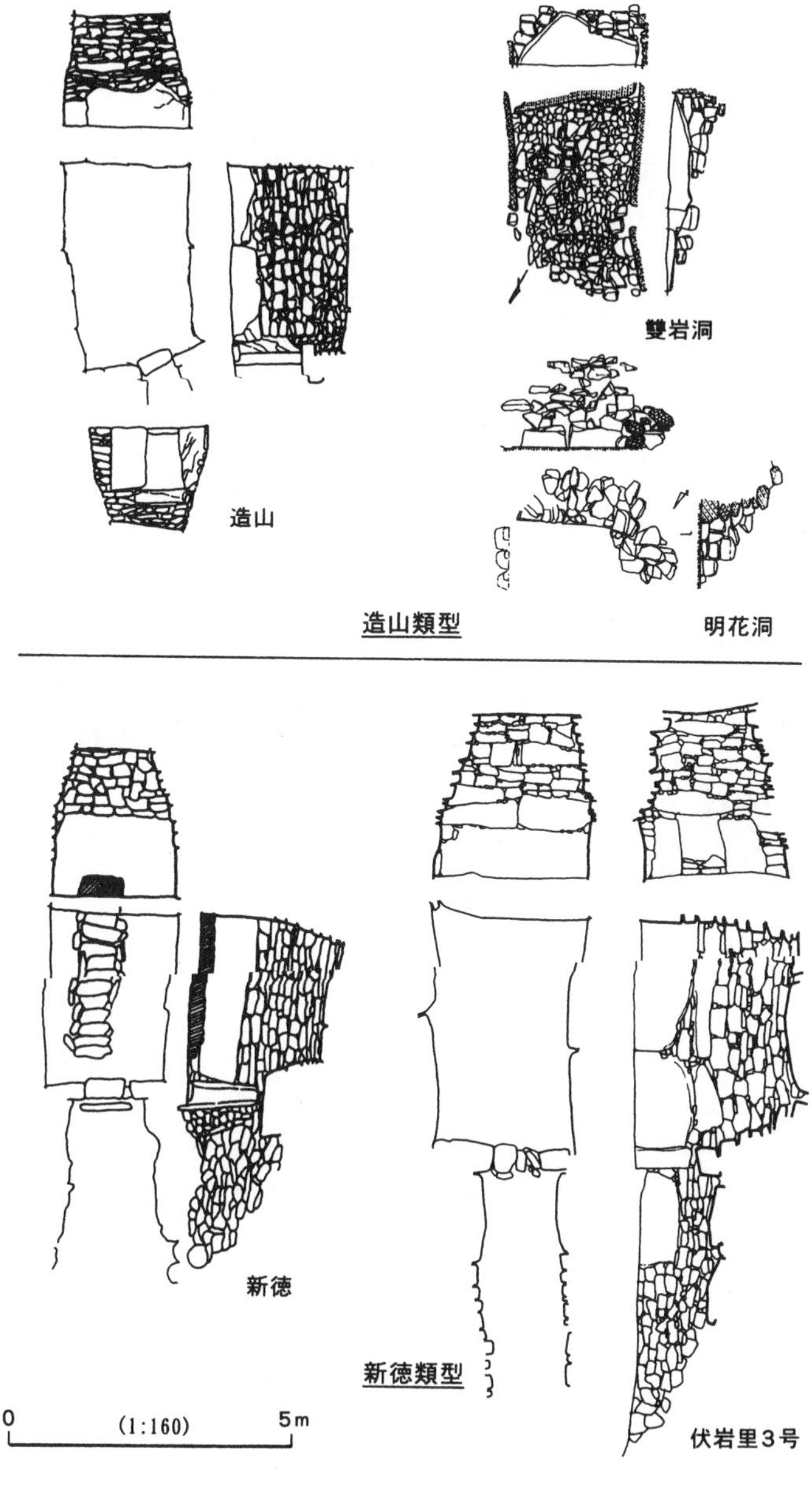


図2　栄山江型横穴式石室実測図①（各報告書などによる。一部変更）

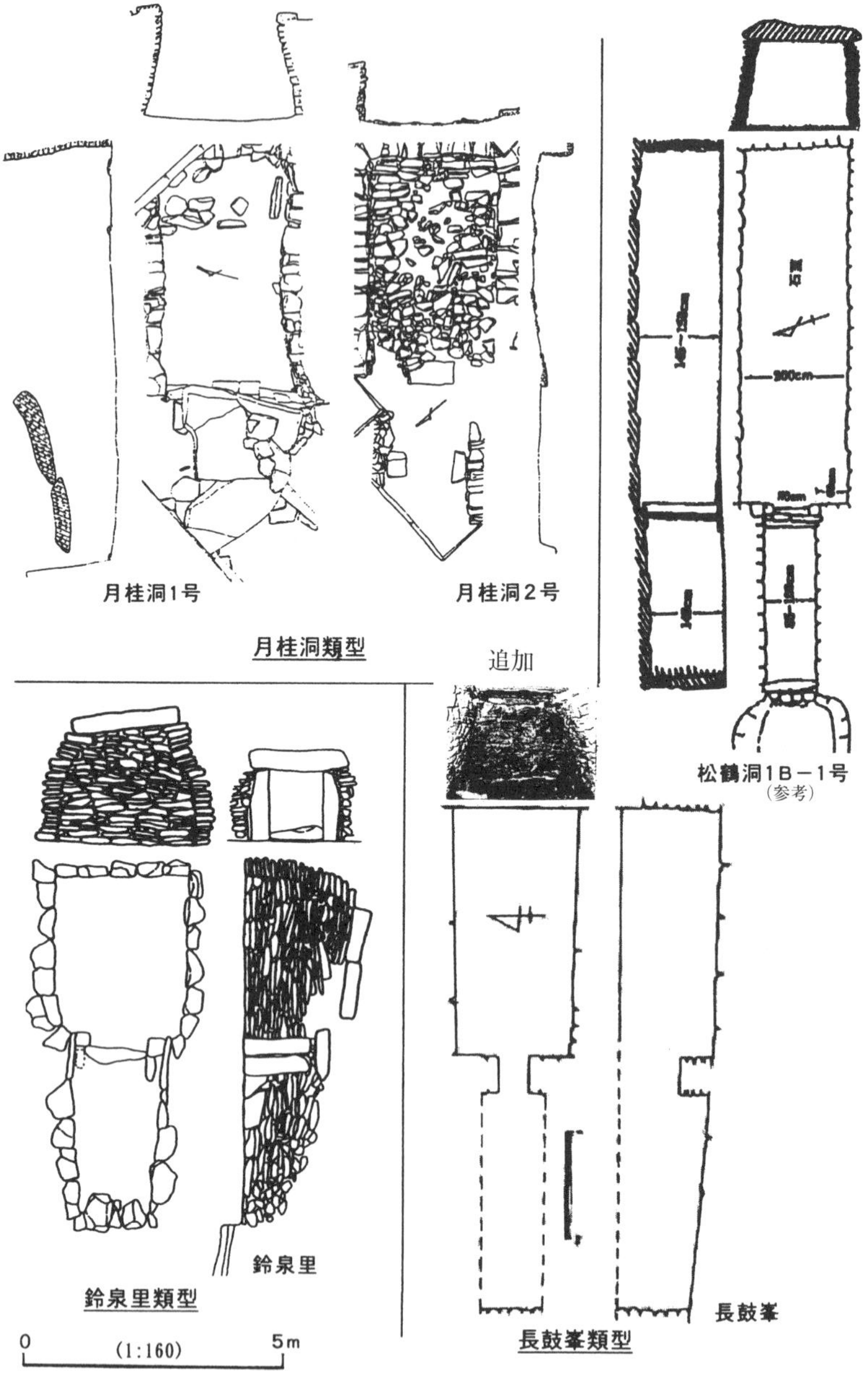


図3　栄山江型横穴式石室実測図②（各報告書のほか、松鶴洞は東亜大学校博物館2000、長鼓峯は韓国国立中央博物館ホームページ[http://museum.go.kr]による。一部変更）

天井部より一段低い楣石的構造の前壁を積み上げている。なお玄門部床面は流入土で覆われており、梱石の有無は確認できていないらしい。玄室の壁面と天井石全面に赤色顔料の塗布が認められる（朝鮮半島における赤色顔料の塗布は、他に新徳古墳と固城松鶴洞一—B一号墳の二例が確認されているにすぎない）。

以上のように、五類型に区分される九基の栄山江型石室は、玄門立柱石・梱石配置という独自の属性を共有しながらも、形態や構造に相当な違いがあることが明らかであろう。

## 2　栄山江型石室類型間の相互関係

上記の五類型の石室は、属性の共有関係によって各類型間の型式的距離に差異が予想されるが、玄室壁面下部の腰石の有無で二つのグループに大別される。

まず腰石配置の属性を共有する造山・新徳・長鼓峯の三類型をみると、玄室の平面形と立面形、腰石の規模と配置法、および玄門前面構造に違いがある。

玄室平面形は、長鼓峯と造山の石室が長短比が一・八以上と狭長でかつ奥壁幅よりも前壁幅が狭い。新徳類型は長短比一・三〜一・六で奥壁よりも前壁幅がやや狭まるが長鼓峯・造山ほど顕著ではない。立面形は長鼓峯と造山が内傾気味の箱形、新徳類型が特徴的な持ち送り平天井である。腰石は長鼓峯・造山が壁面下部にやや小型の石材を複数配置するのに対して、新徳類型は壁面の二分の一〜三分の一におよぶ大型石材を使用し、壁面腰石の一石化を指向している。玄門前面は、造山と新徳古墳の石室が「ハ」字形に開く前庭側壁、長鼓峯と伏岩里三号墳の石室が羡道を接続する。

もう一つのグループの割石積みで壁面を構成する月桂洞・鈴泉里類型の場合、玄室の平面形と立面形、玄門前面構造に違いが顕著である。玄室平面形は、月桂洞類型が長短比一・六の長方形であるのに対して、鈴泉里は一・二と方

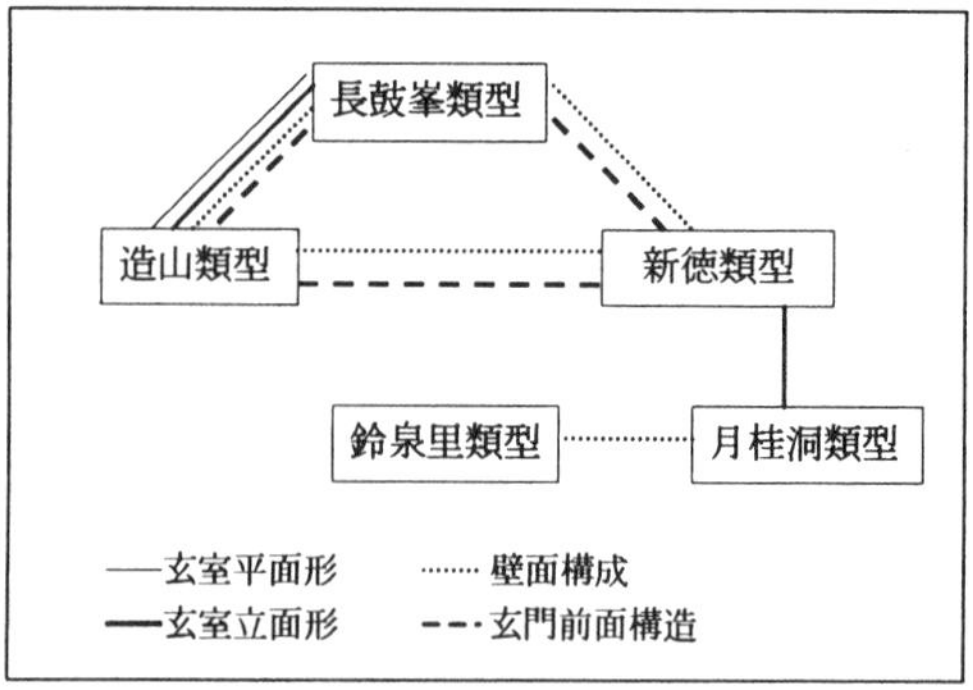


図4　栄山江型石室群の相関関係

形に近く、かつ側壁と立柱石が接続する前壁隅角が丸みをもつ。立面形は、月桂洞類型では壁面下部が垂直に近く、上部が内彎気味の持ち送りをもつと予想されるが、鈴泉里は玄室天井が低く、壁面中位から内彎気味につよく持ち送る。玄門前面は月桂洞類型が幅広の羨道を接続するのに対して、鈴泉里は羨道状側壁である。鈴泉里・月桂洞類型間に共通するのは、玄室壁面構成と羨道と羨道状側壁の幅が広い点に近似を認めることができるにすぎず、型式学的な距離は遠いと思われる。

以上の検討で明らかになった栄山江型石室各類型間の相互関係は図4のようになる。これを要約すると、①玄室壁面下部に腰石を配置するか否かで大きく二分される。②腰石配置の属性を共有する三つの類型間では、造山と長鼓峯のあいだに玄室構造のつよい相関性を認めることができる。一方、造山・長鼓峯と新徳類型のあいだは、玄室の平面・立面形に型式的な距離がある。③新徳・月桂洞類型は玄室壁面構成に決定的な違いがあるけれども、玄室平面形に相関性がある。④鈴泉里古墳の石室は壁面構成で月桂洞類型と共通するのみで、玄室の平面形・立面形などで他の類型との関連がほとんどなく孤立した位置にある。

以上のように栄山江型石室は類型間の型式学的距離に差異があり、とても単一の石室系譜として一括し、連続する型式組列の築造を想定することは困難である。

## 四、九州における横穴式石室の形成と変遷

栄山江型石室をめぐる先行研究の多くは、九州系石室との関係の是非を軸にすすめられてきたといってよい。それは、同時期の朝鮮半島のどの地域の横穴式石室よりも近似するためと思われるが、九州系の横穴式石室の構造と築造過程に多少の見解の相違がみられる。以下、私が理解している四～五世紀における九州系横穴式石室の概要を提示しておきたい(5)（図5）。

日本で最初に追葬可能な横穴系の墓室が出現したのは、四世紀中～後葉の九州地方である。以降、玄界灘に面した北部と、有明海に面した中西部の二地域で独自の石室群が展開し、前者を北部九州型、後者を肥後型の横穴式石室と呼んでいる。これらの横穴式石室は首長墳級の前方後円墳や大・中型の古墳に採用された。これにやや遅れて横穴式石室の影響下に小型竪穴系横口式石室が案出された。中大型古墳の付属的埋葬施設に用いられることもあるが基本的には小型古墳に採用されることが多く、横穴式石室とは明確な階層差が認められる。

### 1　北部九州型石室の形成と変遷

現在、日本最古と考えられる佐賀県谷口古墳の石室は、石棺内蔵の竪穴系墓室の短壁上部に開閉可能な出入り口（横口）を設け、前面に前庭状構造を作り出している。これにつぐ福岡県老司古墳は墓室の前壁に羨道を意識した短小な段を設けた変異形がある。これらの石室は、竪穴系墓室を母胎に横穴系のアイディアを取り入れた試行段階の不定型な形態とみるべきであろう。

定型化した北部九州型横穴式石室は四世紀後葉の福岡県鋤崎古墳に始まる。玄室前壁中央に短小な羨道部を接続し

たもので、鋤崎式は佐賀県横田下、熊本県別当塚東、城二号など九州中北部の首長墳に採用された。五世紀初頭を前後して、割石積みの羨道部に代わって立柱石で玄門を構成する釜塚式（須恵器編年のＴＧ232～ＴＫ216型式併行期、以下括弧内は同）が成立した。

釜塚式の玄室壁面構成は割石積みだが、五世紀中～後葉の奴山式段階（ＴＫ208～ＴＫ23古）に壁面下部への腰石使用が始まり、五世紀末葉の番塚式（ＴＫ47古）以降、腰石上石材の大型化が徐々に進行した。また五世紀末～六世紀初頭の関行丸式（おそらくＴＫ47新～ＭＴ15古）段階で玄室高の増加とそれに伴う壁面上部の持ち送りが顕著となった。

以上の初期北部九州型石室は、釜塚式から玄門立柱石を立て、その前面に「ハ」字形に広がる前庭側壁を付設するのが普通である。釜塚式までの石室は墳丘上部から掘削した深い墓壙内に築造し、玄室床面が羨道・前庭床面よりも低く玄門部に段を設けている。しかし奴山式以降は玄室と前庭の床面の高さが同じになり、玄門床面に梱石を配置し、墳丘テラス面や基底面に石室前庭が接続する方式に変化した。前方後円墳の石室では、後円部上部中央につくられ羨道入口を前方部方向に開口するものから、墳丘基底面や段築段テラス面と同じ高さにつくられ、入口部を後円部側面やくびれ部に開口するものが一般的となった。

六世紀前葉（ＭＴ15新）、北部九州型石室は玄門前面に羨道部を接続する王塚式へと転換した。この新たな築造原理への移行は肥後型石室との複合によって達成されたと想定されるが、すべての石室で羨道接続を認めることはできず、首長墳クラスの石室から徐々に進行したらしい。(6)

## 2　肥後型石室の形成と変遷

定型化した肥後型石室は、方形に近い玄室の周壁下部に沿って内部に複数の屍床を設けた石障をめぐらし、穹窿状

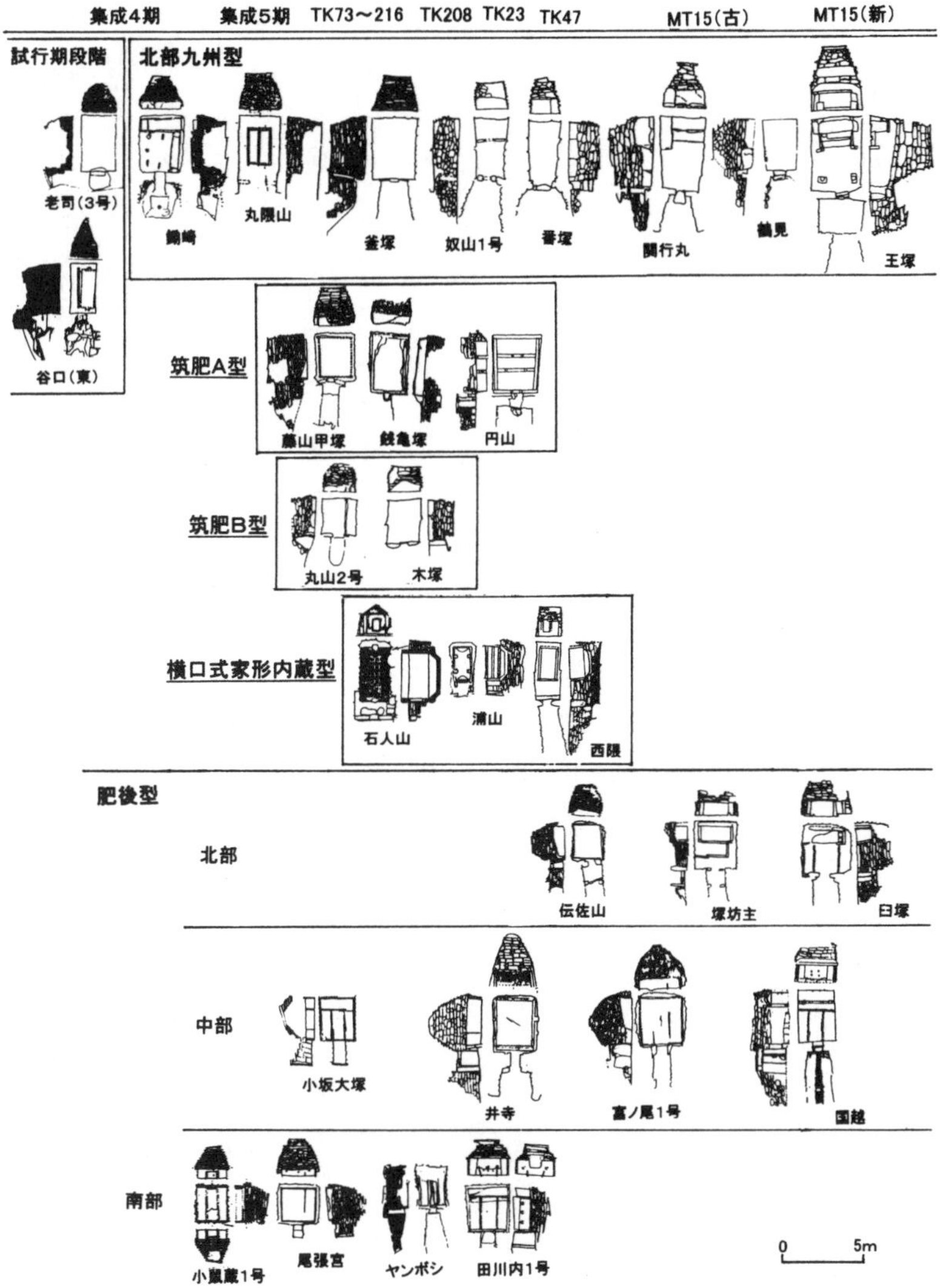


図５　九州系横穴式石室の築造過程

に持ち送った天井部を一石で覆うなど、北部九州型とは著しい形態・構造の違いをしめす。定型化した石室型の成立は鋤崎式よりもやや遅れるが、その原形は北部九州型と同じく佐賀県谷口古墳の石室に求められる可能性がたかい。

石室の定型化は、四世紀末〜五世紀前葉にかけて熊本県南部の不知火海沿岸域で進行し（高木一九九四）、石障内面に彫刻や彩色によって円文・三角文・直弧文・盾・靫などの装飾図文を加えるなど、きわめて個性的な石室型を生み出した。しかし玄門部や羨道部の構造は多様で、玄門前面に短小な羨道が接続するもののほか、北部九州型の影響を受けて立柱石を配置して前庭側壁が接続するものもある。

主要分布域は熊本県域だが、菊池川流域の北部、白川流域の中部、不知火海沿岸域の南部で石室形態・構造に多少の違いが認められる。五世紀後〜末葉、北部の菊池川流域で羨道間仕切り型の複室構造が出現し、六世紀前葉に前室空間の拡大化が図られて複室構造として定型化した。複室構造初現期の羨道間仕切り型は玉名市伝佐山が最古例（おそらくＴＫ47型式併行期）だが、前壁の右側に偏る羨道接続は従来の肥後型と一線を画する構造上の転換であり、熊津期百済の横穴式石室からの新たな影響が予想される。[7] 六世紀前葉の複室構造の確立と軌を一にして石室の大型化が進行し、玄室内から石障が姿を消して石屋形設置が一般的となった。

以上のように、北部九州型は鋤崎式以降、石室の形態・構造に変化をみせながら一貫した築造原理を保持し継続した。肥後型石室は地域的差異が大きいが、基本的な構築原理は維持され型式組列の継続性は認められる。

九州系石室には上記した北部九州型・肥後型のほかに、数少ないが注目すべき石室型がある。北部九州型と肥後型石室の基本的属性を複合した「筑肥A型」「筑肥B型」[8]の築造系列である（柳沢一九九三）。有明海北東部の筑後南部地方から肥前地方にかけて分布する。詳細は略すが、この二つの石室型は筑後南部勢力によって意図的に創案された可能性がたかい。五世紀前〜後葉にかけて東海地方以西の西日本に特異に伝播した九州系石室のほとんどを占め、きわめて政治的色彩のつよい石室型である（柳沢一九九五）。

## 五、栄山江型石室群の系譜と築造過程

以上のような九州系横穴式石室の築造過程を踏まえて、栄山江型石室群の系譜と築造過程を検討する。

まず栄山江型石室のうち、もっともさかのぼる可能性がある造山古墳の石室は、北部九州型番塚式との共通性が顕著である。とくに番塚古墳（前方後円墳・約五〇ｍ）の石室と比較すると、玄室壁面の腰石の規模や配置法、羽子板形の平面形や内傾気味の箱形立面形などに両石室間につよい類似点を認めることができる。ちなみに番塚と造山の石室規模を比較すると、玄室の幅を除いてほとんど同形・同大である(9)。

新徳類型は、玄室の立面形と壁面構成に北部九州型王塚式との類似点が顕著である。玄室壁面下部に配置した巨大な腰石や、高く持ち送った玄室立面形などは驚くべきほど共通点が多い。標識名とした福岡県王塚古墳（前方後円墳・約八〇ｍ）の石室は玄門前に幅広い羨道が接続する。この羨道は王塚式のなかでも異例に属し、幅が狭いものが普通である。伏岩里三号墳の石室はこうした一群との共通点を見いだすことができる。また先述したように、王塚式は前庭側壁の接続から羨道接続への過渡期であるため、両者の構造が交錯している。新徳古墳の石室は前庭側壁を接続するけれども、こうした王塚式のあり方を考慮すれば王塚式段階に位置づけることに何ら問題はない。一般的に羨道接続を後出的要素とみれば、伏岩里三号墳よりも新徳古墳が先行する可能性がたかいが断定するにいたらない。

栄山江型のなかでも孤立的な様相をしめす鈴泉里の石室は、北部九州型ではなく肥後型石室の特徴をもつ。玄門部の二重立柱石配置は熊本県から福岡県南部に認められるが、立柱石基部が前壁壁体から遊離し、かつ玄室平面形の前壁隅角が丸みをもつ形態は熊本県北部の肥後型石室にのみ認められる。さらに玄門に羨道状側壁を接続するのは、山鹿市臼塚古墳（円墳・約三〇ｍ、ＭＴ15新）石室に酷似している。玄室の平面形と立面形に少しの違いがあるが、こ

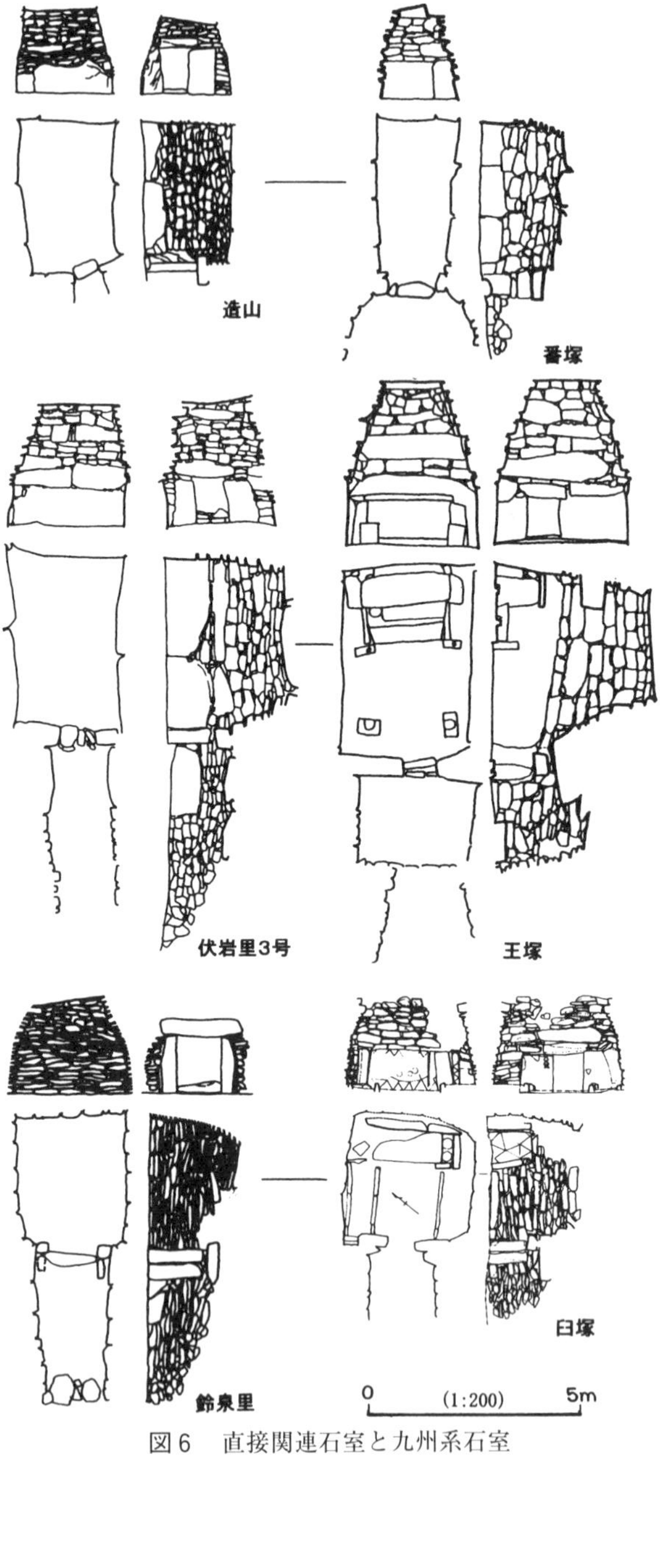


図6　直接関連石室と九州系石室

の二つの石室間にはきわめて密接な関連を認めることができる。

以上の三類型の石室に対して、長鼓峯・月桂洞の二つの類型は、九州系石室のなかに系譜関係を想定できるような石室例を見出すことはできない。目を広げて朝鮮半島・日本諸地域の横穴式石室を検索しても、現状の資料のなかから祖型候補となる石室を探すことができない（註10に紹介するように長鼓峯に近似する石室はあるけれども、それは祖型ではなく日本へ移植された例である[補註2]。

長鼓峯古墳の石室は狭長な羨道を接続した形態だが、玄室だけをみれば造山古墳石室と類似する部分が多い。極論すれば造山の玄室に狭長な羨道を接続した変則形とみることができる。一方、羨道構造と玄室奥壁から羨道端まで多数の天井石を水平に架構する手法は慶南固城地方の松鶴洞一B—一号墳（東亜大学校博物館二〇〇〇）の石室（図3）と等しい。玄室平面形と玄門構成に違いがあるが、全体的な構築原理に共通点が多く、壁面の赤色顔料塗布などからも密接な関係が予想される。その点で、この石室型は栄山江型と加耶西部の石室のなかから案出された複合形式とみてよいであろう[(10)]。

月桂洞類型の石室は、壁面構成と幅広の羨道部構造に鈴泉里古墳、玄室平面形と羨道接続に伏岩里三号墳石室との関係が想定される。おそらくこの類型は、これらの属性を組み合わせて新たに発案された複合形式というべきであろう（築造系譜推定の手がかりとなる立面形が分からない点が惜しまれる）。一方、月桂洞類型は羨道幅が広く、二号墳の羨道中ほど床面には側壁に沿って左右対称に二つの板石が置かれている。調査担当者は、羨道と墓道との境とみているが（林永珍一九九四）、羨道の中ほどに立柱石を立て、羨道空間を前後に二分した「羨道間仕切り型」複室構造の平面形を模倣した可能性を想定したい。

羨道間仕切り型とは、肥後型石室のなかで案出された複室構造横穴式石室の初現期型式で、熊本県北部の玉名市伝佐山・菊水町塚坊主古墳と南部の竜北町物見櫓古墳、さらに佐賀県唐津地方の樋の口古墳の四例が知られている。伝佐山例がもっとも早くＴＫ47型式併行期、他の三例はＴＫ47新〜ＭＴ15型式併行期の石室である。その後、同様な構造は熊本県南部と長崎県壱岐地方に継続して築造されている。月桂洞二号墳の羨道床面に置かれた板石を、羨道間仕切り型複室構造の立柱石配置の基底部を模倣したものとみてよければ、肥後型石室との繋がりも予想されることになろう[(11)]。

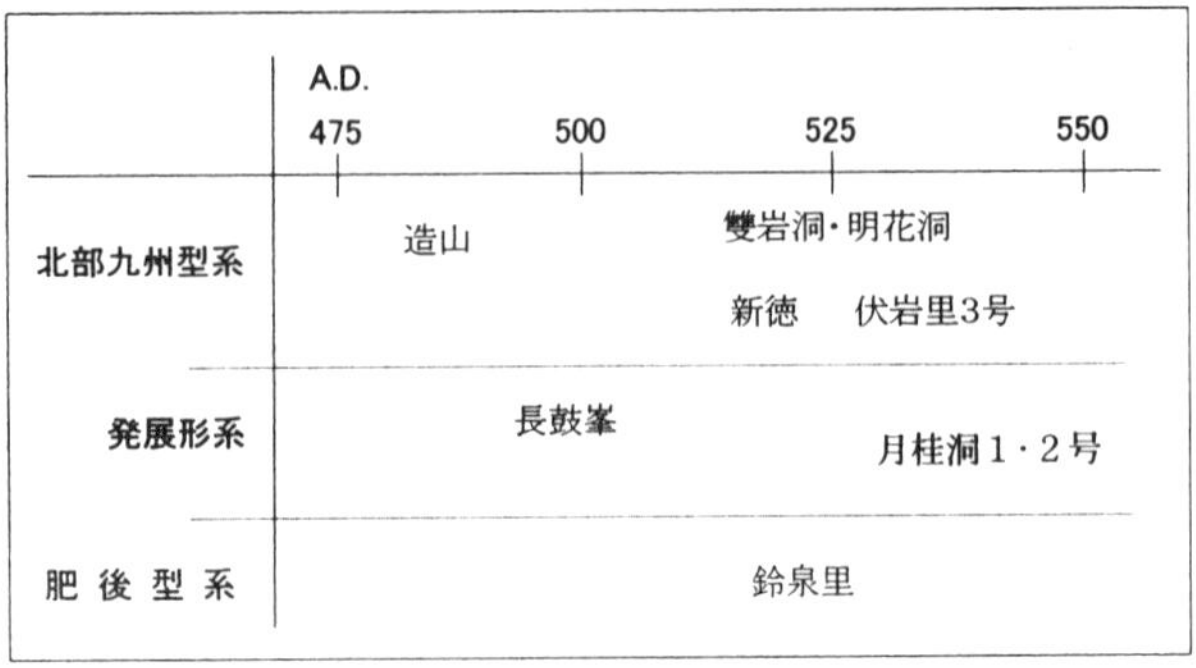


図7　栄山江型石室群の築造過程

以上を整理すると、栄山江型石室のうち、造山古墳石室は北部九州型の番塚式、新徳類型石室は北部九州型の王塚式、鈴泉里古墳石室は肥後型の臼塚古墳段階石室、の三つの直接関連型と、造山石室と加耶西部地方の石室（現状の資料に限れば固城松鶴洞一B―一号墳）が複合した長鼓峯類型、鈴泉里石室と伏岩里三号石室が複合した月桂洞類型、の二つの在地発展形に区分される。栄山江型と称した石室群の実体は、北部九州型・肥後型などの九州系石室との関連がつよい直接関連型と、複合形式の在地発展形の複合体と理解される。

栄山江流域を中心とする全南地方に、栄山江型石室に先行し、かつ型式的連続性をたどることができる石室系譜が認められない現状では、直接関連型とした三つの石室は、それぞれの源流地から直接移入されたとみるのが妥当であろう。これに対して在地発展形とした二つの石室は、この地で養成された工人集団によって築造された可能性がたかいが、九州系石室とまったく無関係であったとみるのは難しい。また長鼓峯古墳の石室には加耶西部地域勢力の関与が想定されることになり、今後の検討が必要である。

栄山江型石室群の築造過程はこれまでの記述である程度明らかとなったと思われるが、改めて整理すると図7のように想定できる。こうした石室変遷がはたして各古墳の築造時期と整合するか否か、各種副葬品や供献土器、墳形・外表施設を含めて総合的に検証される必要がある。すでに多くの先行研究よって威信財を中心に築造年代が検討されているが、想定された年代は研究者によって幅があり、この石室群の性格を理解するうえで大きな障碍となっている。築造時期を限定するためには、被葬者の埋葬年代を直接しめす供献土器の分析が必要である。

全南地方の土器編年は十分に整備されていないためこうした作業も困難だが、有孔広口小壺（䏍）の変遷（朴淳発一九九八）や、それらと陶邑産䏍の型式組列との関係（金洛中二〇〇〇）、新村里九号墳出土杯蓋の編年作業（小栗二〇〇〇）などの成果を参考にすると、栄山江型のいくつかの石室から出土した䏍や杯蓋は、おおむねＴＫ47〜ＴＫ10型式に併行する時期の可能性がたかい。例えば、造山古墳石室からＴＫ47〜ＭＴ15型式（後者は追葬時であろう）、伏岩里三号墳石室からＭＴ15〜ＴＫ10型式、月桂洞一号墳周堀からはＴＫ10型式に併行する䏍がそれぞれ出土している。また明花洞・雙岩洞古墳から出土した杯蓋はＭＴ15〜ＴＫ10型式併行期であろう。全南地方の硬質土器と日本の須恵器の型式的変遷がどの程度併行的に進行したのか検討すべき課題は多いが、出土土器から予想される時間的位置と横穴式石室の築造過程がほぼ整合することは指摘できよう。

## 六、栄山江型石室と前方後円墳

### １　栄山江型石室の築造過程と被葬者

以上のように、栄山江型石室には九州系横穴式石室に直接の祖型が求められるものと、その在地発展形が含まれることが明らかとなった。つぎに、こうした横穴式石室の伝播はどのようにして行われたのか、そしてその背景がどのようなものであったか考えてみたい。この問題を考えるうえで、五世紀代に九州系石室が東海地方以西の諸地方に飛び火的に伝播した事例は参考となろう。

九州系石室は、畿内系横穴式石室が出現するまでの五世紀前葉から後葉にかけて、東海地方以西の愛知・三重・福井・大阪・岡山の諸地方の首長墳クラスの大型墳に築造されている。先述したように、この段階に伝播した石室は、九州系のなかでも筑肥Ａ型や筑肥Ｂ型と呼ぶ特殊形式に限られている。

これらの石室が九州系石室（筑肥Ａ・Ｂ型）に関与する工人集団の派遣によって築造されたことは、それぞれの地域に先行する石室系譜がみられないことから間違いないであろう。こうした工人集団の派遣は、両地域首長間に結ばれた密接な関係（婚姻による姻戚・同族関係や、政治的立場を共有する同盟関係の形成など）にもとづいて行われたと思われる。なかでも吉備中枢勢力の造山古墳に阿蘇石製の刳抜式石棺が導入され、その陪冢の千足古墳に筑肥Ａ型の石室が採用された事実は、一時期とはいえ吉備と筑後・肥後勢力との密接な関係を想定しえる顕著な事例である。しかし、九州系石室が定着し、継続的に築造された地方は限られており、首長間の連携も単一な様相ではなかったらしい（柳沢一九九五）。

九州中北部の首長層は、前代（弥生時代）に引き続いて朝鮮半島諸地域との交渉を引き継ぎ、倭王権の外交交渉にも重要な地位を占めたと思われる。また百済・加耶への軍事支援（山尾一九九八・一九九九）などを介して列島の諸地方首長層や、朝鮮半島諸地域の首長層と接触する機会も少なくなかったであろう。倭王権外交に重要な役割を果たした九州中北部首長のなかには、朝鮮半島とのあいだを独自に往来し、百済・加耶・全南地方諸勢力首長層とのあいだに親密な関係、例えば姻戚関係や政治的に接近するようなことがあったかもしれない。栄山江型でも九州系石室との関連が深い直接関連型石室は、それぞれの石室型に関係する九州中北部諸首長からの工人集団派遣によって移植・築造された可能性がたかいが、日本列島内の場合と同様に彼我の首長間の交流だけで理解することができるのであろうか。先述したように、栄山江型石室を採用した古墳は、栄山江流域を中心とした全南地方の広域に分布し、前方後円墳や中・大型の円墳に限られている。そしてまた、きわめて短期間のうちに築造が集中する点もきわめて重要である。

これまで栄山江型石室の採用が確認された古墳九基のうち五基が前方後円墳であること、つまり栄山江型石室と前方後円墳との相関性がたかいことは、単に首長墳級の大型墳を中心に採用されたということだけで説明できない問題である。また先の検討結果によれば、栄山江型石室は五世紀末葉の造山古墳に始まり、六世紀を前後する長鼓峯、六世紀第１四半期中葉～後半の新徳・伏岩里三号・鈴泉里、第１四半期後半～第２四半期前半に雙岩洞・明花洞・月桂洞一号・月桂洞二号という築造過程が想定され、なかでも直接関連型の石室は五世紀末葉から六世紀前葉のほぼ四半世紀あまりに限られているのである。また、栄山江型石室に埋葬された被葬者は倭系人物なのか、それとも在地首長層なのかという、これまで全南地方の前方後円墳をめぐる議論のなかでの課題も浮上しよう。つぎに副葬品や石室内への埋葬法をみておこう。

栄山江型石室群からの出土遺物は破壊が著しく副葬品が失われているものや、正式報告書が未刊行のものがあるため詳細不明の部分が少なくないが、新徳古墳石室から金銅製冠・履、伏岩里三号墳石室から金銅製履・装飾大刀・馬具などの出土遺物は注目される。金銅製冠・履の系譜については異論があるけれども百済系威信財、三葉文環頭大刀（刀子）と心葉形鏡板付轡・心葉形三葉文杏葉などからなる馬具は新羅的色彩のつよい威信財とみて差し支えないであろう（金洛中二〇〇〇）。他方、造山と雙岩洞古墳から小型珠文鏡が出土したほか、造山では九州中西部で成立したゴホウラ製の繁根木型貝釧[12]など倭的色彩がつよい副葬品が伴う。また、石室の内外から出土する容器類は伝統的な栄山江流域様式（朴淳発一九九八）のほか、雙岩洞・鈴泉里や月桂洞一・二号墳に百済系や加耶系土器が混在していることも重要であろう（李榮文一九九〇、林永珍二〇〇〇）。

石室内の遺体埋葬法をみると、伏岩里三号墳では全南地方の伝統的な大型専用甕棺を使用し、順次追葬を重ねて四個の甕棺を納めている。先行墓制の一墳多葬の伝統を残し、被葬者像を想定するうえきわめて重要である（成洛俊二〇〇〇）。また、新徳古墳では棺台上に木棺の一部が遺存するほか、木棺緊結釘や装飾的な銀被釘などの出土が一般的なことからみて、百済的な木棺（吉井一九九五）が使用されたことは明らかであろう。ただ造山古墳からは鋲だけが出土しており、やや異質である。栄山江型石室と同時期の日本の横穴式石室では、百済系の畿内初期横穴式石室で木棺の使用が顕著だが、ほぼ同時期の九州の横穴式石室では番塚古墳を除いて木棺緊結釘の出土を認めることができない。こうした点を考慮すると、栄山江型石室に埋葬された被葬者は、造山古墳に倭的要素がつよく感じられるが、在地的要素や百済的要素が顕著で、基本的には全南地方の在地首長層と想定するのが妥当であろう（岡内一九九六、土生田一九九六、朴淳発二〇〇〇、申敬澈二〇〇〇、小栗二〇〇〇）。

## 2　全南地方の栄山江型石室・前方後円墳と歴史過程

栄山江型石室と前方後円墳出現以前の全南地方の基本的墓制は、大型専用甕棺を埋置した墳丘墓で、五世紀代に入ると直径（一辺）三〇〜四〇ｍに達する大型の円墳や方墳が出現している。とくに栄山江中流域の羅州では、紫微山周縁の台地上に大型方・円墳が集中する潘南古墳群が形成され（除聲勳・成洛俊一九八八）、その勢力を「馬韓」残存勢力とみる（林永珍一九九七）か、倭王武の宋王朝への上表文に記された「慕韓」とみるか（東一九九五、田中二〇〇〇）は別にして、全南地方を領域とする政治体と盟主的支配層の存在をしめしている。新村里九号墳乙棺に副葬された百済系威信財（威勢品）の金銅製冠・飾履などから、全南地方政治体と百済との政治関係は支配的同盟関係と理解されている（朴淳発一九九八・二〇〇〇、金洛中二〇〇〇）。

一方、栄山江流域を中心とした全南地方には九基の前方後円墳の分布が知られている。その築造時期についてはさまざまな意見があるが、五世紀後葉頃の霊岩チャラボンと海南マルムドム（龍頭里）を嚆矢として六世紀前葉ないし中葉まで連続的に築造されたという見解が一般的である（東一九九五、岡内一九九六）。今後の調査の進展によって多少の変更は予想されるが、その大枠は大きく変わらないであろう。

こうした全南地方の前方後円墳の特徴は、田中俊明が一一点にわたってまとめている（田中二〇〇〇）。要点を丁寧に押さえたもので示唆にとむが、横穴式石室の評価についてはこれまで検討したように意見を異にする。ほかの部分ではとくに異論はないが、墳丘に段築があった可能性は残しておきたい（すべての前方後円墳とは言わないが）。明花洞古墳の円筒埴輪列は、地山（生土）を削りだして整形した基壇テラスを囲繞したものであろうし、月桂洞一号墳の石室入口部も基壇テラスに接続した可能性がたかい。これらの前方後円墳の墳形に一定の企画性があることは成洛俊によって指摘されている（成洛俊一九九三）が、その成果を石部正志・宮川渉らによる前方後円墳の築造企画論（石部ほか一九七九）に対比すると、六区型の前方部が多いことがわかる（東二〇〇〇）。明花洞古墳は前方部隅角で収束し前方部前面におよばない盾形周堀をめぐらす。また月桂洞一号墳は墳丘の周囲に盾形周堀をめぐらし、墳丘テラスの円筒埴輪囲繞が想定されるほか、石見型盾形や笠形の木製樹物を採用するなど、当該期日本の前方後円墳の諸属性をかなり正確に移していると思われる。

全南地方の前方後円墳の歴史的背景に関して多くの見解が提出されているが、本稿で取り上げた横穴式石室がそうであるように研究視点が多様で、とても意見の一致をみる状況にない。こうした近年の研究動向については朴淳発が丁寧に整理している（朴淳発二〇〇〇）。ここでは、先に指摘した前方後円墳と栄山江型石室の相関性をもとに、栄山江型石室と前方後円墳築造の歴史過程を考えてみたいと思う。

この問題を検討する際の基本的認識として、前方後円墳・栄山江型石室が築造された当時の栄山江流域の政治的環境が、「百済―栄山江流域―九州勢力―倭王権」とつながった構造から「百済―大和王権」という関係に再編される過渡的状況にあった、とみる視点（朴淳発一九九八・二〇〇〇）は重要で、筆者もそうした視点を継承したい。それは、全南地方の広域に分布する前方後円墳と栄山江型石室が相関する事実を理解しようとする場合、特定ないし個別的な事由だけでは、到底、全体の構造や過程が説明できないためである。

これまでの発掘調査の成果、ならびに栄山江型石室の検討結果を勘案すると、全南地方で確認されている九基の前方後円墳は、五世紀後葉から六世紀前葉後半まで連続的に築造されたものではなく、五世紀後葉段階のチャラボン古墳と六世紀前後～前葉段階の八基の二つのグループに分かれ、その間に約四半世紀ほどの時間的空白があるのではないかと予想される。未だ三基の前方後円墳が未調査のため不確定要素も残るが、大勢に大きな変化はないであろう。なおマルムドム古墳については五世紀後葉とする見解もあるが、チャラボン古墳との墳形の違いを重視して六世紀以降の後者のグループに含まれるとみておきたい。

前者のチャラボン古墳（姜仁求一九九二）は、石室から出土した土器が小栗明彦分類の第二～三段階に相当し（小栗二〇〇〇）、五世紀後葉でも比較的早い段階ではないかと思われる。この古墳の石室構造は理解が難しく断定できないけれども、南側つまり前方部（突出部）側に開口部をもつ横口式石室の可能性がたかいように思われる[13]。また墳形は纒向型に類似するがトレンチ調査が墳端周囲までおよんでいないため、どの程度築造時の姿を保っているのか判断しえないのが実状である。

後者の八基は、未調査の古墳三基を除く五基が栄山江型石室を採用している。本稿で行った栄山江型石室の検討結果から、六世紀を前後する海南長鼓峯古墳を最古とし、新徳、明花洞、月桂洞一・二号墳の順で築造されたと推測される。最新の月桂洞二号墳でも六世紀第２四半期の半ば程度と想定され、その継続期間は四半世紀をやや上回る程度の短期間であったとみられる。

上記の内容を全南地方と百済の歴史過程に即して考えると、前者のチャラボン古墳は百済漢城期の終末段階にあたり、栄山江下流域の羅州潘南古墳群の大型古墳造営期に併行する。新村里九号墳の第一次墳丘の築造よりも新しく第二次墳丘の乙棺よりも四半世紀以上さかのぼるであろう。後者のグループは百済熊津期中葉から泗沘遷都までのあいだに併行し、羅州潘南古墳群での大型古墳築造停止と前後して、栄山江型石室と前方後円墳の造営が始まると推測される。

まず全南地方前方後円墳のほとんどを占める後者グループの出現から消滅の過程を検討するが、その際に考慮しておかなければならないことは、栄山江流域をめぐる百済王権と倭王権の政治動向であろう。

百済は、四七五年の高句麗の攻撃によって王都漢城と蓋鹵王を失い、錦江流域の熊津への遷都を余儀なくさせられた。竹嶺・鳥嶺以北の広大な漢江流域を失った百済にとって、南方地域への領域拡大は枢要な課題であったと予想される。すでに指摘されているように、継体紀六（五一二）年の「任那四県割譲」記事の実態は、倭の領有地か、倭への帰属をゆだられた地域を百済に割譲したのではなく、百済による全南地方の実質的支配の始まりをしめすものであろう（東一九九五、田中二〇〇〇）。

そうした百済の政策を支えたのは、山尾幸久が指摘するように雄略王権による百済再興の全面的支援（山尾一九九八・一九九九）であり、それに九州中北部の諸首長が積極的に関与した可能性は十分に想定されてよい。山尾によれば、「倭で生まれ育った東城王は、四七九年に「筑紫国の軍士五〇〇人」に衛られて帰国（雄略紀二三年四月条）したが、その際の筑紫国の武将のなかに「江田船山古墳の被葬者」のほかに「若き磐井」もいたかもしれないという。そして百済支援のために「ヤマト王権をかたちづくる各地の首長クラスで百済に移住し、東城王に仕えた者はたくさんいた」と推測している（山尾一九九八）。

倭王権による百済支援は雄略の没後も引き続き継続し、継体王権も積極的にすすめたであろう。倭王権の要請を受けて百済に赴いたのは、九州中北部諸首長だけでなく列島各地の首長層も参画したであろう。全南地方の埴輪と越前地方や尾張地方との交流から想定されるように、継体王権擁立にかかわった諸首長も含まれていた可能性もたかい（小栗二〇〇〇）。百済に派遣された倭の各地首長層は、高句麗や大加耶との軍事的衝突時のほか、さまざまな分野で支援にあたったと思われる。なかでも九州の諸首長は、以前からの交渉関係を期待されて全南地方領有化の政策に振り分けられたのではあるまいか。

一方、五世紀後葉から六世紀前葉の九州地方の政治過程をみると、古墳時代前期から継続した旧国一・二国程度の領域を統合した各地の広域首長連合が解体し、新たな地域首長の成長が顕著になる。一方、有明海沿北東部の筑後を勢力基盤とする久留米・八女勢力（筑紫君）が急速に復活し、九州中北部の諸首長に大きな影響力をもつに至ったらしい（柳沢二〇〇〇）。筑紫君磐井勢力の急速な台頭の背景はよく分からないが、かつての有明首長連合の中枢権力を継承し、中西部諸勢力の政治的結集の中核を形成したとみられる。九州中北部の諸首長が朝鮮半島諸地域と積極的な交渉をもっていたことは、百済・加耶系遺物の出土が列島の他地域を圧倒的に凌駕していることからも明らかであろう（日韓交渉考古学研究会一九九七）。

百済王権主導のもとに行われた全南地方領有化政策には、倭王権を構成する各地域長、とりわけ九州中北部勢力の積極的関与という構図が想定される。栄山江流域を中心に広域に分布する栄山江型石室と前方後円墳は、倭の諸勢力を含めた百済の全南地方領有化過程で、在地首長層の一部とこうした倭の勢力との結びつきをしめすものにほかならない。

栄山江型石室でも祖型が北部九州型や肥後型などに分かれたのは、その地に浸透した倭勢力の構成の違いにもとづくものであろう。また異系譜間の要素を取り入れた発展形の月桂洞類型のあり方をみると、栄山江型石室を採用した在地首長間に何らかの交流があったことは十分に予想される。しかし、李正鎬が推測するように、政治的な同盟や連合のような強固な関係であったとみるのは難しい（李正鎬一九九九）。

栄山江型石室を採用した古墳は円・方墳と前方後円墳があるが、それは倭勢力と結びついた在地勢力のそれぞれの政治的地位の表現と想定される。倭勢力とのより深いつながりをしめすために前方後円墳を選択することもあったのであろう。一方、伏岩里三号墳のように先行する甕棺古墳上に方台形の方墳を築造し、前段階墓制の伝統性を保持する場合もあった。新徳古墳の金銅製冠・飾履や、伏岩里三号の金銅製飾履など百済系威信財の賜与にみられるように、百済王権との密接な関係をもった在地首長層は、百済と倭のバランスの上で勢力維持につとめたのであろう。言い換えれば、この段階は、百済の領有段階が未だ威信財配布が必要な支配的同盟関係（朴淳発一九九八・二〇〇〇）から直接支配への移行期と評価すべきであろう。

このような全南地方の領有過程における倭王権・九州勢力の浸透と在地首長層の結合は、直接支配をめざす百済王権にとって好ましい出来事ではなかったと思われる。こうした事態に危機感をつよめた百済王権は、全南地方から倭の影響を排除する施策を講じた可能性がたかい。山尾幸久は、磐井の乱と異常な継体・皇子の死亡記事のあいだに密接な関連を認めている（山尾一九九八・一九九九）。想像をたくましくすれば、全南地方の倭勢力（とりわけ九州勢力）排除というつよい働きかけが百済王権から次代大王の欽明勢力にあり、それが一連の事態を引き起こしたのではないか、ともいえよう。

現在の資料による限り、全南地方における前方後円墳の消滅はほぼ五三〇年を前後する頃とみてよいであろう。前方後円墳の消滅を、「磐井の乱」による九州勢力の排除の結果とみる見解は朴淳発から提示されており（朴淳発二〇〇〇）、筆者もこうした見解に基本的に賛成する。しかし朴淳発が主張するように、磐井を中枢とする九州中西部勢力の全南地方での活動を、倭王権とは別に独自に行われたとみるのは困難で、漢城陥落後の倭王権による百済再興支援に九州中北部の諸勢力が格別に深く関与したものと理解したい。

最後に、五世紀後葉の早い段階と想定したチャラボン古墳の出現過程を検討するがきわめて難しい。まず墳形の問題がある。先述したように、現状ではたしかに纒向型に近似するけれども、どこまで築造当初の形をとどめているのか分からず、あるいは帆立貝形古墳の変形とみるべきなのかもしれない。いずれにしても朝鮮半島に類似する墳形は知られておらず、日本の墳形との関係は無視できないことは確かである。

つぎに埋葬施設はこれも先述したとおりよく分からない構造である。報告者は横口式石室の可能性を想定して墓室の壁面を慎重に観察したが、横口部を確認できなかったという。さきに報告書記載の天井石五を墓室天井を覆う天井石とは異なった施設とみて、その下部を横口式ではないかと想定した。東潮は竪穴系横口系の正方形ないし長方形系墓室を「チャラボン型石室」とし、公州汾江楮石里一三号墳（一二号墳も）、伏岩里三号墳（一・二号石室）などをあげて、月松里形（本稿でいう栄山江型）石室に先行して築造され、一部は六世紀後半まで継続するとみる（東二〇〇〇）。たしかに、近年漢江以南の地域で相次いで発見されているこのタイプの石室型は注目されるが、チャラボンの石室とは少し異質ではないかと考えており、今後の課題にしておきたい。いずれにせよ、当該期の日本の墓室構造と直接結びつく可能性はきわめてすくなく、六世紀前後以降に集中的に造営された前方後円墳のグループと同じ位相上に出現したとみるのは困難である。

この点で注目されるのは、羅州新村里九号墳の異形埴輪の樹立（金洛中二〇〇〇、小栗二〇〇〇）や、伏岩里二号墳にみられる壺形埴輪の採用（林永珍ほか一九九九）など、五世紀前葉～中葉における倭的な様相との関連である。新村里九号墳は潘南古墳群の中枢を形成する古墳の一つであり、伏岩里二号墳も有力地方首長墳で、のちに栄山江型石室を採用した三号墳や、羨道間仕切り型の複室構造を取り入れた一号墳とともに伏岩里古墳群を構成している。小栗明彦が推測するように、両者とも九州勢力との交流のなかで取り入れられたことは間違いないところであろう（小栗二〇〇〇）。推測の域を出ないが、チャラボン古墳の墳形は、全南諸勢力の一部と九州勢力との交流のなかであらわれた文化現象とみておきたい。

## 七、おわりに

以上述べてきたところを整理すれば、次のとおりである。

栄山江流域を中心に分布する栄山江型横穴式石室は、五世紀末葉から約四半世紀のあいだに築造され、九州系横穴式石室と緊密な関係にある。これらの石室はそれぞれ一例ずつしかない二つの類型を含めて五つの類型に区分される。その築造過程は、五世紀末葉の造山類型に始まり、長鼓峯・新徳・鈴泉里類型・月桂洞類型の順に推移し、六世紀前葉の後半に築造を終えた。そのうち、造山古墳・新徳類型は北部九州型石室、鈴泉里古墳は肥後型石室を祖型とする直接関連型、長鼓峯・月桂洞類型は在地発展形の石室と想定される。

一般的にこうした石室間の関係は、彼我の地域首長層間の親密な関係形成を反映することが多いが、栄山江型石室は全南地方に分布する前方後円墳との相関性がたかく、前方後円墳の築造過程と密接に関連している。

全南地方に前方後円墳・栄山江型石室が集中的に造営されたのは、百済による全南地方領有化が本格化した時期にあたる。百済による全南地方領有化には、漢城陥落後の百済への倭王権によるつよい支援があり（山尾一九九八・一九九九）、倭王権傘下の各地首長が関与した可能性がたかい。そのなかでも、以前から交流を重ねてきた九州中北部の首長層は重要な位置を占めたと思われる。全南地方に前方後円墳や栄山江型石室が築造されたのは、百済の領有化実行に関与した倭王権傘下の各地首長、とくに九州勢力などと、在地首長層との結びつきをしめすものであろう。他方、全南地方への倭勢力の浸透は、直接支配をめざす百済王権にとって容認しがたい事態であったとみられる。全南地方の前方後円墳の築造停止は五三〇年代と推測される。その直接の契機となったのは磐井の乱による九州中北部勢力の一掃（朴淳発二〇〇〇）であろうが、それには百済王権から全南地方の倭勢力排除の要請が倭王権に働きかけられた可能性も推測される。

近年、慶尚南道宜寧に所在する雲谷里一号墳の横穴式石室で胴張りプランの玄室が確認され、さらに同石室の奥壁には石棚が設置されていたことが明らかになった（趙榮濟ほか二〇〇〇）。また近接する景山里古墳群では、玄室奥壁に沿って石屋形が設置された石室も確認されている[14]。これらの石室は大加耶滅亡直前の築造と想定されている。玄室平面形の胴張り・奥壁の石棚・石屋形配置などの属性は、有明海に面した筑後地方に顕著に認められる。倭王権による加耶への軍事支援に、磐井の乱後の九州中北部勢力が徴発された事実をしめすものであろうか。今後の課題としたい。

本稿は二〇〇〇年一〇月八日の朝鮮学会の発表に用意したレジュメをもとに、その後の検討によって大幅に修・訂正を加えたものである。したがってシンポジウム予稿資料・当日の発表資料は筆者の著述から消滅したことを断っておきたい。

註

（1）韓国では長鼓墳あるいは前方後円形墳と呼ばれることもあるが、本稿で述べるように日本（地名）の前方後円墳と等しい構造的特徴をもつから、前方後円墳と呼ぶことにする。

（2）この数値は、林永珍一九九六のデータに、伏岩里古墳群（林永珍ほか一九九九、金洛中二〇〇〇）と、大川古墳群（崔成洛ほか二〇〇〇）を加えたものである。遺漏が多いと思われるのでご教示を願う。なお、大川古墳群の横穴式石室は栄山江型石室と密接な関連が予想されるが、本稿は首長墳級の古墳を扱ったため議論から除いている。石室形態や築造時期も栄山江型石室と重複する部分が少なくない。今後の課題としたい。

（3）松堤里古墳の横穴式石室はまだ実見していないが、公表されている実測図（略測図）（李榮文一九九〇）や、李正鎬の観察（玄室壁面への漆喰塗布の存在）から推して、熊津期百済中枢との交渉によって成立した可能性がたかい。しかし羨道の中央接続の系譜は、ソウル地方の両袖形石室に限定する必要はなく、栄山江型石室との接触のなかでも成立可能である。墳丘規模（直径二〇m）からみても全南地方の地域首長墳とみてよく、栄山江型石室盛行時においても、百済寄りの政治的立場をとった首長層の存在をしめす好例といってよい。同様な石室例としては雲林洞古墳などもあり、今後こうした視点からの検討も必要であろう。本稿は栄山江型石室の検討を中心に据えたため、全南地方の横穴式石室全体の築造過程を検討する余裕がなかった。いずれ機会があれば詳論したいと思う。

(4) この石室は百済の横穴式石室のなかでは異例である。吉井秀夫は、熊津期以降に陵山里型石室の影響を受けた宋山里型石室と想定している(吉井一九九三)。しかし、玄室の平面形や立面形、玄門立柱石・腰石配置は鈴泉里古墳の石室に近く、また玄室壁面の腰石配置手法は造山古墳石室例に類似する。栄山江型もしくは九州系石室からの影響を予想しうる。錦江流域の熊津期石室のなかには、熊津洞一七号墳(安承周一九八一)のように、玄室平面形が両袖形で前庭側壁接続を想定させるものもあり、百済と全南地方・倭勢力との相互関係も視野に入れる必要があろう。

(5) 九州系横穴式石室編年の基本的認識は柳沢一九九三と大きく変更していないが、新たに石室の型式設定を行ったほか、年代観に多少の変更がある。とくに年代観の変更は、平城宮下層の溝SD6030上層(須恵器のTK73型式期)から伐採年代が四一二年と確認されたヒノキの木製品未製品が出土し、日本における須恵器生産の開始が五世紀初頭までさかのぼる可能性がたかまったこと(光谷・次山一九九九)によるものである。したがって、本稿では古墳時代前期と中期の境を四世紀後葉のはじめ頃と想定し、これまでの年代観を四半世紀強さかのぼらせた。その結果、白石太一郎の年代観に近いものとなった(白石一九八九)。

(6) 前段階の関行丸式を上回る天井高とそれを実現する周壁上部の持ち送り手法や羨道接続手法は、肥後型石室が先行して実現している。それに加えて、この段階の北部九州型に出現する石屋形や壁画装飾なども肥後型石室の特徴的な要素である。六世紀初め～前葉にみられる北部九州型石室の変容は、九州北部と中部でそれぞれ独自的な横穴式石室を築造した諸勢力の政治的結集を背景にした動向とみられ、こうした状況を主導したのは筑紫君磐井を中核とする筑後南部勢力であった可能性がたかい。

(7) 熊本県北部の菊池川下流域は肥後型石室の展開が遅れた地域で、伝佐山古墳はそのなかでもっとも早く位置づけられる。この石室にみられる長めの羨道や右片袖に近い羨道連接が、百済から新技法の導入を図ったとする見解はすでに指摘したところである(柳沢一九八〇)。

(8) 柳沢一九九三・一九九五では筑肥型a類・b類と呼んだが、それぞれ連続する型式組列が認定できるため名称を変更する。

(9) 番塚の玄室の平面企画は晋尺系尺度(一尺=二四～二六cm)で奥幅八尺・前幅六尺・長さ一四尺・高さ八尺、造山は

| 古墳名 | 玄室 幅×長さ×高 | 羨道 幅 |
|---|---|---|
| 新徳 | 九―一〇×一二×一〇 | ― |
| 月桂洞一号 | 一二×一八×? | 六 |
| 月桂洞二号 | 一〇×一四×? | 六 |
| 明花洞 | 八×?×? | ― |
| 長鼓峯 | 九―一〇×―八×八 | 五 |
| 造山 | 八―九×一四×八 | ― |
| 雙岩洞 | 八×?× | ― |
| 伏岩里三号 | 一〇×一六×一〇 | 五 |
| 鈴泉里 | 一〇×一二×一〇 | ― |

図８　造山と番塚古墳石室の比較
（細線：造山、太線：番塚。玄室長・天井高は等しいが、玄室幅は造山が奥壁が１尺、前壁は２尺分広い

奥幅九尺・前幅八尺・長さ一四尺・高さ八尺と想定される。石室の設計企画と使用尺度については、柳沢一九七五を参照されたい。なお、付け加えておくと栄山江型石室の設計企画は上表のとおりである（単位は晋尺系尺度）。

(10) この石室型に酷似する横穴式石室が、関東地方の群馬県前橋市前二子古墳（前方後円墳・九二m）に認められる（前橋市教育委員会一九九三・一九九五）（図8）。後円部側面に開口し、全長一三・八m、玄室幅一・八〜二m、同奥行五・二m、羨道幅一・一〜一・三m、同長八・五mを測る。玄室と羨道の境に立柱石を立て、床面に梱石、天井下部に楣石を配置し、玄室奥壁から羨道端まで一四個の天井石をほぼ水平に架構する（羨道入口部がやや下降気味だが）手法は、長鼓峯・松鶴洞一B―一号の石室と類似する。おそらく共通の構築原理で築造されたとみて問題ないであろう（玄室壁面は赤色顔料塗布）。早く盗掘を受けたが鏡・武器・馬具など多数の副葬品の出土が知られ、MT15型式併行期の須恵器から六世紀初頭の築造とみられる。早くから東国最古段階の石室型として注目されていたが、その源流がどこか不明のままであった（右島一九八三）。その直接の祖型にこれらの石室型を想定して間違いないと思われる。前二子古墳は近接する中二子・後二子古墳の前方後円墳とともに大室古墳群を構成し、古墳群形成の端緒となった古墳である。前二子の被葬者は倭王権傘下のもと加耶ないし百済へ派遣され、彼地の首長勢力と親密な関係をもったことが新墓制導入の契機となったとみられる。

　群馬県中西部は韓式土器（赤褐色軟質土器）が集中し、金銅製飾履を副葬した下芝谷ツ古墳（方墳・積石塚）や、加耶製の轡を着装した馬の埋葬土坑、特異な積石塚系の墳墓からなる長瀞西遺跡などがあり、早くから渡来人の移住地となった可能性がたかい（黒田二〇〇〇a・b）。また日本では唯一新羅系の「出」字形金銅冠を副葬した金冠塚古墳も前二子に近い位置にある。この地域を含めて東国の首長のなかには、雄略・継体王権下で加耶・百済に派遣されたものが少なくなかったと思われる。

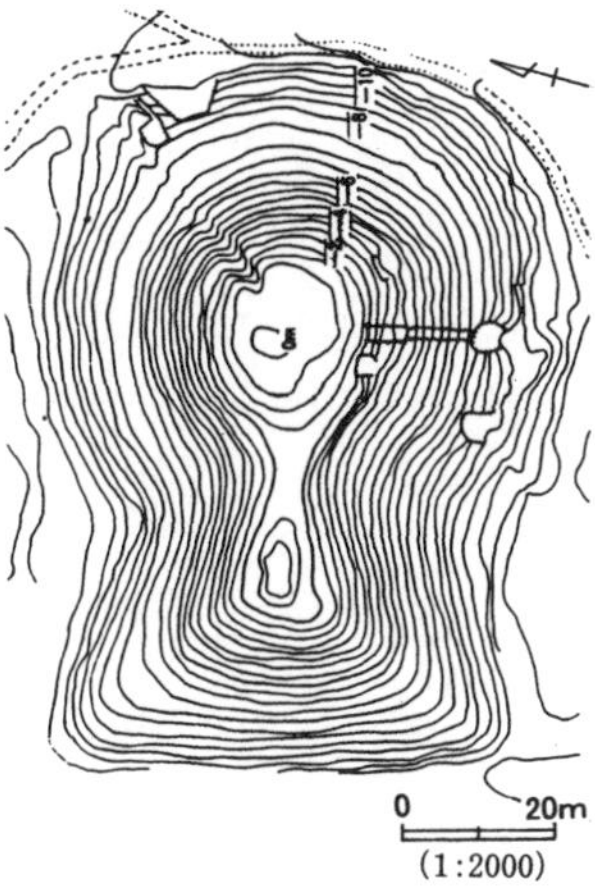


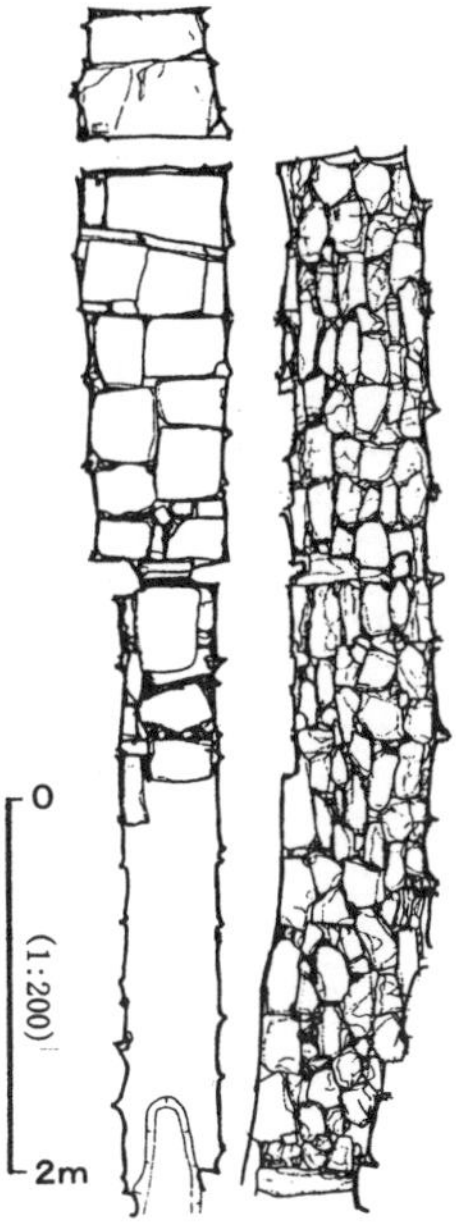


図９　前二子古墳墳丘測量図と石室実測図（上図：右島1983より、左図：前橋市教育委員会1995、一部改変）

(11) 複室構造にこだわるのは伏岩里一号墳の横穴式石室に関連してのことである。伏岩里一号墳の石室は、高句麗を除いて高霊古衙洞とともにきわめて限られた構造で、肥後型の系譜を引く「羨道間仕切り型」とみて間違いない（林永珍ほか一九九九）。ただし、石室は六世紀後葉以降と推測され、その段階で「羨道間仕切り型」複室構造を築造しているのは長崎県壱岐地方のみである。

(12) 造山古墳の報告書には「貝殻片」と記載されているが、図版四九によるかぎりゴホウラの背面を利用した繁根木型貝釧とみられる（木下一九九六）。

(13) 報告書（姜仁求一九九二）の記載も分かりにくいところがあるが、石室の南壁上部に置かれた蓋石五の下部が横口部に相当する可能性がたかいと思われる。報告書図面九・一〇・一二および図版八二を仔細に検討した結果、蓋石五は石室上部に架構された天井石とは異なった役割が想定され、その下部の壁面石積みは他の壁体よりも粗雑な構成であることから推測した。

(14) 調査を担当された慶尚大学校趙榮濟先生のご教示による。二〇〇〇年六月、実見。

## 参考文献


(ハングル文献)

姜仁求 一九九二『チャラボン古墳(附)マルムドム古墳』韓国精神文化研究院

姜賢淑 一九九六「百済横穴式石室墳の展開過程について」『韓国考古学報』三四

金洛中 二〇〇〇「五~六世紀栄山江流域政治体の性格」『百済研究』三二、忠南大学校百済研究所

東亞大学校博物館 二〇〇〇『固城松鶴洞第一B号墳現場説明会資料』

朴淳発 一九九八「四~六世紀栄山江流域の動向」『百済史上の戦争』忠南大学校百済研究所

朴淳発 二〇〇〇a「百済の南遷と栄山江流域政治体の再編」『韓国の前方後円墳』忠南大学校出版部

朴淳発 二〇〇〇b「栄山江流域前方後円墳の意義」(朝鮮学会シンポジウム発表要旨)

朴仲煥 一九九六『光州明花洞古墳』国立光州博物館

除聲勲・成洛俊 一九八四『海南月松里造山古墳』国立光州博物館

除聲勲・成洛俊 一九八八『羅州潘南古墳群―総合調査報告書―』国立光州博物館

成洛俊 一九九二「咸平礼徳里新徳古墳緊急収拾調査報告」『第三五回全国歴史学会論文及び発表要旨』

成洛俊 一九九三「全南地方長鼓形古墳の築造企画について」『歴史学研究』一二(大竹弘之訳一九九六『古代学研究』一三四)

成洛俊 二〇〇〇「栄山江流域甕棺古墳の性格」『栄山江流域古代社会の新たな照明』歴史文化学会・木浦大学校博物館

成周鐸・車勇杰 一九八四『保寧保寧里百済古墳発掘調査報告書』忠南大学校百済研究所

申敬澈 二〇〇〇「古代の洛東江と栄山江」『韓国の前方後円墳』忠南大学校百済研究所

安承周 一九八一『公州熊津洞古墳群発掘調査報告書』公州師範大学百済文化研究所

小栗明彦 二〇〇〇「全南地方出土埴輪の意義」『百済研究』第三二輯

吉井秀夫 一九九七「横穴式石室墳の受容様相からみた百済の中央と地方」『百済の中央と地方』忠南大学校百済研究所

李南奭 一九九五『百済横穴式石室墳研究』学研文化社

李南奭編 一九九五『百済古墳資料集』公州大学校博物館

李正鎬 一九九九「栄山江流域の古墳変遷過程とその背景」『栄山江流域の古代社会』学研文化社

李榮文　一九九〇『長城鈴泉里横穴式石室墳』全南大学校博物館
林永珍　一九九四「光州月桂洞の長鼓墳二基」『韓国考古学報』三一（橋本博文訳一九九五『古文化談叢』三四）
林永珍　一九九六「全南の石室墳」『全南の古代墓制』木浦大学校博物館
林永珍　一九九七「全南地域石室封土墳の百済系統論再考」『湖南考古学』六
林永珍　二〇〇〇「栄山江流域石室封土墳の 性格」『栄山江流域古代社会の新たな照明』歴史文化学会・木浦大学校博物館
林永珍・趙鎭先　一九九四『光州長鼓墳・双岩洞古墳』（未見）
林永珍・趙鎭先・趙賢珠　一九九九『伏岩里古墳群』全南大学校博物館
全榮來　一九九二「高敞、上甲里、竹林里石室古墳」『高敞、竹林里一帯支石墓地表調査報告書』圓光大学校馬韓百済文化研究所
趙榮濟・柳昌煥・河承哲・孔智賢　二〇〇〇『宜寧雲谷里古墳群』慶尚大学校博物館
曺根佑　一九九六「全南地方の石室墳研究」『韓国上古史学報』二一
崔成洛・金建洙　二〇〇〇『霊光鶴丁里・咸平龍山里遺蹟』木浦大学校博物館
土生田純之　二〇〇〇「韓・日前方後円墳の比較検討―石室構造と埋葬儀礼を中心として―」『韓国の前方後円墳』忠南大学校出版部
洪潽植　一九九三「百済横穴式石室墓の型式分類と対外伝播に関する研究」『博物館研究論集』二、釜山直轄市立博物館

（日本語文献　五〇音順、九州系横穴式石室の報告書については省略した）
東　潮　一九九三「朝鮮三国時代における横穴式石室墳の出現と展開」『国立歴史民俗博物館研究報告』四七集
東　潮　一九九五「栄山江流域と慕韓」『展望考古学』考古学研究会
東　潮　二〇〇〇「倭と栄山江流域―百済・慕韓の領域」（『前方後円墳を考える』研究発表要旨集）、古代学協会四国支部
石部正志ほか　一九七九「畿内大型前方後円墳の築造企画」『古代学研究』八九
林永珍　二〇〇〇b（土生田純之訳）「栄山江流域の横穴式石室墳」『考古学ジャーナル』四六一
岡内三眞　一九九六「前方後円形墳の築造モデル」『韓国の前方後円形墳』雄山閣
尾崎喜左雄　一九六六『横穴式古墳の研究』吉川弘文館
小田富士雄　一九九七「韓国の前方後円形墳―研究史的展望と課題―」『福岡大学人文論叢』二八巻四号、福岡大学人文学部

亀田修一　一九九〇「百済の初期横穴式石室」『季刊考古学』三三、雄山閣

木下尚子　一九九六『南東貝文化の研究』法政大学出版局

黒田　晃　二〇〇〇a「剣崎長瀞西遺跡と渡来人」『高崎市史研究』一二号、高崎市史編纂室

黒田　晃　二〇〇〇b「上野における渡来系集団と活動」『考古学ジャーナル』四五九

白石太一郎　一九八九「年代決定論（二）—弥生時代以降の年代決定」『岩波講座日本考古学』一、岩波書店

高木恭二　一九九四「石障系横穴式石室の成立と変遷」『宮嶋クリエイト』第六号、宮嶋利治学術財団

田中俊明　一九八九「百済と日本」『韓国の古代遺跡　二百済・伽耶篇』中央公論社

田中俊明　二〇〇〇「栄山江流域前方後円形古墳の性格—造墓集団の性格を中心として—」『栄山江流域古代社会の新たな照明』歴史文化学会・木浦大学校博物館

曺永鉉（堀田啓一訳）　一九九三「三国時代の横穴式石室墳」『季刊考古学』四五

日韓交渉考古学研究会　一九九七「〔共同研究〕古墳時代日韓交渉の考古学的研究（上）」『古文化論叢』第三八号

土生田純之　一九九六「朝鮮半島の前方後円墳」『人文科学年報』第二六号、専修大学人文科学研究所

前橋市教育委員会　一九九三『前二子古墳』『大室公園史跡整備事業に伴う範囲確認調査概報Ⅱ』

前橋市教育委員会　一九九五『中二子古墳』『大室公園史跡整備事業に伴う範囲確認調査概報Ⅲ』

右島和夫　一九八三「上野の初期横穴式石室の研究」『古文化談叢』一二集、九州古文化研究会

光谷拓実・次山淳　一九九九「平城宮下層古墳時代の遺物と年輪年代」『奈良国立文化財研究所年報』一九九九—一、奈良国立文化財研究所

柳沢一男　一九七五「北部九州における初期横穴式石室の成立と展開」『九州考古学の諸問題』東出版社

柳沢一男　一九八〇「肥後型横穴式石室考」『古文化論攷』鏡山猛先生古稀記念論文集刊行会

柳沢一男　一九八二「竪穴系横口式石室再考」『古文化論集』森貞次郎博士古稀記念論文集刊行会

柳沢一男　一九九三「横穴式石室の導入と系譜」『季刊考古学』四五、雄山閣出版

柳沢一男　一九九五「岩戸山古墳と磐井の乱」『謎の継体王朝を探る』河出書房新社

柳沢一男　二〇〇〇「九州における首長系譜の変動と有明首長連合」『継体大王と六世紀の九州』熊本古墳研究会

山尾幸久　一九九八「磐井の乱の時代背景」『増補改訂版古代最大の内戦　磐井の乱』大和書房

山尾幸久　一九九九『筑紫君磐井の戦争—東アジアのなかの古

代国家』新日本出版社
吉井秀夫　一九九一「朝鮮半島錦江下流域の三国時代墓制」『史林』七四巻一号
吉井秀夫　一九九三「百済地域における横穴式石室分類の再検討」『考古学雑誌』七九巻二号
吉井秀夫　一九九五「百済の木棺―横穴式石室墳出土例を中心として―」『立命館文学』五四二号、立命館大学人文学会

（補註1）　本校執筆後、新たに全羅南道で二基、全羅北道で一基の前方後円墳が新たに確認され、韓国の前方後円墳は一二基となった。また新徳古墳の墳丘調査が行われ、二段築成と段斜面の葺石状石組が確認された。新たに確認された前方後円墳は次のとおり。

①全羅南道潭陽郡　月田古墳（林永珍ほか二〇〇〇）墳長約三八m、後円部径約一八m、前方部幅約一五m

②全羅南道咸平郡　杓山一号墳（林永珍ほか二〇〇〇）墳長約四六m、後円部径約二五m、前方部幅約二六m

③全羅北道高敞郡　七岩里古墳（崔完奎ほか二〇〇〇）墳長約五五m、後円部径約三一m、前方部幅約三八m

林永珍　二〇〇〇『全南地域古墳測量報告書』全南大学校博物館

崔完奎　二〇〇〇『高敞の墳丘墓―分布と実測調査報告書―』圓光大学校馬韓・百済文化研究所

（補註2）　長鼓峯類型石室の日本への波及については別稿で詳しく検討したので参照されたい。柳沢一男　二〇〇二「日本における横穴式石室受容の一側面―長鼓峯類型の石室をめぐって―」『清渓史学』一六・一七合輯（悠山姜仁求教授停年記念東北亜古文化論叢）、韓国精神文化研究院

# 栄山江流域における前方後円墳の意義

朴　淳　発
吉井秀夫　訳

## 一、序――最近の研究動向

栄山江流域における前方後円墳に対する最近の議論は、一九九〇年代前半までとは違い、その歴史的意味に対する問題に集約されているようである。つまり、前方後円墳が造営された五世紀後半〜六世紀前半の間、百済―栄山江流域―日本列島の間における具体的な関係の実像はどのようなもので、被葬者または造営集団の性格はどのようであったのか、という問題である。

これに関連したこれまでの諸研究者の見解は、まだ一致するまでに至っていないが、おおむね次のように整理できる。まず、前方後円墳造営時期における、百済―栄山江流域―日本列島の関係に対する議論である。

この議論は、やはり、百済と栄山江流域との関係の理解にその焦点があわされている。四世紀後半の近肖古王代に、すでに栄山江流域は百済によって領有されたというのが従来の研究者の通説であった。しかし、新たにみつかった考古資料の増加に伴い、これに対する多様な見解が提示されている。そのうち、本稿での議論進行に関連する最近の研究動向は、次のように整理できる。

李賢恵は、近肖古王代以後にも、この地域に対する百済の統制は貢納の徴収や政治・軍事的な対外交渉、戦略物資の統制などに限られ、漢城陥落以後、東城王代に政局が安定するまでの期間には、そうした統制政策も一時中断したという見解を示している（李賢恵二〇〇〇）。

朱甫暾は、四世紀後半代に栄山江流域は百済の領域に編入されたが、そのころ百済の支配体制や地方統治組織の水準からみて、この地域の直接支配には至らず、おおむね旧郡県地域に対する高句麗の支配方式のように、半自治権が許容された在地勢力を貢納による間接支配方式で支配した、という見解を示した（朱甫暾二〇〇〇）。

一方、近肖古王代の南方進出は、領土的な服属を意味するよりは交易拠点確保に意味があったとみて、五世紀前半まで、これらの地域の首長層は強い独自性を保ちながら百済に対して強制的で定期的な貢納を担当していたが、漢城期末期~熊津期の間、百済の支配力が強化される段階を経て、六世紀以後に直接支配の領域に編入されたという見解（金英心二〇〇〇）のように、四世紀後半における栄山江流域の百済領有の意味を小さくみたり、近肖古王代における栄山江流域の領有を主張する文献的な根拠は全くない、という見解（田中二〇〇〇）も提起されている。

筆者はこれと関連して、五世紀後半から六世紀前半までの栄山江流域は、それまでの漢城期百済との一定の同盟的関係（支配的同盟関係）から、熊津期百済との直接的な支配関係にいたる過渡的な段階であり、国際関係の側面からみれば、「百済―栄山江流域―九州―倭王権」とつながる構造が「百済―大和王権」という関係に再編される、過渡的な状態である、という見解（朴淳発一九九八・二〇〇〇a）を提示した。

次に、栄山江流域における前方後円墳の被葬者、あるいは造営集団の性格に対する見解は、在地首長および土着勢力とする説と、倭人あるいは倭系の人物を被葬者とみる説に分かれている。前者にあたるものとしては、次のような見解がある。

岡内三眞は、百済の完全な勢力圏におかれておらず、百済・加耶・倭の間で等距離な関係を維持していた栄山江流域の在地首長が、倭との交流を深めながら自らの墳墓として造営したものだ、という見解を示している（岡内一九九六）。

土生田純之は、五世紀後半〜六世紀前半頃までの栄山江流域は、在地勢力がまだ百済に完全に統制されず独自性を維持しており、筑紫国造磐井の乱でみられるように、日本列島でも九州などは当時の近畿中央勢力の下には完全に入っていない状態であり、前方後円墳は、まさにこうした状況下で主に九州勢力と交流した栄山江流域の豪族が、自身の墳墓として採択したものである、とみる（土生田一九九六・二〇〇〇）。

申敬澈は、栄山江流域の前方後円墳は、日本に移住した栄山江流域の住民が彼らの本拠地と活発な交流や往来をする中で、栄山江流域の新たな葬制として採択され、その被葬者はそれまで甕棺墓を築造していた在地首長である、とした（申敬澈二〇〇〇）。

田中俊明は、往来を通して日本列島の前方後円墳を実見したことがあった栄山江流域の在地勢力が、百済の領有化が進んだ頃に、それを全面的に受容することに抵抗する可視的な表現、あるいは政治的なアピールとして前方後円墳を採択した、とする（田中二〇〇〇）。

小栗明彦は、四世紀後半代に九州地域との関連の中で埴輪を受容し、その後に成長して「月松里型石室」を築造した在地のある勢力が、六世紀初めに継体大王が擁立される過程で、日本列島の継体擁立主導勢力と百済との関係を支援したことでその立場が高まった結果、前方後円墳を彼らの墳墓として採択することができた、という見解である（小栗二〇〇〇）。

後者にあたるものとしては、次のような見解がある。

東潮は、前方後円墳の被葬者は、鉄素材の交易のような対外交易に従事しながら栄山江流域に定住・定着した倭人集団で、彼らは大和・河内・筑紫などと独自に交流を展開していた、とみる（東一九九五）。

河上邦彦は、前方後円墳は五世紀後半〜六世紀初めの倭人・倭系人の墳墓だが、大和政権の直接的な影響を想定できない、とする（河上二〇〇〇・一〇〇頁）。朱甫暾は、百済による間接支配下にある一種の特別管理区域である栄山江流域に安置された、あるいは残留していた倭系人の墳墓で、彼らのうち百済の中央貴族として進出した場合が「倭系百済官僚」であった、とみる（朱甫暾二〇〇〇）。

一方、栄山江流域では「長鼓墳」を築造した集団と大型甕棺を築造した勢力が併存していたが、このうち前者が日本列島に移住し、その後、再び彼らが故郷に帰ってきたか、婚姻のような人的交流が持続する中で、前方後円墳が登場したという見解（林永珍一九九四）もある。

筆者は前述したように、栄山江流域の前方後円墳を、「百済―栄山江流域―九州勢力―倭王権」とつながる多核的な対外関係網が、「百済―大和政権」という双方向的な構図に再編されて新しい国際秩序が確立されるまでの過渡期における、栄山江流域と日本列島の諸地域勢力との間での一時的な活発な動きの産物とみた。被葬者については、はっきりと言及したことはないが、そうした議論の根本として、被葬者が栄山江流域の在地首長層であることを前提としていた。

以上でみたように、栄山江流域の前方後円墳に対する韓・日両国の研究者の研究は、結局、二つの問題に関心が集中する傾向がある。一つは、栄山江流域勢力と百済や日本列島との関係の実体がどのようなものであったのか、ということであり、もう一つは、これと表裏の関係にあるものとして、その被葬者および造営集団は誰なのか、ということである。したがって本稿では、この二つの問題を中心に検討してみたい。

## 二、百済と栄山江流域の関係

これまで知られてきた考古資料からみるとき、漢城期百済の南方境域は、おおむね錦江以南の忠南地域および全北地域と理解される。よって、近肖古王代の南方拓地を通して、栄山江流域が百済に完全に領有化されたとは想定しがたい。

しかし、全北地域にまで百済が進出した段階で、蘆嶺山脈以南の栄山江流域は、どのような形態であれ百済と関係を結ぶことになった可能性は十分にある。ここでは、この問題について検討してみることにしよう。

四世紀前半以前、まだ百済の領域に完全に編入されていなかった錦江流域の勢力は、栄山江流域および高霊などの洛東江流域と、すでに比較的緊密な関係にあったことがみてとれる。三世紀中後半〜四世紀初めに錦江流域ではじめて登場し、栄山江流域と高霊地域に拡散した鉄製ミニチュア農工具の分布様相は、そうした脈絡で理解される（朴淳発二〇〇〇b）。こうした錦江流域勢力の実体は、おそらくその後、百済の領域が錦江を越えて全北地域に到達するころに百済の中央貴族として編成された、木氏勢力（盧重國一九九四、朴淳発二〇〇〇a）の前身とみられる（朴淳発二〇〇〇b）。

木氏勢力が、洛東江流域や栄山江流域、そして倭など周辺政治体との対外交渉において重要な活躍をしており、文周王の熊津遷都時にも活躍したことは、『日本書紀』神功紀四九年条・六二年条、および『三国史記』百済本紀蓋鹵王二一年条などの文献資料で裏付けられる。よって、百済が錦江流域まで領域化した段階には、既存の錦江流域の土着勢力が維持していた洛東江や栄山江流域に対する交渉網も、百済によって掌握されたとみるのが自然である。

百済が錦江流域を領域化した時点は、おおむね四世紀後半〜五世紀前半頃にいたる時期とみられる。四世紀中葉〜

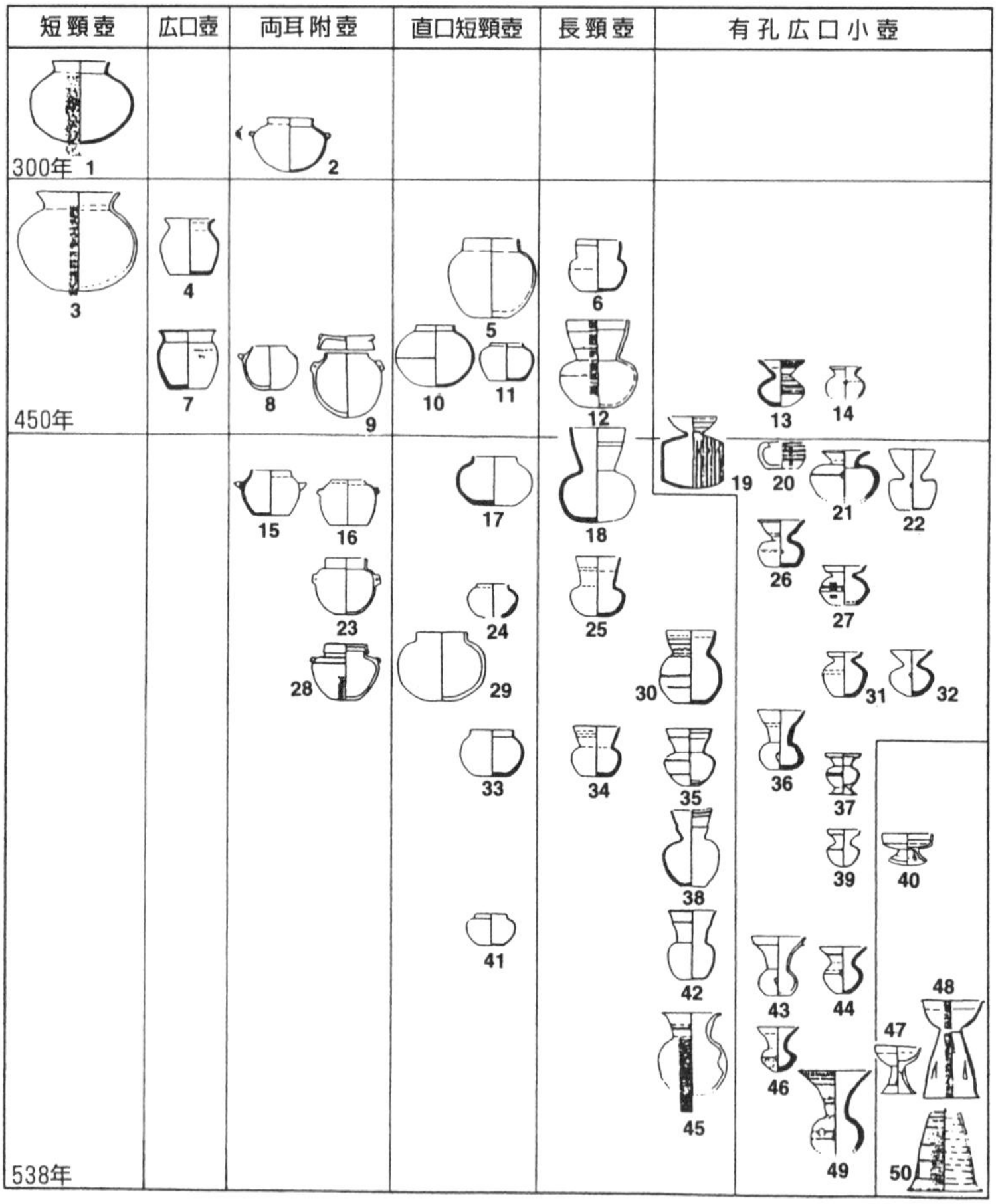


1・2．和順龍江4号土壙　3・4．昇州大谷里ハンシル7－1号住居址　5．霊岩新燕里9号墳4号土壙　6．新燕里9号墳7号土壙　7・10・11．霊岩臥牛里カ－1号甕棺　8．霊岩内洞里80年収拾調査甕棺　9．霊岩萬樹里2号墳2号甕棺　12．新燕里9号墳3号甕棺　13．萬樹里2号墳4号甕棺周辺　14．萬樹里4号墳2号甕棺　15．萬樹里1号墳土壙墓封土内　16．霊岩沃野里6号墳封土内　17．萬樹里2号墳1号甕棺周辺　18．萬樹里1号墳土壙墓　19・20．萬樹里2号墳1号甕棺周辺　21．沃野里6号墳封土内　22．内洞里2号甕棺　23・25．内洞里チョブンコル1号甕棺　24．霊岩チャラボン前方後円墳　26．萬樹里4号墳1号土壙　27．務安社倉里ノルボン甕棺　28．社倉里1号甕棺　29・31・32．社倉里申告品（1号甕棺）　30・33・34．羅州新村里9号墳　35・37．羅州大安里9号墳　36．光州浦山土壙墓　38・39．内洞里5号墳　40．羅州徳山里3号墳　41．内洞里7号墳　42．内洞里7号墳甕棺　43・44．海南月松里造山横穴式石室墳　45～48．光州双岩洞横穴式石室墳　49・50．光州月桂洞1号前方後円墳

図1　栄山江流域様式土器の変遷と編年

表1　栄山江流域における墓制の変遷

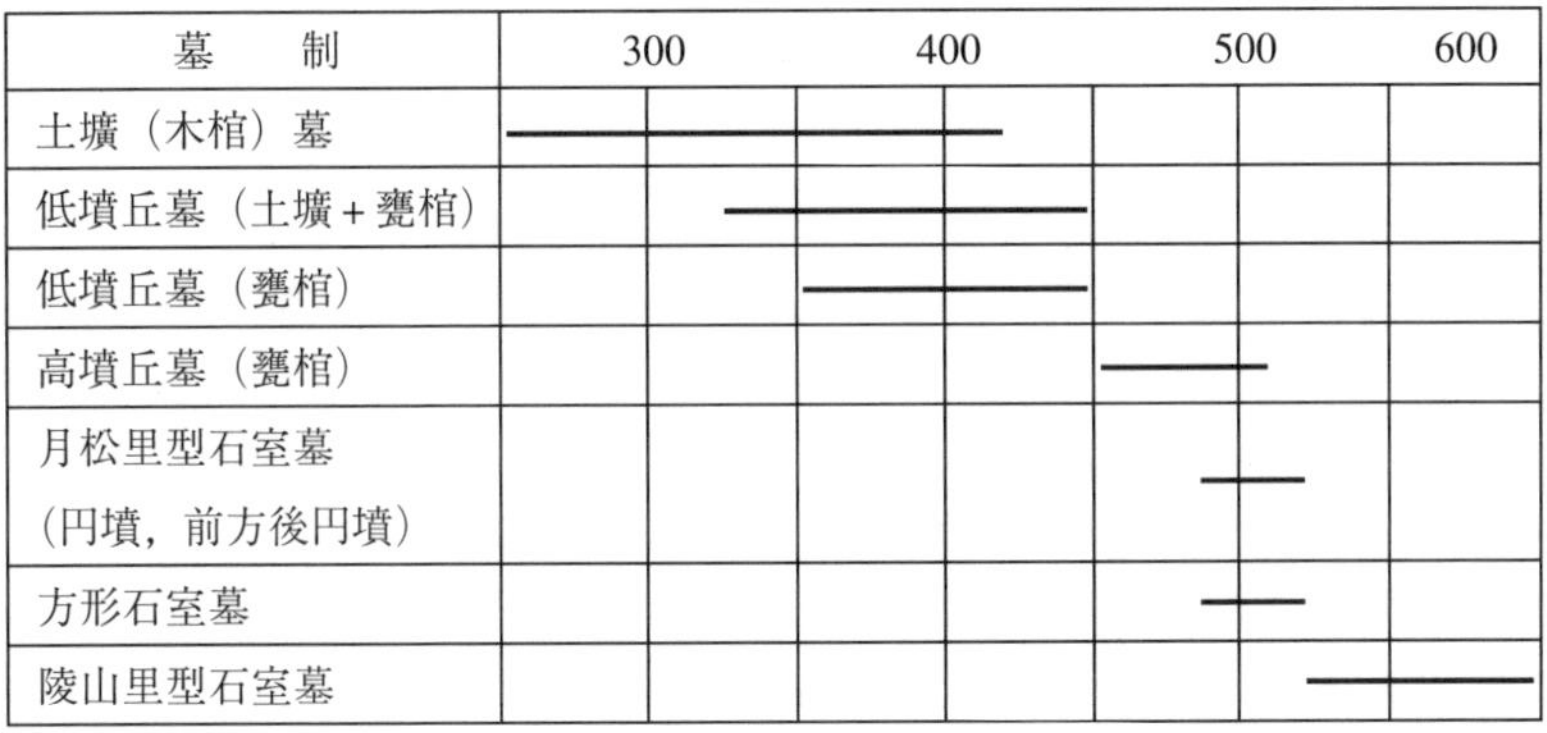


後半代に編年される大田九城洞遺跡（崔秉鉉・柳基正一九九七）の墳墓には、まだ漢城百済様式土器が確認されないが、五世紀初め～前半頃と判断される大田龍山洞遺跡（忠南大学校博物館一九九八）と錦山水塘里遺跡（忠南大学校百済研究所一九九九）では、漢城百済様式土器が副葬されている。そうした考古学的な様相は、前述した『日本書紀』神功紀四九年条・六二年条などにみられる、木羅斤資の活躍の内容とも符合する側面がある。木羅斤資と関連する神功紀記事の紀年は、三六九年説と四二九年説に分かれているが、それは大きな問題にはならない。百済と倭との関係を証明する七支刀の存在からみて、そうした加耶や倭との関係を仲介した錦江流域の勢力は、四世紀後半のある段階には百済の領域に編入されていた可能性が高い。

　こうした議論が可能ならば、四世紀後半～五世紀前半のある時点に、百済は錦江流域に対する領域化をもとにして、栄山江流域とも一定の関係を維持したとみられる。ただ、この時期におけるこうした関係の具体的な様相は、はっきりしない。けれども、栄山江流域の政治体が内的な統合度を高めた時点は、おおむね四世紀中・後半頃で、そうした様相は、栄山江流域様式土器の出現（図1）および高墳丘甕棺墓の登場（表1）などによく表れている（朴淳発一九九八）。栄山江流域様式土器の成立において漢城期百済の影響が蓋杯などにみられる点（図2）や、新村里九号墳乙棺に副葬された冠帽・装飾大刀・飾履などが百済から賜與された威信財であることからみて、おおむ

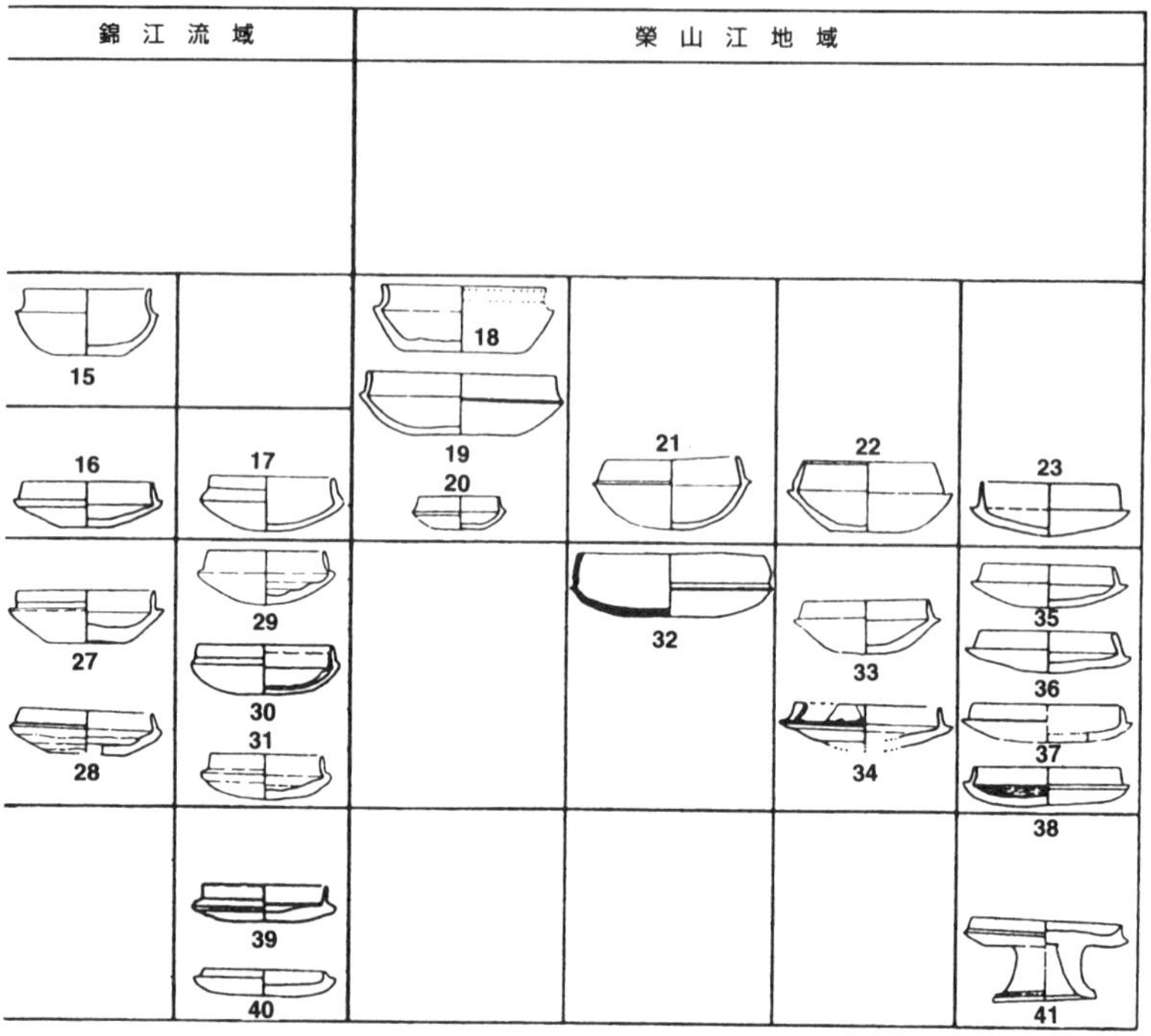


18．霊岩内洞里80年収拾調査甕棺　19．霊岩萬樹里２号墳４号甕棺周辺　20．羅州新村里９号墳　21．羅州徳山里４号墳甕棺内　22．羅州大安里９号墳甕棺内　23．霊岩チャラボン前方後円墳　24．公州艇止山23号住居址　25・26．艇止山堆積下層　27．論山表井里タンゴル５号石槨墓　28．艇止山地表　29．艇止山17号貯蔵孔　30．益山新龍里窯址　31．扶余汾江・楮石里28号墳　32．内洞里５号墳甕棺内　33．光州双岩石室墳　34．光州明花洞前方後円墳　35．双岩洞石室墳　36．海南月松里造山横穴式石室墳　37．長城鈴泉里石室墳　38．咸平石渓91－４号石室墓　39．論山表井里トグモリ１号石槨墓　40．論山六谷里２号石室墓　41．咸平石渓90－４号石室墓

ね五世紀第３四半期までは、羅州潘南勢力を頂点とする政治体と漢城期百済の間には、主従関係に似たある種の同盟的な関係があったものと想定され、筆者は、これを「支配的同盟関係」とよんでいる。そして、こうした百済との関係は、栄山江流域が潘南勢力を中心として内的統合を維持するための一種の外的基盤として作用した側面があった。

　四世紀末以降、高句麗の本格的な南下政策に危機意識を感じた漢城百済は、錦江以南地域に対す

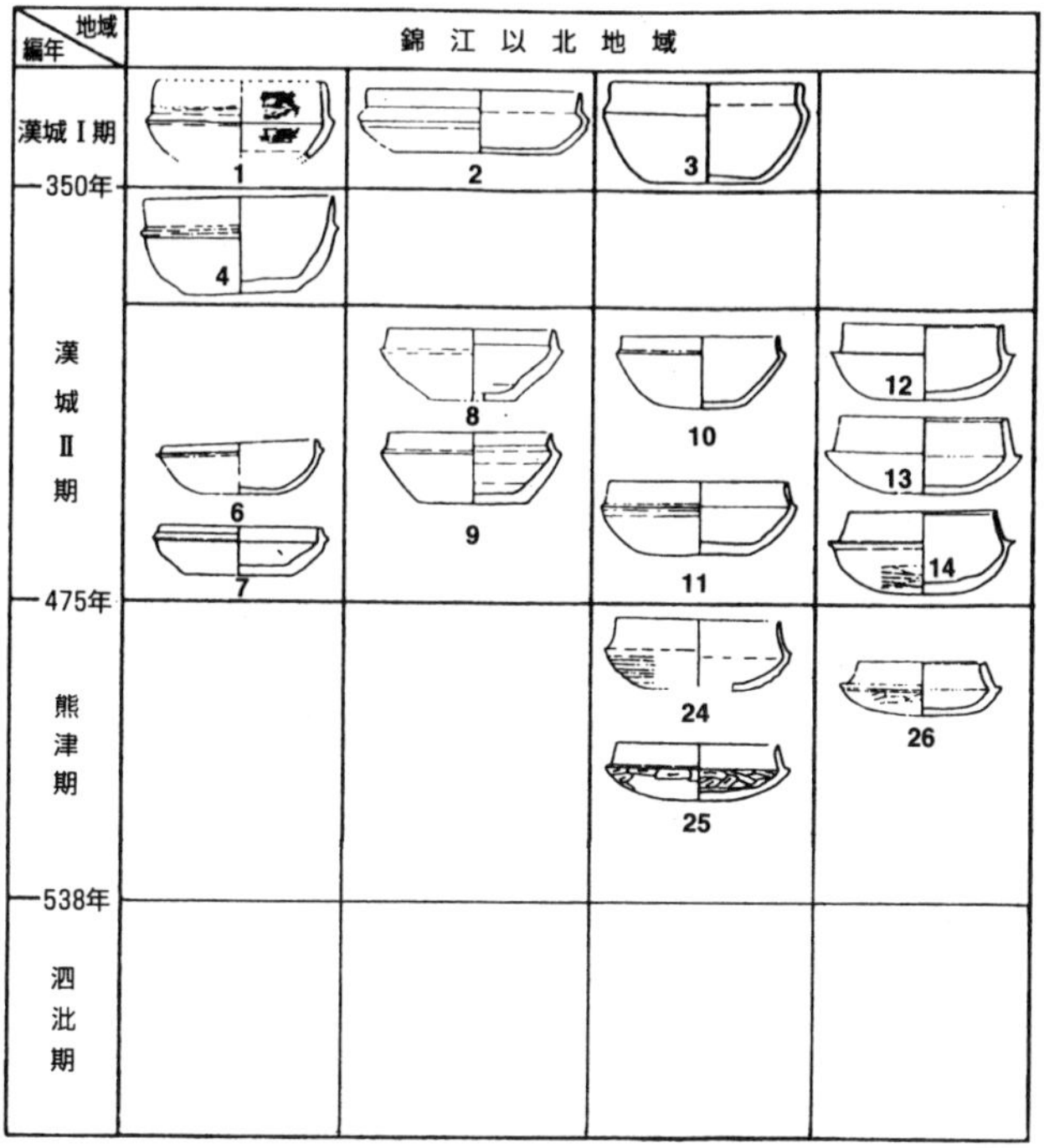


1．夢村土城88－４号住居址　2．夢村土城85－１号住居址　3．石村洞葺石封土墳　4．夢村土城西南地区（89年調査）　5．夢村土城88－２号住居址　6．清州新鳳洞90－３号土壙墓　7．石村洞３号東側６号土壙墓　8．夢村土城87－３号住居址　9．新鳳洞92－２号石室墓　10．新鳳洞92－80号土壙墓　11．新鳳洞90－Ｂ１号土壙墓　12．新鳳洞90－32号土壙墓　13．夢村土城85－３号貯蔵孔　14．新鳳洞90－Ｂ１号土壙墓　15．益山笠店里４号竪穴式石槨　16．益山熊浦里86－20号石室墳　17．益山羅浦里７号石室墳

図２　百済蓋杯の変遷と栄山江流域蓋杯の比較

る領域的支配の強度を高めることになる。こうした事情を反映している考古資料が、益山笠店里・熊浦里古墳群など、漢城様式土器が副葬された古墳の出現であり、四七二年に蓋鹵王が北魏に送った表文（四七二年）の「弗斯侯餘禮」の記事にみられる王侯制のような、より直接的な地方支配方式の活用である（朴淳発一九九七・二〇〇〇b）。

ここで、漢城期末における百済王侯制の実状について、さらに具体的に検討してみる。文献資料で確認される百済の王侯制は地名を冠しており、その時期は五世紀後半に限定され、いずれも百済王の上表文にみられる点、そして中国側の史料にのみ伝わっている点などは、よく知られているところである。その性格を理解するための重要な手がかりは、やはり王・侯に冠された地名の位置であるが、おおむね全北および全南地方に限定するのが通説である。

地名が冠された王・侯は、該当する地域の領主で、その地域は「実際の封国・封地」と理解できるという見解（末松一九五六）が最初に提示された。その後、王・侯の交代期間が非常に短い点からみると、実際に封じられたというよりは「爵位化した側面が強い」だけではなく、冠された地名の偏重性や軍功をあげて爵位を与えている点などから、「積極的に地方支配の一環として活用された」側面がみられ、「百済王朝が積極的に各地の征服をおしすすめ、王の一族や高官を一時的にその地域の王・侯に任じたもの」で、「子弟宗族」を「檐魯」に分拠せしめた、という『梁書』の記録とも一脈相通じる、という見解（坂元一九七八）が提起された。

こうした見解に対する検討において、冠された地名の具体的な比定が重要であることはいうまでもないが、前述したように、おおむね全南・全北にあたるだろうというのが、現在の通説である。これは、末松保和（一九五六）の説によるところが大きいが、後述するように、これについては検討の余地がある。

問題の地名、王・侯名、任命時点、そしてそれに対する末松の地名比定は次の通りである。

弗斯侯　餘禮（四七二年以前）・弗斯侯餘固（四九〇年）：全州
面仲王　姐瑾（四九〇年以前）・面中侯木千那（四九五年）：光州
八中侯　餘古（四九〇年以前）：羅州
都漢王　姐瑾（四九〇年）：羅州または高興
阿錯王　餘古（四九〇年）：羅州群島
邁盧王　餘歴（四九〇年）・邁羅王沙法名（四九五年）：沃溝または長興
辟中王　贊首流（四九五年）：金堤

弗中侯　解禮昆（四九五年）：寶城または全州（弗斯と同じ）

これらの地名のうち、阿錯と邁羅は、それぞれ『三国史記』雑志六地理四の、都督府十三県および魯山州六県に所属した地名と同じであることは、よく知られているところである。これらの編制が、たとえ百済滅亡後に唐によって計画、または一時施行されたものだとしても、地名またはその地域の実体は百済当時の事情を反映しているものとみられる。最近、宮南池から出土した木簡（扶余文化財研究所一九九九）にも「邁羅城」という字があることから、邁羅は百済当時の地名であることが明らかになり、そうした推定を裏付けている。邁羅を沃溝と比定した主な根拠は、唐都督府十三県という限られた地域範囲と、「邁羅県」のすぐ前に配置された「帰化県」が本来は百済の「麻斯良」で、その読音が『東国輿地勝覧』沃溝県建置沿革にでてくる「本百済馬西良」と似ていること（末松一九五六）にある。同じ脈略から、魯山州（治所は咸悦）に所属した阿錯の位置は、ひとまず魯山州の範囲とみられる全州より北で錦江より南の地域（千寛宇一九七九）を大きくはずれないことは、明らかである。よって、阿錯を栄山江流域に比定した末松の見解は、受け入れ難い。完州の鳳東と比定した千寛宇（一九七九）の見解に説得力があることから、筆者はこれに従うことにする。そのほかの地名の位置比定は、筆者の能力が及ばないこともあるが、特別に異見がないことから、末松説に従いたい。

これと関連して注目される考古資料は、益山笠店里一号墳（文化財研究所一九八九）と、最近調査された全北完州郡鳳東邑龍岩里ペメ山城遺跡（全北大学校博物館二〇〇〇）である。笠店里一号墳からは、五世紀後半代と思われる金銅製冠帽・飾履や馬具など、百済の威信財が多数出土した。在地勢力の墳墓群と同じ場所に築造されていることからみて、漢城期におけるこの地域の首長層の墳墓とみられる。ペメ山城は、平野の真ん中に位置する、さほど高くない残丘（比高約五〇ｍ）上に立地する関防遺跡である。最初は木柵がつくられていたが、その後、そのかわりに前後二回にわたって土塁がつくられたことが確認された。出土遺物の中に、漢城期の三足土器・高杯・蓋類などが存在することからみて、初築段階はおおむね五世紀第3四半期にあたる。

笠店里一号墳の副葬品から類推される有力な在地首長の存在と、ペメ山城のような漢城期の関防施設は、どのように理解できるだろうか。ペメ山城の築造主体が漢城期百済の中央勢力であることは、明らかである。初築段階の出土遺物がいずれも漢城様式土器であることが、これを裏付けている。中央勢力によって構築された軍事拠点的な性格をもつこうした施設が、笠店里古墳群より南側につくられた時点で、笠店里一号墳の被葬者のような有力在地首長が存在したとは想定しがたい。笠店里一号墳の被葬者像を規定する、副葬された威信財は、その生存時に百済の中央から賜与されたことも念頭におくなら、ペメ山城のような百済の軍事拠点は、笠店里一号墳の被葬者のような性格をもつ在地首長を通した地域支配の次の段階にあたる、より直接的な地方支配と関連したものとみなければならない。

ペメ山城の出現時期は、前述の通り五世紀第3四半期に比定することが可能だが、この時期は、前述した四七二年の弗斯侯の任命と正確に一致している点が注目される。この弗斯侯餘禮を含む各地で任命された王侯が、いずれも将軍号をもっている点も、これと関連してより具体的な意味の付与が可能であるかも知れない。

以上、二遺跡の例と文献資料を総合してみると、少なくとも弗斯侯に代表される漢城期の王侯制は、在地首長を通した間接的な地域支配の次の段階におこなわれる、より直接的な地方支配とみることができ、その支配の責任者は、文献記録でみられるように王族や中央貴族であったであろう。そして王・侯の任命は、駐屯軍のような現実的な支配基盤を伴っていた点を、はっきりと認識する必要がある。もちろん、ペメ山城の位置が弗斯地域にあたるかどうかの正否は確実ではないが、すくなくとも全州圏にあたることは明らかである。より具体的に考えてみれば、前述の阿錯にあたる可能性がさらに高いが、そうだとしても、こうした理解と相容れないものではない。

漢城期の王侯制の実状がこうしたものならば、熊津期の場合にも本質的な違いがあるとみることは難しいであろう。

特定地域を新たに領有することを公認されようとする百済の「底意」（末松一九五六）、としてのみ理解する方式は成立しがたい。むしろ、王・侯任命の対象は土着勢力の豪族ではなく、百済が積極的に各地を征服した後に王の一族や高官を一時的にその地域に王・侯として任命する方式である、と理解した坂元義種（一九七八）の見解と正確に一致する。熊津期の王侯制に対して田中俊明は、五世紀末にみられる王侯制は、南遷後に「新たな南方経営が必然的な中で、領域化する段階に至った、あるいはその時までに領有しようとした栄山江流域を中心とした全羅道地域に対し、その領有権を対内的に訴えるために中国王朝に対して除正を要求したもので、百済の地方統治全般からみれば、特殊な事例であった」と整理したこと（田中一九九七）がある。王侯制が、百済の地方統治全般において特定の時代の産物である、という点には共感するが、この頃の王・侯の任命地域が、領有化しようとした栄山江流域に限られたものではないことは、前述した阿錯や邁羅の位置から裏付けられる。また四九八年に、東城王が耽羅が貢賦を納めないので親征して武珍州まで至る（『三国史記』百済本紀東城王二十年条）ことができた背景として、面中王姐瑾と面中侯木千那が実在したことがあるとみるのが、道理にかなっているといえよう。

五世紀末頃の百済と栄山江流域の関係を、今まで検討してきた王侯制の実像と関連して理解するならば、少なくとも四世紀後半～五世紀前半の段階で錦江流域が領有化されて以後、木氏勢力に代表される錦江流域の土着勢力との伝統的な交渉網による百済と栄山江流域の関係から、王・侯の任命に至るまでには、少なくとも、笠店里一号墳の被葬者で代表される土着首長を媒介とする地域支配の段階が、さらになければならないであろう。

この段階の実相と関連して参考にできる直接的な文献資料はないが、最近、『宋書』倭国伝にある、倭の五王による諸軍事都督権の除授要請記事にみられる「慕韓」を、栄山江流域に比定する見解（東一九九五）が提起され、研究者の関心を集めている。これに対しては、次の節で検討することにする。

一方、考古資料としては、新村里九号墳乙棺から出土した百済の威信財の存在が注目されてきた。新村里九号墳乙棺の時期は、五世紀後半代と比定される。最近、文化財研究所の再発掘調査過程で、墳丘に立てられた埴輪が発見（金洛中一九九九b）されて注目されるが、乙棺を安置する以前の、最初に墳丘に埋葬がおこなわれた段階の年代は五世紀前半、乙棺は五世紀第３四半期頃とみる年代観（小栗二〇〇〇）が提示された。初築段階の墳丘にすでに埴輪が樹立されていたことから、そのころすでに日本列島の葬制の影響が確認され、埴輪の系譜はまだはっきりしないが、九州系を祖形としてそれが現地化したものとみる見解（小栗二〇〇〇）がある。

そうであれば、五世紀後半頃、新村里九号墳の築造集団は、日本列島との関係を維持しながら同時に百済からも威信財を賜与されたものと理解される。おそらくこうした姿は、四世紀後半～五世紀前半頃に錦江流域が百済の領域に編入されて以後、持続されたものとみられるが、笠店里一号墳の被葬者級にあたる百済の威信財を賜与されている点から、百済とのより密接な関係が成立したものとみられる。この段階を、筆者は前述したような「支配的同盟関係」と理解しようと思う。

## 三、前方後円墳の被葬者の性格

栄山江流域における前方後円墳の被葬者、または築造集団はだれなのか、という問題は、先に検討した時期におけるこの地域と百済の関係だけではなく、周辺の諸政治体との関係も共に考慮した上でアプローチされなければならない。前方後円墳が日本列島固有の墓葬制であることから、特に、日本列島との関係の把握が鍵となるであろう。

これと関連して、栄山江流域は五世紀後半にいたるまで独立的な勢力を維持しており、その史料的な証拠となるのが『宋書』倭国伝における倭の五王の都督諸軍事号である、という見解（田中二〇〇〇）が提示された。

こうした見解には、四三八年に倭王珍が自称した「使持節都督倭・百済・新羅・任那・秦韓・慕韓六国諸軍事安東将軍倭王」、四五一年に倭王済が除授された「使持節都督倭・新羅・任那・加羅・秦韓・慕韓六国諸軍事安東大将軍」、そして四七八年に倭王武が除正された「使持節都督倭・新羅・任那・加羅・秦韓・慕韓六国諸軍事安東大将軍倭王」などにみられる「慕韓」を、当時の栄山江流域に実在した政治体とみなければならない、という前提が念頭にあるのであろう。

それでは、慕韓が当時実在した政治体であったのかについて、検討してみることにしよう。慕韓という政治体の名称は、上記の史料以外にはその当時の事情を伝える一切の記録で確認されていないが、馬韓の意味と同じであるという点は認定できる。栄山江流域がかつての馬韓の地であったことから、慕韓は栄山江流域を指した名称であると受け取ることができる。しかし、この名称が一つの統合された政治体を意味するものとは理解できない。同じ呼称にみられる秦韓や任那が、当時の単一の政治体ではなかったことを想起すれば、慕韓も、やはり独立した単一の政治体の名称ではなかった可能性が十分にある。

五〜六世紀頃に、「韓」が含まれた名称を探してみると、以下の通りである。

一　「奪我枕彌多禮及峴南・支侵・谷那・東韓之地」(『日本書紀』応神紀八年三月条)
二　「東韓之地…東韓者甘羅城・高難城・爾林城是也」(『日本書紀』応神紀一六年二月条)
三　「来奏下韓・任那之政」(『日本書紀』欽明紀二年七月条)
四　「在任那之下韓国百済郡令城主」(『日本書紀』欽明紀四年四月条)
五　「在下韓之我郡令城主」(『日本書紀』欽明紀四年四月条)
六　「在下韓之百済郡令城主」(『日本書紀』欽明紀五年二月条)
七　「於南韓置郡令城主」(『日本書紀』欽明紀五年一一月条)

## 八　「南韓郡令城主」(『日本書紀』欽明紀五年一一月条)

一・二の東韓は、任実・南原・谷城など、蟾津江上流の全羅道内陸地域を指す(李根雨一九九七)地域名であることは明らかで、三～八の下韓は、南韓とも呼ばれた任那地域、すなわち現在の西部慶南地域を指すものである。三の場合、下韓と任那を併記しているが、四～八をみると、下韓は百済の郡令城主がおかれたところであることが明らかなので、当時の任那の諸政治体の周辺における、明らかな政治的統合がなされていなかった一種の空白地帯という意味が強いだけで、やはり統合された政治体の領域とみることはできない。

こうした当時の文献の用例からみるとき、慕韓が内的な統合度が高い政治体の領域を意味するとは、決して理解できない。むしろ、はっきりとした単一の政治体が存在しないことを示唆する名称であることから、五世紀前半～中葉の栄山江流域は、前述した百済との関係、すなわち外部の上位政治体の支援を通して、それほど強固ではない状態の地域間統合を維持する水準であった、とみなければならないであろう。こうした状態の栄山江流域は、百済と「支配的同盟関係」を維持する一方で、日本列島の諸勢力とも交渉していたことはいうまでもない。

一方、当時、倭の五王における諸軍事都督権の性格は、日本列島内に存在した各地域政治体を倭王権中心に統合し、地域政権に対する求心力を回復するのに、主な目的があったとみられる。宋の府官制的な秩序に依存することで、身分制的秩序の未発達状態を倭王中心の位階体制に再編することを意図したのである。このような倭王権の意図は、百済など当時の韓半島における国家段階の政治体による暗黙の容認がなければ、不可能であったであろうし、そうした点から、倭王が宋に徐授を要請した諸軍事都督権の対象となる政治体名は、そうした地域に対する支配権の主張とはなりえず、単に倭が鉄素材や先進文物の輸入のような活動をおこなった範囲を表しているといえるであろう(朴淳発二〇〇〇a)。

漢城の陥落と共に百済の栄山江流域に対する影響力は弱まったが、先にみたように、おおむね五世紀末以前のある時期からより強化された直接的な支配方式が模索されることで、百済の働きかけは再開された。そうした事情を伝えてくれるのが、すなわち東城王代におこなわれた、栄山江流域の重要拠点に対する王・侯の任命である。

栄山江流域の前方後円墳は、これまで九基が確認され、その空間的な分布パターンは、いずれも潘南地域をはなれた外郭に立地する様相をみせている。そして、築造時期は五世紀後半～六世紀前半頃にわたっており、おおむね倭の五王が諸軍事都督権を要請し徐授された時期、そして熊津期百済が王・侯を任命した時期と密接に関連していることがわかる。

以上の前提的な検討をもとに、これから前方後円墳の被葬者、および築造集団について考えてみよう。これと関連して注目されるのが、最近調査された羅州伏岩里三号墳九六石室である。この石室は、筆者の「月松里型石室」にあたるもので、前方後円墳の埋葬施設と同じである。九六石室の初築時期は五世紀第4四半期ごろであるが、ここには百済から賜与されたと判断される金銅製飾履や馬具などが副葬されており、百済との密接な関連性をみせている。

しかし、この石室は土着甕棺集団墓の墳丘の上に重複して築造されており、その被葬者は、外部から新たにやってきた集団ではなく、在地勢力であることを物語っている。伏岩里古墳群が所在する地域は、栄山江が間にあるものの潘南地域とは比較的近く、ここに百済と密接な関係を結んだ勢力が登場していることが、非常に注目される。前述したように、新村里九号墳乙棺の被葬者の副葬品からみるとき、おおむね漢城期の末頃まで百済は潘南勢力と関連を結んでいた。しかし、その直後段階である伏岩里三号墳九六石室の築造時期では、潘南勢力のかわりに伏岩里勢力がそのパートナーとして登場しているからである。古墳群の規模からみると、九六石室が出現する以前の伏岩里集団の位相は、明らかに潘南勢力より低い。よって伏岩里集団の台頭は、潘南勢力を中心とする栄山江流域の統合をさまたげようとする、百済の政治的意図が作用したものであるといえる。

伏岩里三号墳九六石室の登場をはじめとして、潘南以外の各地では、月松里型石室を埋葬施設とする前方後円墳または円墳が出現している。これらの被葬者も、やはり伏岩里の場合と同様に在地の首長層であったと推定することは難しくないが、その副葬品の内容は、百済・倭・加耶など周辺政治体との多元的な関係を示唆している。これは結局、それまで潘南を中心とした内的統合の求心力が消滅した結果、外郭にある各地域の首長層が確保することになった、政治的自律性の拡大を意味するとみられる。

しかしこうした政治的自律性は、百済の不干渉によって可能となった一時的なものであった。当時の百済の関心は、漢城期から支配的同盟関係にあった栄山江流域よりは、漢城陥落直後、急激に政治的統合力を高めながら百済の影響圏から離脱していった大加耶圏域への影響力拡大にあったようである。四八七年ごろの湖南東部地域への進出、五一二年の全南東部海岸地域、そして五一三年の蟾津江下流の河東方面への進出（李根雨一九九七）などの事実が、それを物語っている（朴淳発二〇〇〇）。

前方後円墳を含む、月松里型石室を埋葬施設とする在地首長層の墳墓が消滅する時点が、継体六（五一二）年のいわゆる任那四県百済割譲（『日本書紀』継体六年一二月条）と、おおむね一致している点に注目し、前方後円墳が分布する栄山江流域を任那四県に比定する見解（東一九九五）があるが、その根拠は非常に弱い。

上（口多）唎・下（口多）唎・娑陀・牟婁など任那四県の地名の位置比定には、諸研究者の見解があるが、大きくみて任那地域をはずれることはできないことから、音の類似性だけを根拠として全南・全北にわたる広い地域を対象として比定する見解（末松一九五六）は、妥当性をもちがたい。栄山江流域を任那四県に比定するならば、当時この地域が慕韓と呼ばれたこととも矛盾する。慕韓が任那と別のものと認識されていたことは、倭の五王の諸軍事都督権の対象地域名で確認される。

熊津期百済の領域拡張過程や、任那という広域地域名が冠されていることなどからみて、任那四県は、まずは蟾津江西側とそれに隣接した全南東部海岸地域一帯をはずれることはない。こうした点から、麗水半島（上多唎）・突山島（下多唎）・順天（娑陀）・光陽（牟婁）などに比定する見解（全榮來一九八五）は、説得力がある。

よって、任那四県の割譲時点、言い換えれば百済が全南東部海岸地域へ進出した時点と、前方後円墳の消滅時期がおおまかに一致していることは、他の側面から理解されねばならない。蟾津江流域を含むこれらの地域は、百済の領域に編入される以前には、日本列島との交易の前進基地であったのであろう。そうした推定は、日本書紀の記録を通して十分に推測できる。割譲という表現は、結局、この地域がもっていた独自的な交渉行為が、その後に百済の統制下に入ったことを意味すると思われる。加耶地域への橋頭堡が整えられたこの時点にいたってこそ、百済は栄山江流域の首長層の政治的自立性の幅を縮小しようとしたのであろう。このことは、九州をはじめとする日本列島の地域政治体にとっては、韓半島に対して独自に交渉する活動領域がそれだけ狭められる、という結果としてあらわれることになる。

これに反旗を翻したのが、五二七～五二八年にわたる北九州勢力の独立運動（田村ほか一九九八）、あるいは大和政権の国土統一（山尾一九九八）などとその性格が規定される、筑紫君磐井の乱である。この乱を平定した後に登場した欽明朝は、王権が直接力を及ぼす屯倉を設置することで、地域勢力に対するより直接的な支配の基盤を確固なものとした。

栄山江流域の前方後円墳が、やはりこの時期を越えて存続できなかったのは、決して偶然ではないであろう。これは結局、従来の百済↔栄山江流域政治体↔九州勢力↔倭王権という関係が、百済↔大和朝廷という構図に再編される時期にいたって、栄山江流域の勢力が、九州勢力とともに消滅する過程を反映しているものと理解される。百済の栄山江流域に対する直接支配の拡大は、日本列島内の地域勢力に対する倭王権の完全な掌握、および列島統合という政策と、密接な表裏関係にあったのであろう（朴淳発二〇〇〇ａ）。

## 四、結

栄山江流域に存在する前方後円墳は、当時、玄界灘をはさんで韓半島南部の諸政治体と日本列島の諸政治体の間に展開した関係の実相を可視的にみせている、という点に意義がある。その具体的な様相がどのようなものであるのかをめぐり、現在、韓・日両国の学者の関心が集中している中で、筆者の考えを提示してみた。本稿で議論した内容を整理すると、次の通りである。

栄山江流域は、漢城期百済が錦江流域を領有することになった四世紀後半~五世紀前半から、この地域の土着勢力がすでに維持してきた関係網をもとに、百済との関係を維持した。栄山江流域様式土器の成立と、羅州潘南を中心とする地域で登場する高墳丘甕棺墓から推察される水準の地域統合力は、そうした百済との対外関係に原動力をえていたのであろう。百済とのこうした関係は、「支配的同盟関係」とみることができる。栄山江流域勢力は、百済との関係だけではなく、日本列島の諸勢力とも交渉していたことが確認できる。最近再調査された新村里九号墳の墳丘に樹立された埴輪の存在は、それを裏付けている。

五世紀後半に入り、百済は錦江以南の全北地域に対して地方支配の強化をおこなった。そのことは、蓋鹵王の北魏上表文の中にあらわれる弗斯侯の存在から類推される、全北地域に対して王・侯を任命した事実、そして最近調査された完州鳳東ペメ山城で、漢城期末百済の軍事拠点が確認されたことからわかる。このころ、栄山江流域に対しても、羅州潘南勢力の首長に冠帽や装飾大刀などの威信財を賜与することを通して関係を強化するが、これは間接支配を志向したものとみられる。

このころ、日本列島の倭の五王は、中国南朝の官府制的な秩序に仮託して、倭王権中心に地域政治体を統合する努力をおこなっていた。宋に除正を要請し、または除授された諸軍事都督の対象地域にみられる慕韓は、栄山江流域である。しかしこれは、この頃に栄山江流域が、百済とは全く関係のない独自の政治体として存在していたことを裏付けるものではなく、むしろこの時までも強力な統合力をもった政治体が未発達であった状況を物語っているのである。そして、これらの地域への諸軍事都督権は、対象地域または政治体に対する実質的な支配権ではなく、倭王権を中心とした交易窓口単一化の活動が可能な地域の範囲を表現したものとみるのが、当時の実状に符合する。

五世紀第4四半期に熊津へ南遷した百済は、栄山江流域に対するより領域的な地方支配を指向することになる。東城王代におこなわれた、この地域に対する王・侯の任命がそれである。しかしこれに先だって、潘南勢力の求心力を瓦解させるための対策がなされたことがうかがえる。最近調査された羅州伏岩里三号墳九六石室墳の登場が、当時のそうした事情を物語っている。百済の威信財の存在は、潘南に隣接した下位地域集団である伏岩里勢力を、意図的に支援した結果と解釈できる。その結果、各地域勢力の政治的自立性が一時的に増大し、百済・倭・加耶など周辺政治体との交渉の幅を拡大することができた。伏岩里九六石室と同じ「月松里型石室」を埋葬施設とする前方後円墳や円墳の被葬者達は、まさにこの頃に一時的な自立性を確保して、相対的に強化された在地首長の位相を物語っている。栄山江流域に対するこうした対応と共に、百済は大加耶圏に編入されていた湖南東部地域と蟾津江流域への、積極的な領域拡大を試みた。

任那四県に比定される蟾津江西側の全南東部海岸地域を含む、加耶地域への進出拠点を確保する過程で、百済は栄山江流域の在地首長の政治的自律性を制限しはじめたようである。前方後円墳を含む各地の首長墓の消滅は、こうした事情を物語っている。栄山江流域を含む海岸地域の諸勢力の自律性の消滅は、それと対をなす勢力であったと推定される、日本列島における地域勢力にとって、韓半島に対して独自に交渉する道が閉ざされる結果を招いた。加耶地域への進出と関連して、百済の対外政策が大和政権を中心として集中する状況で、栄山江流域を含む群小な交渉対象が消滅したことは、特に九州勢力に打撃が大きかったであろう。この頃に筑紫国造磐井の乱が勃発したのは、こうした国際秩序の再編に反旗を翻した九州勢力の抵抗と理解される。

結局、栄山江流域の前方後円墳は、熊津期百済が栄山江流域への領域的地方支配を貫徹し、既存の潘南を中心とする地域統合求心力を瓦解させる過程であらわれた、一時的な政治的自立性の拡大の結果であり、そうした状況において、特に日本列島各地域勢力との政治的親縁関係を標榜した在地首長の墓とみられる。

参考文献


国立扶余文化財研究所　一九九九『宮南池』

金洛中　一九九九ａ「出土遺物からみた羅州伏岩里三号墳の性格」（第三四回百済研究公開講座）、忠南大学校百済研究所

金洛中　一九九九ｂ「羅州新村里九号墳発掘調査」『第二三回韓国考古学全国大会発表要旨』韓国考古学会

金英心　二〇〇〇「栄山江流域古代社会と百済」『栄山江流域古代社会の新たな照明』（歴史文化学会・木浦大学校博物館）

盧重國　一九九四「百済貴族家門研究―木劦（木）氏勢力を中心として―」『大邱史学』四八、大邱史学会

文化財研究所　一九八九『益山笠店里古墳発掘調査報告書』

朴淳発　一九九七「漢城百済の中央と地方」『百済の中央と地方』忠南大学校百済研究所

朴淳発　一九九八「四～六世紀栄山江流域の動向」『百済史上の戦争』（第九回百済研究国際学術大会発表論文集）、忠南大学校百済研究所

朴淳発　二〇〇〇ａ「百済の南遷と栄山江流域政治体の再編」『韓国の前方後円墳』忠南大学校出版部

朴淳発　二〇〇〇ｂ「加耶と漢城百済」『加耶と百済』（第六回加耶史学術会議発表論文集）金海市

申敬澈　二〇〇〇「古代の洛東江、栄山江、そして倭」『韓国の前方後円墳』忠南大学校出版部

李根雨　一九九七「熊津時代百済の南方境域について」『百済研究』二七、忠南大学校百済研究所

李賢恵　二〇〇〇「四～五世紀栄山江流域土着勢力の性格」『歴史学報』一六六、歴史学会

林永珍　一九九四「光州月桂洞長鼓墳二基」『韓国考古学報』三一、韓国考古学会

全北大学校博物館　二〇〇〇『鳳東ペェメェ山貯水池施設敷地内ヤサン山城発掘調査指導委員会資料』

全榮來　一九八五「百済南方境域の変遷」『千寛宇先生還暦記念韓国史論叢』
朱甫暾　二〇〇〇「百済の栄山江流域支配方式と前方後円墳被葬者の性格」『韓国の前方後円墳』忠南大学校出版部
崔秉鉉・柳基正　一九九七『大田九城洞遺跡』韓南大学校博物館
忠南大学校博物館　一九九八『大田科学産業団地内龍山洞土取場地域文化遺跡発掘調査略報告書』
忠南大学校百済研究所　一九九九『錦山水塘里遺跡発掘調査略報告書』
河上邦彦　二〇〇〇「日本前方後円墳と横穴式石室」『百済研究』三一、忠南大学校百済研究所
田中俊明　一九九七「熊津時代百済の領域再編と王・侯制」『百済の中央と地方』忠南大学校百済研究所
田中俊明　二〇〇〇「栄山江流域前方後円形古墳の性格」『栄山江流域古代社会の新たな照明』（歴史文化学会国際学術シンポジウム）、歴史文化学会・木浦大学校博物館
千寛宇　一九七九「馬韓諸国の位置 試論」『東洋学』九、檀国大学校　附設　東洋学研究所（千寛宇一九八九『古朝鮮史・三韓史研究』一潮閣所収）
東潮　一九九五「栄山江流域と慕韓」『展望考古学』（考古学研究会四〇周年記念論集）、考古学研究会
岡内三眞　一九九六「前方後円墳の築造モデル」『韓国の前方後円墳』（岡内三眞編、早稲田大学韓国考古学学術調査研修報告）、雄山閣出版
小栗明彦　二〇〇〇「全南地方出土埴輪の意義」『百済研究』三二、忠南大学校百済研究所
坂元義種　一九七八「百済の『地名』+『王』・『侯』について—五世紀後・末期の百済貴族」『古代東アジアの日本と朝鮮』吉川弘文館
末松保和　一九五六『任那興亡史』吉川弘文館
土生田純之　一九九六「朝鮮半島の前方後円墳」『人文科学年報』第二六号、専修大学人文科学研究所
土生田純之　二〇〇〇「韓・日前方後円墳の比較検討」『韓国の前方後円墳』忠南大学校出版部
山尾幸久　一九九八「文献から見た磐井の乱」『磐井の乱』（田村圓澄・小田富士雄・山尾幸久共著）、大和書房

# 韓国の前方後円形古墳の被葬者・造墓集団に対する私見

田中俊明

## はじめに

韓国に前方後円形の古墳があることが指摘されて、既に久しい。(1)その早い時期における確かな例として話題となっていた、固城の松鶴洞一号墳が、最近の試掘調査を経て、三つの円墳が重なりあったものであったことが明らかになり、(2)結局、韓国における前方後円形の古墳は、現在のところ、全羅南道の特に栄山江流域を中心とする地域でしか確認されていないことになる。(3)このように栄山江地域のみに集中分布していることが、大きな特徴であり、その意味が問われなければならない。これまで発掘調査されたのは、霊岩・チャラボン古墳、咸平・新徳古墳、光州・月桂洞古墳二基、光州・明花洞古墳、海南・長鼓山古墳のあわせて六基になるが、(4)およそ五世紀後半から六世紀中葉にかけての築造であるとみて、問題ない。そのため、その時期の栄山江地域が、いったいどのような地域であったのかが、前方後円形の古墳の集中問題を考える、重要な課題となる。

わたしはすでに、この地域が、六世紀初めまで、百済の領内に入らずに、馬韓の残存勢力として存続していたと指摘したことがあり、[5]その立場で、この地域の領有化について論じたことがある。[6]同じ立場の論調も、少しずつあらわれているが、[7]しかしながら、韓国古代史学界の大勢としては、依然として、四世紀後半にすでに百済がこの地域を領土化し、その後は百済のなかの一地域にしかすぎない、という考え方が主流を占めている。[8]そうした理解如何で、前方後円形古墳の築造の背景が、大きく異なることになる。そのため、まずその点について、前稿をふまえつつ、再論することからはじめたい。そしてその上で、あらためて、五世紀後半から築かれ始める前方後円形古墳の被葬者問題、造墓集団の性格について、検討してみたい。

## 一、百済の栄山江流域領有化

### 1　四世紀後半説の根拠とその批判

四世紀後半に百済が栄山江流域まで領有化したとする意見（四世紀後半説とする）にとって、もっとも重要な根拠は、『日本書紀』神功摂政紀（神功紀）四九年条の記事である。それは、当時の倭軍が、新羅を撃破し、加羅七国を平定し、そのあと、西に進軍して「古奚津」に至り、「南蛮忱弥多礼」を攻取して百済に賜与し、百済王の肖古および王子の貴須が軍を率いて来会したが、ちょうどその時「比利辟中布弥支半古四邑」がみずから降伏してきた、というような内容である。

この記事をもとに、そうした軍事行動の主体は、実は倭軍ではなく、百済軍であったというように、主語の置き換えをして、新羅撃破・加羅七国平定も、「南蛮忱弥多礼」の攻取も、「比利辟中布弥支半古四邑」が降伏してきたのも、すべて百済のことであるとみなすのである。[9]

神功摂政四九年とは、『日本書紀』の紀年のままでは西暦二四九年にあたるが、この前後の『日本書紀』の記事は、一九世紀末以来のいわゆる紀年論争を経て、干支二運（一二〇年）繰り下げた修正をしなければならないことが明らかになっている。従って、二四九年にあたる記事は、西暦三六九年のことと修正しなければならない。肖古王・王子貴須とは、『三国史記』のいう、近肖古王と太子時代の近仇首王をさしており、近肖古王の在位は三四六〜三七五年であり、合致する。というよりは、『日本書紀』にみえる百済王の実年代をもとにして、紀年を修正したのであるから、合致するのが当然なのである。

このようにして、百済は、近肖古王代に、上記のような大軍事行動をおこなったとみるのである。「古奚津」は、全羅南道康津にあてられ、「南蛮忱弥多礼」は、済州島にあてる意見と康津にあてる意見があるが、康津のほうが、「古奚津」と整合的である。「比利辟中布弥支半古四邑」は、「比利・辟中・布弥支・半古の四邑」と読むか、「比利・辟中・布弥・支半・古四の（五）邑」と読むかで意見がわかれるが、辟中を全北金堤、後者の場合の古四を全北古阜にあてる意見などあり、その附近で考えれば、全北の西南部ということになる。

さて、そうした根拠がどこまで認められるものであろうか。『日本書紀』の記事が一般に、七世紀後半における日本中華主義をもとにして、日本中心に書かれていることは、よく知られている。そしてそのために、百済が主体になって行った行動を、あたかも日本が行ったことのように書き改める実例も確認される[10]。従って、その意味では、神功紀四九年条を、百済主体に読み替えることも、決しておかしい発想ではない。

しかしこの記事については、問題が多い。まずその軍事行動をすすめた百済の将軍木羅斤資であるが、『日本書紀』には、神功紀四九年条以外に、二箇所に登場する。その一つ、応神紀二五年条の分註には、「百済記」を引いて「木満致は、木羅斤資が新羅を討ったときに、その国の婦女を娶って生んだ」とあり、木羅斤資の子が、木満致で、それは新羅女性との間に生まれた子であることがわかる。ところで、『三国史記』の百済本紀の蓋鹵王二一（四七五）年条に、次王となる文周とともに漢城をすてて南行する人物として「木刕満致」がみえている。『三国史記』の原文は「木劦《キョウ》」であるが、それは「木刕《ライ》」の誤りであり、百済の有力な姓である。「木羅」は「木刕」に通じ、ほんらいは同じである。「木」は、主に対外的に用いる時の表記である。とすれば、木満致と木刕満致とは、同姓同名ということになる。同姓同名の別人が存在したということがあり得ないことではないが、百済王権のもとで有力な地位にあった人物で、同じような時期に登場するということからすれば、同一人物であると見るのがまず自然なみかたであろう。

その場合、「木羅斤資が新羅を討った」のは、記録の上では、この神功紀四九年条のみであり、もしそれが三六九年にあたるとすれば、間もなく生まれたはずの木満致は、四七五年には一〇〇歳を越えることになる。それは考えがたいことであるが、ではどのように考えればよいかといえば、木羅斤資に関わる『日本書紀』の記事は、干支をもう一運すなわち六〇年繰り下げて、四二九年のこととみなければならない、という考えがすでに提唱されている。それならば四七五年には四〇代の壮年であるということで、文周とともに南行した人物としてもふさわしい年齢になる。

従って、記された内容は、四二九年のことと見た上で、事実かどうかを検証する必要はあるが、三六九年のこととみることはできない。つまり、最重要の根拠は、実は根拠とならない史料なのである。

この史料の問題点は、それのみではない。百済を主語として読み替えた場合にも、四二九年に果たして、百済がそうした軍事行動をとったといえるかは、疑問が多い。新羅を撃破し、加羅七国を平定し、というのを、そのまま認めることは難しいのである。とすれば、それを前提にした西進も、疑問が残ることになる。

木羅斤資の記事は、もとは「百済記」という、百済滅亡後の亡命者が日本の当局に提出したもので、当時編纂を進めていた『日本書紀』の編纂局が、利用したものである。その「百済記」は、木羅氏の活躍を伝えようとしたもので、もし「百済記」[11]にすでにそうした記事があったとすれば、それは木羅斤資の活躍をことさら強調しようとしたための造作かと考えられる。ただし、今はそのことは問題ではない。

「百済記」の記事は、年代を干支で記していたと考えられ、そのため、もとの干支を活かしつつ、干支一運（六〇年）を単位として係年を移動することは、容易であったとみられる。また、一般的な修正よりもさらに六〇年繰り下げるのが妥当である根拠として「百済記」の記事の六〇年の空白、毗有王一代の抹殺、などをあげることができ[12]、恣意的な史料操作ではないことを確認することができる。

ところで、四世紀後半説の根拠として、神功紀の記事以外に、『三国史記』百済本紀・温祚王二七（西暦九）年条の馬韓滅亡記事をあげることがある。それは、三六〇年移すと三六九年になり、合致するというのである。しかしそれこそ極めて恣意的な操作であり、そうした操作が認められるのであれば、どこにでも移すことができることになる。しかも「馬韓、遂に滅ぶ」というような記事は、馬韓をひとつの国であるかのようにみた、観念的な記事であり、後代の潤色によるものである。そこから事実を引き出すことは、そもそも無理なのである。

なお、『晉書』には馬韓伝があり、二九〇年まで断続的に馬韓の朝貢記事がみえているが、その後はあらわれない。そのことをもとに、四世紀初めまでに、馬韓が消滅したとみる意見があるが[13]、それは『晉書』の史料性の問題であり、記録にあらわれないことを理由に、実際にも存在しなくなったとするのは短絡的すぎる。しかも、次項でみるように、その後も存在することを示す史料があるのであるから、そうした考えを支持することはできない。

## 2　五世紀における馬韓

四世紀後半説に根拠がないことは以上の通りであるが、五世紀後半に至るまでは、全羅南道が独立した勢力として維持されていたことは、次の史料によって明らかである。

その貴重な史料としてあげうるのは、『宋書』倭国伝等にみられる、いわゆる倭の五王の都督諸軍事号である。

倭王珍は、四三八年、「使持節・都督倭百済新羅任那秦韓慕韓六国諸軍事・安東大将軍・倭国王」を自称し、それに対する正式な叙任を宋王朝に要請した。それに対して宋は、倭国王はそのまま認めたものの、将軍号は一ランク下の安東将軍を認めただけで、使持節および都督諸軍事号は一切認めなかった。(14)

倭王済は、四四三年に「安東将軍・倭国王」を、四五一年に、「使持節・都督倭新羅任那加羅秦韓慕韓六国諸軍事・安東大将軍」を授爵している。これはしかし、倭王珍から要請があったにも拘わらず認めなかった諸称号を、倭王済に対して認めた、ということではない。記録には残されていないものの、四四三年の倭王済の最初の遺使の際に、恐らく、「使持節・都督倭百済新羅任那加羅秦韓慕韓七国諸軍事・安東大将軍・倭国王」を自称し、正式な叙任を要求していたものと考えられる。宋側が一方的な配慮で、要求もされていない「加羅」を含めた都督諸軍事号を与えるということは考えられないからである。そうした要請に対して、四四三年には、倭王珍の時と同様に、「安東将軍・倭国王」のみを認めたが、さらに四五一年になって、「都督百済諸軍事」を除いて、要求をほぼ認めたのである。(15)

倭王武は、四七八年に「使持節・都督倭百済新羅任那加羅秦韓慕韓七国諸軍事・安東大将軍・開府儀同三司・倭国王」を自称し、それに対する除正を宋に要請した。それに対して宋は、「使持節・都督倭新羅任那加羅秦韓慕韓六国諸軍事・安東大将軍・倭王」を認めた。ここでもまた「都督百済諸軍事」は認めず、さらに倭王武が高句麗王と対等になることを求めて要求した「開府儀同三司」も認めなかった。

このように宋は、「都督百済諸軍事」については、終始認めることがなかったが、他の都督諸軍事については正式に叙任している。都督諸軍事号は本来、その地域に対する軍事指揮権を指すのであるが、では倭が現実に、新羅・任那・加羅・秦韓・慕韓に対して、軍事的に統率指揮することができたであろうか。それはまずあり得なかったことである。この事例は、つまり、そうした現実の軍事指揮権を持っていない倭が、宋王朝に対して、その優先権を主張したにすぎないものであり、それを宋が認めたのは、現実を追認したというようなものではなく、単に宋と利害がない要求であったために、要求を拒否しなかっただけである。新羅・任那・加羅・秦韓・慕韓は、宋とはまったく無関係の、未知の地域であり、宋にとって直接利害のない、いわば無縁の地域であったのである。いっぽう「都督百済諸軍事」号を認めなかったのは、宋が百済に対してすでにその号を認めていたからではなく（複数のものに同じ地域の都督諸軍事号を認める実例がある）、宋が倭よりも百済を高く位置づけており、直接的な利害がからむからであった(16)。

そうした点の明確な認識をもたず、この貴重な史料を無視する傾向があるのは、大いに問題である。かつて主張された日本の「任那」領有説と同様に、この記事を通して、日本がそれらの地域の軍事指揮権を持ち軍事的に支配していた、という主張が提示されるのではないか、という懸念のために、この史料の価値を低く見るのは、適切な学問的態度ではない。

では、この都督諸軍事号にみえる諸国は、いったいどのようなものであっただろうか。新羅は問題ないとして、任那は、直接には金官国を指し、実際にはそれを中心とする南部加耶を象徴的に示しているとみることができる。加羅も同様に、直接には大加耶（高霊）を指すのであるが、それを中心とする北部加耶を示している。残る秦韓と慕韓とが問題であるが、かつてはこれらをすでに存在しない架空のものとみる意見が主流であった。しかし、秦韓とは、用字は異なるが、辰韓と同じとみてよく、五世紀代において、辰韓は、新羅（慶州）の北部において、なお新羅に包摂されない勢力が残存していた。秦韓＝辰韓は、現実に存在していた、その勢力を指すとみるのが自然であろう。そこで慕韓であるが、こちらも同様に、馬韓と同じとみてよい。そして、五世紀代において、馬韓に残存勢力がなかったかといえば、ただ一つ考えられるのが、全羅南道地域なのである。つまり、この都督諸軍事号にみえる慕韓とは、当時における、馬韓の残存勢力の存在を示すものととらえることができるのであり、倭王は、現実に存在する地域に対する軍事指揮権を宋から認めて貰うことを要求したのであった。繰り返しいえば、宋は、利害関係のないその地に対して、倭王の要求のままに、認めただけのことであり、それ以上の意味はなかった。

このように、「都督慕韓諸軍事」号は、五世紀後半代に、「慕韓」（馬韓）がなお、百済領内に包摂されずに、独立した勢力であったことを示す、極めて有力な史料といえる。結局、百済王権が、この残存していた馬韓を領有化したとしても、それは四七八年以降のことと考えなければならない。

### 3　六世紀における百済の馬韓残存勢力領有

百済は、熊津において再興されたのち、王権の基盤を安定させた上で、南方への領土拡大を進めていった。その一端を示すのは、百済王が自らの臣下のために中国王朝に除正を要求した、地名＋王・侯の称号である。そうした称号を、中国に認めてもらいたいというのは、つまり、その地域に対する支配権を認めてほしい、ということであり、それは現実にその地域まで支配が及んでいないか、あるいは及んでいても、まだまだ不安定な状態にあることを示している。

漢城時代の四七二年にすでに「弗斯侯餘礼」がみえているが（『魏書』）、「弗斯」は、「比斯伐」という古名のある全州にあてられており、全北地方までは、漢城時代にも、すでに関心をもち、また領有化をすすめていたことを想定してもよい。そうした前提があって、熊津が漢城陥落後の定着先に選ばれたのであろう。

ここで注目したいのは、四九〇年にみえる「面中王」「都漢王」（姐瑾）・「八中侯」「阿錯王」（餘古）・「邁盧王」（餘歴）・「弗斯侯」（餘固）、および四九五年の「邁羅王」（沙法名）・「辟中王」（賛首流）・「弗中侯」（解礼昆）・「面中侯」（木干那）である（『南斉書』）。その地名については、つとに末松保和が次のように比定している[17]。

面中　　武珍（光州）
都漢　　豆肹（羅州）か豆肹（高興）
八中　　発羅（羅州）
阿錯　　阿次（羅州群島）

邁盧　馬西良（沃溝）か馬斯良（長興）
邁羅　邁盧と同じ
辟中　辟支（金堤）
弗中　分嵯（宝城）か、弗斯と同じ

これに従えば、光州・羅州をはじめとする全南の地名が多い。その比定が絶対ではないが、およそそうした地域と考えるのが妥当である。五世紀末の時点で、百済は、こうした全南地域の領有を意識的にすすめていたのである。

では、最終的に全南地域まですべてが百済領として確定したのはいったいいつであろうか。それをうかがわせるのは、『日本書紀』の次の記事である。

それは継体六（五一二）年の冬一二月条で、百済使が、任那国の上哆唎・下哆唎・娑陀・牟婁の四県を要求し、倭がそれを承けて、四県を百済に賜与した、というものである。記されているとおりに、それまで倭の土地あるいは倭が帰属に対する決定権を持っていた四県を、この時になって百済に割譲した、ととらえる必要はない。この記事自体は、史料的に孤立したもので、傍証もないかわりに、反証もない。しかし、この翌年の継体七年から一〇年に至る、いわゆる「己汶・帯沙事件」については、別に詳論したように、実際は、加耶南部地域に進出していこうとする百済と、それを止めようとする己汶・帯沙を含む大加耶連盟、特に盟主大加耶（＝伴跛。高霊）との抗争を記したものであり、もしそこに倭が関わっていたとすれば、百済がそうした進出に対して援軍、すなわち兵力の提供を要請した、という程度だと考えられる。そこには、倭が百済に己汶の地を賜与した、と記しているのであるが、それが事実ではなく、『日本書紀』によってつくりあげられた虚構であることが明らかなのである。[18]『日本書紀』はこのように、倭に領有権も帰属決定権もない地域について、あたかもそれがあるかのように記しているのである。そうした例をもとに考えれば、このいわゆる「任那四県割譲記事」も、現実は、百済がその地を実力をもって獲得したということであろう。

では、上哆唎・下哆唎・娑陀・牟婁の四県の地とは、具体的にどこであろうか。これも早期的な末松保和の比定を例示すれば、次のようになる。[19]

哆唎　栄山江東岸　武珍（光州）・月奈（霊巖）・丘斯珍兮（珍原）

娑陀　求礼　『勝覧』求礼県古跡条の「沙等村部曲」（或いは沙図）

牟婁　栄山江西岸　武戸伊（霊光）・毛良夫里（高敞）・勿阿兮（務安）

比定地の下は、比定の根拠となる古代地名とその現在地である。上哆唎・下哆唎は、その地域の中での上下である。全榮來は、この比定を広大に過ぎるとして否定し、上哆唎・下哆唎を麗水半島（古名猿村）と突山島（突山）、娑陀を順天（沙平）・牟婁を光陽（馬老）、というように、全南東南部にあてている。[20]ただし「県」とあることをもとに、そのままに小さくみる必要はない。「県」というのは、後代の追記である可能性が高いのである。「県」ではなく、実際には主邑で、それぞれ馬韓の一国に相当するとみるのが、妥当であろう。それにしても、末松の比定は確かに広大すぎる。しかし、比定候補を限定すれば、一国相当の地とみることも可能である。わたしには今のところ特定する材料がないが、娑陀を、沙乃浦のある咸平や、沙島という郡名の残る茂長などに想定することができるならば、末松説でも全南西端部に集中させることは可能である。また全南東南部というのは、翌年からの百済の「己汶・帯沙」進出との関係からすれば、疑問も残る。そこまで前年に進出したのであれば、帯沙などはそこから進軍するか、両面作戦が妥当であったと思われるにも拘わらず、そうしてはいないからである。[21]

このように地名比定になお問題が残り、いまだ鉄案がみあたらないものの、およそ全南地域のどこかを指していることはまちがいないであろう。そして、そうであれば、このいわゆる「四県割譲」が、百済の全南地域に対する、領域化の最終段階の一端を記録したものと考えてさしつかえない。ここになお含まれない地域を想定すれば、百済は、五世紀の末から六世紀のなかばにかけて、全南地域全域を領有していったのであった。

ここまで、文献のみを用いて論証してきたが、この地域は、甕棺古墳の特徴的な地域として知られており、それが他地域と区別される大きな指標のひとつである。そしてそのことも、百済の領域化が完成していないことを示す有力な材料ということができると考えるが、(22)ただそれについては、百済領域内の地域性として解釈されることがあり、これのみでは水掛け論に終わるおそれがある。そうした甕棺古墳から百済的な横穴式石室へ移行したことも、また解釈がわかれている。従って、まずは文献のみで、百済の領域化の問題を確定し、その上で、そうした文化的特徴の性格を考えるのが、正当な接近方法であるといえよう。

## 二、栄山江流域の前方後円形古墳の被葬者・造墓集団

### 1　栄山江流域の前方後円形古墳の特徴

以上、わたしの旧来の考えのままに、栄山江流域の百済領有化が、四世紀後半ではなく、五世紀末から六世紀のなかばにかけてであったことを示す史料を提示し、再論したが、それが認められれば、前方後円形古墳は、まさにこうした百済の領有化のすすむ時期に、造営されたことになる。そのことは、前方後円形古墳の被葬者像を検討する上で、極めて重要な前提である。

では、被葬者像、また築造主体を検討していきたい。そのために、まず、この地域の前方後円形古墳の特徴として、これまで指摘されている点や私見をまとめておきたい。

①一〇基程度が栄山江流域を中心に分布しており、韓国のそれ以外の地にはみられない。

かつて前方後円形古墳であることが確実視されていた固城の松鶴洞一号墳が、三基の円墳であることが確認され、

結局、栄山江流域を中心とする全羅南道のもののみが残ることになった。これまで広く認められているものは、北から順にあげれば次の通りである。(23)

霊光・月渓古墳（月渓長鼓墳）
咸平・新徳古墳
光州・月桂洞一号墳
光州・月桂洞二号墳
咸平・長鼓山古墳
光州・明花洞古墳
霊岩・チャラボン古墳
海南・マルムドム古墳（龍頭里古墳）
海南・長鼓山古墳（長鼓峰古墳）

②その分布のしかたは、一箇所に密集しているわけではなく、広く分散している。栄山江流域を中心として全羅南道に限られるとはいえ、ある特定の一箇所に集中分布しているわけでなく、広い範囲に散在する状況である。

③他の古墳群とは離れ、孤立した位置にあるものが多い。

例えばマルムドム古墳は、五〇mほど離れて三基の古墳があったとされる。(24)新徳古墳は、すぐ横に円墳が一基あるほか、万家村古墳群や礼徳里古墳群からも近いように思われるが、それでも五〇〇mほどは離れているようである。月桂洞古墳は二基が連接するほか、別の円墳がすぐ横にあり、群を形成している。(25)しかしその三基にとどまり、やはり孤立的である。海南長鼓山古墳も、三〇〇mほど離れた龍日里に古墳群があるが、時期が異なる。

④規模（全長）は、三三ｍの明花洞古墳から、七七ｍの海南長鼓山古墳までで、日本の前方後円墳に比べれば小型といえる。
より詳細にいえば、月桂洞二号墳が三四・五ｍ、チャラボン古墳が三五ｍ、マルムドム古墳が四〇・五ｍ、月溪古墳が四一・二ｍ、月桂洞一号墳が四五・三ｍ、新徳古墳が五一ｍ、咸平長鼓山古墳が七〇ｍである。[26]平均すれば、四七・五ｍで、一〇〇ｍを越す前方後円墳が百数十基を数える日本の状況と比較すれば、全体にこぶりといわざるを得ない。
⑤築造プランには、全体の統一的な規格はない。
新徳古墳・咸平長鼓山古墳・チャラボン古墳・マルムドム古墳・海南長鼓山古墳の五基については、円形部を基準にすれば、全長が同一の比率をもつ、という観測から、築造の規格が同一であった、とする意見もある。[27]日本でよくおこなわれる七×四区画方眼法を墳丘平面図にかぶせる方法である。しかし個別の築造プランの検討によれば、それぞれの墳形に近い日本の前方後円墳があり、それは九州・近畿に広がっているが、全体的な規格性はないというべきである。[28]
⑥主体部埋葬施設はチャラボン古墳が竪穴式石槨であるほかは、横穴式石室とみられる。[29]すでに発掘されている六基のうち、チャラボン古墳のみが竪穴式の石槨をもち、他はみな横穴式石室であった。発掘されていないものについても、ほぼ横穴式石室と考えられる。
⑦日本の前方後円墳のような段築・造り出しや葺石はみられない。周濠はあるものもある。
日本においても、すべてそれってていない前方後円墳はあるが、およその特徴として問題はない。韓国の場合、今後の調査によっては、確認されるものもあろうが、基本的には、ないとみてよい。
⑧副葬されていた遺物の多くは、百済的である。

実際には、何をもって百済的であるというのか、百済的なものがどういうものであるかについて、共通の知見に到達していない。在地における製品も、「百済的」ということになるのか問題はあるが、倭系遺物といえるものがきわめて限られていることは認められる。

⑨埴輪形土製品（円筒形土器）や、盾形木製品などが出土しており、それらは倭的である。

その点は問題ないが、埴輪形土製品の外面調整において、日本で普通にみられるハケの使用が認められず、在地の土器に散見されるタタキを用いている。また倒立成形技法が用いられており、これらは生産者が在地的な製作技法に従っているということを示し、倭人の手になるものではないことを示唆している。

⑩最も古いのはチャラボン古墳とみられ、異論もあるが、五世紀後半の造営と考えられる。

⑪それ以外のものも、六世紀中葉まではおさまる。

年代は、およそチャラボン古墳→マルムドム古墳・海南長鼓山古墳・新徳古墳・月溪古墳・咸平長鼓山古墳→月桂洞二号墳・月桂洞一号墳・明花洞古墳のような順と考えられている[30]。チャラボン古墳は、四世紀とみる意見もあるが[31]、五世紀後半とみてまちがいないであろう。第二のグループは六世紀前半とされ、最後のグループが六世紀なかばと考えられている[32]。

## 2　被葬者・造墓集団についての検討

以上であるが、これらのことをもとにして、考えていくことにしたい。その墳形は当然のことながら、⑨の埴輪形土製品や盾形木製品の存在からみても、日本の前方後円墳との関わりは明白であり、その造営に何らかの倭人の関与を考えないですますわけにはいかない。問題は、その関与がどのような内容・程度であったか、ということである。

その点に注意をはらいつつ、被葬者像を考える場合に、まず気になるのは③の孤立性と、④の規模の問題である。

規模について、日本の前方後円墳に比べて小ぶりであるとしたが、在地における既存の円墳等、あるいは百済の王族と比べれば、規模はむしろ大きいというべきであり、基本的には相当の権力をもった被葬者を想定すべきであろう。

こうした位置の孤立性および規模についての特徴をふまえれば、単純に在地首長の墓であると限定することは難しそうである。在地首長が新たな墓制を導入したのであれば、やはりそれまでの墓域に近いところに墓をつくるのが自然であろう。すでに形成されている古墳群の中、あるいは隣接地である。その意味において、在地首長層とは断絶する被葬者像を描く必要があるかとも思われるのである。しかし、規模の点と関連して、既存の古墳群の中に容易に造営できなかったという事情も、想定しなければならず、また丘陵を利用するという立地の選択とも関わるのかも知れない。さらにまた、例えば高句麗の場合、中期王都集安においても、また後期王都平壌においても、王陵とみられるものは、孤立的である。新羅においても、味鄒王陵地区に密集している段階から、七世紀になれば、王陵が周辺部に出ていくが、その場合は孤立的である。そうした例と対比すれば、在地首長の権力が超越的になり、十分な墓域を形成するようになった、という見方も可能であることになる。

こうした点からすれば、在地首長の墓であるとみる場合には、それまでとは異なる大きな権力を擁するようになって、それまでとは異なるところに、異なる墳形の、しかもそれまでとははるかに大規模な古墳を造営した、というように想定することが必要となろう。

逆に、そうした孤立性をもとに、在地首長とは断絶する被葬者像を描いてみることも可能であり、その場合の候補として、例えばさきにあげた「地名＋王・侯」をあげることができる。時期がくだり、百済が完全に領有化したあとには、郡令（郡将）・城主を派遣して、中央集権的な地方支配を実施するようになるが、その郡令・城主が、派遣された任地において葬られることはまず考えがたい。しかし、王・侯は、名目的なものであり、封地にはこない場合も考えられるものの、実際に封地にやってきて、実効的な支配を進めようとしたことがあったかも知れない。その場合であれば、現地で葬られることもあり得たと考えられる。ただ問題は、王・侯制が五世紀末から六世紀初めに限られるという点である。そこでそれにつづく檐魯制において、地方に派遣された王族もあわせて候補としてあげる必要がある。檐魯制は、「子弟・宗族」を派遣・分拠させるもので、やはり郡令・城主制とは異なる。これら、王・侯制あるいは檐魯制との関連で考える場合は、被葬者はいずれも百済王族・貴族ということになる。

そうした想定の場合、⑧の遺物相は都合がよいといえるが、実際には単純ではない。百済的とはいっても、百済王都などからもたらされたとみられるものは少なく、現地生産と考えられる百済系遺物が多い。また加耶系の遺物も含まれているようである。また⑥の横穴式石室も、基本的には百済的であると称してもよいが、起源・系統については異論もある[33]。

何よりも問題であるのは、百済王族・貴族が、墳形として前方後円形を選ぶ必然性が考えられないことである。わたしとしては、百済王族・貴族が封地としてやってきた場合にも、帰葬するのが順当であると考えており、結局、被葬者が百済王族・貴族である可能性は低いというべきである。

さらに別の候補として、倭人を想定してみよう。先に、倭人の関与を考えなければならないとしたが、被葬者としてはどうであろうか。まず倭人が集団的に渡来し、この地で勢力を築き、前方後円形の墓を造営した、という想定であるが[34]、それにはいくつかの問題がある。まず⑦のように、日本の前方後円墳との違いについてである。造墓集団が倭人によって構成されていたとすれば、そうした構造もとうぜんとりいれるはずであり、祭祀の問題も関わってこよう。また⑧のように、百済系遺物が多いというのは、理解しがたい。かならず倭的な遺物が含まれるはずである。⑨のように、埴輪形土製品や盾形木製品は、倭的であるといえるが、その生産が現地においてであるのは当然としても、技法的にみて、倭人が直接に生産を担当したのではない、という理解が妥当である。従って、造墓集団に果たして倭人が大きく関わっていたのかどうかさえも、疑問が残るのである。

なお、倭人が勢力を築いたという想定と、先にとりあげた『日本書紀』のいわゆる「任那四県割譲記事」をむすびつけてとらえようとする意見があるが[35]、その記事が事実を示すものであるかのように受け取ったとしても、それは五一二年のことである。ところが、⑪で示したように、造営は六世紀中葉までつづくと考えられる。その時期まで、倭人の勢力がつづいたと考えるのであろうか。

このようにみてくると、被葬者像としては、やはり在地の首長層を想定するのが、最も無理のないみかたであると考えられる。そこで、その立場で検討してみたい。その場合に、ただちに問題になるのは、なぜ前方後円形の古墳を造営するようになったのか、という点である。

その点を考える前に、考慮に入れておくべきことは、②の分散的ということである。三世紀の馬韓五〇余国の一小国規模が、現在の郡程度と考えられるが、それを越えて広がっているといえる。そしてそうではあっても、①で示したように、栄山江流域以外には広がらないという点も重要である。つまり、ある特定の首長が、それまでと異なる墳形を選んだ、ということではなく、複数の首長が、選んだということである。しかしもうひとつ留意しておくべきことは、⑤で示したように、全体的な規格性はない、という点である。

そこで、かつての一国の範囲を越えて、前方後円形として一括できる、同様な墳形の古墳が、時期的に集中して造営されたことの意味を考える必要がある。これだけ集中してみられるということは、偶然ではありえない。何らかの関連性は確実にある。その場合、これらの首長たちが、ある特定の、共通した政治意識をもって、似たような古墳を造営した、と考えるのが容易であるが、あるいは一種の流行のようなものとして理解すべきかも知れない。

この時期において、もし小国連合のようなものを想定することができるとすれば、その場合の盟主として潘南面の首長を第一候補にあげるべきであろう。とすれば、潘南面に、規模的に最大で、中心となるような前方後円墳がない、ということは、そうした想定にとって大きな障碍となる。あるいは、そうした潘南面の首長とは別の首長グループを想定するのがよいかも知れない。しかし、前方後円形古墳連合というようなものを想定するには、統一的な規格性がない点が疑問として残る。ただそうした疑問をのこしつつも、全体として考える視点は、維持しておく必要がある。

前方後円形古墳に関する倭人の関与については、造営集団に倭人が含まれる、という想像がまず可能である。それは土器の生産状態からみて工人集団ではなく、また段築などが無いことからみて、倭において造墓を手がけた集団でもなく、倭における前方後円墳の築造を近くで見て、知っている人たちということになろう。彼らが、土器・木製品の形態や、平面プラン等に対する情報をもたらした。それをもとにして、現地における動員で、造営した、と想定するのである。(36)(37) 倭人のこの地域への渡来・往来は、十分に考えることができる。それは交易に従事した一時的な寄航者とは限らず、この地域における在地首長のもとに流入・移住した倭人も、考えておく必要がある。(38)

しかし、百済王権のもとに流入した倭人を、百済王権が在地勢力と対抗させようとしてこの地域に居住させた、というような意見(39)には賛成できない。なぜならば、前方後円形古墳が広く分散することから、そうした地域を広範に想定する必要があるが、百済王権が制圧していない段階に、そのように広範に倭人に展開させた、ということが理解できないからである。これほど広範に、徙民することができたのであれば、百済王権はすでにこの地域をほとんど制圧していたとみなすべきであろう。また残されたわずかな抵抗勢力が、強力に抵抗するために、それをおさえる必要があったということを想定するならば、それほどに百済と対抗していたことを窺わせる材料が必要であろう。既存の勢力に百済的な威信財がすでに浸透しているというみかたがあり、(40) わたしも五世紀後半段階で、大半は百済に従属的であったと考えている。その点とも齟齬があるのではなかろうか。

倭人の関与については、また、間接的な場合も考えられる。造営集団に倭人が含まれるわけではなく、造営集団の中に、倭の地において、倭人と接触し、造墓に関する諸情報を得た者がいた、という場合である。

いずれの場合であっても、前方後円形の古墳をつくりはじめた、例えばチャラボン古墳に被葬された、在地の首長、あるいはそれに近い層の人たちが、間接的に得た情報にのみ基づいて、新たな墳形を導入したというのは、考えにくいことである。これは必ず、倭への往来があったとみるべきである。すべてではなくとも、複数の前方後円形古墳造営地域集団の支配層は、倭へ往来することがあったと考えられる。そうした実見が、墳形選定の契機になっているということである。

さて、以上のような検討をふまえ、前方後円形を選んだのはなぜか、について考えたい。造墓を推進したのは、倭と頻繁に往来し、在倭の勢力とも交流・政治的な関係をもった、この地域の特定の首長層と考えられる。その場合に、倭に固有な墳形を選んだのは、単なる影響というよりは、対外的な政治的アピールを込めたものとして、理解すべきであろう。百済の領有化がすすむ中で、それを全面的に受け入れることに抵抗のある勢力が、倭の勢力とも通じていることを可視的に表現することができるのが、墳形であった。

つまりこの地域は、倭との関係も深く、倭への往来も頻繁にあり、また倭人の流入も多い地域であり、百済に対しては、一定の距離を置いていた勢力が散在していた、と想定することができ(41)、そうした現実・意識を共有し、共感する、首長たちの連係が想定できる。百済と徹底して敵対する、ということではなく、倭と百済と、等距離的な関係を維持したい、というような程度であったと考えることができるが、百済の進出が、外見的に倭寄りの方向を選ばせた、ということであろう。そうした方向が、事前の協議のようなものを経て、連合体的に決められたのか、自然発生的に浸透していったのか、問題であるが、一部は前者、残りは後者という程度に考えておくのがよいと思う。

そうした首長たちは、当然、倭における前方後円墳の政治的意味は、熟知していたと思われるが、そうした規定性や政治性が、列島から離れたこの地域までおよぶことはないということも知っていたはずである。

## おわりに

以上、栄山江流域における前方後円形の古墳の被葬者・造営集団について、私見を述べてきた。そのかなりの部分は、想像によるものであるが、こうした私見も、今後のこの地域を考える上で、検討の対象としていただければ幸いである。また前方後円形古墳の特徴としてあげた点についても、より詳細に検討すれば、明らかになることは少なくないと考えられる。そうした点について、ご教示いただければ幸いである。

**註**

(1) この間の研究史については、小田富士雄「韓国の前方後円墳」(『福岡大学人文論叢』二八巻四号、一九九七年)・崔盛洛「前方後円形古墳の研究現況と課題」(『博物館年報』八号　木浦大学校博物館　二〇〇〇年)などを参照。

(2) 東亜大学校博物館『固城松鶴洞古墳群現場説明会資料』二〇〇〇年二月。

(3) 崔完奎氏の教示によれば、全羅北道高敞郡孔音面七岩里にも、前方後円形と見られる古墳があるという。崔完奎ほか『高敞の墳丘墓』(圓光大学校馬韓・百済文化研究所　高敞郡、二〇〇〇年)に著録。また林永珍・趙鎮先『全南地域古墳測量報告書』(全羅南道　全南大学校博物館、二〇〇〇年)によれば、潭陽郡声月里の月田古墳も長鼓形に近い、という。

(4) 姜仁求『チャラボン古墳』(精神文化研究院　一九九二年)・成洛俊「咸平礼徳里新徳古墳緊急収拾調査略報」(『第三五回全国歴史学大会発表要旨』一九九二年)、林永珍「光州月桂洞の長鼓墳二基」(『韓国考古学報』三一輯、一九九四年)、朴仲煥『光州明花洞古墳』(国立光州博物館、一九九六年)。海南・長鼓山古墳は二〇〇〇年九月に光州博物館によって調査された。殷和秀・崔相宗『海南方山里長鼓峰古墳試掘調査報告書』(国立光州博物館・海南郡、二〇〇一年)参照。

(5) 東潮・田中俊明『韓国の古代遺跡2　百済・伽耶篇』中央公論社、一九八九年、田中俊明『大加耶連盟の興亡と「任那」』吉川弘文館、一九九二年。

(6) 田中俊明「熊津時代百済の領域再編と「王・侯」制」(『百済研究論叢』五輯、一九九六年)。

(7) 李根雨「熊津時代百済の南方境域について」(『百済研究』二七輯、一九九七年)など。

(8) 李丙燾「近肖古王拓境考」(『韓国古代史研究』博英社、一九七六年)・千寛宇「復元加耶史」(『加耶史研究』一潮閣一九九一年)・李基東「馬韓領域における百済の成長」(『馬韓・百済文化研究』一〇輯、一九八七年)など。

(9) 前註に同じ。

(10) 田中俊明『大加耶連盟の興亡と「任那」』(註(5)所掲)一二五～一三六頁参照。

(11) 李根雨「『百済記』の主役」(上田正昭編『古代の日本と東アジア』小学館、一九九一年)は、「百済記」の編纂主体を木羅氏とみている。

(12) 山尾幸久『古代の日朝関係』(塙書房、一九八九年)一一九～一二五頁参照。

(13) 全榮來「百済南方境域の変遷」(『千寛宇先生還暦紀念韓国史学論叢』正音文化社、一九八五年)。

(14) 倭王の除正要求・冊封については、坂元義種『古代東アジアの日本と朝鮮』(吉川弘文館、一九七八年)に詳しい。

(15) 田中俊明『大加耶連盟の興亡と「任那」』(註(5)所掲)九八～一〇〇頁。

(16) 坂元義種『古代東アジアの日本と朝鮮』(註(14)所掲)二八三～二八七頁。

(17) 末松保和『任那興亡史』(吉川弘文館、一九五六年再版)一一〇～一一三頁。

(18) 註(10)に同じ。

(19) 末松保和『任那興亡史』(註(17)所掲)一一八～一二三頁。

(20) 全榮來「百済南方境域の変遷」(註(13)所掲)一四五～一四六頁。

(21) 順天大学校博物館の順天市・光陽市における最近の調査によれば、蟾津江以西地域に百済が進出する時期は、蟾津江流域よりも遅れ、六世紀半ば以降と見るべきである。

(22) 金周成「栄山江流域大形甕棺墓社会の成長についての試論」(『百済研究』二七輯、一九九七年)・姜鳳龍「栄山江流域〝甕棺古墳〟の台頭とその歴史的意義」(『韓国史論』四一・四二合集　ソウル大学校人文大学国史学科、一九九九年)など。

(23) これ以外に、光州・堯基洞古墳があげられることがあるが(林永珍『光州平洞・楓巖工團地域の文化遺蹟　地表調査』光州直轄市・全南大学校博物館、一九九二年)、広く確認されてはいないようである。これら以外に、全羅北道高敞郡孔音面七岩里にも一基あることが指摘されている(註(3)参照)。

(24) 姜仁求「海南「マルムドム」古墳調査概報」(三佛金元龍教授停年退任紀念論叢刊行委員会編『三佛金元龍教授停年退任紀念論叢Ⅰ　考古学篇』(一志社、一九八七年)五四三頁。

（25）林永珍・趙鎭先『光州月桂洞長鼓墳・双岩洞古墳』全南大学校博物館・光州直轄市、一九九四年。
（26）朴仲煥「栄山江流域の前方後円形墳丘」（『湖南地域古墳の墳丘』湖南考古学会第四回学術大会要旨集、一九九六年）。
（27）成洛俊「全南地方長鼓形古墳の築造企画について」（『歴史学研究』一二輯、全南大学校史学会、一九九三年）。
（28）岡内三眞「前方後円形墳の築造モデル」（岡内三眞編『韓国の前方後円形墳』雄山閣出版、一九九六年）は、各古墳の平面形および大きさで類似する日本の前方後円墳をそれぞれ指摘している。
（29）姜仁求『チャラボン古墳』（註（4）所掲）。
（30）朴仲煥「栄山江流域の前方後円形墳丘」（註（26）所掲）。
（31）姜仁求『チャラボン古墳』（註（4）所掲）四三頁。
（32）岡内三眞「前方後円形墳の築造モデル」（註（28）所掲）。
（33）林永珍「栄山江流域石室封土墳の性格」（『栄山江流域古代社会の新たな照明』木浦大学校歴史文化学会国際学術シンポジウム発表要旨、二〇〇〇年）。
（34）東潮「栄山江流域と慕韓」（考古学研究会四〇周年記念論集『展望考古学』考古学研究会、一九九五年）。
（35）渡邉正氣「韓国の前方後円墳についての一解釈」（『日本考古学協会第六六回総会　研究発表要旨』日本考古学協会二〇〇〇年）。
（36）岡内三眞「前方後円形墳の築造モデル」（註（28）所掲）。
（37）東潮「栄山江流域と慕韓」（註（34）所掲）は、交易に従事した倭系集団が、定住・定着していたことを想定している。ただし、この地域への流入は、交易従事者とは限らなかったとみるべきである。
（38）林永珍は、三世紀までに日本に移住した在地勢力が、ふたたび故郷に戻ってきて前方後円墳を造営した、とみている（「光州月桂洞の長鼓墳二基」註（4）所掲）。
（39）朱甫暾「百済の栄山江流域支配方式と前方後円墳被葬者の性格」（『韓国の前方後円墳』忠南大学校百済研究所百済研究韓・日学術会議発表要旨、一九九九年）。
（40）朴淳発「百済の南遷と栄山江流域政治体の再編」（『韓国の前方後円墳』前註所掲）。
（41）岡内三眞「前方後円形墳の築造モデル」（註（28）所掲）。

# 平西将軍・倭隋の解釈

## ——五世紀の倭国政権にふれて——

武田幸男

## 一、はじめに

「平西将軍の倭隋」とは、日本古代史では周知の中国史料、『宋書』巻九七・夷蛮伝の東夷・倭国の条（以下『宋書』倭国の条という）にみえるものである。同条に、

（前略）讃死、弟珍立、遣使貢献、自称使持節・都督倭−百済−新羅−任那−秦韓−慕韓六国諸軍事・安東大将軍・倭国王、表求除正。詔、除安東将軍・倭国王。珍、又求除正倭隋等十三人平西・征虜・冠軍・輔国将軍号。詔、並聴。（後略）

とあるとおりで、宋・元嘉一五（四三八）年に、倭国王の珍が始めて遣使したとき[1]、珍の求めに応じて宋が「平西将軍」に除正した「倭隋」なる人物をいう[2]。

倭隋の生きたのは五世紀ごろの倭国であって、いわゆる「倭の五王」の時代といわれ、倭と中国大陸との交渉、そ

れに古代日本の国家発展にとって、画期的な意義をもつ時代であった。そのため従来においても、この五王と『日本書紀』『古事記』の伝える天皇との比定、系譜・名前など微細な点にわたっての比定をはじめ、各方面からの研究が盛んであった。ところで最近においては、次の二つの研究傾向がとくに注目される。一つは、倭の国際的地位を、中国南朝から与えられた爵号を通じて理解しようというものである。爵号は中国を中心とする国際的な政治秩序を表示するものであり、いわゆる冊封体制[3]を支える機能を有するものの一つであるから、より広い視野からの考察と、それゆえにあらためて追究できるようになったより精確な理解とが、これによって期待できるようになるであろう。さらに推進すべき方向である。

もう一つの傾向は、この当時の倭なるものは近畿大和とはまったく関係のない倭である、といった見解に代表されるような、従来想定されてきた五世紀の倭国像に対する批判である。これには古代日本の国家形成・発展に対するさまざまな考え方、とくに江上波夫氏の騎馬民族征服論[4]、あるいは金錫亨氏の日本列島分国論[5]などの影響、それに従来の倭国像を支えてきた史料に対する再検討、またその歴史意識の再点検という、大きな問題と無関係ではない。こうした批判や再検討が研究の発展のために不可欠であることは、いうまでもない。だがその過程で提出される個々の批判が妥当であるかどうかも、やはり同時に検討されなくてはならぬことはいうまでもないであろう。

このような注目すべき二傾向を意識しながら、五世紀における倭国の一側面、とくにその政権のあり方の一側面を考えてみたい。その手がかりが、「平西将軍の倭隋」にほかならない。まず、その「平西将軍」号の解釈が、倭国政権を理解する上で、またそれが展開する舞台つまり境域を限定する上で、有力な論拠となるとおもう。また「倭隋」なる人物の素姓を考えあわせると、両方あいまって、当時の倭国政権の性格について少しでも触れることができるのではないか、と期待されるからである。

こうした課題は、各方面からの論究を綜合的に把握して解決の緒口とすべきものである。本論ではそうしたことはとうてい不可能なので、ただその一側面に触れるにすぎないし、また断案の提示といったものでもない。ただ中国南朝が残した文献史料を中心に考察することに限られるのだが、しかしその史料のあり方に即し、むしろそれを徹底させたところに、以上のような問題点が浮かび上がるということを指摘できれば、本論の意図は殆んど達せられたことになるであろう。

## 二、平西将軍号の方位性

倭国王の珍は「使持節・都督諸軍事・安東大将軍・倭国王」を自称したのに対し、宋は「安東将軍・倭国王」に除し、また倭隋らを「平西・征虜・冠軍・輔国将軍」に除したという。ここにみえる宋と倭との関係はこれら爵号の授受を通じて実現するのであり、爵号授与は宋帝の専権に属したから、その関係は必然的に宋を中心とし、倭を隷属する国際的標識となった。しかもこうした関係は南朝全般を通じ、倭を含む南朝周辺の諸種族に対しても保持された政治的体制であった。南朝を中心とするこのような国際関係は、個々の爵号の性格を明らかにすることを通じて浮きぼりにされてきている(6)。一面からみれば、『宋書』倭国条の記事を始め、中国南朝の外国伝は授爵記事でうめられているのであり、政治的秩序体制のための記録にほかならないといえる(7)。

だがこの授爵は、授けられる側の状態を無視して、南朝側の一方的な専断によるものではありえない。それが倭の当面する政治的社会的諸情勢を基礎にしており、倭国の政治構造を反映しているのは、爵号がまず珍によって表求され、それを前提に宋の選択がおこなわれた結果、さきのような授爵が実現していることから、容易に判断できよう。それならば、倭国王珍のときの宋による授爵は、倭国の政治構造をどのように反映しているのであろうか。

倭国王とその配下の有力者集団といった構造がある。これは基本的な枠組であって、問題は王とその配下との関係、

表1　宋朝第三品将軍の序列表

| | |
|---|---|
| (1) | 四征将軍 |
| (2) | 四鎮将軍 |
| (3) | 中軍将軍 |
| (4) | 鎮軍将軍 |
| (5) | 撫軍将軍 |
| (6) | 四安将軍 |
| (7) | 四平将軍 |
| (8) | 左・右将軍 |
| (9) | 前・後将軍 |
| (10) | 征虜将軍 |
| (11) | 冠軍将軍 |
| (12) | 輔国将軍 |
| (13) | 竜驤将軍 |

（備考・四とは東・西・南・北をさす）

有力者集団の性格である。これを考える際に重要なのは、将軍号であろう。すでに坂元義種氏が「授爵された多くの称号の中から、最も代表的な、また最も重視された、しかも比較に足る称号」と指摘しているとおりである。[8]

将軍号は中国起源の称号である。すでに戦国初めにあり、兵権を掌握する臨時の官であったが、前漢には常置されるようになった。[9]後漢から三国魏にかけて多種の軍号があらわれ、魏晋の間に第二～五品の高位を保ったが、宋では雑号四〇が第八品に加えられた。[10]梁代の官班改革で面目を一新したが、隋は北朝で発達してきた将軍制をうけつぎ、唐の武散階として定着する。

五世紀の倭国王が得たのも南朝、宋の将軍号であるから、そのことに留意し、そのことに即して考察しなければならない。坂元氏は宋官品制の中で各おのの将軍号が占める品級を指摘し、それらの将軍号を授与された各人の国際的な政治秩序の中での地位を指摘した。将軍号研究の第一次的意義は、その品級による上下序列の指摘と、その史的意味を解くところにある。そして重要なのは、この観点から、当時の倭国の政治構造の一端を示すことができるようにおもえることである。

珍ははじめ「安東大将軍」つまり第二品の称号を請求したが、宋はそれを認めず、「安東将軍」第三品に除正した。これが倭国王にとってもつ意味の一つは、当時の高句麗・百済の諸王の将軍号、征東大将軍・鎮東大将軍つまり第二品よりも一品下であるという、国際的に比較可能な地位を得たことである。そしてより重要なもう一つの意味は、安東将軍が倭隋ら一三人の得た「平西将軍」「征虜将軍」「冠軍将軍」「輔国将軍」よりも上位にあったことである。安東将軍も、平西将軍など四将軍も、みな同じ第三品であるが、その内では相互に明確な上下序列で律せられていたからである（表1参照）。

以上の事実をもってすれば、国王とその配下の僚属との間には歴然とした格差があり、その格差は国内的にだけでなく、将軍号の授与を通して国際的にも承認されていたことになろう。事実、倭国以外にこのような例を求めてみても、南朝周辺の諸種族の場合、各王のもつ将軍号の品級を凌駕するような実例は、ほとんどみあたらぬのである。それゆえ南朝から封冊された諸王は自己の僚属に将軍号を授与できるという「承制仮授」[11]制のような制度が、すでに確かめられている北朝以外にも、つまり南朝にも存在したのではないかという推定は、さほど無理なものではないであろう。

だがその場合、珍と倭隋との格差が「わずか一級」[12]であったことはみのがせない。この格差をどのように評価するかについては、将軍号の上下序列の関係を追究する観点からは、これ以上つきつめることが難しい。すなわちたとえ一級でも、その格差に越え難い上下序列を想定することも、またその逆に、王者の自立性・超越性を疑問視することも可能といわざるをえない。[13]それにわずか二例のみではあるが、王の将軍号の品級を上まわる僚属の将軍号の実例が、氐族の武都王の場合に発見できることに注意したい。これらの事実は、上下序列からする将軍号研究の観点が確かに一般的で、第一次的に重要であるにもかかわらず、これ以上の問題追究にとって必ずしも十分とはいえないことを暗示するであろう。そこで次に、この上下序列的観点を前提としながらも、その中から特殊な将軍号をとりだして問題の進展をはかりたい。その将軍号とは東西南北の方位を示す将軍号であって、これを一括して方位将軍号とよぶことにしよう。

方位将軍号も将軍号一般の発達と共に歩んできた。それにはふつう四征・四鎮・四安・四平の将軍号があり、魏晋代に整備された。しかし梁ではそれが官僚専用の軍号に限られ、そのため外国人にだけ授けられる四撫・四寧・四威・四綏の将軍号が新設されたが、隋では北周の制を受けて四征・四平将軍だけになり、唐の武散官には一つも残らなかった。しかし五世紀代の宋では、まだ諸種族にさかんに方位将軍号が授与されたことは、周知の事実である。

ところで珍が除正された将軍号も、そうした方位将軍号「安東将軍」であった。珍に限らず、宋から授けられた将軍号について、倭国王すべてにわたって確かめてみると、みな一致して同一方位を示す。元嘉一五（四三八）年の珍のあと、同二〇年に済の「安東将軍」、同二八年の「安東大将軍」への進号[14]、大明六（四六二）年の興の「安東将軍」、昇明二（四七八）年の武の「安東大将軍」、斉・建元（四七九）年の「鎮東大将軍」への進号[15]、梁・天監元（五〇二）年の「征東将軍」[15]などの例がある。そしてちなみに、珍・武が「自称」して除正を求めた将軍号は、ともに「安東大将軍」であったことも付け加えなければならない。これらはすべて方位「東」を指していて、例外はない。すなわち宋を始めとする南朝は、倭国王に対して「東」方将軍号のみを与え続け、倭国王もまたそうした南朝の伝統的方位観にのっとり、同じく「東」方将軍号を請求し続けたのである。倭国王に授与された将軍号の方位性に着目すると、このように考えることができよう。

南朝を中心にし、広く諸種族の諸王にこれを及ぼして考えると、このような方位将軍号のあり方は、一般的に認められるところである。すなわち諸種族の諸王に授与された将軍号を『宋書』『南斉書』『梁書』の外国伝について調査すると、次のような表をえる（表2、上左段の太数字参照）。この表によって、次のことに注目したい。まず、方位将軍号がかなり多いことである。さきにみた倭国王の場合のように、すべて方位将軍号だけというのは、他に百済・宕昌・林邑を数えるだけだが、この方位将軍号よりも非方位将軍号が多いのは、武都王の場合に限られる。方位将軍号に着目したことはそれなりの根拠がないわけではないといえよう。

次にもっとも重要なことは、各種族で特定の方位が定まっていることである。百済・高句麗は倭とともに「東」方であり、武都・吐谷渾・河西・宕昌はみな「西」方を示し、林邑は「南」方を指し、これには一つとして例外はない。南朝が各種族の王におのおの特定の方位性を示す将軍号を与えたのは、中国の伝統的な方位観の上に、諸種族に対

**表2　南朝授与にかかる種族別将軍号の方位表**

| 方位＼種族 | 倭 | 百済 | 高句麗 | 武都 | 吐谷渾 | 河西 | 宕昌 | 林邑 | 計 |
|---|---|---|---|---|---|---|---|---|---|
| 東 | **7** | **12** | **8** | <br>1 | <br>1 | | | | **27**<br>2 |
| 西 | <br>(1) | | | **5** | **8**<br>2 | **3** | **8** | | **24**<br>2＋(1) |
| 南 | | | | <br>2 | | | | **7** | **7**<br>2 |
| 北 | | | | | <br>1 | | | | <br>1 |
| 非方位 | | <br>26 | **4** | **11**<br>7 | **3**<br>2 | **1** | | | **19**<br>35 |
| 計 | **7**<br>(1) | **12**<br>26 | **12** | **16**<br>10 | **11**<br>6 | **4** | **8** | **7** | **77**<br>42＋(1) |

備考　各欄の上左段太字は王、下右段並字は僚属に関する数。（　）内は推定による。

する夷狄観つまり四夷観を重ねあわせ、四夷統治の態度を明示しているものと理解できる。もちろん方位将軍号自体は諸種族王のみでなく、南朝の官僚自身にも授与され、また諸種族王は方位将軍号だけを授与されるわけではない。ただ重要なのは、南朝の諸種族対策が伝統的な四夷観に基き、将軍号を始めとする爵号の授与を媒介にしてこれらを組織し、統治しようという政治的態度を一貫して保持し、それが方位将軍号の授与によってしばしば露呈されたということである。

そこであらためて問題となるのは、例の倭隋の将軍号である。珍を始めとする五王の将軍号はみな方位将軍号で、しかもそれらはすべて東方を示すものであった。ところが倭隋のそれは方位将軍号であるにもかかわらず、東方を示さず、正反対の西方を示す「平西将軍」号なのである。すなわちこの方位性は、南朝を中心としてみたてられた伝統的な方位観とまっこうから対立するようにみえる。とくに宋が珍の求めに応じてこれを除正しているからには、平西将軍号の方位性はいっそう不可解におもわれよう。

だがこの対立は不可解にみえるものの、その現象は例外的ではなく、幾つかの実例がある。それは諸王に非ざる人物、王の僚属がもつ方位将軍号に限りみられるのである（表2、下右段の並数字参照）。それによれば、武都王の西方将軍号に対し、僚属のそれは東・南方を示す将軍号三がある。吐谷渾王の西方に対して、僚属は東方一・西方二・北方一と多様である。諸王の場合を除外すれば、南朝の伝統的な方位観に合致しない方位をもつ将軍号は数多くあり、決して例外などではないのであった。

諸王と僚属とで、その方位性がまるで異なるという以上の事実、それに諸王が僚属に将軍号を授与できるというさきの指摘などをあわせ考えると、次のような解釈が可能となり、いまみてきた不可解な対立も氷解するのではあるまいか。すなわち諸王の方位将軍号は南朝歴代の首都・建康を起点とするもので、これは中国の伝統的な方位観に従って表記されたのに対し、諸王の僚属がもつ将軍号の方位は、各王の所在を起点として表記されたのではあるまいか。換言すれば、この方位の起点の違いを基礎として考えると、南朝の天子を中心とする一元的な秩序体系と、諸種族王を中心とする並列的で多元的な秩序体系とがあり、これらの秩序体系が、諸王の二面性つまり一面では南朝天子を指向しながら、他面では僚属にとって中心点となるという二面性を媒介にして、重層的に編成されていたのではあるまいか。方位将軍号の方位性は、以上のような南朝を頂点とする重層的構造を措定して、はじめて一般的、一義的に理解できるとおもうのである。

## 三、王を中心とする方位将軍号

方位将軍号の方位がもつ一般的・一義的な意義を確実に理解するために、広く諸種族の実例について、それぞれ吟味してみよう。第一例は、宋・永初三（四二二）年の武都王の場合である。『宋書』巻九八、氐胡伝の同年条に、

改封〔楊盛〕武都王、以長子玄為武都王世子、加号前将軍、難当為冠軍将軍、撫為安南将軍。（〔　〕は意を以て補う、以下同じ）

とあり、武都王の楊盛を中心にした官職制の一端がわかる。盛は宋から二年前に車騎大将軍に進められており、これを中心に長子の玄が世子、子の難当が冠軍将軍、兄の子の撫が安南将軍であったという。問題は撫の将軍号で、その方位「南」は宋からみた武都王の方位「西」とは異なっていた。この南方の具体的な意味は上掲史料からは理解できないが、これが必らず東晋・義熙元（四〇五）年の実態と関係があったはずで、それなら解釈の途がひらける。すなわち同年、東晋は盛を都督隴右諸軍事・征西大将軍・開府儀同三司にしたが、その際「時に益州刺史・毛璩、桓玄の置く所の梁州刺史・桓希を敗走せしむ、漢中空虚たり、盛は兄の子の平南将軍・撫をして漢中を守らしむ」（『宋書』氐胡伝）とあることから大半の意味が察せられよう。もっとも「平南将軍」のことは北魏も知るところであったらしく、『魏書』巻一〇一・氐楊難敵伝に「天興（三九八〜四〇三年）初、〔楊盛、〕使を遣はして朝貢す、詔して盛を以て征南大将軍・仇池王と為す、（中略）盛、兄の子の撫を以て平南将軍・梁州刺史と為し、漢中を守らしむ」とあって、両記事が符合するのである。撫が南方と密接な関係にあるのは一七年も前からのことであり、それは武都王の根拠地の武都・隴右・仇池からみて、撫の守備地域の中心地である漢中・梁州が地理的におよそ「南」方に当り、またそのように観念されていたからにほかならない。

以上の事実から、武都王の僚属の方位将軍号は西方に非ざる南方を示すこと、その南方とは王の所在を起点とした僚属の所在を指すこと、それゆえ宋による除正の有無にかかわらず、僚属の将軍号は王によって国内の政治情勢に応じて授けられたことなどを知ることができる。

王の所在を起点として方位を定めるということは、たとえその将軍号の品級の上下を別にしても、それ自体、王の自立性・超越性を意味する。そしてこの武都王政権はその中枢を楊氏親族で固め、いわば王族政権とでもいわれるべき性格をもっていた。さらに武都王が宋にとって「西」方将軍号を授与されるべきであったのに対し、魏はこれに征「南」大将軍を与え、北朝からすればまさに南方と観念されていたことに注意しておきたい。後者について敷衍すれば、まさしく武都王は南北両朝の攻勢・競合の中にあり、それは将軍号の授受を通じても看取できるのであるが、その僚属の将軍号については、その方位によって明らかなように、一貫してそれ独自の立場をつらぬくことができたのであった。

第二例は、宋・元嘉九（四三二）年、吐谷渾の隴西王の場合である。『宋書』巻九六・鮮卑吐谷渾伝の同年条によると、

慕璝遣司馬趙叙、奉貢献、并言二万人捷、太祖加使持節・散騎常侍・都督西秦－河－沙三州諸軍事・征西大将軍・西秦－河二州刺史・領護羌校尉、進爵隴西王、弟慕延為平東将軍、慕璝兄樹洛干子拾寅為平北将軍、阿豺子煒代鎮軍将軍。

とあり、これによって隴西王の政治勢力がおしはかられる。璝は宋から王号を受け、征西大将軍を授けられた。その周辺では、弟の延が平東将軍、兄の樹洛干の子の拾寅が平北将軍、兄の阿豺の子の煒代（他に輝伐・耀伐などに作る）が鎮軍将軍であった。問題は方位を示す将軍号であるが、ここでも上記史料はそれについて何も語らない。だがその史料の直前に置かれた元嘉七年の記事、

慕璝、前後屢遣軍撃、〔乞伏〕茂蔓率部落、東奔隴右、慕璝據有其地、是歳、赫連定、於長安為索虜拓抜燾所攻、擁秦戸十余万、西次罕幵、欲向涼州、慕璝距撃大破之、生禽定、燾遣使求、慕璝以定与之。

は、問題を解く鍵を示しているとおもう。まず平東将軍・慕延の場合であるが、それは西秦の乞伏茂蔓の東方への退却と密接な関係がある。西秦はもと金城東方に居り、隴西公を自称したように、洮河流域がその故地であった。ところが是の歳十一月「茂蔓、定の敗るるを聞きて、家戸及び興国を将いて東征し、上邽に移居せんと欲」（『宋書』氐胡

伝）したが、赫連定にはばまれて、「暮末（＝茂蔓）、安南に留保し、其の故地、皆な吐谷渾に入る」（『資治通鑑』巻一二二）はめになった。上文にいう隴右の定かな地点は不明だが、璝が據有したという「其地」は吐谷渾領に入った「故地」と同じであるから、安南方面をいうのであろう。他方、璝の爵号にみえる地名のうち、沙州は遠方にすぎるので問題外とすれば、秦・河（＝罕开）州や隴西は当時東進してようやく確保した地域であった。すなわち隴西を根拠地とした隴西王の璝からみれば、據有したばかりの西秦の故地は「東」方に位置し、安南方面と対峙する重要な防衛前線でもあった。慕延はその軍司令官として派遣され、それゆえ平東将軍を称することになったのではあるまいか。

次に平北将軍・拾寅の場合であるが、これは夏の赫連定の北方への退却と関係がある。夏が北魏に追われ、長安から罕开（＝河州）を経由し、さらに涼州に向わんとした。ところが璝の攻撃を受けて滅亡する。涼州方面は夏の遺衆、さらに西秦の遺衆十余万戸の動向ともからんで、この当時とくに重視された地域であったに相違ない。拾寅は隴西からみて「北」方に当る涼州に赴いたという意味の平北将軍であったとおもう。

以上のことを通じて、隴西王の僚属のもつ将軍号の方位は西方に非ざる東・北方を示すこと、その東・北とは王の拠点を起点とした方位であり、その方面に各おの僚属が派遣されていたと推定できること、それゆえ僚属の方位将軍号は宋の公認を得るに至ったが、その内実は以上にみたような吐谷渾の現実に基く施策であったことなどを知ることができる。それにここも慕（または慕容）氏親族で構成された王族政権の例がみられることに注意しておきたい。

第三例は、同じく元嘉九年の武都王の場合である。『宋書』巻五・同年六月乙未条に「北秦州刺史の氐の楊難当、征西将軍に加号す」とあり、同書胡氏伝の同年条には、さらに持節・都督・校尉の号を加えたむね記したあと、重要な事実、つまり、

〔楊〕難当拝〔楊〕保宗為鎮南将軍、鎮宕昌、以次子順為鎮東将軍・秦宗刺史、守上邽。

を伝えている（『魏書』楊難敵伝参照）。すなわち、曽《かつ》て武都王・楊盛のもとで安南将軍であった難当は、いまや自ら

征西将軍・武都王となり、兄の子の保宗を拝して鎮南将軍となし、次子の順を鎮東将軍にしたという。この頃、長子の和はおそらく世子となっていたはずである。保宗の鎮した宕昌とは、隋唐代の宕州の地であり、順の守った上邽は秦州であった。これを王号の武都を起点としてみた場合、宕昌は「南」方としてよいが、上邽はほぼ真北にあって、鎮東将軍の方位「東」に合致しないようにみえる。だがこれについては次のように考えてよいであろう。つまり上邽は地理的にはほぼ真北であるが、武都より長安方面など「東」方へ達する道路を扼する要衝であって、そのことはそのまま武都王政権にとっては「東」部の重要地域を意味する、と。それゆえこの例を特別視するにはあたらず、かえって今まで指摘した将軍号の方位性を、純粋に地理的な観点からのみ理解するのではなく、交通・行政・軍事などからする現実的な方位性をも加味して考慮する必要を示唆するものである。

この例においても、王の将軍号と異る方位を示す僚属の将軍号の存在、その方位はやはり王の所在を起点とすることと、王は僚属に将軍号を直接「拝」していることなどが確められた。さらにいわば王族政権の構成、また北魏による難当への征南大将軍号授与の事実（『魏書』楊難敵伝）を付記しておこう。

第四例は、宋・泰始五（四六九）年、吐谷渾の河南王の場合である。『宋書』鮮卑吐谷渾伝の同年条に、

拾寅、奉表献方物、以弟拾皮為平西将軍・金城公。

とあり、征西大将軍の拾寅は宋の使持節・督西秦－河－沙三州諸軍事・開府儀同三司・領護羌校尉・西秦－河二州刺史・河南王の爵号を受けていたのに対し、ここで弟の拾皮が平西将軍号を得たという。河南王の所在が従前のように隴西であるならば、金城はまさしく平西将軍号が示す方位「西」に当る。しかし都督・刺史号に含まれる地名では、沙州はもとより河州を起点とした場合も、これを金城の西方とするのは無理であろう。また西秦州の正確な地点は明らかでないが、いずれ秦州の近辺であろうから、これは当るとしてよい。少しく疑問が残るのではあるが、隴西・西秦州は該当するのであるから、平西将軍の拠点が河南王の所在を起点として西方に位置したと解して大過あるまい。

以上四例が、ここで検討されなければならない事例のすべてである。(16)けっして多くはないが、ここでの課題にとって少なすぎることはない。そこには期せずして同じ事実を指向する傾向がみてとれるからである。すなわち諸種族の具体的な政治的構造や諸状況において、王の僚属のもつ将軍号の方位性について考えてみると、それらの方位は各おの の種族王の所在地を起点として規定されているのである。

この場合の方位性は、単純な地理的抽象的な方位ではなく、交通・行政・軍事的な諸条件のもとで具体的に観念されるものであったと理解される。またそれら方位将軍号が、いわゆる自称・仮授たると、宋朝から正式に認められた除正たるとにかかわらず、王を中心とした方位であった。上記四例および表2のそれは、ほとんど南朝除正の場合とみられ、それゆえ記録にとどめられたのであるが、実際は諸王によって授与された方位将軍号はもっと多数にのぼったにちがいない。それは当時のことを伝える他の諸史料で、確認できる例もあるが、ここでは省略に従いたい。

このように考えてくると、さきに推定しておいたような、南朝を頂点とする重層的構造は、その下部に諸種族の王者を中心とする在地構造を位置づけた上で、いまや確かなものとして認めなくてはならない。方位将軍号の方位性に対する理解を通じてこのような具体的な位置関係が摘出できるについては、将軍号は本来的に臨時のもの、一時的のものであったという指摘(17)が注目される。そのような性格をもち、それを後まで残してきたために、方位将軍号は方位を具体的に表示するという特性によって、多元的で重層的な政治構造を理解するてだてとなりえるのである。

もちろん、南朝を頂点とした重層的構造は、それ自体が別個に考察されてきたし、今後も追究されなくてはならない。ただ再度強調しておきたいのは、方位将軍号の特性を明らかにすることによって方位性を導入し、それを通じて多元的で重層的な政治的中心を独自の立場から指摘しえたことである。これは将軍号の上下関係からみた観点が普遍的一律的であるがゆえにふれえなかった側面を全く別個の観点から具体的に検討する途をひらき、それを補うものであるといえよう。

## 四、倭国の中心地

そこで再び問題となるのが、倭隋の将軍号「平西将軍」である。それが示す西方は、これまでのべてきたところから察せられるように、南朝・宋の首都、中国天子の所在地を起点とするものではない。倭国という具体的な在地構造における倭王珍の所在地、倭国の王都を起点とした方位である。それならば、その倭国の中心地と倭隋の所在地との間には、東―西という位置関係があるはずであって、それゆえどちらか一方の所在地がわかれば、他方についても推定できるという関係にある。この位置関係は、これまでの通説の理解と矛盾するところはなく、それを許容する。それゆえ倭国の中心地は畿内にあるとしてさしつかえない。倭隋の所在地は畿内を起点として、その西方の地ということになる。その具体的な地域としては、吉備・出雲・北九州方面を考えてよいであろう。

ところが近年に至って、従来の通説的理解を否定し、新しい五世紀倭国像が登場しはじめている。南朝・宋に使者を派遣した五王の倭国は畿内に存せず、その中心地は畿外、それも北九州にあったという主張が有力のようにみえる[18]。

この通説否定の背景には、日本古代史研究に対する批判的再検討という動向があり、その限りで注目すべき主張といえよう。しかしとくに本論にとっては、同じ課題に関する、同じ史料を用いての、しかも異った結論の呈示という結果は、みすごしてしまうにはあまりに重要すぎるといえるであろう。そこでこの新説の内容を吟味し、その過程を通して、通説が内包してきた問題点を指摘してみたいとおもう。

五世紀の倭国の中心地を探るに当ってもっとも根本的な史料は、倭隋に関するそれと同様に、『宋書』倭国条の記事である。すなわち同条に収められた昇明二（四七八）年の、倭国王武が宋に上った表に含まれる方位記事である。

封国偏遠、作藩于外、自昔祖禰、躬環甲冑、跋渉山川、不遑寧処、東征毛人、五十五国、西服衆夷、六十六国、渡平海北、九十五国、王道融泰、廓土遐畿、累葉朝宗、不愆于歳（下略）

これについては、書かれた内容がはたして史実であるかどうか、積極的な疑念を表明するむきもありえよう。上表文が『春秋左氏伝』など、中国古典の成句を含むということもある。(19)ただこの事実が、さきの疑念に直接結びつくものか、速断は許されまい。作表者にとっては、古典成句の修辞は当然要請されている常識的な素養であり、その限りでは表現内容が虚偽に転化してしまう危険に対しては常に留意しなければならないが、ここでは疑念ありと断定する特別な根拠もない。むしろこの方位記事に関しては、それに記されている方位が東・西・北の三方位に限られている点に重要な意味を見出したい。すなわちあえて「南」方を欠落したのは当時の実態を反映しているからであり、それゆえそこには真実味が出ているのである。いま可能で、一番重要なことは、この方位記事に即し、その解釈をいっそう厳密にすることであろう。

さて、倭＝北九州説を主張する井上秀雄氏は、その根拠を次のようにいう。「ここに示された東西北の方向は中国の書式に従って、王都を中心にしたものとみなければならない。とくに海北に渡り平らぐとあることから、倭の王都を畿内諸地域に比定することは困難であろう」と。続いてその王都候補地として四国海岸・山陰海岸・北九州の三地域を挙げ、そのうちもっとも可能性の多いものとして北九州、それも倭奴国の故地を指摘する。(20)以上の指摘には、確かに、通説の弱点をつくところがある。倭の王都を中心として方位をいうならば、東・西二方は問題外としても、北方を朝鮮半島に比定するのは、地理的に無理すぎるからであって、それゆえこの点は再考を要しよう。その解決案として示されたのが、王都の所在地を畿内から北九州へ平行移動させることであったのであろうが、それによってまた新たな弱点を生み出すことになるのではなかろうか。これにも吟味すべき余地があるとおもうのである。

その一つは、「海北」の地をどこに比定するか明文がないことである。倭＝北九州という大胆な新説を導き出す出発点は、前引のとおり「海北」であり、それを根拠にしてその海北の地の南方に倭国の王都を求めようという推論なのであるから、「海北」の具体的な比定を省略してしまっては、北九州という地名が導き出されてくる理由は理解できないのである。ただこの場合、すでに示された結論から逆に推理すれば、問題の「海北」を朝鮮半島とみなしていることは諒解できる。それならばそのように明記した上で、その比定の根拠についての説明を期待したい。

その二は、もっと重大なことであるが、「西」の説明を全く省かれたことである。「東」については、いずれにしろ説明は可能であろう。「北・南」については、とくに北九州の場合にはゆるがせにできない論点だと考えるものであるが、これについてはすでに述べたとおりであるから、ここでは問うまい。だが「西」の説明を欠くことだけは、残念におもえるのである。もし倭＝北九州説が正しければ、北九州の「西」方に位置すべき「衆夷」の地について、何らかの適切な説明が加えられなければならないであろう。しかも「衆夷六十六国」の地である。決して狭い地域とはいえない。具体的な数字の信憑性は論議のあるところであるが、それにしてもおよそ数十国を容れるべき「西」方の広い地域に関する説明が全く試みられていないのでは、この新説に加担しようにもそのすべがないのである。

次に、同じ九州説には、古田武彦氏の論及もある。氏は武の上表文の方位記事について、「朝鮮半島を何のためらいもなく『海北』として、ズバリ言い切」り、「倭王武のいう『衆夷六十六国』とは九州を指し、『毛人五十五国』とは〝中国地方と四国の各西半部を中心とする地域〟である」と述べる。[21] これは、「海北」を朝鮮半島とし、一応、東・西二方の説明もあり、所説の明確さの点ではとくに問題はなかろう。

ただ、前説では「倭国王の所在」を起点として方位を考えようとしていたのに対し、この後説では「南朝・宋の天子の所在」だけを起点として考えるところが、対照的である。すなわち倭＝九州説の立場において、「この場合、日本列島の西なる『衆夷』とは、みずからの都を中心として、それをとりまく九州の地の民それ自身をさすこととなる。すなわち、中国の天子を起点として、『東夷』なる、みずからをさしていうこととなろう。そしてその東夷の地たる九州のさらに東の辺遠（中国からみて）にあたる中国地方・四国地方（各、西半部）の民を『毛人』と呼んだことになろう」(22)という。ここには幾つかの問題があるが、とりあえず南朝・宋の首都、つまり天子の所在を起点としたという主張を確認しておきたい。

そこでまず挙げたいのは、方位の起点が宋の首都・建康であるという、その解釈にほかならない。同じような方位表記法は、方位将軍号の検討によって、その実在に言及してきたところである。だが、ここでの疑問は、その一般的な表記法がほかならぬあの上表文の方位記事にも通用するのかどうかということである。そのような事実は確かめられないというべきであろう。もし論者の指摘に従って、「北」が朝鮮半島を指すとするならば、中国におけるそのような表記例を挙げる必要がある。中国の伝統的な方位観では、朝鮮半島が「東」方に当ることはいうまでもなく、本論でも先に例示したとおりである。「西」ではさらなる矛盾に逢う。ただ「東」だけが論者の主張に合致する如くにみえるが、これとてその主張の正しさを示すものではなく、偶然の符合にすぎない。なぜなら南朝の首都を起点としたのでは以上の如く無理・矛盾が生ずるのに対し、他の解釈つまり倭の中心地を方位の起点として解釈すれば、そのような無理・矛盾は生ぜず、すべて一義的に理解できるからである。

以上のことと関連して次にあげたいのは、とくに「西」の「衆夷」に関する説明が難渋している点である。南朝を中心としてみた場合、まぎれもなく日本列島に存在した「衆夷」を指して「西」というのは、理解し難いところである。それならば一歩退いて、その起点を倭の中心地として考えなおしてみたら、解釈がつくであろうか。すでに指摘したように、九州の「西」に数十国を容れるべき余地はないので、やはり何の解決にもならない。さりとて、九州に所在した倭の「都を中心として、それをとりまく九州の地」が「西」の地域を指すといった説明では、読まれるとおり、説明になっていない。起点と方位との関係が無視されているからである。

以上二つの倭＝九州説は、方位の起点をどこに求めるかにかかわりなく、次の二点において、共通する問題点をもつ。その第一は、ともに「西」方の衆夷の故地に関する合理的解釈を提示しえない点である。その原因は倭の中心地を九州に想定したこと自体にある。さらにその内、起点を中国の天子に求める九州説は、諸種族の王を起点とし、その在地構造内において指し示されるべき方位性を理解しないことにおいて、二重の疑点をもつといわなければならない。

ひるがえっておもうに、それでは倭＝畿内という通説は、従来の根拠のままで支持されるべきであろうか。そうではあるまい。すでに述べたように、倭の中心地＝畿内を起点とした場合、その「北」方がその文字の通り朝鮮半島を指すというような理解は史料に即した解釈とはいえないので、再考を要するところである。畿内からみると朝鮮半島方面は「西」方に当り、歴史的にもそのように観念されてきているのであるから、この「北」と「西」とを説明ぬきで混同したり、一方のみをとりあげて他方を無視したりしてはならないであろう。そこで論議の焦点は、例の方位記事にみえる「北」が、はたして通説のように中心地を起点とする北方と理解してよいかどうか、にあるとおもう。そしてこの点はまた、通説を否とする九州説においても、じつは共通して踏襲する観方なのである。これが第二の問題点である。

そこで方位記事の原文にたちかえって、あらためて検討してみよう。原文を再度掲げる。

(イ)　東征毛人五十五国　東は毛人の五十五国を征す
(ロ)　西服衆夷六十六国　西は衆夷の六十六国を服す
(ハ)　渡平海北九十五国　渡りて海の北の九十五国を平ぐ

(イ)東、(ロ)西、(ハ)北の三方位を含むこの記事が、全体として相互に関連する一連の文章であることはいうまでもない。そのことは各文の後半部分に、被征服国数が共通して記述されていることにみてとれよう。だがここでの問題は、この一連の文章の内で、(ハ)が(イ)(ロ)に対して示す独自性である。(イ)(ロ)には征服された集団が明記されるのに対して、(ハ)にそれが無い。また同時に、(イ)(ロ)が東・西の方位を冒頭に明示するのに対し、(ハ)はそれと異る。(イ)(ロ)と(ハ)との対称性は、以上の二点がこもごもあいまって、誰の眼にも明らかであろう。

もっとも、このような対称性は、あるいは単なる修辞上の相違のように解しうる余地も残るであろう。しかし(イ)(ロ)の方位→〔征・服〕→被征服集団というような記載順序は、(ハ)の示す内容においても充分表現可能であるのに、あえてそのようになっていない。これには理由があるのであって、そこには内容上の決定的な相違点があるのである。それは修辞上の技術的制約などということとはまったく別次元の問題なのであって、ここがもっとも重要なところといえるであろう。

すなわち平らげられた「海北」の意味は、単に「北」方をいうのではない。前掲記事のとおり、それは「海の北」、つまり「海の北に在る九十五国」を意味するのでなければならない。まず、何らかの意味で特定の「海」があって、その海の「北」方の地域をいうのである。この点に(イ)(ロ)と異なる(ハ)の実質的な独自性がある。すなわち(イ)(ロ)の「東・西」はともに倭国の中心地を起点とする方位であるが、(ハ)の「北」はそうではないのである。

それでは、その特定の「海」とはどこなのであろうか。さしあたって問題の「海」を日本列島のどこに比定してもよかろう。そこでまず、これまで論議の対象となった畿内の北方の海、つまり若狭湾を考えてみよう。若狭湾の海のその真北は大海中であるから、これは初めから無理な比定のようにみえる。

しかし少しくそれを修正して考え、そこから船出して能登半島方向に進めば、その航路の方位、およびその寄港地の方位は、やや東に偏するものの、まずは「北」方に入れてもよいであろう。そうすれば若狭湾からやや離れた範囲の外において、北陸沿岸地方に「海の北」の地域を比定しても、さして無理とはいえないであろう。ところが、この地域は、畿内的な古墳文化の前線が永らく停滞し、この半島を越えて越後方面に進出する時期は、古墳時代後期つまり早くて六世紀前半を待たなくてはならなかったという。(23)倭の五王の時代が終焉した後のことになる。能登半島基部を中心にしたこの狭い地域に、はたして東方「五十五国」や西方「六十六国」をはるかに上まわる「九十五国」を容れる余地があったであろうか。全く不可能とは断言できないまでも、いちじるしく無理というのが自然である。この方面に「海北」の地を求めるのは不適当である。

そこであらためて考えてみるに、或る「海」の「北」に「九十五国」といわれるほどの広い地域を許容するのは、現在の地理的常識からいって、朝鮮半島のほかないのではあるまいか。[24] その場合の「海」は、いうまでもなく日本列島と朝鮮半島との間の海を指す。それならば、『日本書紀』巻一・神代上〔第六段の一書第三〕の記事を想い起す。

即以日神所生三女神者、使降居于葦原国之宇佐嶋矣、今在海北道中、号曰道主貴、此筑紫水沼等祭神是也。

ここの「海北」は、宇佐嶋を沖ノ島と解するのがよいとされるから、[26] まさに朝鮮半島方面を指しているわけである。文中の「今」が何時をいうのか明らかではないが、『日本書紀』巻一九・欽明一五（五五四）年一二月条にも、

斯羅無道、不畏天皇、与狛同心、欲残滅海北弥移居

とあって、「海北」がみえ、これをおよそ六世紀以後の用例としてよかろう。それゆえここに、五世紀以来の由来をもつ「海北」という用語を想定してよいのである。

以上で明らかになったことは、倭王武の上表文の方位記事にみえる東・西二方が倭国の中心地を起点とする方位を示すのに対し、北は単なる北方をいうのではなく、特定の海の北の地域を指しているということである。その海は北九州の海であり、その海の北とは朝鮮半島を意味する。この場合、「海北」が朝鮮半島を指すことから出発して、その南に倭国の中心地を探すというような推理は許されない点に、注意しておく必要がある。なぜならば、その海と倭国の中心地との位置関係については、原文にみるとおり、何とも示唆するところがないからである。

以上述べてきたことを綜合すると、これまでの通説のよって立つ論拠は必ずしも充分ではなく、とくに「北」方位の解釈に訂正すべき点があるが、[27] 結果的にはその結論を否定しなくてはならないような理由は、新しく提出されていない。通説の弱点を突いて提示された新説に聴くべきところがないわけではないにしろ、一面では通説の弱点をその

ままうけつぎながら、他方では新たな無理・矛盾を生み出している。上表文の方位記事に即して考察する限り、倭＝畿内説を捨てなければならない理由は何もないのである。

## 五、倭隋の性格

倭国の中心地が畿内にあるとすると、すでに指摘しておいたように、平西将軍たる倭隋の所在はやはり吉備・出雲・北九州などの方面に想定すべきであろう。これ以上の推定は容易ではないが、倭隋の性格を考えるに際して重要な論点の一つとなるとおもうので、もう少しつきつめて検討してみたいものである。

そこで注意されるのが、江畑武氏の次の指摘である。すなわち倭隋に与えられたともおもわれる「『平西将軍』が百済・新羅とくに百済と同盟して高句麗に対抗している日本に与えられたということは、高句麗にとっては大きな衝撃ではなかったろうか。日本と同盟国百済が高句麗への侵略を実行したばあい、この称号を与えられている日本は、侵略の正当性を宋朝から承認されていることになるからである[28]」と（傍点は原文）。この文章そのままには不適当なところがないわけではない。そこで仮定されている侵略の可能性などはともかく、宋・永初元（四二〇）年に高句麗王の高璉に征東大将軍を含む爵号を除授している限り、たとえそれが「遥授」であったにしろ、宋朝が倭に侵略の正当性を承認したことになると解するわけにはゆかない。むしろその反対に、宋は侵略行為の起こらぬことを期待したというべきで、昇明二（四八七）年以後の倭の南朝への朝貢杜絶の一因は、宋側のこの期待の延長上において理解されるべきものであろう。しかしここで重要なのは、将軍号の「平西」に具体的な方位性を認めたこと、百済・高句麗との関連でその具体的な地域が暗示されたことである。ことに前者は、本文で論証したように正しい観点であり、評価されてよい点であろう。

後者で暗示された点を積極的に展開したのは、坂元氏であった。ただ平西将軍だけではなく、同時に除授された征虜・冠軍・輔国を含めた全将軍について、「倭国内のまつろわぬ諸勢力の征服にも当ったこと」を認めながら、さらに進んで「その活躍の場は、南朝鮮一帯に及んだものと思われる」、あるいは「主たる活躍舞台が、……朝鮮半島であった」と具体的に想定した。(29) これは吉備・出雲・北九州というさきの推定を越えて、さらにその範囲が拡がったわけである。確かに、後代では畿内を起点とする「西」方には朝鮮半島を含むことが論証できるし、当時の「海北」が同地域を指すことは、従来の諸論考において直接指摘すると否とにかかわらず、また倭＝畿内説たると九州説たるとの別に関係なく、共通した理解であった。それならば、他の将軍号の場合はさておき、少なくとも平西将軍号の場合には、この見解は妥当としてよいのではあるまいか。その可能性は残るとおもう。

だがそれより重視したいのは、当時の同時代的認識である。倭国王の武の上表文にみえる方位記事は、東・西を畿内の倭国王の所在地を起点とした方位で示しているが、海北の地が朝鮮半島を指す限り、その「西」方は九州を含まぬはずはない。衆夷数十国の故地は北九州地方であり、海北数十国とは区別された独自の区域であった。海北の海とは倭国周辺の大海を漠然とさし示しているのではなく、ある特定の海、それも交通・軍事・政治的な現実の関心において重要な意味をもつ「海」を意味するわけであって、そのような海の北方を扼するのが畿内を起点としてみたときの「西」、つまり北九州にほかならぬのであった。

武王の上表に先立つことわずかに四〇年前、珍王のとき除正された将軍号は、とくに珍が求めて得たものであった。そこには主体的な倭側の認識があり、宋制に則るといった態度以上の積極性がある。平西将軍の「西」と上表の方位記事の「西」とには、時期を同じくし、関心を同じくし、同じ畿内の王都を起点とするような、一元的な方位観に基く共通の認識を指摘できる。それゆえこの両「西」は北九州どまりであるとみる方が穏当であって、この限界を越えて朝鮮半島にまで及んだと主張するには、いささかその根拠がてうすにすぎるのではあるまいか。いまのところ、平西将軍・倭隋の主な拠点は北九州に在ったとするのがより妥当である。

北九州所在の倭隋の性格は、その背後にある社会的政治的集団を追究することによって、さらに明らかになるであろう。これが第二の論点である。

これについては、まず佐伯有清氏の指摘が注目される。すなわち平西将軍などの将軍について、「ふつう、これら将軍号を授けられたものは、倭王の使臣であろうと考えられているが、そうではなく、倭王の支配に服属した地方の首長たちであったとみるべきであろう」と解され、同代の百済の事例を挙げて、その左証としたのである。[30]だがその際検討すべきことは、百済の将軍号をうけた者たちを「地方の首長」と解釈できるかという点である。『宋書』百済条の大明二（四五八）年の記事については、末松保和氏の「十一人の一一をみると、八人は余氏、即ち王族であって、他の三人は、沐氏一人、麋氏一人、于氏一人となってゐる。百済の行政制度の特徴は『其国、二十二檐魯あり、皆な子弟宗族を以て分担せしむ』と梁書百済伝にあるように、全国を王族に分封するという点に認められる」[31]という指摘で明白にされている。同じ例を『南斉書』百済条の永明八（四九〇）年、建武二（四九五）年について調べると、王族余氏の比率は、確かにそれぞれ七人に対して三人、八人に対して零というように急激に下るのである。佐伯氏は地方の首長以外に王族がいたことを否定するのではないが、[32]それにしても王族の姓余氏の比率は無視できないこと、[33]また他氏も地方豪族の首長であることを意味するとはいいきれぬこと、さらに将軍号のほかに授与された王号・侯号・太守号などが必らずしも土着豪族をいうとはいえないこと、[34]などを総合して考えるとき、さきの地方首長説を支える論拠はさほど強固なわけではないといえよう。

しかし重要なことは、倭隋らの性格を追究するに際して、その社会的政治的地位を正面からとりあげて検討したことである。この観点をうけつぎ、地方豪族首長説を強力に主張したのが藤間生大氏である。藤間氏は「倭隋たちは、倭讃・倭済が基本的には一地域の首長であるように、彼らもまた一地域の首長として、倭讃たちと対等の立場にある人間である」と述べて、大和国家や出雲・吉備・北九州・尾張・毛野などの〝諸国家〟の名を挙げ、「こうした諸国家の首長こそ、先にあげた将軍号（平西・征虜・冠軍・輔国、武田）をうけとるに値する人間である」と、その立場を徹底させた。この結論と共に、その在地首長説を裏付ける根拠として、「倭隋という表現」が「倭讃」「倭済」といった表現と「同格の表現である」[35]とする点に注意を向けたい。

この場合、その「同格」というものの内容が国名あるいは種族名として理解されているようであり、[36]それはそれとして興味深い解釈であるが、これとは別に、問題の「倭」は「氏（うじ）」として、もっと正確には「姓（せい、カバネのことではない）」として理解されるべきものとおもう。坂元義種氏は、高句麗王・百済王のなまえの表記に注意し、「高句麗王は、その氏（出自）をあらわすのに『高』字を用い、百済王は『余』字を用いた」という周知の事実を挙げ、倭国王の「倭」の場合もこれと同じとしたのである。[37]これを同時代的な背景のもとで、とくに王を中心とするなまえの表記法が国際関係の上である一定の役割を担っていたという当時の実情に即して考えると、それは「姓」というべきである。古田武彦氏は意識的にこの点を指摘したと評することができよう。すなわち今までも例示した「倭讃」「倭隋」、とくに『宋書』巻五・文帝紀の元嘉二八（四五一）年七月甲辰条にみえた「倭王倭済」をとりあげ、この「倭王の倭済」という表記法から、「これらの『倭』はまちがいなく、姓として用いられている」としたのである。[38]これは正しいとおもう。だがそれによって、倭は姓であると論断するには、姓らしい倭の実例を史料にみえるままに列挙するだけでは、いちじるしく不充分である。例えば倭の五王の中で倭某と記されないのは、珍・興・武の三王を数えるのであるが、彼らの場合は姓をもたなかったのであろうか。このように考えると、倭を姓と断定するためには新たな角度からの論証が用意されなくてはならないのである。

いま『宋書』倭国条について、人物一般のなまえの表記法を調べてみよう。すでに述べた五王の例に照らしてみても、有姓らしい者と無姓らしい者が指摘できるので、こうした個別例の調査だけでは何ともいえないことが、すぐわかる。しかしそれらの例を次の二つの原則に従って整理すると、統一的な理解がえられるのではあるまいか。まず第一原則は、倭国条の記事において初出の人物とそれ以外とに区別すると、前者に限って姓の表記が認められる、ということである。重出する場合には、姓らしいものは省略されているのである。第二原則は、いわば例外的規定であって、初出の場合でも、すでに有姓の人物がおり、その人物との血縁関係が明記されるときには、本人の姓は表記されないということである。このことは男系血縁関係をたどって継承されるという中国の姓に関する常識が、ここ倭国でも妥当するという『宋書』編者の認識をものがたる。

そこで重要なのは、以上の原則が倭国王の場合にのみあてはまるのではなく、国王に非ざる倭隋、さらには曹達など[39]にも通用する表記法であるらしいことである。しかも倭国についてだけではなく、高句麗・百済の諸例について検証してみても、上記原則が妥当することは[40]、この際決定的な意味をもつといえよう。すなわち『宋書』東夷伝は、姓に対しては明確な認識をもち、それにもとづいた正確な記述を、一貫して保ったのである。

倭国王が倭という姓を称し、姓が東夷諸種族において用いられたことは明らかである。そうした事実は、単なる指摘だけならば、じつは古くからいわれていたことであった[41]。それがいま摘出した二原則によって、確定できたといってよかろう。それゆえ倭隋＝王族説を、いまあらためて主張することができる。倭隋という表現に注意し、それにもとづいて倭隋＝地方豪族説がこれまで主張されてきた。逆にここでは、同じくその表現に注意しながらも、倭が倭国の王族の姓として表記されたことを根拠にして、地方豪族説に代って王族説を主張したいのである。このような意味において、倭隋を指して「王族将軍」とよぶ[42]ことはけっして不当ではあるまい。

当時における諸種族の政治構造において、王族の地位はかなり高かったようにおもえる。河西・河南地方から東方に向い、遼東・朝鮮半島を経て日本列島に至る地域、つまり南朝の北辺を長く東西に囲むこの広い地域では、おおづかみにいって、王族が政権の中枢に参加する形態、いわば王族政権とでもいうべきものが、かなり普遍的に成立していたようにみうけられる。前述した氏や吐谷渾の場合では、武都王や隴西王・河南王をとりまく将軍たちは、しかもその多くは方位将軍号を称する者であったが、その大部分が王と同姓で、その近親者であり、それゆえその政権は王族政権を形成していた（第三章）。この点に関する詳細な研究は今後の課題であるが、大勢においてこれに大過なしとすれば、倭姓を称する王族が倭国王のまわりにいて、その権力の重要メンバーとして参加していた[43]としても、決して奇異な事態ではなく、むしろかなり一般的な事態であったといってよい。現に、畿内の中心地からみて西方の要衝の地、つまり北九州に派遣された王族「平西将軍の倭隋」こそ、倭国におけるその実例にほかならないのである。

倭隋に平西将軍号が与えられたことは、第一に倭隋が将軍号を与えられた一三人の筆頭に挙げられ、その名の知れる唯一の人物であること、また第二にその将軍号は平西・征虜・冠軍・輔国の四号に限られ、その内で平西は最上級であったことからみて、まず誤りのないところである。だがそれにしても、平西将軍が倭隋だけに与えられたことにはならない。だが、そのように考えてもおそらく大過ないのではあるまいか。すでに指摘したように、倭隋は倭国王珍を補佐した有力な王族の一員であり、またその将軍号は倭国の僚属に除正されたもののうちで最上級であるのみならず、これを百済の例に照らしてみても、百済僚属の将軍号は征虜将軍を最上級とし[44]、平西将軍号より上級のものはただ百済王のみが称しただけであった。倭隋のような人物がその将軍号を独占したことは、おおいにありうることである。加えて『宋書』巻三九・百官上によると、じつは将軍号には定員規定のあるものとないものとがあるが、前者に含まれるものがまさしく四平将軍（表1の第七位）以上であって、それも定員「一人」と明記されており、後者には左・右将軍（表1の第八位）以下が属する。すなわち元嘉一五年、倭隋除正の時に即していえば、授与された四軍号のうち平西将軍だけが定員一人なのであり、それ以下の征虜・冠軍・輔国三将軍には定員はない。もっとも、この定員の規制がどれほど諸種族政権にも及んだかについて吟味する必要はあるが、この場合は単なる倭国側の表求にとどまらずに公式に宋の除正をうけており、その倭国側では宋の事情によほど精通していたことが推定されるので、倭隋のみが平西将軍であったとみるのがもっとも隠当な解釈ではあるまいか。

五世紀の珍政権のもとで、王族の有力者であった倭隋は、平西将軍の軍号を帯び、朝鮮半島への海路を扼する北九州の地に派遣され、そこに駐留した。このような支配構造はそれまでの倭国にまったくみられなかったとはおもわないが、(45)想起されるべきは古伝承としての四道将軍派遣説話、および日本武尊征討説話であろう。この説話の史実性は、とくに後者において、疑問とされていて安易な推測は許されない。ただ前者については、その説話の骨子には後代の事実が反映されたと解釈する余地もあるようであるが、(46)記紀の所伝に従う限り、五世紀の史実をそこに直接求めようとすることは、やはり断念すべきであろう。だがそれにしても、倭国王武の上表文にみえる祖禰の東西征討物語と、これらの古伝承との対比は、無意味とはいえないとおもう。その意味では両者に共通する王族将軍のモティーフの指摘はみのがせない。(47)ただその際、そのような王族将軍のイメージを「祖禰」にのみ、つまり躬ら甲冑を擐いて山川を跋渉し、毛人・衆夷や海北の諸国を征服したという武王の祖禰にのみ重ねあわせて理解しようとするこれまでの観方は、むしろ片手落ちなのではあるまいか。以上に指摘した「平西将軍」たる倭隋の確かな実在は、王族将軍の名にいっそうふさわしいといえるであろう。

倭隋の性格については、除正された平西将軍号の意義の究明と、倭隋という姓名の追究とによって明らかにしえたところがある。一言で要約すれば、倭隋は王族将軍なのであった。このことはそれだけの意味にとどまらず、当時の倭国政権の理解に対しても示唆するところがあるとおもう。

## 六、倭国の地方統制 ——おわりにかえて——

倭隋は倭国におけるただ一人の平西将軍であったらしい。この倭隋という人物に焦点をしぼり、その性格のあれこれについて言及してきたが、倭隋の歴史的実在を基本的に規制する倭国政権そのものについては、ほとんどふれるところはなかった。この問題を正面からとりあげることは不可能で、今ここでの主な課題でもない。それゆえ倭隋の解釈自体もおのずから部分的にならざるを得なくなるのであるが、また逆にこれまで判明した倭隋の性格を起点にして考えてみると、倭国の地方統制についていささかふれることができるようにおもう。

南朝との関係において確められる倭の将軍号は、倭隋の平西将軍だけではない。また倭国王の僚属も倭隋だけではなかったのは当然である。まず倭隋と同時に、つまり宋・元嘉一五（四三八）年に征虜・冠軍・輔国など三将軍に除正された一二人の僚属がいた。これについて言及すべきことはほとんどないが、倭隋の場合に照らして推測できることは、これら一二人の中には四方に派遣された王族将軍がいたのではなかろうか、ということである。もちろん彼らはみな王族将軍でなければならないとすべき論拠はないし、またすべて地方に派遣されたともいいきれない。地方豪族出身の将軍、あるいは倭国王所在の王都に留る将軍もいたであろう。しかし王族将軍の倭隋が地方に派遣されたということが無視できぬ限り、倭国王珍によるある程度の地方統制の推進を想定できるし、そのようにみた方が事実に近いであろう。

これに大過なければ、倭国王の祖禰が毛人・衆夷を平定した後における、倭国政権の画期的な地方統制策の進展をここに認めてよいであろう。しかもその際に宋の除正を求めたことから、この施策の国際的承認を通じて、その国内・外に対する政治的効果をねらおうとする積極的な意図がみてとれる。またこの除正の国際的意義を考える場合には、百済王による僚属への将軍号賜除の請求が、これよりほぼ二十年後、つまり大明二（四五八）年に始めて実現されたことも参考になろう。

ところで百済僚属への賜除に先んじて、なお倭国僚属への授号が確められる。すなわち元嘉二八（四五一）年、済は二度目の使者を宋に遣わし、そのとき加爵のことがあったが、『宋書』倭国条には、その記事につづき、並除所上二十三人軍郡。

とみえる。その内容は「并びに上（たてまつれ）る所の二十三人を軍郡に除す」つまり上表文にそれぞれの名を記して除正を求めた二三人の僚属に、仮授されたとおりの「軍郡」号を宋が授賜した、という意味であろう。今度は二三人の多きに達する。

さて、ここでの問題は「軍郡」の実体である。七世紀中頃になると、すでに中国の史官もこの軍郡の意味を理解できなかったとみえ、唐・李延寿『南史』巻七九・夷貊伝の東夷・倭国条では、それをただ「職」と書き改めている。そのこともあってか、軍郡とは「軍号の誤」であろうというのが、穏当な解釈とされてきたようである。ところが最近にいたって、この文字をそのまま認め、軍郡とは「軍号と郡号と」、つまり「将軍と郡太守と」を指すという新解釈があらわれ、それなりに興味ぶかい論点となってきた。これをそのまま認めれば、当時の倭国領には統一的な行政区画「郡」が設置されたということになる。その郡の数や分布、さらに性格などについて、今すぐその詳細を求める方が無理というものであろう。この郡太守説は今後の検討を経なければならないが、百済における例などを想えば、一概に無視されるべきではないとおもう。だがさて、ここでの重要なことは、郡太守説をさておいても、このとき軍号つまり将軍号の除正があったという確かな事実である。

今回の僚属が一〇人ふえ、二三人にも達した点は注目すべきである。前王珍の地方統制の方策はほとんどうけつがれ、ひきつづいて進展した。それに加えてもう一つ注目すべきことは、新王済があらためて仮授した将軍号であり、かつ新王治世下であらためて宋から除正された将軍号であったということである。済を中心にして、新しい王族政権の編成が、この頃実現したのかもしれない。もしさきの郡太守創置説が無視されるべきでないとすると、倭国政権による地方統制の飛躍的な進展を考えてよいであろう。

このようにみてくると、昇明二（四七八）年の、例の武王の上表文の一節、

若以帝徳覆載、摧此彊敵、克靖方難、無替前功、竊自仮開府儀同三司、其余咸仮授、以勧忠節。

にみえる「其の余は咸な仮授す」の解釈が、やはり問題になる。「仮授」の主体は倭国王武に相違ないが、「其の余」にはいくつかの解釈の余地がありそうだからである。その一つは、其の余とは開府儀同三司以外の爵号、おそらく当時自称していた「使持節・都督倭－百済－新羅－加羅－秦韓－慕韓六国諸軍事・安東大将軍・倭国王」を指すという見解があるだろうし、もう一つは武以外の人物、つまり多数の僚属とみる見解もあるであろう(50)。前者についていえば、武王自身が爵号自称のことを「仮授」、とくに「授」と表記するであろうか。そうとはおもえまい。それゆえさきの一節は、「竊かに自ら開府儀同三司に仮し、其の余〔の僚属にも〕咸な〔爵号を〕仮授して、以て〔宋に対する〕忠節を勧めし」めたという意味であって、ここでは倭国王武による僚属への爵号仮授のことをいうのでなければならない。後者の解釈が適当である(補)。

現実には、宋は武の自称そのままを除正しなかったし、僚属の除正もどういう結果になったのか明文を欠く。だがここでは、宋の承認の有無にかかわらず、相当数にのぼる僚属の存在が確かであったこと、それらの僚属は武によって将軍号などを仮授されたこと、そして新王の治世下で初の除正請求であったことなどが、重要なことである。武も済の地方統制策を、ひきつづいて追究していたことが認められるからである。

以上のようにみてくると、倭隋のような人物の登場は偶発的な現象ではなく、倭国政権が国土統制を目的として一貫して追究してきた現実的な政策の展開過程で生み出された人物像であろう。すなわち五世紀の畿内に中心地をもつ倭国政権は、倭国王を政治的中心とし、有力王族をも含む豪族首長層を結集して、征服して拡大された倭国領域の各地に、将軍号あるいは郡号を帯びた多くの僚属を派遣した。この地方統制策は、五世紀段階における倭国統一国家の形成と展開において、積極的で重要な役割を果たしたのである。

倭国政権の地方統制を具体的に担ったこの僚属の組織体を、今仮りに僚属制とでも呼んでおこう。この僚属制は一種の地方官僚組織の如くであるが、その性格規定は今後の多面的な論究をまって検討されなくてはならないのであって、恣意的な拡大解釈は許されない。ただ、その概括的な描写を試みるとすれば、例えば当時の主要な墳墓型式である前方後円墳を援用して、次のように特色づけられるであろう。

この墳型の分布は日本列島に限定されて、まさに五世紀倭国の固有の領域のひろがりに一致する点が基本的な事実となる。僚属制はこの領域の統制をその基本的な職務としたはずである。またこの墳型のもう一つの固有性は、その規模の大小を度外視すれば、それが前方後円という特定の墳型をもつこと自体に認められる。すなわち畿内の倭国王は普遍的に存在する地方有力首長層と、基本的には共通の政治的社会的基盤に立ち、それから逃れられないのであって、さきの僚属制といえども首長層間のこのような同質性・共通性を前提とし、それを媒介として具現した組織体にすぎないのである。超越的専制君主の官僚制というには、あまりに未熟な組織体といわなければならないのである。

しかしそのような基盤の上になお僚属制の展開が認められるというのは、四～五世紀における領域拡大という事実を主軸にして、一方では高句麗を中心とする国際的な緊張に対する軍事的対応が必須であるとともに、他方では爆発的な群集墳の発生を背景とする地方首長層の変質とそれへの政治的対応といったような諸事情が挙げられよう。

以上、本論において、これまでほとんど注意されなかった「平西将軍の倭隋」の解釈を進めてきた。この際、残された文献史料のあり方に即し、その立場を徹底させることを意識的に固持してきた。その結果、その指摘の抽象的な点などに対する非難はまぬかれ難かろうが、五世紀の畿内倭国政権による僚属制の展開と、その過程で活躍したはずの典型的な王族将軍・倭隋の姿にいささか触れることができたとは、いえないものだろうか。

註

（1）倭国条にみえる今回の遣使年次などについて異論もあるようだが、これも無用である。次の論考の指摘に従うべきであろう。池内宏『日本上代史の一研究』（近藤書店、一九四

七年　一六四～五頁)、末松保和『任那興亡史』(吉川弘文館、一九四九年　九四頁)、志水正司「倭の五王に関する基礎的考察」(『史学』三九―二、一九六六年九月、四七～八頁)。

(2) 倭隋ら一三人に平西等の四将軍号が認められたとする記事から、直ちに表題および本文のように「平西将軍の倭隋」と解するのは少しく飛躍しすぎているように思えるが、これについては後述する(第五章)。

(3) 西嶋定生「六―八世紀の東アジア」(『岩波講座　日本歴史』古代二、一九六二年)。

(4) 石田英一郎・江上波夫・岡正雄・八幡一郎『日本民族の起源』(平凡社、一九五八年)。

(5) 金錫亨『初期朝日関係研究』(ピョンヤン、朝鮮民主主義人民共和国社会科学院出版社、一九六六年)。日本語訳は朝鮮史研究会訳『古代朝日関係史―大和政権と任那』(勁草書房、一九六九年)。

(6) 最近では、高橋善太郎「南朝諸国の倭国王に与えた称号について―古代日本の国際的地位(下)―」(『愛知県立女子短期大学紀要』七、一九五六年一二月)をはじめ、坂元義種氏の一連の論考、「古代東アジアの国際関係―和親・封冊・使節よりみたる―」(上、『ヒストリア』四九、一九六七年、下、同誌五〇、一九六八年)、「古代東アジアの日本と朝鮮―「大王」の成立をめぐって―」(『史林』五一―四、一九六八年七月)、「五世紀の〈百済大王〉とその王・侯」(『朝鮮史研究会論文集』四、一九六八年九月)、「古代東アジアの「大王」について―百済大王考補論―」(京都府立大学学術報告『人文』二〇、一九六八年一〇月)、「五世紀の日本と朝鮮―中国南朝の封冊と関連して―」(『史林』五二―五、一九六九年九月)、「五世紀の日本と朝鮮の国際環境―中国南朝と河南王・河西王・宕昌王・武都王―」(京都府立大学学術報告『人文』二一、一九六九年一一月)、「五世紀における倭国王の称号について―とくに『持節・都督諸軍事』をめぐって―」(『日本歴史』二六二、一九七〇年三月)、「倭の五王―その遣使と授爵をめぐって―」(『朝鮮史研究会論文集』七、一九七〇年六月)、「五世紀の倭国王―その称号を中心として」(『古代の日本』一、角川書店、一九七一年一月所収)、「倭国王の国際的地位―五世紀の南朝を中心として―」(『古代の日本』一、前掲所収)、「倭の五王の外交―司馬曹達を中心に―」(『赤松俊秀教授退官記念国史論集』一九七三年)などは、出色のものである。

(7) 藤間生大『倭の五王』(岩波書店、一九七〇年、一二二頁)。

(8) 坂元義種「倭国王の国際的地位」(前掲書、六五頁)。なお「五世紀の日本と朝鮮」(前掲誌、二一～九頁)参照。

(9) 大庭脩「前漢の将軍」(『東洋史研究』二六―四、一九六八年三月)。

(10) 魏晋から隋までの将軍号の制度的展開については、『晋書』巻二四・職官志、『宋書』巻三九～四〇・百官志、『隋書』巻二六～八・百官志、『通典』巻三六～四〇を参照せよ。なお宮崎市定『九品官人法の研究―科挙前史』（東洋史研究会、一九五六年、三〇一～八頁、四九八～五〇五頁）、とくに宋のそれについては坂元義種「古代アジアの国際関係（上）」（前掲誌、一四～五頁）などに表示された「将軍を中心としてみたる南宋官品表」を参照。

(11) 坂元義種「五世紀の日本と朝鮮」（前掲誌、一七―八頁、三〇頁註四三）。

(12) 坂元義種「古代東アジアの国際関係（上）」（前掲誌、二五頁）、同「古代東アジアの日本と朝鮮」（前掲誌、九八頁）。

(13) 『宋書』『南斉書』外国伝について、王の将軍号と僚属のそれとが同時に確められる例を拾うと、およそ一三例ほどあった。そのうち、(イ)宋・元徽四（四七六）年、武都王・楊文度の寧朔将軍と、その弟の文弘の竜驤将軍との例、(ロ)斉・建元元（四七九）年、武都王・楊後起の寧朔将軍と、炅の征虜将軍との例が問題である。宋官品によると、(イ)(ロ)ともに四品―三品であって、明らかに武都王のそれが僚属のよりも低い。念のため『南斉書』巻一六百官志によると、寧朔将軍の地位は宋代よりも上っているもののようである。それゆえあらためて寧朔将軍を起点にして数えてみると、(イ)竜驤将軍はそれより二級下であるから、この場合は王の将軍号が上位になる。しかし肝心の斉代に属する(ロ)征虜将軍は寧朔将軍の四級上であり、この場合には依然として王の将軍号は下位となる。

(14) 元嘉二八年の済の将軍号については異る記事が残されている。すなわち『宋書』巻四文帝紀の七月甲辰条には「安東大将軍」に進号したといい、『宋書』倭国条には故の如く「安東将軍」のままであるという。この矛盾を時間のずれによって両方を認める坂元義種「中国史書対倭関係記事の検討―藤間生大『倭の五王』を通して―」（『続日本紀研究』一四四・一四五合併号、一九六九年五月、五九～六〇頁）の考え方があって興味深いが、本論の立場ではそれが四平将軍の一つ、「安東」将軍号であったことを確認できればよい。

(15) 斉・梁の武への授爵は、倭人に直接伝達されたか疑わしく、「遥授」であったろうとする見解が古くからある。斉の場合には、前年の倭使者が宋斉革命の南朝に滞在して帰国せず、直接に授爵を伝えられた可能性は少くないが、梁のそれは遥授のほか考えようがない。しかし本論にとっては、斉・梁が宋をうけついで上記の方位将軍を授与しようとしたこと自体に意味を求めているのであるから、遥授のいかんにかかわらず、重要な素材となる。菅政友「漢籍倭人考」（『菅政友全集』国書刊行会、一九〇七年、三五二～三頁）。なお坂元「倭の五王」（前掲誌、三四頁）参照。

(16) 南朝におけるこれら四例は、(イ)種族王一人が存在していて、かつ僚属が方位将軍号をもち、(ロ)その位置関係が判明する場合に限って、検討したものである。それゆえ次の場合は考察から省いたが、後論するところと少しく関連があるので、ここに付記しておこう。付例一は(ロ)位置関係不明の場合で、宋・元嘉一六（四三九）年の吐谷渾の河南王の例（『宋書』鮮卑吐谷渾伝）である。慕延が領西大将軍（紀に鎮西将軍に作る）・河南王で、僚属では兄の子の拾寅が平西将軍、庶長子の繁暱が撫軍将軍、嫡子の瑍が河南王世子・左将軍であったという。慕（慕容）氏で固められた王族政権である。付例二は(イ)種族王の実在を欠く場合で、元嘉一六年の匈奴の大且渠氏の例（『宋書』巻九八・大且渠蒙遜伝）である。無諱を征西将軍・沙州刺史・都督建康以西諸軍事・酒泉太守、弟の儀徳を征東将軍・秦州刺史・都督丹嶺以西諸軍事・張掖太守とした。時に征西大将軍・河西王であった兄の茂虔が北魏の虜となり、この兄弟への授爵はその対応策として宋が急遽とったものである。おもうに無諱の征西将軍は河南王の征西大将軍を継受したもので、それゆえ河南王の実質上の代理である。これに対して儀徳の秦州・張掖（丹嶺は未詳）は、無諱の沙州・建康（＝張掖県西）・酒泉からすれば、東方に当ることはいうまでもない。付例三は(イ)種族王一人以上の場合で、斉・永明元（四八三）年の羌の宕昌王の例（『南斉書』巻五九・河南氏羌伝）である。前官爵を復したとき授けたのは、宕昌王の梁弥機に使持節・都督河—涼二州諸軍事・鎮西将軍・東羌校尉・河—涼二州刺史・隴西公、羌王の像舒彭には使持節・平北将軍・西涼州刺史であった。問題は後者がかつて平西将軍を得ていたのに、ここに至って平北に変り、以後つねに平北将軍または安北将軍（『梁書』巻五四・西北諸戎伝）、つまり北方を専称した点である。これより時期の前後にかかわらず、西方将軍号を称した宕昌王と対照的であるばかりか、いわゆる諸戎の諸王の中でも異例である。これは宕昌王に対してあたかも僚属のような関係において認識されるようになったからではあるまいか。果してそうならば、宕昌王の河州・涼州・隴西に対して、羌王の西涼州はおよそ北方といってよい。また魏・大和二（四七八）年に梁弥機に除授された征南大将軍・西戎校尉・梁—益二州牧・河南公・宕昌王の爵号から判断すれば、両者の位置関係は明確に理解できて、疑問の余地は生じないのである。以上の諸例は本文の論旨に矛盾せず、むしろそれを補う事例となる。

(17) 大庭脩「前漢の将軍」（前掲誌、九〇頁）。

(18) 井上秀雄「朝鮮史における古代史研究と倭について」（『歴史科学』四三、一九七二年、原載。『任那日本府と倭』東出版、一九七三年、所収）、同「中国文献にあらわれた朝鮮・韓・倭について」（横田健一編『日本書紀研究』七、一九七三年、原載。『任那日本府と倭』前掲書所収）、古田武彦『失われた九州王朝—天皇家以前の古代史—』（朝日新聞社、一九七三年）。

(19) 志水正司「倭の五王に関する基礎的考察」（前掲誌、五一～三頁）。

(20) 井上秀雄『任那日本府と倭』（前掲書、三三六～七頁、四〇四〜五頁）。
（21）古田武彦『失われた九州王朝』（前掲書、一八七頁、五四五頁）。
（22）古田武彦『失われた九州王朝』（前掲書、一九七頁）。
（23）甘粕健「古墳文化の地域的特色─序説─」（近藤義郎・藤沢長治編『日本の考古学─古墳時代（上）』河出書房、一九六六年、一〇五頁）。
（24）金錫亨「三韓・三国の日本列島内分国について」（『歴史科学』一九六三年一号、ピョンヤン、同年一月、一三頁。村山正雄ら訳本、朝鮮史研究会、一九六四年、一九頁）は、倭国が朝鮮半島に出兵したと解釈するのは全くの見当違いであり、方位記事の「渡平海北」とは大和から九州までのことをいうとしている。「海」は関門海峡、その「北」は「西」又は「南」の誤りということになろうか。だがいま論じている方位に限って付言すると、金氏の海北の方位は「西服衆夷」の方向と重複することになる。原文を誤記とするうえに、方位を重複しなくてはならないような方位解釈は、いちじるしく説得力を欠くといわざるを得ない。
（25）『日本書紀』巻一・神代上〔第六段の一書第二〕には、「宜降居道中」とのみあり、本文の「海北道中」は「海北の道中」と訓めることを示す。
（26）坂本太郎・その他校注『日本書紀』上（日本古典文学大系六七、岩波書店、一九六七年、一一〇頁注七）。
（27）古田武彦『失われた九州王朝』（前掲書、一九六〜七頁）によると、倭＝畿内の通説的理解を採った場合の難点を二つ挙げ、それを九州説の論拠にしているので、念のためここで吟味しておこう。その第一点は「西の衆夷」という表現であるという。中国の伝統的方位観では、「夷」は「東」に限って用いるはずなのに、いま問題の方位記事では「西」に用いているので、それが不可解であるということのようである。もし難点の内容を以上の如く理解してよければ、それこそ不可解というべきであろう。「夷」が「東」に必らずしも限られぬことは、例えばいわゆる難点を指摘した後、論者自らが例示するとおりであって、多言を要しない。いわゆる難点は、難点というに価しないのである。ちなみに、「西の衆夷」は原文にあるのでいまさら動かし難く、たとえ「西」「夷」をいかように解釈しようとも、結果において九州説がその「西」を現に扱いかねていたことは本文に指摘したとおりである。その第二点は、「東の毛人」の表現であるという。中国本来の「毛」字の用法では、東夷を間において、さらにその彼方に存在するというそれ固有のイメージがあるのに、いきなり東方を「毛」というように理解するのは、根本的な無知であると論難するのである。この難点の理解に大過なしとすれば、これも納得できない。毛人の所在が中間に東夷をはさんで、さらにその彼方でなければならぬというように二段がまえに解釈するのは、少なくとも挙げられた文言からは理解し難く、それは論者固有のイメージにすぎない。そもそも以上二つの難点を指摘する際には、中国天子の所居を起点とすべしという論者独特の方位観が前提とされている。その当否については本文に一言したとおり、にわかに従うわけにゆかぬのである。それゆえ畿内説にとっての難点がここに指摘されているとは、とうてい信じられない。

(28) 江畑武「四～六世紀の朝鮮三国と日本―中国との冊封をめぐって―」(『朝鮮史研究会論文集』四、一九六八年九月、三三～四頁)。

(29) 坂元義種「倭の五王」(前掲誌、二三頁、二七頁)。

(30) 佐伯有清「倭の五王」(井上光貞編『大和奈良朝』一九六五年、原載。『日本古代の政治と社会』吉川弘文館、一九七〇年、八三～五頁)。

(31) 末松保和『任那興亡史』(吉川弘文館、一九四九年、一〇九頁)。

(32) 註(30)に同じ。

(33) 宋朝あるいは南朝という枠をとり払い、同時期の百済の情勢を考えるという立場に立つならば、『魏書』巻一〇〇・百済伝の延興二(四七二)年条にみえる史料もここに挙げるべきであろう。王姓の余氏は全体の二人に対して一人である。

(34) 坂元義種「五世紀の<百済大王>とその王・侯」(前掲誌、七九頁)。

(35) 藤間生大『倭の五王』(前掲書、一三九頁)。

(36) 藤間生大『倭の五王』(前掲書、八四～五頁)は、「倭讃」の表現について「倭王讃がきたといわないで倭の讃がきたということは、まだ王としてみとめていない讃がきたということである」と述べていることから、倭の意味が国名または種族名として理解されていると解釈できる。

(37) 坂元義種「倭の五王」(前掲誌、一八頁)。

(38) 古田武彦『失われた九州王朝』(前掲書、一三五～六頁)。

(39) 『宋書』倭国条にみえる「司馬曹達」のなまえは、ふつう司馬が姓で、曹達が名であると解されているようだが、ほかに、司馬は官名(讃が宋から授けられた爵号に伴う属官)、曹は姓、達は名とも解することができ、後者の方が当っているとおもわれる。坂元義種「倭の五王の外交―司馬曹達を中心に―」(『赤松俊秀教授退官記念国史論集』一九七二年)参照。いずれにしろこの人物は姓をもっていた。

(40) 『宋書』東夷伝について、この原則にあてはまらぬ実例が三ある。一つは高句麗条の詔にみえる百済王「映」で、第一原則にもとる。二つは第二原則と矛盾する百済条の「余」紀である。三つは初出であり、かつ他人物との血統も示されていないにもかかわらず、姓の記載のない倭王「済」の場合であって、二原則にともに反する。このうち前二者は詔および公文書における表記であって、これは、原則にはまらぬ例外としてよいであろう。ところが済のみ不可解である。これを単に不完全な表記とみるかどうかについては、今のところ何ともいえないが、もし万一第二原則と関連して珍—済間に続柄を記さないこととかかわりがあるとすれば、さらに一考を要するであろう。ただ済も倭の姓をもった（『宋書』文帝紀〔前掲〕）ことは明らかなので、珍—済はともに同じ倭姓ということになるから、この二人の間に男系上のつながりを否定するのは不自然といえよう。

(41) 菅政友「漢籍倭人考」（前掲書、三四二頁）。

(42) 坂元義種「倭の五王」（前掲誌、二六頁）。ただ倭隋を倭国王の近親と想定するについて、倭（氏としての倭氏）という表記法のほか、珍の将軍号との品級の差が僅か一級であること（「倭の五王」前掲誌、二四頁、「古代東アジアの日本と朝鮮」前掲誌、九八頁）、「隋」字が「済」字と似ていること、つまり隋なる人物はのちの済王であった可能性があること（「古代東アジアの国際関係（上）」前掲誌、一八頁）を挙げるのは、いささか無理であろう。ただこのような傍証を欠いても、倭隋が王族であるということは、倭が姓であることによって十分成立しうる。

(43) 倭姓を称する倭国政権のメンバーといえば、ヤマトの倭氏一族が想起される。志田諄一「倭直」（『古代氏族の性格と伝承』第五章二、雄山閣、一九七一年）、楢崎干城「倭氏考」（『日本書紀研究』八、塙書房、一九七五年）参照。これまでの研究によると、倭氏は大和の国魂神の祭祀氏族であり、それゆえ大和政権ときわめて密接な関係にあったことは明らかであるが、他方、倭国王との血縁関係については何の言及もなく、まして五世紀における史実の究明はいまでは望むべくもない。記して後考をまつほかない。

(44) 坂元義種「古代東アジアの日本と朝鮮」（前掲誌、九八頁）。

(45) 類似の史実をこれ以前に求めれば、三世紀邪馬台国時代の「一大率」などがこれに該当する。ただしその邪馬台国の位置について立ちいって論断する用意のない今、ただ類似例として指摘しておくにとどめたい。

(46) 井上光貞「古代の東国」（『万葉集大成』五、平凡社、一九五四年）は、帝紀・旧辞定着時つまり六世紀ごろの史実の反映であるとし、坂本太郎「日本書紀と蝦夷」（『蝦夷』）も崇峻朝つまり六世紀末ごろのこととすることもできるという。

(47) 上田正昭「大和国家と皇族将軍」（『京大国史論集』一、一九五九年、原載。「王族将軍の性格」『日本古代国家論究』、塙書房、一九六八年）。

(48) 末松保和『任那興亡史』（前掲書、九四頁）。

(49) 藤間生大『倭の五王』（前掲書、九一～二頁、一四九頁）。坂元義種「倭の五王」（前掲誌、二九頁）。

(50) 坂元義種「中国史書対倭関係記事の検討」（前掲誌、五三頁）、「倭の五王」（前掲誌、二二頁および註三一）。

（一九七五年二月二三日）

【補】このような例は他にもあるとおもわれるが、管見の限りでは、『晋書』巻一〇二・劉元海載記の「永興元年（三〇四）、〔劉〕元海乃為壇於南郊、僭即漢王位……以劉宣為丞相、崔游為御史大夫、劉宏為太尉、其餘拝授各有差」をあげておきたい。「其餘」とは漢王たる劉元海の臣下・僚属をさし、「拝授」とはそれら僚属に官爵を授与したことをいうのである。

（一九九四年四月）

【付記】本稿で倭隋の解釈を試みたわけであるが、その際に倭隋ら「十三人」や所上の「二十三人」といった人数の限定的意義については、とくに考察するところはなかった。過日、末松保和先生におめにかかり、話題がそのことに及んだとき、それらの数値は当時の国造のそれに近く、それゆえ将軍号は国造層に除授されたのではなかったのかとの解釈を示された。これは倭隋が王族将軍であったという本稿の立場とはそのままでは必らずしも合致しないわけであるが、国造制と本稿の「僚属制」との関係はいずれ追究されるべき課題であり、その意味において啓発されるところが少なくない。それに関する詳論の呈示が望まれるが、とりあえずここに付記するとともに、このような形での付記を許された先生に感謝したい。

（一九七五年四月二八日）

# 五、六世紀の日朝関係

## ――韓国の前方後円墳の一解釈――

山尾幸久

### はじめに

文字通り細々と日本古代史の小領域を学んでいる。シンポジウムのテーマである考古学にも朝鮮史にも、専門の知識は全くない。日本古代史の展開を、少し広い歴史的地域において考えたいと念願しているに過ぎない。その程度の者だが、韓国の前方後円墳の理解に或は関係があるかも知れない背景について、一つの臆見を述べる。

泥縄式に二、三の論文[1]を読んだに過ぎず、韓国の研究者の所見[2]には、おそらく、筆者の管見に直接先行するものがあるに違いない。準備は著しく不充分だが、俄か勉強の感想から述べ始める。

## 一、全羅南道西部の前方後円墳

「前方後円墳」の呼称は、二〇〇年程昔の日本の漢学者が始用したものらしい。今日、この術語は、四、五世紀の倭人の文化的内容、および倭国の政治的体制の意味をも込めて、使われている。生と死とに関わる観念、霊力の継受を含む葬儀、祭祀と不可分の墓制、それらはまさしく文化、それも、比較的に、伝統性・保守性をもつ文化であろう。「前方後円墳」の語が、四、五世紀の倭人の文化的内容を含意するというのは、おそらくその通りであろう。

この点に関して先行論文に感じた疑問は、三世紀にも五世紀にも、中国人から、文化によってはっきり「倭人」とは識別されていた「韓人」が、数十年という短期間だけ、政治的立場についての政治意思から、倭人の墓制を採用するなどというのは、そもそもあり得ることか否かである。頗る疑わしい。

他方、「前方後円墳」の術語が、四、五世紀の倭国の政治的体制をも含意するというのはどうか。この所見は敗戦後五十年余の研究史を背負っている。それどころか、敗戦の前と後とを貫く、百年近い思考の歴史を背負っている。考古学者は、自らの知、自らの思想性の客観視に余りにも無頓着ではないか。もしも「前方後円墳」が四、五世紀の倭国の政治体制を表象しているのならば、全羅南道西部に、倭王を根拠とする一元的身分秩序で組織された初期的国家体制が、一時期、及んだかの如き連想が生じる。

それは直ちに「倭王権の朝鮮支配」はやはり実在したのだという連想に結びつく。「図1」は、七世紀末頃の国家の観念を実体化し、日本の天皇が百済王に「賜」与したとか、新羅王が天皇から「封」建された「区域」を侵犯したとか、『日本書紀』に出てくる古地名を考証し、その最も遠い処に線を引いて塗り潰したものである。古代貴族の観念における「領域支配」が可視的に表現されているわけだが、それを客観的実在とする想像に、短絡する。

しかし、かかる短絡的連想は、ここ三十年ばかりの研究の蓄積への無知を曝け出しているに過ぎない。客観的な検証可能性を重んじる学術の世界では、全く論外である。この稿で筆者が「前方後円形古墳」などと事更に「形」の字を付けないのは、全羅南道の豪族が墳丘形態のみを採用したのではなく、被葬者を百済王の臣下となった倭国の有力者と見ているからである。「形」を付けておかなければ「倭王権の朝鮮支配」を認めることになるかの如き配慮は、考古学者の文献学的研究水準への無知識無関心の現状では止むを得ないのだが、至って非学問的なことだと思う。古墳時代の考古学者の資料解釈は、ごく一部の例外的な方を別に、もう百年近く、依然として『古事記』『日本書紀』の国家形成史の陳述（ステートメント）の枠組みに身も心も依存し隷従し続けている。

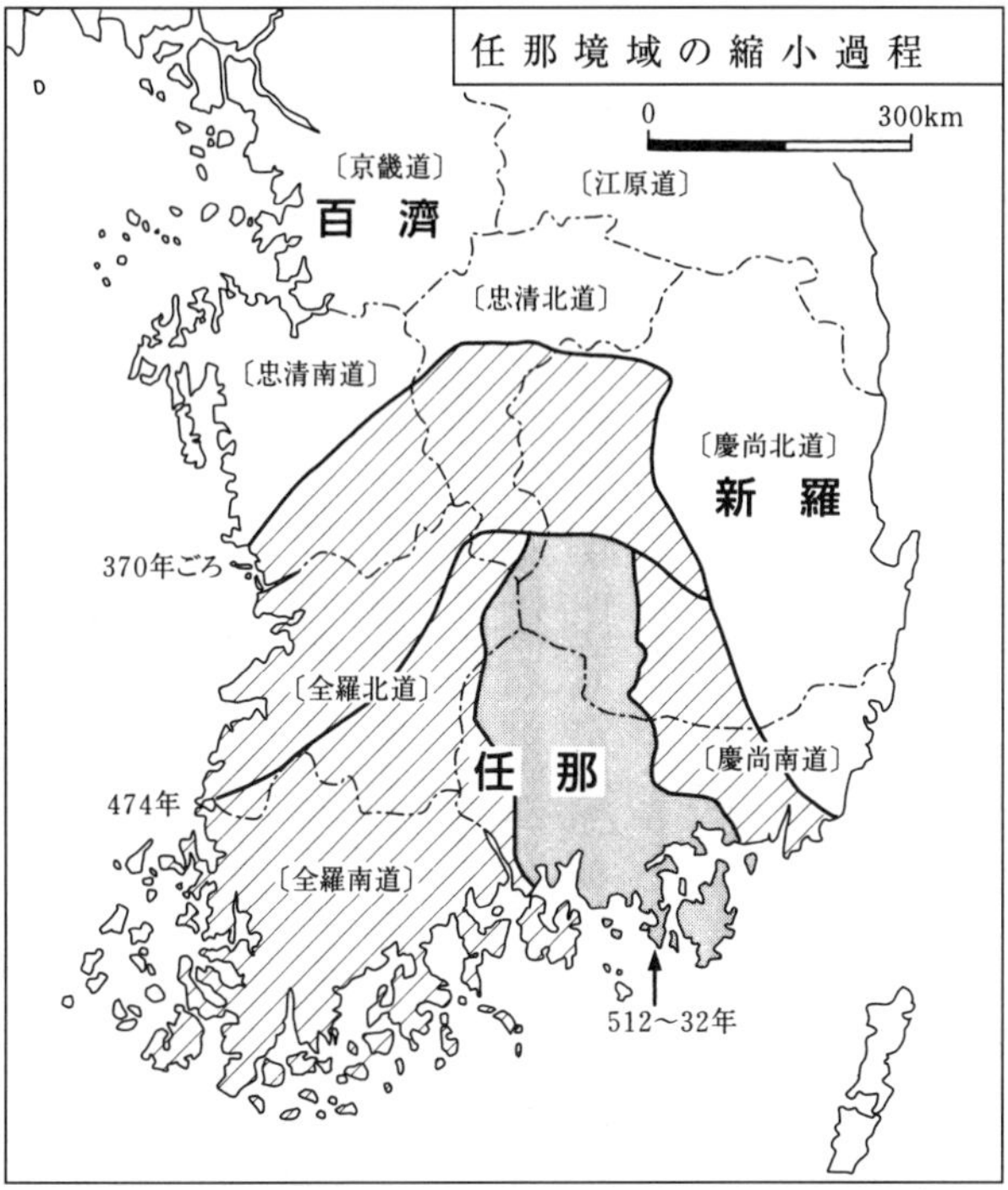


図1　七世紀末の国家の観念を実体化し可視的に表現した「直轄領」図（『日本書紀』によって描かれた任那の変遷。平凡社『アジア歴史地図』により作成）

曽て「前期古墳」の時代とされていた三世紀第4四半期～四世紀第3四半期の、『記』『紀』の国家形成史の骨骼（後述）は、七世紀の終り近く（天武朝を中心とする時代）、「現御神」天皇の総括的全土万民掌握体制の規範として求めた理想的時代、その時代が、神の意志で拓かれたのだという神の国建国のパブリック・ステートメント、天武ドクトリンのイデーの形象化である。この構想の枠組みから人格的・思想的に独立し、物的資料の科学的・合理的解釈のみによって、列島規模での王権の一元的な身分秩序が立証できるのだろうか。

古墳や古墳群は、先ず以て、それぞれの歴史的地域または政治経済ブロックの、流動的で具体的な交流関係の個別性において捉えること、多様性や差異性や非規則性の個性化的把握を志向すべきではないのか。一躍、列島規模で、斉一性・画一性で意味付けて「体制」などと言うのは、危う過ぎる。韓国の前方後円墳を理解する上で、これは、前提である。

また、前方後円墳が造られなくなる時代、古墳そのものが造られなくなる時代、かかる終りの時代が何の始まりなのか、それを政治権力論的・政治過程論的に明言すべきである。自らが学生時代に学んだ古代史の通説に三十年も四十年も停っているのは、知的怠慢である。

古墳時代の考古学の、不知不識の裡の、『記』『紀』に当て嵌めた資料解釈への不信は、筆者の場合洵に拭い難い。だから、この稿で「前方後円墳」というのは、四、五世紀の倭国の列島規模での国家体制を含意するものではない。三世紀から六世紀までの、岩手県南部から鹿児島県までに分布する前方後円墳が、倭の初期国家が組織した政治領域を示すのであれば、同じ時代の韓国全羅南道の前方後円墳の分布を、完全に排除する訳にはいかなくなる。だがそれは思考の前提において既に科学からの逸脱があるのである。

さて、韓国の前方後円墳について、考古学の門外にある一素人が理解したところは、六世紀第1四半期を中心とする前後数十年間（五世紀第4四半期〜六世紀第2四半期）に、栄山江流域など全羅南道西部に、現地の人々によって、倭国の墓制をも採用した、百済系の古墳が造られた。そういうことである。考古学の論文の中には、百済王権との関係を何とかして否定的に見、「在地首長」の歴史性のみで解釈しようとする説が多い。しかしそれでは余りにも視界が狭い。問題の時代の全羅南道が位置する歴史的地域は、中国南朝の宋・斉・梁、百済、加羅、倭国などで構成されていた。五三八年の泗沘（扶余）遷都前後に百済の「五方」制（後述）に組織される全羅南道の「在地首長」の上に、熊津期の百済の権力が及んでいたであろうこと、それは論究の前提としてよい程自明であろう。特徴を列挙してみる。

A　偏在性

シンポジウムの主題から外れるので割愛するが、文献からは、五世紀第4四半期〜六世紀第1四半期の加羅に、西日本の各地出身の倭人が居住し活動していたこと、それは否定しようがない。(3) 国家機構や民族的実体の形成前の相互の交流や移住に「支配―服従」を連想するのは、実に非歴史的である。慶尚南道固城の舞妓山古墳が前方後円墳なのか連接する三つの円墳なのか、現在発掘調査中なので、成果が公表されるまで保留する。不充分な資料で一五〇〇年も昔の墳形の判断を急ぐ必要など、学術上では少しもない。しかし加羅の首長墓の造営に倭人が関与することなど、この数十年間ならば、少しも不思議ではない。

それは別として、今の処、九基（堯基洞造山古墳を加えれば十基）の前方後円墳（発掘調査されたもの五基。調査中の海南郡長鼓峯古墳を加えれば六基）は、栄山江流域を中心として全羅南道西部のみに分布している。

B　散在性

光州市光山区に三基あるが、全体として点々と分布する。三世紀半ばの馬韓の「国」、八世紀後半の新羅の「郡」程度の範囲と対応させる所見もある。概してであれば妥当であろう。

C　非継続性

二代続くらしいものが一例あるが、前方後円墳が群を構成するようなことは全くない。大半は一基だけで終っている。

D　短期性

考古資料から判定されている処では、五世紀第４四半期から六世紀前半までに収まるらしい。百済史で言えば、漢城王都時代（四七五年まで）には溯らず、泗沘時代（五三八年から）には降らないという（シンポジウム当日の東潮氏の発表）。熊津期に相当する。

### Ｅ　習合性

九ないし十基の前方後円墳は基本的に百済系の古墳と見られる（その際、威信の儀器が盗掘された可能性を想像する事が不可欠）。しかし種々の技術はもとより葬送にも、史的系譜において現地色が濃い。それだけではなく、墳形はもとより、周濠、土製品・木製品、シンポジウム当日の柳沢一男氏の発表によると横穴式石室も、西日本の倭人の墓制の採用と認められる。

被葬者が「在地首長」か百済人か倭人かといった単純な〝三択〟思考は、考古資料自体が拒否している。

右に筆者の素人的理解の項目を並べた。次節に論を進める前に、文献により朝鮮古代史を研究されている田中俊明氏の所説との違いをはっきりさせておく。氏は五世紀後半の「慕韓」は全羅道地域の独立的残存勢力だったとされる。その勢力が、百済の進出、領有に抵抗し、政治的立場上倭の墓制を採用して「政治的アピール」を「可視的に表現」したのではないかと言われる。かかる政治意志は、一部は「連合体的に決められた」のだろうという。それを承けて、東潮氏は、「慕韓」を全羅南道栄山江流域と見られた。筆者はこのような見解に全然賛成出来ない。

「都督……慕韓……国諸軍事」号からは、漢城時代の「百済国」から相対的に自立した「慕韓国」があったことは判る（後述）。しかしそれが栄山江流域だというのはどの史料が根拠なのか。全羅北道西部の有力者の政治的結合組織であろう（後述）。六世紀前半の全羅南道の「首長たちの連係」や「連合体的」政治関係の有無など、文献学的手法からは不可知である。考古資料からは、盗掘後の遺存だがそれでも熊津期の百済の強い関与が認められる。これは、百済に抵抗する政治意志の所産とする推測と整合性を欠く。生死や霊的なるものへの観念や信仰・祭祀と結合している葬送儀礼や墓制を、文化を異にする人々が一時的に採用しうるか否か。この点にも問題が残っているであろう。

## 二、『日本書紀』の「任那支配」史吟味の前提

筆者の管見は、一九七〇年代の、もはや陳套となった段階に停まっている。しかし二〇〇〇年の今日でもなお、一九五〇年前後の研究しか認めない（知らない）韓国の前方後円墳の解釈が、考古学の学会では堂々と発表されている。今更かかることを言わねばならないのは悔しいが、『紀』の「任那支配」史批判の前提三点を述べる。[4]三点に共通するのは、「観念の実体化的認識は避けよ」という、文献学的研究では最も初歩的な常石に属する。

### 1　『記』中巻の時代における国家形成史をどう見るか

『記』の三巻の時代区分における中巻の時代（神武〜応神）には、『記』『紀』に共通する国家形成史が描かれている。

◎1　神の意志による神の国の建国

（神武）天つ神が降臨した聖地から天つ神の御子が来臨し「中洲」を平定。「天皇」位を創始。

（崇神・垂仁）「畿内」を綏撫し国家的統治。畿外の服従しない者を平定。神祇の祭祀を創始。

（景行）七十七人の皇子を全国に「封」建。〝夷狄〟征服。

（成務）天皇の全土万民統治のために全国を行政区画し地方官を任命。

（仲哀・神功・応神）朝鮮半島の王を服従させて〝藩臣〟とする。そこから「神の国日本」の「聖の王天皇」への雄族の「帰化」。

来臨した超絶的貴種が奈良盆地を服従させて天皇位を創設することから始まり、朝鮮半島の王を服従させて藩臣とするまでの、体系的かつ段階的な国家形成史である。応神までは、神と人とがまだ分化しておらず、七世紀の「氏」の始祖が現れるに相応しい時代と見られていた。右の「◎1」は、神と未分化の皇祖らの国家の建設である。それは、平凡な人間業、権力や武力の所産とは考えられていない。要所要所に神の意志や神の佑けが描かれている通り、神意の顕現による神の国の建国物語である。

いわゆる「朝鮮半島支配」史の本質、それを日の御子応神を胎内に宿した巫女神功に繋けて語らねばならなかった本質、それは朝鮮半島が神からの授かりもの、その「縁」起、由緒だからである。「◎2」「◎3」「◎4」に一例を挙げたが、要するに霊験譚に他ならない。「図1」における「三七〇年ごろ」という「境域」は、後述する〝百済三書〟による『紀』の叙述に、天皇が百済王に「賜」わったとか、新羅王が天皇から「封」じられた「本の区域」を侵したとある地の、最も遠い処に線を引いたものである。しかし、そのような「藩屏」の「臣」としての「封」建が、なぜ神功胎中の応神に繋けられているのかという根本問題、それを不問に付していた。「三七〇年ごろ」とは、だから、神話的・霊験譚的に無化された時間を、歴史的時間に誤訳したものである。

神から独立した初代の帝王は『記』下巻冒頭の仁徳である。『記』『紀』は、この帝王にだけ、「其の御世を称（たた）へて聖帝の世と謂ふぞ」（『記』）、「今に聖帝と称へまをすなり」（『紀』）と書く。七、八世紀の交における仁徳聖帝視を明記している。その聖帝仁徳の黄金時代が神佑によって拓かれたという、神の国建国縁起、それが、「◎1」の〝歴史〟の本質である。

天武天皇（在位六七三～六八六年）が、改造の対象である旧体制を批判する根拠として造型した（尚古思想の）理想時代が仁徳朝であった。創設しつつある新体制を、理念も性質も、規模も構造も、「聖帝の世」の再来だと意味付けたのである。要するに「◎1」は、六七〇年～七四〇年の律令国家（「日本天皇」体制）の現御神としての君主が、正当根拠または理想的規範として求め創造した、神の国の黄金時代の「伝統」である。

七世紀末葉におけるこの体系的な神の国建国のステートメントから、いわゆる「朝鮮支配」だけを切離し、史実的世界に繰り入れるのは、研究方法の初歩における逸脱である。「歴史考古学」の対象外なのである。

日本における文字言語・表記体系の成立は、五世紀後半の漢字受容に萌芽的前史があり、六世紀半ばの漢字の国字化で本格化する。『記』『紀』の記載にまで繋がる同時代記録の作成および保存は、六世紀半ばの政府書記官フミヒト（博士・史官）の職務として始まった。漢字の字音借用・字義借用の表記法は、共に既に百済・新羅で行われていた。倭国は「百済に…求め始めて文字を有つ《たも》」た（『隋書』倭国伝）のである。

「歴史考古学」が対象とする「歴史時代」は日本ではいつ始まるのか。同時代の記録が作られ始めた頃なのか、国家の陳述が編纂された後なのか。詳しい知識はないが、「前方後円墳時代」または「古墳時代」の全体が対象外であることは確かであろう。それを、少なくとも一九一〇年までは溯る、「歴史考古学」的思考で解釈して良いのかどうか。

## 2　「日本天皇」が新羅王を藩臣と位置付けていたことをどう見るか

八世紀初めの「日本天皇」は統一新羅の王を「蕃（＝藩）国」の藩臣と位置付けていた。つまり天皇の上級支配権下の領民・領土を委託されて治めている海外の臣下だという訳である。この思想は、『紀』の朝鮮関係記事の全体を貫く。根柢において制約している。統一新羅王を藩国の侯王とする思想を説示するために、「◎2」のごとく、他民族の歴史の始原を統治権の従属として描いた。

◎2　『神功紀』摂政前紀

新羅《しらき》の王《こきし》、遥《はるか》に望《おせ》りて以為《おも》へらく、非常《おもひのほか》の兵《つはもの》、将《まさ》に己《おの》が国《くに》を滅《ほろぼ》さむとすと。讋《お》ぢて志失《こころまど》ひぬ。乃今醒《いましさ》めて曰《い》はく、「吾《われ》聞《き》く、東《ひがしのかた》に神国《かみのくに》有《あ》り。日本《やまと》と謂《い》ふ。亦聖王《またひじりのきみ》有《あ》り。天皇《すめらみこと》と謂《い》ふ。必《かなら》ず其《そ》の国《くに》の神兵《みいくさ》ならむ。

豈兵《あにいくさ》を挙《あ》げて距《ふせ》くべけむや」といひて、即《すなは》ち素旗《しろきはた》あげて自《みづか》ら服《まつろ》ひぬ。素組《しろきくみ》して面縛《みづからとらは》る。図籍《しるしへふみた》を封《ゆひかた》めて、王船《みふね》の前《まへ》に降《くだ》す。因《よ》りて、叩頭《の》みて曰《まう》さく、「今《いま》より以後《のち》、長《なが》く乾坤《あめつち》に與《ひと》しく、伏《したが》ひて飼部《みまかい》と為《な》らむ。其《そ》れ船柂《ふなかじ》を乾《ほ》さずして、春秋《はるあき》に馬梳《うまはだけ》及《およ》び馬鞭《うまのむち》を献《たてまつ》らむ。復海《またわた》の遠《とほ》きに煩《いたつ》かずして、年毎《としごと》に男《をとこ》女《おみな》の調《みつき》を貢《たてまつ》らむ」とまうす。……

是《ここ》を以《も》て、新羅の王《こきし》、常《つね》に八十船《やそふね》の調《みつき》を以て日本国《わがみかど》に貢《たてまつ》る、其《そ》れ是《こ》の縁《ことのもと》なり。

◎3　『神功紀』五十一年

即年《そのとし》に、千熊長彦《ちくまながひこ》を以《も》て、久氐等《くていら》に副《そ》へて百済国《くだらのくに》に遣《つかは》す。因《よ》りて、大恩《うつくしび》を垂《た》れて曰《のたま》はく、「朕《われ》、神《かみ》の験《あらは》したまへる所《ところ》に従《したが》ひて、始《はじ》めて道路《みち》を開《ひら》く。海《わた》の西《にし》を平定《ことむ》けて、百済《くだら》に賜《たま》ふ。今復厚《いままたあつ》く好《よしび》を結《むす》びて、永《ひたぶる》に寵《あが》め賞《たまひもの》す」とのたまふ。是《こ》の時に、百済の王《こきし》の父子《かぞこ》、並《ならび》に顙《を》致地《が》みて、啓《まう》して曰《まう》さく、「貴国《たふときくに》の鴻恩《みうつくしび》、天地《あめつち》よりも重《おも》し。何《いづれ》の日何《ひいづれ》の時《とき》にか、敢《あ》へて忘《わす》れまつること有《あ》らむ。聖王《ひじりのきみ》、上《かみ》に在《ま》しまして、明《あきらか》なること日月《ひつき》の如《ごと》し。今臣《やつかれ》、下《しも》に在《はべ》りて、固《かた》きこと山岳《やま》の如し。永《ひたぶる》に西蕃《にしのまもり》と為《な》りて、終《つい》に貳心《そむくこころ》無《な》けむ」とまうす。

◎4　『継体紀』六年（五一二）

（物部大連《もののべのおほむらじ》の）妻《め》固く要《いさ》めて曰《い》はく、「夫《そ》れ住吉大神《すえのえのおほかみ》、初《はじ》めて海表《わたのほか》の金銀《しろかねこがね》の国、高麗《こま》・百済・新羅《しらき》・任那《みまな》等《ら》を以て、胎中《はらのうちにまします》譽田天皇《ほむだのすめらみこと》に授記《さづ》けまつれり。故《かれ》、大后息長足姫尊《おほきさきおきながたらしひめのみこと》、大臣武内宿禰《おほおみたけしうちのすくね》と、国毎《くにごと》に初めて官家《みやけ》を置《お》きて、海表《わたのほか》の蕃屏《まがき》として、其の来《ありく》ること尚《ひさ》し。抑由《はたゆえ》有《あ》り。縦《も》し削《さ》きて他《ひとくに》に賜《たま》はば、本《もと》の区域《さかひ》に違《たが》ひなむ。綿世《ながきよ》の刺《そしり》、詎《いづくに》か口《くち》に離《さか》りなむ」といふ。

「◎2」の話自体は「縁」起である。「◎3」「◎4」にあるように神の霊験譚である。しかし、かく物語る根拠は、八世紀初めの天皇が新羅を「蕃国」と位置付けていた思想的事実である。

この八世紀初めの観念を、過去の歴史（末松保和氏）[5]に根拠があり、五世紀の倭国は「東夷の小帝国」（石母田正氏）

であったからとする解釈が、曾ては有力であった。[6] 四世紀半ばから六世紀半ばまで、朝鮮半島には倭王の「直轄領」があり、百済・新羅は倭王の「保護国」であったという牢固不抜の歴史像が、実は、観念の実体化による壮大なる虚像であったことが解ってきたのである。

一九六三年に発表された金錫亨氏の論文[7]は『紀』の呪縛に対する衝撃的な覚醒作用があった。中塚明氏による戦後歴史学の古代日朝関係史像の思想批判[8]（一九七〇年）、李進熙氏による高句麗広開土王陵碑の拓本の編年研究[9]（一九七二年）と、一九七〇年代に研究状況は大きく転換し始めた。「任那支配」史像の根拠とされてきた史料が逐一再吟味され、基本的な事実認識が再検討された。

その一々を取上げるのはシンポジウムの本筋から外れるが、

A　奈良県天理市石上神宮蔵七支刀銘の客観的解釈[10]。

B　高句麗好太王碑銘の陳述史料としての内的批判[11]。

C　五世紀の倭国王の「都督諸軍事」号に含まれる朝鮮半島の国名の実態的解釈[12]。

D　『神功紀』四十六〜五十二年の「任那支配」成立記事の吟味[13]。

などの論点は、もしも一九五〇年前後の解釈が矢張り妥当だというのならば、客観的な反証が要るであろう。今日なお、少なくはない考古学者が、四世紀の「大和政権」による「朝鮮侵略」を、前期古墳分布の解釈の前提に据えている。高校教科書なみである。その不勉強には驚く。

七世紀の終り近くに創設された「日本天皇」位は、東アジア地域の歴史的構造の中で自立した、民族的実体規模での国家公権力を神格化した装置であった。八世紀初めの天皇が新羅王を藩臣と位置付けていたのは、歴史的根拠をもつ国家間の客観的な主従関係などではあり得ない。史上最初の〝民族意識〟、中央支配集団の歴史的自己意識の表現である。新羅も日本人を「小人」とし日本を小国と見る華夷観念をもっていた[14]。中国皇帝を盟主とする東アジア地域の政治的構造の中で、五世紀半ばから百済・新羅・加羅・倭国で構成する歴史的地域性を成熟させ、七世紀末に、日本も新羅も、漸く民族的実体規模での国家公権力を析出するに至った。その独自性は、同じ歴史的文化圏の中で隣接する国家・民族に対する優越性として、互いに自覚される他はなかったのである。

### 3　〝百済三書〟の時代性・立場性をどう見るか

『紀』編纂の材料とされた『百済記』『百済新撰』『百済本記』、いわゆる〝百済三書〟について、曾ては単に「百済の古史」（末松保和氏[15]）とか、六世紀後半の百済朝廷で編纂して倭王に提出した史書（三品彰英氏[16]）と見られていた。『紀』編者はその原文を尊重したと考えられていた。

そのように高度の信頼性をもつとされた記事の中に、百済王自らの発言として、倭王への服属が語られている。実に歴然たるものである。自分は天皇の「黎民」と「封」建された境「域」を治めている。天皇に「調」を貢いで仕える「官家」の国であり、天皇の「蕃」（藩屏）をなす「臣」である。

泗沘王都時代の百済王の統治範囲、それは、悉く天皇から「賜」与されたことになっている。「図1」の「任那支配」の境域図は百済の史書に出る客観的実在だ、固くそう信じられていた。

ところがこの通説は信じ難いような誤解の上に立てられていた。『紀』の注に引かれた『百済記』の〝原文〟や『紀』の本文に何度も書かれている「貴国」を、「あなたのおくに」と見ていたのである。しかしこれは可視的な神という「可畏（かしこき）天皇」が君臨する「たふときくに」、尋常ではなく尊貴な「神の国」の意味である。〝百済三書〟の〝原文〟に出てくる「日本」「天皇」などと共に七世紀末葉に現れた観念と用語・用字である。

既に多くの論究があるが[17]、〝百済三書〟の記事は、原形は百済国家の史籍に溯る。七世紀末ないし八世紀初めに、滅亡後日本に移住した百済の王族・貴族が、将来した史書から改めて編纂し直して、天皇の官府に進めたのであろう。

『紀』編者は、大幅に手を加えてこれを編纂に使った。

この観方が近年の通説である。その場合、史料解釈の上で常住座臥忘れてはならないことがある。一は〝百済三書〟が「日本天皇」体制下の編纂だということである。評価や意味付けはもとより、用字・用語に至るまで、悉く、ひとたびは、その時代において理解されねばならない。二は、当時在日の百済王族・貴族は、悉く天皇の臣下として組織されていたことである。彼らの政治的地位保全への期待という思想性、それを無視して〝百済三書〟に基づく『紀』の叙述を読むことは全く出来ない。

天皇が百済王に「賜」わったとある地は、滅亡時に百済王が独立かつ正当に統治していた百済国家の領土と殆ど一致する。だが、七、八世紀の交の在日百済人は、それを、天皇から委任された統治と表現せざるを得ない立場に置かれていた。

これを看過して、『紀』に「賜」わったとあるのだから元来倭王の支配権下にあったのだなどというのは、凡そ歴史認識の名にも価しない。単なる口語訳である。このシンポジウムに関係する『継体紀』の「任那国」の「四県」を武寧王に「賜」わる伝承を、平然として「五一二年の任那四県の割譲」などと言うのは、高校教科書なみの朦朧史観である。

## 三、四七五～五五〇年の倭国と百済

四七五年から五五〇年までの朝鮮史は、纏まりのある特徴的な一時代だったのではないかと思う。全体のことは篇末に「略年表」を添えることで説明に代えたい。ここでは、或は韓国の前方後円墳の史的背景かも知れない倭国と百済との関係に、焦点を絞りたい。

五世紀半ばから六世紀半ばまでの百済・倭国の政治的ないし文化的な交流関係は至って親密なものであった。その中でも、六世紀第1四半期に当る百済武寧王と倭王継体との間は、蜜月状態というも過辞ではない。要点のみを順次略記する（「図2」を参照されたい）。

高句麗の百済に対する軍事的圧迫は既に四四〇年頃から続いていた。四七二年北魏にまで乞師した百済蓋鹵王は、「馮氏（北燕）の数終《つ》き、余燼奔竄してより（四三八年ごろ）、醜類（高句麗）漸く盛んとなり、遂に陵逼せらる。怨みを構え禍いを連ぬること三十余載、財殫《つ》き力竭《つ》きうたた自ら孱踧す」と上表している（『北魏書』百済伝）。

この窮状の中で、四六一年、蓋鹵王は弟の昆支を倭王のもとに派遣してきた。昆支の役割は倭王権の軍事力を対高句麗戦に導入するものだった。王権間の政治戦略の手段となった「結援」「盟約」の証である。倭王権は直ちに派兵の準備を進めたらしい。しかしこの企てが王権の争奪を巡る政変を惹起し、葛城一族の族長が勢力を失う事態となった（〝眉輪王の変〟）。そのことを雄略は、「まさに大挙せんと欲せしも、にわかに父兄（允恭・安康）を喪い、垂成の功をして一簣に獲ざらしむ」と書いている（『宋書』倭国伝）。昆支は十数年間倭国に滞在した。

四七五年、百済は王都漢城を陥され、南北漢江流域一帯の地を奪われ、蓋鹵王は戦死した。形式的にもその後二、三年、実質的には東城王の即位まで五、六年間、百済王権は未曾有の危殆に瀕していた。百済大族の木劦満致がしばしば往還して雄略に乞師したのはこの時期である。

宋の順帝への雄略の上表（四七八年）はこの時に行われた。

◎5　『宋書』倭国伝　順帝への倭王武の上表文

句驪無道図欲見呑掠抄辺隷虔劉不已…若以帝徳覆載摧此彊敵克靖方難無替前功

句驪無道にして図りて見呑を欲し、辺隷（宋皇帝の辺隷たる百済）を掠抄し、虔劉してやまず。…若し帝徳の覆載を以て此の彊敵（高句麗）を摧き、克く方難を靖んぜば、前功を替ふること無けん。

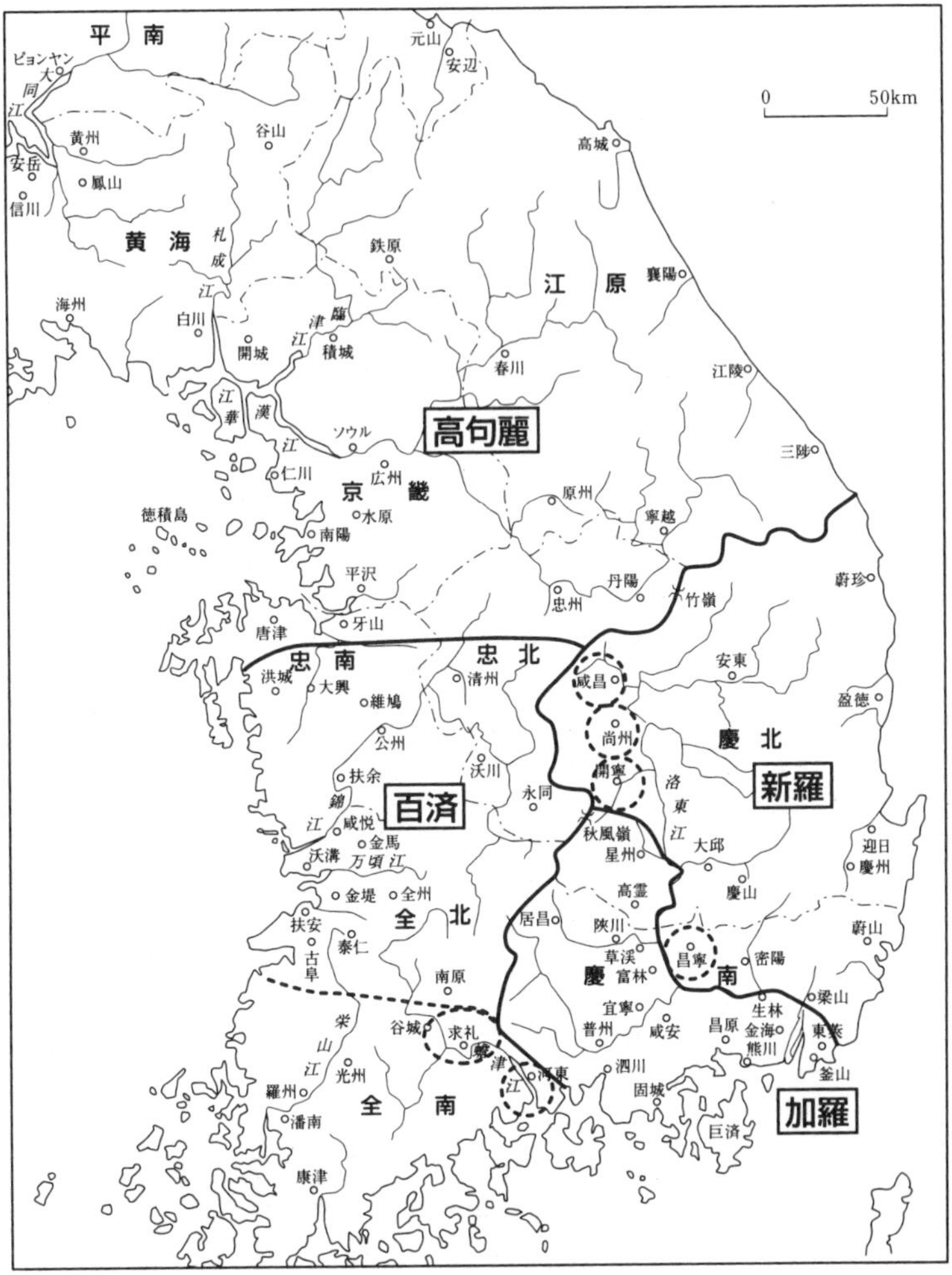

図2　500年頃の大体の範囲の推測（◯ は大加羅王に結び付いていた）

この上表文から直接確定される客観的事実は、宋の皇帝に対して、倭王が、百済を救うために高句麗征討を要請したことである。殆ど滅亡に近い状態であった百済王権の危局を、新羅や加羅が支援した痕跡は全くない。支援したのは倭王権のみである。後述する「図3」からも言えると思うのだが、五世紀第4四半期に関しては、倭王が百済王を支えるものであった。そう考える。かかる一時的・流動的な特殊な関係を一般化して「保護国」などとするのは論外である。しかし王権を完成させた雄略朝にとっては、この対外関係が、基因であったことは確かではないかと思う。

宋は末期状態だったので倭王の要請に応えることはなかった。雄略は四七九年に筑紫の軍士に命じ、倭国で生まれ育った東城王（昆支の子。末多王）を熊津に送らせ、高句麗軍と戦わせた。その痕跡が次の資料である。

◎6『雄略紀』二十三年（四七九）

二十三年の夏四月《うづき》に、百済の文斤王《もんこんわう》、薨《みう》せぬ。天王《すめらみこと》、昆支王《こんきわう》の五《いつとり》の子《こ》の中《なか》に、第二《ふたりにあたる》末多王《またわう》の、幼年《わか》くして聡明《さと》きを以《も》て、勅《みことのり》して内裏《おほうち》に喚《め》す。親《みづか》ら頭面《かうべ》を撫《な》でて、誡勅《いましむるみことのり》慇懃《ねむごろ》にして、其《そ》の国《くに》に王《こきし》とならしむ。仍《よ》りて兵器《つはもの》を賜《たま》ひ、并《あは》せて筑紫国《つくしのくに》の軍士《いくさ》五百人《いほたり》を遣《つかは》して、国に衛《まも》り送《おく》らしむ。是《これ》を東城王《とうせいおう》とす。是歳《ことし》、百済《くだら》の調賦《みつきもの》、常《つね》の例《あと》より益《まさ》れり。筑紫《つくし》の安致臣《あちのおみ》・馬飼臣等《うまかひのおみら》、船師《ふないくさ》を率《ひき》ゐて高麗《こま》を撃《う》つ。

これは倭王が九州の豪族に出兵を命じた初見史料である。なぜかかる派兵が可能となったのか。五世紀半ばから、九州北部・中部の豪族は、「靫負《ゆげひ》の大伴《おほとも》」の武将などとして、初めて倭王の宮廷に直接出仕するようになった。そのような豪族が宋の「――将軍」（四三八年・四五一年）または倭王の（「仮授」の、「私署」の）「――将軍」となって郷里に帰り、徴兵して百済に渡って王権の再興に活躍し、宮廷に帰還する。更に帰郷して地域統治の族長権を継承する。かかることがあり得たのである。熊本県玉名郡菊水町江田船山古墳の六世紀初葉の被葬者は、「◎6」の武将で、「火の中（山鹿市「中」が遺称か）の君（個人の尊称）」一族のひとではないかと推測している。

四七五年から数年間の倭王権の百済支援は、具体的なことは殆ど明らかではない。ただ、倭王権にとっては記憶されるに足りる歴史的大事業だったらしく、次のような（多分「神祇伯」中臣氏の）伝承がある。

◎7『欽明紀』十六年（五五五）

蘇我卿《そがのまへつきみ》の曰《い》はく、「昔在《むかし》、天皇大泊瀬《すめらみことおほはつせ》の世《みよ》に、汝《いまし》の国、高麗《こま》の為に逼《せ》められて、危《あやふ》きこと累卵《かさなれるかひご》よりも甚《はなはだ》し。是に、天皇、神祇伯《かむつかさのかみ》に命《みことのり》して、敬《うやま》ひて策《はかりこと》を神祇《あまつやしろくにつやしろ》に受《う》けしめたまふ。祝者《はふり》、廼《すなは》ち神の語《みこと》に託《つ》けて報《まう》して曰《まう》さく、『邦《くに》を建《た》てし神を屈請《つつしみいま》せて、往《ゆ》きて亡《ほろ》びなむとする主《にりむ》を救《すく》はば、必《かなら》ず當《まさ》に国家《くに》謐靖《しづま》りて、人物《おおみたから》乂安《やす》からむ』とまうす。是に由《よ》りて、神を請《ま》せて往きて救はしめたまふ。所以《かれ》、社稷《くに》安寧《やすらか》なりき。原《たづねみ》れば夫《そ》れ、邦を建てし神とは、天地《あめつち》割《ひら》け判《わか》れし代《よ》、草木《くさき》言語《ものがたり》せし時《とき》に、自天《あま》降来《くだ》りまして、国家《くに》を造《つく》り立《た》てし神なり。頃《このごろ》聞《き》く、汝《いまし》が国、輟《す》てて祀《まつ》らずと。方《まさ》に今、前《さき》の過《あやまち》を悛《あらた》めて悔《く》いて、神の宮《みや》を修《つくろ》ひ理《をさ》めて、神《かみ》の霊《みたま》を祭《まつ》り奉《たてまつ》らば、国《くに》昌《さ》盛《か》えぬべし。汝当《いましまさ》に忘《わす》るること莫《なか》れ」といふ。

四世紀半ば以来「朝鮮侵略」の「出兵」が常態であったとしてきた曽ての虚像では、「◎6」の「筑紫国の軍士五百人」など取るに足りぬものとされてきた。しかし、四六一年の昆支来倭による派兵準備によって王権争奪の政変第一号が起き、四七五年以後の百済支援が永く記憶されたように、朝鮮半島における倭王権の政治的・軍事的活動が現実化するのは、実にこの頃からなのである。

東城王の時代、四八〇年代・四九〇年代を通じて、百済王と倭王との修好は続いていた。「図3」の解釈[18]がもしも当っておれば、五世紀第4四半期の百済王と倭王との関係を窺わせる。東城王を廃する政変により五〇二年に即位した武寧王は、早々に「□中費直」（筆者は、□は全羅道の地名の一字表記で、「費直」は中国史料の「郡将」に当り、その人は倭人だったのではないかと想像している）らを派遣して、継体の即位に期待し、前王の修好を継受する旨を伝えさせ、記念の鏡を造らせた。五〇五年には「太子の淳陀」を送った。両王権の蜜月時代には公州・ヤマトの間は太いパイプで直結していたと言うのも過辞ではない。

図3　和歌山県橋本市隅田八幡神社蔵人物画像鏡銘

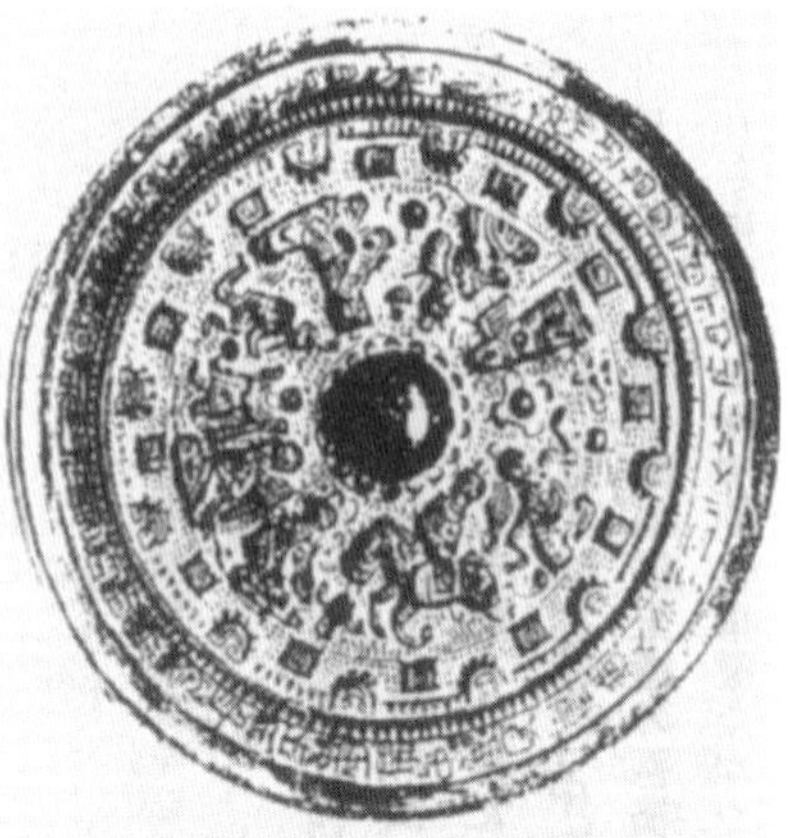

（毎日新聞社「国家12」より）

（筆者による模写）

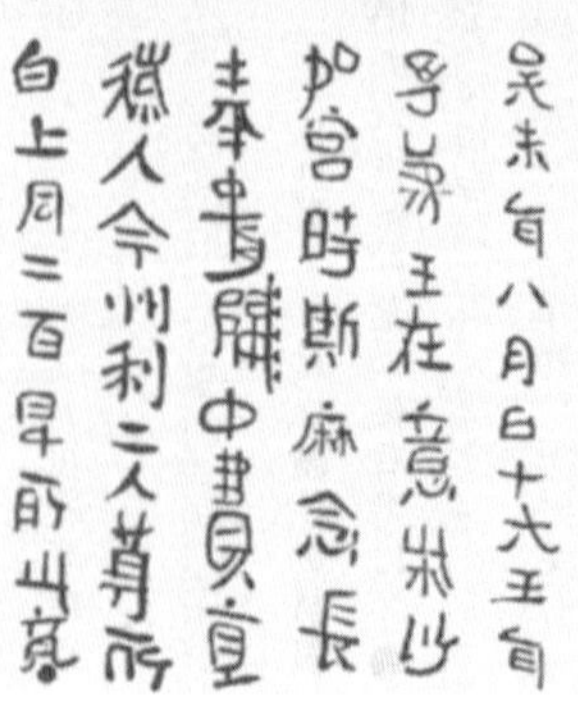

（訓読案。誤字を正した）

癸未の年（五〇三）八月、日十《をし》大王の年（＝代）、孚第《ふと》王（「彦太尊」。継体）意紫沙加《おしさか》の宮に在す時、斯麻《しま》（武寧王）、長く奉えんと念い、□中《ちゅう》の費直《こおりちか》・穢人の今州利《こんつり》二人の尊《たかきひと》を遣わし白《もう》す所なり。同（銅）二百旱（＝鋟？）を上《すす》め此の竟（鏡）を「「作る」欠？」所なり。

五世紀第4四半期から六世紀第1四半期にかけての、百済・倭両王権間の相互的な交流関係の親密さを示す一痕跡がある。

◎8　五四一～五五四年の対倭交渉などに現れる倭人の二世（①～⑨は「略年表」の番号）

①紀臣奈率弥麻沙
②（紀臣）奈率己連　中部奈率己連　奈率其㥄
③物部連奈率用奇多　奈率用奇多
④物部施徳麻奇牟　東方領物部莫奇武連
⑤施徳斯那奴次酒　施徳次酒　上部徳率科野次酒　内臣徳率次酒
⑥許勢奈率奇麻　奈率奇麻
⑦物部奈率奇非
⑧上部奈率科野新羅
⑨上部奈率物部烏

『欽明紀』注　紀臣《きのおみ》奈率《なそち》弥麻沙《みまさ》等《ら》を遣《つかは》して（紀臣奈率《きのおみなそち》は、蓋《けだ》し是紀臣《これきのおみ》の、韓《から》の婦《をみな》を娶《めと》りて生《う》める所《ところ》、因《よ》りて百済に留《とどま》りて、奈率《なそち》と為《な》れる者《もの》なり。未《いま》だ其《そ》の父《かぞ》を詳《つばひらか》にせず。他《あたし》も皆此《みなこれ》に効《なら》へ）。

これらの人々はたまたま『百済本記』に書かれていたため『紀』に遺ったのだが、紀・物部・許勢・シナノなど、地名や王権の職務名を族称とする有力者が、「◎8」の『欽明紀』注にある如く百済王都に移住し、百済の女性との間に子を儲けている。その二世が、五四一～五五四年に百済王の対倭国・対加羅の折衝の使者に起用されている。官品はさして高くはないが、中には「東方領」つまり百済の地方五大軍管区の司令に任用されている人や、百済王側近らしき「内臣」に抜擢された人もいる。これらはごく僅かな痕跡で、東城王・武寧王の臣下となった倭国の有力者の一世は相当に多かったと推察される。

「◎9」は同じ頃加羅に移住した人々が多くいた痕跡である。

◎9『継体紀』二十四年（五三〇）

（近江毛野臣が）是《ここ》を以《も》て、湯《ゆ》に投《め》して爛れ死《し》ぬる者衆《おほ》し。又《また》吉備《きびの》韓子《からこ》那多利《なたり》・斯布利《しふり》を殺《ころ》し（大日本《おほやまと》の人、蕃《となりくに》の女《め》を娶《めと》りて生《う》めるを、韓子《からこ》とす）恒《つね》に人民《おほみたから》を悩《なやま》して、終《つひ》に和解《あまな》ふこと無し、とまうす。

この史料は「吉備」の人であるが、やはり九州北部・中部の人が最も多く、近畿その他からも移住したと思われる。百済王の臣となった有力者一世の出身地も多分同じであろう。

五八三年頃百済威徳王の重臣であった熊本県の豪族の二世も知られる。

◎10『敏達紀』十二年（五八三）

詔《みことのり》して曰《のたま》はく、「……今《いま》百済《くだら》に在《はべ》る、火葦北国造阿利斯登《ひのあしきたのくにのみやつこありしと》が子達率日羅《こだちそちにちら》、賢《さか》しくして勇有《いさみあ》り。故《かれ》、朕、其の人《ひと》と相計《たばか》らむと欲《おも》ふ」とのたまふ。

是《こ》の時《とき》に、日羅、甲《よろひ》を被《き》、馬《うま》に乗《の》りて、門《みかど》の底下《もと》に到《いた》る。乃《すなは》ち庁《まつりごとどの》の前《まへ》に進《すす》む。進退《ふるま》ひ跪拝《をが》み、歎《なげ》き恨《うら》みて曰《まう》さく、「檜隈宮御寓天皇《ひのくまのみやにあめのしたしらしめすすめらみこと》の世《みよ》に、我《わ》が君大伴金村大連《きみおほとものかなむらのおほむらじ》、国家《みかど》の奉為《おほみため》に、海表《わたのほか》に使《つかは》しし、火葦北国造刑部靫部阿利斯登《ひのあしきたのくにのみやつこをさかべのゆけひありしと》の子《こ》、臣《やつこ》、達率日羅《だちそちにちら》、天皇《すめらみこと》の召《め》すと聞《き》きたまへて、恐《おそ》り畏《かしこ》みて来朝《まうけ》り」とまうす。

ヤマト王権の押坂王家に「入部《みぶべ》の靫負《ゆけひ》」として仕えていた八代市南部かと思われる地の族長が、靫負を統括する大伴の族長に命じられて百済に渡り（『紀』の五三七年に繋けられた大伴狭手彦の伝承がこれに関係するか）、百済では「阿利斯登」（大首長）と呼ばれ、その子は百済王権の第二品の重臣となり声望は倭国の中央にまで鳴こえていた。このようなことはさほど特異ではなく、五世紀第4四半期以来そうだったのではないかと思う。

六世紀末前後の百済王都または百済朝廷のことを記した次の史料もある。

◎11　『隋書』百済伝

其人雑有新羅高麗倭等亦有中国人

其の人、雑《まじは》りて新羅・高麗・倭などあり、また中国の人もあり。

ここに「新羅」というのは加羅を含む。「倭」は「◎8」「◎11」の裏付けがある。「中国の人」は『梁書』百済伝に五三四年・五四一年の記事がある。他に「図3」の「穢人」（江原道出身か）もいた。

以上のように、六世紀の百済の一特徴は、多系の文化の複合で、しかも、未だ百済人として一体化せず、「倭」などとして識別し得たことである。これは、全羅南道の前方後円墳の史的背景として、充分に留意されるべきことであろう。

韓国の研究者の中には、古代の移住民は、文化の高い韓国から文化の低い日本へという一方的なものだったと頭から決めてかかり、韓国における古代日本の文化的痕跡を〝里帰りによる逆輸入〟などと考える人もおられる。曾て日本の研究者は、一方側の史料だけでも関係史を描き得ると考え、七世紀末の国家の観念を実体化し〝支配〟や〝保護〟を説いていた。筆者は共に賛成できない。国家形成前の双方向的交流関係、しかも文献には遺っていない社会的・文化的交流の痕跡である物的資料を、近代の民族国家の実感で評価するのは誤っている。時代を限り、実態的・過程的に捉えるべきであろう。筆者は五世紀半ばから六世紀半ばまでの朝鮮系移住民の歴史的意味を最も高く評価している一人である。しかし朝鮮半島に倭人の文化的痕跡などある訳はないという決め付け、その固定観念による全羅南道西部の前方後円墳の解釈には反対である。

## 四、百済による全羅道要地の拠点的編成

一時的に危殆に瀕した百済王権は東城王・武寧王の時代に再建された。百済の政治課題は高句麗に戦勝して失地を恢復することだった。戦闘は武寧王の即位と共に激しくなったが、百済軍が優勢だった（『三国史記』高句麗本紀・百済本紀）。五二一年、新羅の使者を伴って梁に遣使した武寧王は、「累《かさ》ねて句驪を破り、今始めて与《とも》に通好す。而して百済更《あらた》めて彊国と為れり」と上表した（『梁書』百済伝）。百済の国家機構の形成はこの時代に本格化するのであろうが、その過程で全羅道を編成する志向が現れてくる。

考古資料によると、栄山江流域の中枢は、河口の羅州郡潘南面である。「百済の半奈夫里県」（『三国史記』地理志）に他ならない。

末松保和氏は、『史記』『漢書』の「真番」を栄山江下流域に比定する説を、一案として提示されている[19]。『後漢書』濊伝の「臨屯・真番を罷め、以て楽浪・玄菟に并す」と、西晋の臣瓚が引用した『茂陵〔中〕書』の、楽浪郡治よりもなお一七〇〇里程遠い郡治霅県への距離との、いずれを信用するかである。筆者は後者が同時代の第一等史料だろうと思う。

そうすると、前四世紀末頃の全盛期の燕は既に「穢貉・朝鮮・真番」の「利を綰《す》べていた。前二世紀初め衛氏朝鮮が建てられると「真番」はこれに服従し、前一〇八年~前八二年に前漢の「真番郡」となったのである（『史記』『漢書』）。後一世紀に種々の珍魚の特産地として知られていた「楽浪の潘国」がその地であろう（『説文解字』段玉裁注）。「番」「潘」「半」と「韓」とは同じ言葉かも知れない。

「利」を戦国の燕の国家に上納していたというのだから、そこは交易の拠点であった。栄山江の河口の潘南は、洛東

江の河口の金海と相似た、経済センターであったのであろう。人間の移住まで含む倭とくに九州北部との交流は著しく古かったと思われる。嶺南・湖南は弥生文化の源郷に違いない。文献上では前一世紀半ば以来、倭人や倭国の使者が、中国の郡や都、百済の都などへの往還の海上交通路であった。

慶尚南道にも全羅南道にも倭人は移住していたであろうが、前方後円墳は全羅南道西部にしか認められていない。遺存資料のみから言っても百済色は拭い難い。考古学者の解釈には、地元の豪族を主体にした倭との文化的交流や、五世紀後半における倭人の大量移住による新たな韓人・倭人共同の社会の成立を推測する説がある。その際に証拠とされるのが、四七八年の、宋順帝への雄略の上表文の前文である。

しかしこの前文の「東のかた毛人を征すること五十五国、西のかた衆夷を服すること六十六国、渡りて海の北を平ぐること九十五国」などは、そのまま実体視できるものではない。この部分は、宋皇帝の「忠節」なる「臣」としての「祖禰」の「前功」、すなわち「王道は融泰にして土を廓《ひら》き畿を遐《とほ》くす」（皇帝陛下の徳治をゆきわたらせ、皇帝陛下の領土を広大にしてきました）を具体的に述べようとしたものである。それはなぜか。祖先らが「使持節、都督倭・新羅・任那・加羅・秦韓・慕韓六国諸軍事」の任務をよく実践したと言わんがためである。勿論「征」「服」「平」を字義通り客観視することなどとても出来ない。朝鮮の「国」を、首長が率いる地域的社会集団とすれば、数字は全く理解不能という訳ではないが、実数ではないかも知れない。この上表文前文を全羅南道への倭人の集団的移住の根拠とするのは、力が弱い。慶尚南道については文献史料があるが、全羅南道については考古資料のみである。

それに較べれば、五世紀半ばから後半の倭国王の「都督諸軍事」号に含まれる朝鮮の「国」名は、少し具体的に考察できる。

坂元義種氏の研究[20]を支持するが、高句麗の軍隊に対する、潜在的な（可能性としての）、軍事上の（軍管区に対する）、指揮命令の権限（期待）を示す。もっと現実的に言えば、倭王は、宋の「――将軍」号を授かった豪族たちの、

表1　倭の五王の官爵

| 年次 | 王 | 分類 | 官号・爵位 |
|---|---|---|---|
| 四二一 | 讃 | 冊封 | 安東将軍・倭国王 |
| 四三八 | 珍 | 自称 | 使持節・都督倭百済新羅任那秦韓慕韓六国諸軍事・安東大将軍・倭国王 |
| | | 冊封 | 安東将軍・倭国王 |
| | | | (倭隋ら十三人に将軍号を申請して許される) |
| 四四三 | 済 | 冊封 | 安東将軍・倭国王 |
| 四五一 | 済 | 加号<br>進号 | 使持節・都督倭新羅任那加羅秦韓慕韓六国諸軍事・安東大将軍・倭国王 |
| | | | (二十三人に郡太守号・将軍号を申請して許される) |
| 四六二 | 興 | 冊封 | 安東将軍・倭国王 |
| 四七七 | 武 | 自称 | 使持節・都督倭百済新羅任那加羅秦韓慕韓七国諸軍事・安東大将軍・倭国王 |
| 四七八 | 武 | 冊封 | 使持節・都督倭新羅任那加羅秦韓慕韓六国諸軍事・安東大将軍・倭国王 |

朝鮮半島での活動の要望を集約したのだと思う。また、百済王の期待に添うものでもあったと思う。倭王が、百済以外の、徴兵可能な「国」軍を率いて、高句麗軍の朝鮮半島南部における拠点に対峙するのは、望ましいことであった。

その中に「都督……慕韓……国諸軍事」が見える。これによって、韓国に前方後円墳が造られた時代の全羅南道には「慕韓国」という独立的な勢力があり、連繫して政治意志を纏めることもあったように言われている。しかし「任那国」は南加羅（金海）を中心とした加羅南部、「加羅国」は大加羅（高霊）を中心とした加羅北部であろう。「秦韓国」は、「禹豆麻佐《うつまさ》」（「太秦」）の「波陀《はだ》」秦）とは「于抽《うつ》」「村《まさ》」の「波旦《はだ》」のことと思われるので、蔚珍とその付近であろう。『三国史記』新羅本紀・高句麗本紀の四六八年条によると、悉直（三陟）や何瑟羅（江陵）も「秦韓国」を構成していた可能性がある。「慕韓国」は益山とその付近と思われる。

◎12　地名から見た益山（鮎貝房之進説）

「乾馬国」（『三国志』）　「馬韓都督府」「古麻山」（『旧唐書』李勣奏状）

「金馬渚郡」「金馬郡」（『三国史記』）　「本は馬韓国」（『新増東国輿地勝覧』）

唐の「馬韓都督府」は百済「中方」の方城古沙城（古阜）に置かれたらしいことから推測すると、「慕韓国」は益山・金堤・扶安など全羅北道西部の地域政権であったのではないかと思われる。

倭王の「都督諸軍事」号から推測される蓋然性の範囲はどうか。漢城期の百済王権は、未だ全羅北道を完全には統治下に組織していなかったこと、同じ時代（五世紀第3四半期）の新羅は慶尚北道北部や江原道南部を統治下に組織していなかったこと、そんな程度ではないかと思う。韓国の学界の一部では、『神功紀』四十九年条によって、しかも主語を百済に置き換えるとんでもない解釈によって、四世紀後半の百済は全羅南道までひとたび領有したと言われている。しかし文献学的史料批判の初歩的方法から大きく逸脱している。全羅道を百済王の統治下に編成するのは熊津時代である。

その痕跡の一は、東城王による全羅道の「王」「侯」除正の要請である。四九〇年と四九五年との両度、東城王は、武勲があった王族・貴族に、全羅道の要地の王・侯に封建し、そのことを南斉皇帝から認められようとしている。姐瑾の面中侯、余古の八中侯は四九〇年以前に溯る。称号自体は四七二年の余礼の弗斯侯に既に見える。単純な解釈はできないが、中国皇帝に除正を要請した事実に、従前とは異なる政治的志向を看取しても良いであろう。

既に研究があるのだが[21]、筆者もそれに賛成である。ただ、「領有」「支配」というのは、具体的には、高句麗に対する百済王権の軍事力徴発地として組織することだと考える。そう見た上で、「支配」を意図する拠点の要地の「領有」

表2　『南斉書』百済伝より

| 年次 | 姓名 | 王侯号 | 比定地（末松保和氏による） |
|---|---|---|---|
| 490 | 姐　瑾 | 面中王→都漢王 | 面中は左記。都漢は豆肸県（全南・羅州・多侍）？ |
| | 余　古 | 八中侯→阿錯王 | 八中は発羅郡（全南・羅州・羅州）。阿錯は阿次山郡（全南・務安・押海） |
| | 余　歴 | 邁盧王 | 左記の「邁羅」と同じ。 |
| | 余　固 | 弗斯侯 | 左記の「弗中」と同じ。 |
| 495 | 沙法名 | 邁羅王 | 馬西良県（全北・沃溝・沃溝）？ |
| | 賛首流 | 辟中王 | 碧骨郡（全北・金堤・金堤） |
| | 解礼昆 | 弗中侯 | 比斯伐（全北・全州） |
| | 木干那 | 面中侯 | 武珍州（全南・光州） |

四七二年の北魏への使者「私署冠軍将軍駙馬都尉弗斯侯長史余礼」
四八八年・四九〇年北魏が百済を攻撃。それへの武功顕著な王族・貴族。

権を現実化する目的に、中国皇帝を利用したのだと思う。

つまり「表2」を、漢城期の百済王は、全羅道を未だ完全には軍事組織に編成していなかった史料（「表1」の「慕韓国」の存在と全く同じ事実）、しかし拠点の要地の編成を志向しそれを現実化しつつあった史料と見るのである。「王」「侯」に封建された当人が当地を実封としたなどということはない。しかしその「王」「侯」が派遣した有力者が軍事上の指揮者として現地に臨むことはあったであろう。「図3」の「□中費直」（五〇三年）は漢語で表せば、某大城の「郡将」（後述）であった可能性がある。

してみれば、百済の「王」「侯」は、泗沘遷都（五三八年）後、即ち五方制が完成した後にはあり得ない、熊津期の百済の過渡的な支配方式である。「面中」「八中」「辟中」「弗中」「都漢」「阿錯」「邁盧」の七地の全羅道への偏在性、および郡単位程度の散在性は、この際無視できない。

全羅道地方を熊津期の百済王権が領有していった痕跡の第二として、「任那国」の「四県」を継体天皇が武寧王に「賜」わったという『継体紀』六年の伝承を取上げる。

この記事は『百済本記』に拠る文ではない。物部氏の伝承をもとに八世紀初めに述作した文である。「五一二年の任那四県の割譲」などと書くのは、学術書では、あってはならないことである。五、六世紀の「任那」の語は多義的である。南加羅・安羅・大加羅を個別に、また加羅諸国の全体を言うこともあって、逐一吟味せねばならない。しかしこの条の「任那国」は異質である。諸史料と同列に並べて検討することのできぬ用法である。

「◎4」に記事の一部を引用しておいたが、住吉大神が、金銀の国朝鮮四国を、神功皇后胎中の応神に授け、「区域」を定め、「官家」を設け、諸王を「蕃（＝藩）屏」としたという話である。七、八世紀の交の観念を述べたに過ぎない。

『百済本記』に基づく文では、「委（＝倭）の意斯移麻の岐弥」つまり「穂積臣押山」は、諸博士の提供を要請するため、百済王都熊津に赴いたのである。武寧王は、その条件として、蟾津江下流域の己汶（谷城・求礼など）・帯沙（河東）の首長勢力が大加羅（高霊）王に結合しているのを断ち、百済王の領有下に置くこと、それへの継体の尽力をもち出した。熊津からの「東道」（『顕宗紀』）の確保に他ならない。

ところが伝承の方は、「哆唎国守穂積臣押山」「下哆唎国守穂積押山臣」としている。八世紀の『雄略紀』編者は、熊津（熊川）すなわち「久麻那利は任那国の下哆呼利県（「唎」脱か「呼」衍かであろう）の別邑なり」と注記するが、熊津を「任那国」とすることで伝承と一致している。つまり百済を「官家」の国「任那」とし、その首都「哆唎」

への派遣官人を「国守」としているのである。「任那国の上哆唎・下哆唎・娑陀・牟婁の四県」を「賜」うとは、そもそも地名の比定が不確実で、全羅南道に限られるのかどうかさえはっきりしない。『欽明紀』の説話に、五六二年、紀男麻呂らが、新羅が任那を攻めたのを問うべく、「哆唎より出づ。……任那に到る」とある。公州から秋風嶺を経て高霊に至った話として了解は可能である。

この伝承からどの程度の史実性が推測できるのかは難問である。しかし、五一〇年代に百済が蟾津江下流域を領有したのは事実である。その前後に王都熊津から「東道」の港である河東までの全羅北道の道筋（その要地が「帯山城」すなわち東津江上流と蟾津江上流とを連絡する地の城だった）が、百済王の支配下に入ったことは推測できる。伝承は「近く百済に連り……旦暮に通ひ易」き地を百済が「合せて同じ国と為」すとある。この文からは、全羅道の要地への百済の進出は、拠点的に、この前後にある程度現実化していたのではないかと言える程度だと思う。「己汶・帯沙」の領有よりも前に全羅南道全域を支配下に収めていたと言える程の根拠はない。その逆の可能性も充分にある。

以上の史料的検討から共通してほぼ推察されるのは、百済王権が全羅道の要地を拠点的に組織するのは熊津王都時代であろうということである。

## 五、百済による全羅南道全域の編成

韓国の前方後円墳が終焉する時代を考える。

中央では王を頂点として結集した支配者集団が共同組織を構成し、その下で中央権力の運営がシステム化する。王に帰属する地方機関からの人的・物的な資源集中がシステム化する。かかる制度的支配の恒常化つまり国家機構の形成によって、対外的権能を集中した王を根拠とする一元的秩序が持続し、民族的実体が形成されてゆく。

日本列島において国家権力機構（ヤマト国家）の成立と共に「前方後円墳時代」が終焉するのと全く共通するのであって、百済国家・百済民族の成立期を問うことになる。具体的には全羅南道の全域が百済の軍管区的地方組織（五方制）に完全に編成されたのは何時かである。

◎13　『梁書』百済伝

号二所レ治城一曰二固麻一、謂レ邑曰二檐魯一、如二中国之言郡県一也。其国有二二十二檐魯一、皆以二子弟・宗族一分二拠之一。

「◎13」は、王都の外に、郡県のごとき檐魯（エンロと読む白鳥庫吉説[22]が妥当であろう。新羅の「在外」の「邑」である「五十二邑勒」に当る）が二十二あって、余姓の人を派遣して統治させている。そう記す。

末松保和氏は、[23]『梁書』の「檐魯」「邑勒」は『魏志』韓伝の「国」、八世紀後半の新羅の「郡」（小京・州も含めて）と、規模において共通すると言われた。これは納得できる考察である。しかし「二十二檐魯」というのは、六六〇年滅亡時の百済は「郡三十七」（『旧唐書』）、八世紀後半の新羅の熊・全・武三州も郡三十七（他に州三・小京二）であるのに較べ、数が少な過ぎる。その上「◎13」には「固麻」すなわち王城の五部（新羅の「健牟羅」内の「六啄評」に相当）について、また在外の五方について、全く何も書いていない。その上、この記事は五二四年と五三二年との叙述の間にあるのである。

してみれば「◎13」の「固麻」は「熊津城、一名固麻城」（『翰苑』引用の『括地志』）のことである。六世紀第1四半期の百済は、未だ全羅道の全域を「郡県」化していなかった。その時代にはなお要地の拠点的支配にとどまっていた。まだ五方制は出現していなかったのである。

このことは前節での検討と完全に一致する。

百済は、五三八年、泗沘（扶余）に遷都した。この遷都は熊津城を「北方」の方城とする企てを伴っていた。つまり間接的に五方制の施行を推測させる。そればかりではない。五部（中央特別軍区でもある貴族の居住区分）・五巷、五方、五佐平、率位五品・徳位五品、内外二十二部司の名称など、百済国家の統治機構は、泗沘遷都によって、頗る斉整完備したらしいのである（『北周書』百済伝）。

聖明王の時代（五二三～五五四年）の五三〇年前後から、百済が、対高句麗戦において頽勢に転じ、興隆する新羅の西方への進出は止め難く、次第に孤立の色を濃くしていったのは事実である。それ故にこそ全羅道全域の編成が急がれたのである。しかし泗沘遷都は単なる避難ではない。東城王・武寧王代における王権の再興、国家の形成を、一挙に総括する企てであった。

「方」の直接の初見史料は五五四年の「東方領物部莫奇武連」（『欽明紀』）である。しかし、『欽明紀』の五四〇年代の叙述には、加羅南部に置いている百済の「郡令（領）・城主」が現れる。これは、方制を適用した表現と考えられる。「北方」設置は泗沘遷都と同時期と思われるが、「在外の兵馬の事を掌る」「兵官佐平」（『旧唐書』）は五佐平よりも後の設置らしい。

彼此勘案すると、大体五四〇年代には、全羅南道の全域が、百済の軍管区的な地方組織に編成されたと見て良いであろう。それは、四八〇年代から拠点的に進められてきた政策の成果であった。

専攻外のこと故失考が多いだろうが、曾て調べた所[24]によって、百済の五方の概要を記す。

◎14　百済の五方の史料

（A）『北周書』百済伝

治㆓固麻城㆒。其外更有㆓五方㆒。中方曰㆓古沙城㆒、東方曰㆓得安城㆒、南方曰㆓久知下城㆒、西方曰㆓刀先城㆒、北方曰㆓熊津城㆒。……都下有㆓万家㆒、分為㆓五部㆒。曰㆓上部・前部・中部・下部・後部㆒、統㆓兵五百人㆒。五方各有㆓方領一人㆒、以㆓達率㆒為㆑之。郡将三人、以㆓徳率㆒為㆑之。方統㆓兵一千二百人以下七百人以上㆒。城之内外民庶余小城、咸分隷※焉。

※原文「肆」に作る。通典により改む。

（B）『隋書』百済伝

其都曰二居抜城一。……畿内為二五部一、部有二五巷一、士人居焉。五方各有二方領一人一、方佐弐レ之。方有二十郡一、郡有レ将。

（C）『翰苑』所引『括地志※』

王所レ都城内又為二五部一、皆達率領レ之。又城中五巷、士庶居焉。又有二五方一、若二中夏之都督一、方皆達率領レ之。毎レ方管レ郡、多者至レ十、小者六、七。郡将皆徳率為レ之。郡県置二道使一、亦名二城主一。……百済王城方一里半。北面累レ石為レ之。城水［中の誤か］可二万余家一、即五部之所也。一部有二兵五百人一。……国東北六十里、有二熊津城一、一名二固麻城一。城方一里半、此其北方也。其諸方之城、皆憑二山険一為レ之、亦有二累レ石者一。其兵多者千人、小者七、八百人。［城中戸多者千人小者七八百人。この十三字衍か］城中戸多者至二五百家一。諸城左右亦各小城、皆統二［繞の誤か］諸方一。

※括地志第九字「都」、第一一字・第三六字「建」、第五五字「恩」（周書・通典・北史は「徳」）、第六五・六六字「城名」、第八五字「方」、第一〇八字「熊」に作るが、右のように改めた。

五つの「方」城には、「都督のごとし」と言われる達率の「方領」や「方佐」が一〇〇〇人前後の兵士を率いて駐屯した。軍管区を統括し、中央の兵官佐平の指揮系統にあった。方領は六～一〇の「郡」を統括したのだが、合計四〇ばかりあったその「郡」城には、徳率の「郡将」が三人ずつ派遣された。方領指揮下の武将である。「郡県」（大城「小城」）には「道使」とか「城主」と呼ばれる民政担当の職が置かれた。

六六〇年滅亡時の百済は、五方のもとに「郡三十七、城二百、戸七十六万」（『旧唐書』）が組織されていた。この「城二百」が「◎14」の（A）（C）の「県」の「小城」に当る。「郡」の大城にも「県」の「小城」にも「城主」「道使」はいた。これが地元の土豪を任用した郷官なのか否かは判らない。六、七世紀の新羅の「某城道使」「某村道使」（蔚珍鳳坪碑、南山新城一・二・五碑、二聖山城戊辰年木簡）は、「沙喙」部の人を派遣していたものもある。百済にもそのような城邑があったのかも知れないが、その数からは些か不自然であり、基本的には現地の土豪と見ておく。しかし、「徳率」の「郡将三人」が王都から派遣されたことは確かである。これは六世紀後半〜七世紀前半のことだが、熊津期にその先駆形態が溯ることも確かであろう。

## 六、結論的推測

泗沘（扶余）王都時代の百済のような全域の完全な編成ではないが、熊津（公州）時代、東城王・武寧王・聖明王前半期の百済は、国家機構建設の一環として、また対高句麗の軍事力の徴発地として、全羅道の要地の領有を現実化しつつあった。それは拠点的なものであったが、漢語で「郡将」「郡令（領）」と書かれる武将の前身の派遣も、あったに違いない。

このことと、全く同じ時代、百済に移住し百済王の臣下にとりたてられた倭国の有力者の一世とを結び付けるのが私見の要点である。五〇三年の「□中費直」が倭人ならばそれが証明されるのだが、今は推測に止めざるを得ない。「郡将」前身の一部に百済王臣の倭人がおり、更にその一部に現地で埋葬された者もいたのではあるまいか。韓国の前方後円墳の偏在性・散在性・非継続性・習合性・短期性の一解釈を提出した。

四七五年～五五〇年の日朝関係史　略年表

（史料の検討の結果を記した）

| 年次 | 百済 | 新羅 | 加羅 | 倭国の対外関係 |
|---|---|---|---|---|
| 475 | ○高句麗に南北漢江流域一帯を奪われ、蓋鹵王戦死。一時王権は危機的状態。 | | | ○百済蓋鹵王の弟昆支帰国か（倭国の軍事力を対高句麗戦に導入するため四六一年以来滞在）。<br>○百済大族木劦満致しばしば復興支援を要請。 |
| 476 | | ○倭人の侵寇記事（四七六、四七七、四八二、四八六、四九七、五〇〇年。『三国史記』） | | ○「日本人と任那人と頻りに児息」み「韓子」生まれる状態。この頃からヤマト王権を形作る勢力が加羅地域で恒常的に活動。 |
| 478 | ○大族の重臣解仇・燕信叛す。 | | | ○宋の順帝に上表。百済のために高句麗の討伐を要請。（宋朝では権力闘争続きこの年をもって終る。南斉王朝が成立） |
| 479 | ○東城王倭国から帰還。四八〇年頃の王は文周王（『冊府元亀』）。 | | ○大加羅（高霊）の嘉悉王（「荷知」）、南斉に遣使。「輔国将軍・本国王」に冊封される。 | ○「筑紫国の軍士五百人」を以て東城王を衛送。「筑紫の安致臣・馬飼臣ら」の水軍をして高句麗を討たせる。 |

| 年 | | | | |
|---|---|---|---|---|
| | | | | ○百済王朝を再建した雄略朝の大事業という伝承（『欽明紀』）。 |
| 481 | ○東城王熊津（公州）で即位か。百済王権の復興本格化し始める。 | ○北方を高句麗から大規模に攻撃される。百済・加羅の応援あり勝つ。 | ○大加羅王が加羅諸国の盟主となる動きこの頃から始まるか。 | ○この頃ヤマト王権を形作る有力者で百済に移住し百済王の臣僚となる者が少なくなかった（『欽明紀』『隋書』百済伝）。 |
| 490 | ○四八八、四九〇年北魏に攻撃されるがこれを破る。<br>○姐・余氏の四人に（面中王↓）都漢王、（八中侯↓）阿錯王、邁盧王、弗斯侯の叙正を南斉皇帝に要請。<br>○東城王代に全羅道地方支配の志向が始まるか。 | | | ○雄略の逝去（四八九年か）ののち王権継承をめぐる政変で吉備の地域政権瓦解。ヤマト王権による倭人種族の統合始まる。 |
| 493 | ○新羅王に請婚。伊伐矮の娘を迎える。<br>○四九四、五年の高句麗の攻撃に新羅と相互救援。 | ○百済王と盟約結ぶ。<br>○高句麗の攻撃に対し百済と相互救援。 | | |
| 495 | ○沙・賛・解・木氏の四人 | | | |

| | | | | |
|---|---|---|---|---|
| | ○に邁羅王・辟中王・弗中侯・面中侯の叙正を南斉皇帝に要請。 | | | |
| 496 | | | ○対高句麗戦勝を祝い新羅に白雉を贈る。 | |
| 500 | | ○倭人の侵冦記事の最後。<br>○智証麻立干即位。 | | |
| 501 | ○「柵を炭峴に設け以て新羅に備う」。<br>○年末~翌年初東城王を廃する政変。 | | | |
| 502 | ○武寧王即位。<br>○高句麗への反撃開始（五〇二、五〇三、五〇六、五〇七、五一二、五二三年。悉く勝利）。 | ○北魏に遣使（「斯盧」）。五〇八年にも北魏に遣使。 | | |
| 503 | ○□中費直・穢人今州利の二人の重臣を倭国に派遣し東城王代の修好を継受することを伝える。 | ○国家号「新羅」、君主号「国王」定める。<br>○王都に「喙」「沙喙」「本彼」「斯彼」などの諸部が成立していた（迎日冷水里碑） | | ○百済武寧王（「斯麻」）、即位前の継体（「孚第王」）に重臣二人を派遣し継体の即位に期待する旨伝えさせる（隅田八幡鏡銘）。 |

| 505 | 509 | 512 〜 516 | 521 |
| --- | --- | --- | --- |
| | | ○大如羅王と結び付いていた蟾津江の下流域（谷城・求礼・河東？）を倭王の協力を得て領有。<br>○この前後に全羅南道への進出が現実化するか（『継体紀』六年の伝承）。 | ○梁に遣使。「累ねて句驪を破り、今始めて与に（新羅の使者を伴って）通好す。而して百済、更めて彊国となれり」（『梁書』） |
| ○悉直州を創置、異斯夫を軍主とする。 | | ○大加羅が「士卒・兵器を聚めて新羅を逼め」た（『継体紀』五一三年）。<br>○五一二年何瑟羅州創置。軍主は異斯夫。<br>○五一四年法興王即位。五一七年兵部。五二〇年官位・衣冠。 | ○初めて南朝に遣使。「新羅」「王の名は募秦」。（五二七年仏教を公認） |
| | | ○大加羅王、倭王に対し、百済王が蟾津江河口地域を領有するのを阻止するよう働きかける。<br>○大加羅王、倭王との関係を断ち、倭国に対する武力を備う。 | ○南加羅（金海）の仇衡王（金仇亥）即位。 |
| ○百済武寧王、王子の淳陀（斯我君）を派遣。<br>○「任那の日本の県邑」に居る百済人系を百済に遷す（『継体紀』）。 | ○（五一〇年）百済「内外の游食者を駆り帰農せしむ」（『三国史記』）。 | ○「五経博士段楊爾」きたる（五一二年百済に専門的指導者の恒常的提供を要請した結果）。<br>○百済王は諸博士の提供のためには蟾津江河口付近の領有が必要と主張。大加羅は百済に対し倭王の協力要請。<br>○五一六年「五経博士漢（中国人）の高安茂」きたる。 | |

| | 522 | 523 | 524 | 525 | 529 |
|---|---|---|---|---|---|
| | | ○武寧王歿。聖明王即位。 | | | ○高句麗安臧王親ら率いる大軍が百済「北鄙の穴城」を抜き進軍。「五谷の原」で拒ぐが大敗。戦死者二〇〇〇余。ヤマト王権の武将の反百済の「暴虐」も一因か。 |
| | | | ○法興王「南境の拓地」(密陽?)を巡狩。<br>○蔚珍鳳坪に石碑「寐錦王」「葛文王」「新羅六部」「居伐牟羅道使」「悉支軍主」 | ○沙伐州に軍主を置く。 | ○洛東江の北と東から㖨己呑(昌原北部?)・卓淳(昌原南部?)・南加羅(金海)に軍事力の圧迫加え始める。 |
| | ○大加羅異脳王(「已能末多干支」)、新羅王に請婚。盟約を結ぶ。 | | ○大加羅王、新羅南境の拓地で法興王と会す。 | | ○大加羅王、①新羅との婚姻による盟約破棄。②親ら倭国に赴き援軍を要請。<br>○安羅(咸安)王は百済に乞師? |
| | | | | | ○百済の対高句麗戦支援のため渡海した「為哥(ワカ)の岐弥(君)名は有非跛(ウヒハ)」(紀生磐)、大加羅の有力者(「任那の左魯の那奇他の甲背」)の働きかけで、①帯山城(全北・井邑付近)に拠り百済の「東道」(蟾津江経由)妨害。②爾林(全北・万頃江河口)で百済の武将殺す。③「津」(全北・東津江河口?)で百済の兵糧運漕妨害(『顕宗紀』『欽明紀』)。 |

| | | | | |
|---|---|---|---|---|
| 530 | | ○新羅の使者、筑紫の王者磐井に加羅への倭王の援軍の渡海阻止を要請。 | | ○継体、磐井勢力下の港湾を提供させ、まず九州北部で徴兵し、加羅への軍事動員態勢を敷こうとする。磐井は拒否。 |
| 531 | ○安羅に軍隊を派遣。<br>○加羅をめぐって新羅と対立し始める。 | ○国事を総知する上大等の官を創置。 | ○百済軍、安羅の乞乇城（飽徳山城？）に進駐。 | ○ヤマト王権に継体・「勾大兄」排除の政変。欽明即位。<br>○ヤマト王権の軍と筑紫の軍とが戦闘。磐井斬られる。<br>○近江毛野渡海。 |
| 532 | | ○南加羅王金仇亥が降る。 | ○㖨己呑・卓淳・南加羅を新羅軍が占領。<br>○百済軍、久礼山（咸安武陵山地？）に駐屯。 | ○近江毛野、加羅東南地域からの新羅軍の撤退を交渉するが失敗（毛野は翌五三三年召還されるが帰途死亡） |
| 534 | ○梁に遣使。涅槃経ほかの義疏、毛詩博士、工匠、画師などを乞う。勅あってこれを授けられる。（五四一年にも） | | | ○博多湾の「那の津のミヤケ」（軍事力の集結と対外交渉の中継との拠点の機関・施設）、および安羅に常駐する倭の王臣がこの頃から始まる。<br>○ミヤケ制支配が拡大し始める。国家機構形成本格化。 |
| 538 | ○高句麗に備えて泗沘（扶余）に遷都。 | | | ○五三七年に大伴狭手彦「任那」を助け百済を救う伝承。 |

| | | | | |
|---|---|---|---|---|
| | ○この頃全羅南道は百済の軍管区に組織されたか。 | | | |
| 541 | ○梁に遣使。学術・芸術を伝えられる。<br>○高句麗の圧迫強く新羅に和を請う。<br>○対高句麗・対新羅のため加羅諸国を百済支援の立場に繋ぎ止める政策。<br>○倭人系王臣「紀臣奈率弥麻沙①安羅へ。 | ○（五四〇年）真興王即位。 | ○加羅東南地域の新羅軍を撤退させるため百済王都に赴き協議。 | ○ヤマト王権の期待は、大加羅を盟主とする統一加羅国家の樹立、それによる五世紀第４四半期〜六世紀第１四半期の南加羅での恒常的経済活動の回復。 |
| 542 | ○倭人系王臣「①」「中部奈率（紀臣）己連」②「物部連奈率用奇多」③倭に派遣。 | | | |
| 543 | ○「物部施徳麻奇牟」④（五五四年「東方領物部莫奇武連」）らを倭に派遣。梁から得た扶南の財物・奴を倭に贈る。 | | | |
| 544 | ○「施徳斯那奴次酒」⑤（五五三年「上部徳率科野次 | ○司正府創設。<br>○王都六部（「六啄評」）の | ○百済王、加羅についての三策を提案。 | ○百済王の三策の②に「凡そ厥の凶党、誰にか附くを謀らざ |

| | | | | |
|---|---|---|---|---|
| | 酒」「内臣徳率次酒」）を安羅に派遣。<br>○「許勢奈率奇麻」⑥「物部奈率奇非」⑦を倭国に派遣。 | 軍事組織「大幢」結成。兵部長官二員制。地方軍団の整備。 | ①洛東江南岸に倭兵三〇〇〇人を配備。<br>②咸安〜河東方面の百済軍駐屯継続。<br>③加不至費直・阿賢移那斯・佐魯麻都の本国帰還。 | らん。北の敵は強大にして我が国は微弱なり。若し南韓に郡領・城主を置きて修理防護せざれば、以て此の強敵を禦ぐべからず。亦以て新羅を制すべからず」（『欽明紀』）とある。 |
| 545 | ○倭人系王臣②③⑤を倭国に派遣。 | | ○百済王から梁の財宝が贈られる。 | ○膳臣巴提便を百済に派遣（「仏経を求む」か）。 |
| 547 | ○倭人系王臣⑥らを倭国に派遣して高句麗の進攻に備えて乞師。 | | | ○仏教公伝。梁の工匠らが造った「釈迦仏金銅像」、梁から授かった「仏経」義疏、「僧道深等七人」。下部東城子言がもたらす。 |
| 548 | ○高句麗と戦争。高句麗軍と鼇人の兵六〇〇〇とが馬津城（独山城。忠南礼山）を攻める。<br>○新羅に乞師。 | ○兵三〇〇〇を遣して百済を救う。 | ○安羅、馬津城へと出兵する。戦線を離脱。「得爾辛」（忠南恩津？）は「空地」となる。 | ○那の津のミヤケで出兵態勢完了するが、百済王からの連絡で出発せず。三七〇人を派遣して「得爾辛」に行かせる。 |
| (付) | ○五五〇〜五五一年、高句麗への攻勢強める。聖明王親ら百済・新羅・任那 | ○五五一〜五五三年、高句麗の一〇郡を陥し、百済が回復した地を奪う。 | ○五五四、五年、安羅は新羅領となるか。「安羅に在る諸の倭の臣等」の記事 | ○五五〇年、百済から高句麗の俘虜一〇人を贈られる。大伴狭手彦が百済軍と共に高句麗 |

| | | | | |
|---|---|---|---|---|
| 551 ～ 556 頃 | の兵を率い旧都漢城・南平壌などを回復。<br>○五五二、三年、回復した地を新羅に奪われる。<br>○五五三年、倭人系王臣⑤を倭に遣し乞師。<br>○同年「上部奈率科野新羅」⑧らを倭国に派遣して乞師。<br>○五五四年、「上部奈率物部烏」⑨らを倭国に派遣して乞師。<br>同年、聖明王新羅との戦いで殺される。 | ○五五二～五五七年、上州・新州・下州・比列忽州などの州・停の設置。軍政民政一体の統治。中国に直接通交する西海岸の港（南陽など）確保。 | 終る。 | 陽原王を駆逐した伝承。<br>○五五四年、百済王、五経博士・僧・易博士・暦博士・医博士・採薬師・楽人、卜書・暦本・薬物を提供。<br>○五五四年、那の津のミヤケに駐屯する兵一〇〇〇人、馬一〇〇匹を船四〇隻で百済に送る。 |

註

（1）東潮「栄山江流域と慕韓」（『展望考古学』一九九五年、考古学研究会）。岡内三眞「韓国西南部の前方後円形墳と埴輪形土製品」（『早稲田大学大学院文学研究科紀要』四一―四、一九九六年）。小田富士雄「韓国の前方後円形墳」（『福岡大学人文論叢』二八―四、一九九七年）。西谷正「前方後円墳を通して見た南道と日本との関係」（『嶺・湖南の古代地方社会』一九九九年、昌原大学校博物館・木浦大学校博物館）。田中俊明「栄山江流域における前方後円形古墳の性格」（『栄山江流域古代社会の新たな照明』二〇〇〇年、歴史文化学会・木浦大学校博物館）。なおこれらの論文の選択とコピーとは、京都市埋蔵文化財研究所の山本雅和氏にお願いした。

（2）『韓国の前方後円墳』二〇〇〇年、忠南大学校出版部。シ

ンポジウム当日同大学校百済研究所長朴淳発氏からいただいた本だが、氏のお話では本書中の慶北大・朱甫暾氏の所見に近いそうである。

（3）山尾幸久「倭王権と加羅諸国との歴史的関係」（『青丘学術論集』一五、一九九九年、韓国文化研究振興財団）。

（4）山尾幸久『古代の日朝関係』一九八九年、塙書房、前篇一章、および註（3）前掲拙稿二章1節で少し詳しく述べている。

（5）末松保和『任那興亡史』（一九四九年。一九五六年、吉川弘文館）。

（6）石母田正「古代史概説」（岩波講座『日本歴史1』一九六二年）。

（7）金錫亨「三韓三国の日本列島内分国について」。より包括的に論じられた『初期朝日関係史』一九六六年）は一九六九年に朝鮮史研究会によって翻訳された（勁草書房）。

（8）中塚明「近代日本史学史における朝鮮問題」（『思想』五六一、一九七一年）。

（9）李進熙『広開土王陵碑の研究』一九七二年、吉川弘文館。

（10）神保公子「七支刀の解釈をめぐって」（『史学雑誌』八四—一一、一九七五年）。

（11）浜田耕策「高句麗広開土王陵碑文の研究」（『古代朝鮮と日本』一九七四年、龍溪書舎）。

（12）坂元義種「五世紀の倭国王」（『古代東アジアの日本と朝鮮』一九七八年、吉川弘文館）。

（13）山尾幸久「任那支配の実態」（『日本古代王権形成史論』一九八三年、岩波書店）。

（14）山尾幸久「百済三書と日本書紀」（『朝鮮史研究会論文集』一五、一九七八年、龍溪書舎）の四章、および註（4）前掲拙著後篇三章3節でやや詳しく検討した。

（15）末松保和、註（5）前掲書、四一頁。

（16）三品彰英「百済記・百済新撰・百済本記」（『日本書紀朝鮮関係記事考証　上』一九六二年、吉川弘文館）。

（17）坂本太郎「継体紀の史料批判」（一九六一年。『日本古代史の基礎的研究　上』一九六四年、東京大学出版会）ほか。註（4）前掲拙著前篇二章1節を見ていただきたい。

（18）註（4）前掲拙著前篇三章4節。「旱」が「鍰」（銅の重量単位）の意味という説は高口啓三「隅田八幡画像鏡銘文の解釈」（『古代学研究』一三五、一九九六年）。

（19）末松保和「真番郡治考」（『青丘史草　第一』一九六五年、笠井出版印刷社）。

（20）坂元義種、註（12）前掲論文。

（21）末松保和、註（5）前掲書、第五章二。坂元義種「五世紀の〈百済大王〉とその王・侯」（『古代東アジアの日本と朝鮮』前掲）。

（22）白鳥庫吉「中田君が韓国古代村邑の称呼たる啄評、邑勒、檐魯及び須祇に就きての考を読む」「韓語城邑の称呼たる忽

(kol) の原義に就いて」(『白鳥庫吉全集3』一九七〇年、岩波書店)。
(23) 末松保和「梁書新羅伝考」(『新羅史の諸問題』一九五四年、財団法人東洋文庫)。
(24) 山尾幸久「朝鮮三国の軍区組織」(『古代朝鮮と日本』前掲)。

〈創立五〇周年記念シンポジウム報告〉

# 古代日朝関係史研究の現段階

## ――五、六世紀の日朝関係――

**パネリスト**

東　　潮　徳島大学総合科学部・教授
大竹弘之　枚方市教育委員会社会教育部社会教育課・主査
金　洛中　韓国国立文化財研究所遺跡調査研究室・学芸研究士
田中俊明　滋賀県立大学人間文化学部・助教授
西谷　正　九州大学大学院人文科学研究院・教授
朴　淳発　韓国忠南大学校文科大学考古学科・教授／百済研究所・所長
柳沢一男　宮崎大学教育文化学部・教授
山尾幸久　立命館大学・名誉教授

**司　　会**

鈴木靖民　國學院大學文学部・教授

**通　　訳**

山本孝文　韓国忠南大学校大学院碩士課程
吉井秀夫　京都大学大学院文学研究科・助教授

（肩書は当時のもの）

**鈴木**　私は司会の國學院大學の鈴木靖民です。朝鮮学会の創立五〇周年を記念して、主に考古学の研究成果によって、古代日朝関係史研究の現段階、五・六世紀の日朝関係というテーマでシンポジウムをもちました。

この問題について、昨日は山尾さんと西谷さんの総括的な、あるいは正鵠を射た問題の指摘がなされました。また今日は六人の方々、特に韓国から朴淳発さんと金洛中さんをお迎えしまして、最新の研究成果の紹介と、それにこの問題に関するご見解をお話し頂きました。

これまでこのテーマについての大変多様な論点といいますか、争点が出されたと思います。要するに韓国の栄山江流域、ちょっと広げますと全羅南道における日本史ふうにいうと古墳時代ですが、五・六世紀の様相に注目し、それを日朝関係史あるいは朝鮮史というところから、どう明らかにするかということだと思います。

そこで討論はおよそ三つくらいの柱、問題を立てたいと思います。一つ目は、何と申しましても韓国の前方後円墳が問題のきっかけになっていますから、前方後円墳の位置、評価、具体的には分布の特徴や時代、いわば時間的、空間的にどういう見解の違いがあり、どういうことが明らかにできるのかということです。二点目は、この時代のこの地域の社会状況、特に古墳、前方後円墳の被葬者集団、被葬者とその対外関係といった点を通じてこの地域の歴史を明らかにしたいということです。三点目は、まとめに代えまして、この地域の社会とか政治、とくに昨日を受けて今日の報告では、慕韓、慕韓イコール馬韓かもしれませんが、この慕韓がどういう政治的な傾向をもったのかがかなり大きな問題になったと思います。そして広くは、朝鮮半島における古代国家の形成、その背後にはもっと大きいさまざまな動きがあるわけですから、そのことをいろいろ論じていただいてまとめにしたいと思いますので、よろしくお願いします。

## 全南地域の前方後円墳の位置づけ

**鈴木**　まず最初に、韓国の全南地域における前方後円墳の歴史的な、あるいは空間的な位置づけについてです。一つ注意しておかなければならないことは、昨日は前方後円墳が全面に出された感じでしたが、墓制自体は、この地域では前方後円墳だけではないということです。ただ前方後円墳がちょっと目立つということだと思います。また共通の一つの形式、様式でいえば、今日もかなり取り上げられておりましたように、横穴式石室墳ということが共通項としてあります。ただそれも単純なものではなく複雑でいろいろなタイプがあって、その中でも、たとえば甕棺をもつ甕棺古墳があることについても併せて考えなければいけないと思います。前方後円墳の規模、外形、あるいは内部構造、つまり石室などのことです。新聞でも報道されました石室の朱塗りとかあるいは副葬品などについてです。

まずは西谷さんからお願いします。昨日総論的なお話をされたと思いますが、今日改めて六人の先生方のお話を聞かれて、いろいろな意見の中で考えをどうまとめられるか、西谷さんなりにどう受け止められましたか。

**西谷**　昨日あまり話題にならなかったことですが、今日の金洛中さんのご発表は大変興味深く拝聴いたしました。今も鈴木さんがおっしゃったように、この地域は前方後円墳がすべてではないわけです。つまり、旧石器時代以来ずっと長い歴史の営みがあって、百済時代に限っても前方後円墳のほかにも、先ほどの潘南面の伏岩里とか、新村里や徳山里のような特色ある古墳があります。そういう全体の中でどう位置づけていくかという視点が非常に大事だと思います。そういう意味で、昨日に続いて今日も前方後円墳の話はありましたが、潘南面の地域は非常に重要だと思っています。

特に伏岩里の古墳につきましては、今日スライドを拝見し改めて整理ができたかと思います。あれだけ大きな墳丘墓が作られる以前に、まず小土壙墓があって、当初からあらかじめ巨大な墳丘をつくって、将来一族が次々と埋められるという計画性があったのです。最初はこの地域に特色のある甕棺が中心ですけれども、最終的には横穴式石室が築かれるまで、一つの地域の通時的な変遷がわかるという意味で重要だと思います。それと古墳だけではなくて、今回ほとんど問題になっていませんが、伏岩里の場合はすぐそばに会津土城があります。新村里の場合も近くに、紫微山でしたか、山城があります。そのように古墳以外の、特に山城とか、実際には集落が本当は知りたいわけですが、そういう遺跡群を地域としてトータルにとらえていく必要があると思います。ところで、昨日の繰り返しになりますけれども、地域ということを考えるときに、前方後円墳の分布地域が、だいたい咸平や霊巌・海南にしろ、その後、現在までも続いている何々郡という一つの地域社会の中での位置づけの重要性を改めて感じたわけです。昨日も予告しておきましたが、この地域の横穴式石室につきましては、地域色が濃いという点です。私個人としては、この辺の石室の細かい研究はしておりませんので、聞き流してもらっても結構です。やはり漢城時代から熊津時代へと横穴式石室がずっと変遷していく、その延長線上での地域色の濃い横穴式石室という理解をしておりました。しかし、今日の柳沢さんのお話では、北九州あるいは中九州と非常に共通点があって、むしろ肥後とか筑紫といった、つまり北部ないし中部九州との関わりがあり、むしろこちらからの延長線上で考えたいというご意見は非常に新鮮であり、また私もちょっと考え直さなくてはいけないという印象を持ちました。

もう一つは、遺物の問題があります。これはずいぶん早くから指摘されていることですが、たとえば、明花洞とか月桂洞のある光州の郊外の斉月里という所で、珠文鏡のような倭鏡が出土しています。あるいはまた、先ほど話題になった月松里型の造山古墳からは南海産の貝製の腕輪が出ていたりします。これなどはおそらく中九州から、北九州を通じてもたらされたものではないかといわれていますが、私もそう思います。

そのほか日本列島の古墳文化で非常に特異な遺物として、蛇行剣という鉄剣があります。それが今回の地域よりちょっと北の方に位置する全羅北道から出土しています。そのほか陶質土器についても日本の須恵器に酷似していたものがあって、ひょっとしたら一部あちらにもたらされているかもしれないというものもあったりします。この地域の非常に特色のある古墳文化、そしてそれが北九州と密接な関係にあったという意味では、遺物についても今後の検討課題だと思っております。

## 日本と関係のある出土遺物

**鈴木**　改めて西谷さんにもう一度いろいろな点にふれていただきました。いま述べられた土城とか山城、その他の遺跡のことはまた後でいたしますが、やはり今回は何と言っても倭系とか日本と関係のある遺物なり石室なり、あるいは埴輪が注目され取り上げられたことだと思います。

朴淳発さん、この地域の土器についてはほとんどお話が出なかったのですが、古墳に限らず地域を考える際に基本となるのは土器だと思います。そういう時代を測るような、あるいは特色づけるような土器を中心に、遺物についてまずふれていただければと思います。

**朴**　栄山江流域の土器については、かつて私は「栄山江流域様式土器」という名前をつけて議論をしたことがございます。その研究成果として、「栄山江流域様式土器の変遷と編年」図１（本書二二二頁図１参照）を掲げております。この図を見ていただければお分かりのように、三〇〇年から、つまり四世紀から器種が多様化するとともに、たとえば長頸壺とか有孔広口小壺とよばれるこの地域独特の土器が出てくるようになります。また栄山江流域の蓋杯の編年作業をかねて、錦江以北地域と錦江流域の蓋杯の比較図２（本書二二四－二二五頁図２参照）を掲げております。図に示した土器が栄山江流域様式の土器ということになりますが、その中でキーポイントになるのは、やはり長頸壺と有孔広口小壺だと思います。〔通訳：吉井〕

**鈴木**　金洛中さんにも同じ質問をします。潘南面のことに限らず土器の特色をお話し下さい。

**金**　新村里九号墳と伏岩里三号墳を私が発掘した中で、一番多い土器はやはり蓋杯でした。もう一つ多かったのが有孔広口小壺です。この蓋杯という器種は、漢城百済で出現したものだと思いますが、それが地域によって、あるいは時間によって器形が変化していきます。

その中で一番関心がありますのは、栄山江流域において横穴式石室が出てくる段階での蓋杯の問題です。もちろん甕棺墓の段階でも蓋杯というのはありますが、それが横穴式石室の出現とともに、形態もそれ以前のものとは変わりますし、数量も増えてまいります。そうした蓋杯は胎土を見てもそれ以前のものと違いますし、形態的に錦江流域における横穴式石室と似たものだと考えられます。そのような様相を見せますので、横穴式石室は前方後円墳あるいは方台形古墳で見つかるわけですけれども、特にそういう土器の変化の様相が大事だと思いますから、その被葬者については、百済と関係の深い土着勢力ではないかというふうに考えます。それ以外に鈴泉里古墳から加耶系の土器も出土しております。そういうものと一緒に、在地系の土器が使われているという様相が見られると思います。

新しいタイプの蓋杯の出現と関連して、有孔広口小壺について少しお話をしたいと思います。有孔広口小壺の図面（本書五一二頁図6参照）を出しておりますので、それをご覧ください。栄山江流域では、在地の土器として有孔広口小壺が発展して、17番にあります月松里造山古墳のようなものに変化していきます。もちろん有孔広口小壺は日本でも発展したわけですけれども、それと関係して、五世紀の後半になって新たに日本との関係から出てくるのが、その図面の右下のところに図示した土器です。多少の違いはございますが、器形とか、施文された文様などを見ますと、日本のものとほとんど変わらないのが出ていますので、それがその当時における倭との交流の証拠の一つになると思います。

このように蓋杯、あるいは有孔広口小壺の前後関係というものが明らかになれば、従来は横穴式石室でのみ考えられてきた前後関係を補強する資料になると思います。〔通訳：吉井〕

**鈴木**　ありがとうございました。倭系、加耶系といった珍しいものでなくても、在地の土器も二つの種類に代表される特色があるというように、もともと歴史的にも三世紀頃から栄山江流域独自の特色が考えられるということだと思います。

それでは本来の問題に戻ります。西谷さんが詳しくお話しされたように、やはり倭と関係がありそうな遺物、とくに埴輪に似た土器のことです。埴輪は古墳の外側を飾るものでしょうけれども、それ以外の遺物で倭との関係を示す遺物は何があるのでしょうか。あるいは冠帽などはどうなのでしょうか。

**東**　冠帽についてですが、新村里九号墳や笠店里古墳の冠帽が、はたして百済の熊津政権からあたえられたか否かということです。武寧王陵の出土品のなかで、冠帽といわれている飾金具は、伊藤秋男さんがいわれるように団扇だろうと思います。新村里九号墳のものはおそらく在地的な冠帽ではないかと考えています。また伏岩里三号墳の三葉環や三累環、獅噛環頭大刀、圭頭大刀などの大刀について報告されましたが、武寧王陵を中心とした熊津期の百済と栄山江流域、さらに日本列島の倭との関係をみるうえで貴重な資料です。飾履も亀甲文に花弁が表現されたもので、時期的に武寧王陵の前段階のものです。新村里九号墳乙棺のものと違っているようです。江田船山古墳や鴨稲荷山古墳のものと比較できます。

**鈴木**　いわゆる埴輪に似た土器についての評価とか、系統については大竹さんのご報告でよろしいでしょうか。

**東**　埴輪や円筒形土器が、在地のものであることはまちがいありません。埴輪が倭系のものですから、倭人の集団がなんらかのかたちで関与していると思います。形からみて北部九州の埴輪の系統をひいているのではないかと思います。

陶質土器についてですが、陶邑古窯跡のＴＫ七三窯の須恵器は五世紀第１四半期ごろと考えられるようになりましたが、栄山江流域から伝えられたものです。須恵器は、四世紀末から五世紀初めごろ、洛東江流域の加耶から陶工がはいり、五世紀前葉ごろに栄山江流域から伝えられます。金洛中さんの作られた図面からも窺えます。伏岩里一号墳の資料なども報告されて、栄山江流域での土器の様相がしだいに明らかになってきました。

**鈴木**　今おっしゃったことも最近の考古学の成果で、加羅、加耶のどこに須恵器の源流の陶質土器があるとか簡単にはいかないことが、徐々に明らかになってきたわけです。今日もまた新しい知見が得られたと思います。考古学専門の先生方がお見えですし、せっかくですので、とくに今、東さんがふれられた大刀とか冠帽とかについて、穴沢咊光さんにご意見をいただきたいです。

**穴沢**　伏岩里の遺物は大変な遺物であります。六世紀以降、日本の後期古墳からは金ピカの大刀類がたくさん出ますが、じつはこれらの源流が一体どこにあるかということがよくわからなかったのであります。六世紀後半の日本は、新羅や旧加耶地域とはあまり交渉がなかったはずで、どうも百済がその源流ではないかと推測していたのですが、その確証となる資料がとうとう出てきました（本書六三頁図8参照）。

まず、伏岩里三号墳九六号石室墓の三葉環頭刀（図8―1）の類例はこの天理大学から遠くない奈良県桜井市珠城山一号墳から出ています。

また、五号石室墓出土の圭頭大刀（同―2）は把頭の懸通し穴の周囲に火炎文の透かし金具があります。これは戦前、神林淳雄氏が百済系の装飾ではないかといわれていたそうですが、ついにそれが証明されました。類例としては有名な群馬県藤岡市の出土例（東京国立博物館）や私のいる福島県の須賀川市の観音山横穴墓からも出ています。他にも日本国内から相当数の類例が知られています。

さらに七号石室墓出土の鬼面文三累環頭大刀（同―3左）、日本の用語でいうならば三累獅噛環頭大刀になりますが、遠く青森県八戸市の丹後平一五号墳から出ております。獅噛環頭大刀は日本から三〇例前後の出土例が知られていまして、その源流もおそらく百済ではないかといわれていたのですが、ついにそれが証明されたわけです。

同じ石室墓から出た圭頭大刀ですが（同―3右）、この把頭の類例は香川県善通寺市の母神山古墳から出ていまして、これには鉄地に金銀象眼で獅噛文（鬼面文）をあらわしていて、新聞に報道されたことがあります。また、この刀の把には銀板を巻いて龍文を表しています。類例は島根県松江市御崎山古墳の舌出し獅噛環頭大刀の把にみられます。

このように伏岩里出土の大刀群は非常に日本と関係があるもので、六世紀後半から七世紀初頭にかけての日本の刀制が、これで証明されたと思って良いと考えます。

**鈴木**　ありがとうございました。この時代の全南が百済かどうかということは次の議論になるかと思いますが、大変興味深いご意見を伺いました。これに関連して西谷さんのほうから質問がおありのようです。

**西谷**　大竹さんと柳沢さんのお二人に教えていただければと思います。今日の大竹さんの資料の円筒形土製品に関連して、最近、咸平のチュンナン遺跡とか、要するに円筒埴輪系以前というか、まったく違った形のものが出てきたわけです。これは非常に重要なことでして、これを将来どう考えていくかという問題が残っています。福岡市の老司古墳から深鉢形というか、土器形のものが出ています。それとの関連はまったくないのかどうか、そこのところを教えていただければありがたいのですが、どちらからでもどうぞ。

**大竹**　私は伏岩里二号墳をはじめとする有孔平底壺は、九州の壺形埴輪の段階にまでは遡り得ないと考えています。ところが今日の朴淳発さんの発表予稿集で小栗明彦さんが「全南地方出土埴輪の意義」(『百済研究』三二号、忠南大学校百済研究所、二〇〇〇)という論文を書いておられることを知りました。これには「四世紀後半代に九州地域との関連のなかで埴輪を受容し、その後に成長して『月松里形石室』を築造した在地のある勢力」云々とあります。論文に接しておりませんので詳細はわかりませんが、全羅南道での円筒形土器の成立を非常に古く考えておられるようです。全羅南道地域が小栗さんのいうように四世紀後半代に九州の埴輪を受容しており、さらに伏岩里二号の先行型式として壺形埴輪により近い資料があるとすれば、老司古墳のような単口縁の壺形埴輪に繋がるのかもしれません。しかし広口で有孔平底という属性は説明できません。むしろ別にモチーフがあり、埴輪の影響を受けつつもあくまでも在地主導で成立した形式であると考えたいと思います。

**鈴木**　それでは老司古墳の土製品のことだったかと思いますが、西谷さんのご質問、ご意見に関連して柳沢さんにお願いします。

**柳沢**　いわゆる壺形埴輪のことでしょうか。

**西谷**　ああ、壺形埴輪です。

**柳沢**　はい、たくさんございました。あれは単口縁のものと複合の二重口縁のものがございます。

**西谷**　日本との関係はないのかということです。

**柳沢**　日本の壺形埴輪の系統は、円筒埴輪とは別な流れで、四世紀代を通じて各地で使われるわけです。それが五世紀の前半くらいまで残るところがままありますが、老司古墳の場合には、そういった流れの中で基本的に壺形埴輪をめぐらす段階の墳丘を飾る道具だてとして円筒形埴輪ではなく壺形埴輪の世界なんです。

朝鮮半島全羅南道のほうはどうかといいますと、円筒形土器、いわゆる埴輪の中に、たしかに壺形埴輪の系統のものはあるんです。今のところ二重口縁形の円筒土器はなく単口縁系のものばかりです。年代的に見ると、やや少し開きがあるかなと思います。それは伏岩里二号墳だったと思いますが、それがどのくらいまで年代的にさかのぼるかという点が、私としては興味があるところです。

## 栄山江流域の前方後円墳の特性

**山尾**　考古学の方々のご意見を聞いていて、大事なところが十分理解できていないので質問したいのですが。一番特徴的なご意見は東さんだと思いますので、お伺いします。

私の理解では、全羅南道の前方後円墳は、基本的には百済系統の古墳である。にわか勉強でそう了解していたわけです。そして今日の韓国のお二人の先生の最新の発掘成果やご研究でも、やはり百済との関係は否定できないとそう思って聞いたのですが、日本の考古学の方のご所見は、全南地域の現地首長を主体にしてお考えです。その勢力が慕韓国かどうかは別にして、全羅南道西部の地元勢力が倭の墓制を取り入れた。倭との交流の所産とみるか、それとも九州北部の倭人が渡って小共同社会を作ったとみるか、その違いはあるのですが、百済との関係は否定されるべきだというのが、だいたい現在の考え方ということになると、私が昨日発表した論旨は駄目になってしまいます。百済王の全羅南道領有の過程、過渡的拠点的な要地の領有という考え方は、これはもうぜんぜん関係がないわけです。百済との関係を何が何でも切り離そうとしておられるように私は聞こえたのですけれども、その点、東さんいかがでしょう。

**東**　百済による全羅南道の統治過程の問題については、甕棺墳から石室墳への移行という現象でとらえています。熊津時代において穹窿天井石室が出現しますが、それは高句麗の影響で突如として出現したようです。宋山里型石室とよんでいますが、六世紀になって発達します。

横穴式石室には、もう一つ漢城時代からの系統があります。漢江や錦江流域には多くの横穴式石室墳があるはずですが、ほとんど調査されていません。栄山江流域の横穴式石室が九州の影響か否かということですが、熊津城に遷都する時期に、漢城時代に発達していた石室が伝播したと考えられます。その石室の伝播の過程で、甕棺墳から石室墳へと移っていくようです。伏岩里三号墳のように甕棺を埋葬施設に使ったものは過渡期のものです。その後は、甕棺がなくなり、石室に移っていくようです。

六世紀後半以降、扶餘に遷都した後には、陵山里型が全国的に普及しています。陵山里型石室は臣僚とか王侯クラスの墓と考えています。伏岩里三号墳で出ました、銀製の唐草文冠飾もその時期に分布します。五世紀後半段階の地域性については、朴淳発さんらの土器の研究でさらに明らかになるかと思います。

**鈴木**　これは二点目の柱と関係が深いので、そちらに移りたいと思います。その前に、遺物とか遺構、内部構造などに関しては、堀田啓一さんも関心をもっておられると思いますのでご意見をお願いします。たとえば、先ほどちょっと話題になった大竹さんのご発言の埴輪のような円筒形の土製品とか、柳沢さんがいわれたような横穴式石室とか、また西谷さんも興味深いとおっしゃった倭との関係です。倭との関係を一つの系列だけでなく、九州でも二つ、北部九州と熊本あたりを想定することについてはどうお考えでしょうか。

**堀田**　横穴式石室につきましては、やはり何か、今日のお話を聞いて、いろいろと韓国の先生方の石室の集成図などを見ていますと、柳沢さんのおっしゃるような、熊本あたりの石室との関連性を考えてみることに意義があるのではないだろうかと思います。

埴輪については、私はこれはあくまでも韓国の人々による、特に土器作りの工人が作ったものであろうと思います。同じ全南地域でも小さな共同体集団のこういう工人集団や墓制、墓を作るにあたって供献土器の様式の違いだろうと考えます。これが統一されない間に全南地域全体の円筒形土器というのでしょうか、こういう供献土器を埋置して墳丘に立てる風習がなくなってしまうだろうというふうに考えます。

ただ問題は、今日大竹さんもおっしゃっておられましたが、夢村土城で出土した当時、私もすぐにソウル大学校の博物館のものを見せてもらって、これは埴輪か土管か器台か、どっちなのだろうかと思いました。可能性としては器台形土器か、埴輪か大変迷ったことがあるんですが、やっぱりこれとの関連性は今後もう少し追求していくべきだと思います。ひょっとすると清州あたりの新鳳洞のB地区一号墳で三角板鋲留短甲が出土していますが、この倭系的な甲（よろい）と共に、蓋杯が出ております。この須恵器の底にはペケの窯印がついておりまして、私はそれを見たときは日本の陶邑の土器がはいっているのかと思ったことがあります。

今日その土器について、全南ないし百済からの影響というようなお話など、韓国の先生方の種々ご発表を聞いて大変参考になりました。

**鈴木**　ありがとうございました。次に移る前に、今おっしゃったソウルの夢村土城の時期についてですが、時期のことや地域のことは、非常に難しいと思います。

大竹さんがふれられた中では一つだけ北のほうに離れていますし、時期も早く四世紀くらいですか、今ちょっといわれた清州の新鳳洞古墳群の土器は五世紀の中頃ですか、報告書があります。そうしたさまざまな栄山江流域というか、全南を中心としても地域的・時期的にちょっと離れたところですが関係のあるものがあります。これらをどう理解したらいいのかということです。大竹さんは、例外として処理しておられるかもしれませんが、いかがでしょう。

**大竹**　円筒形土器と夢村土城の関係については、今のところ直接に繋がるとは考えられていません。夢村土城は百済の漢城期の遺跡ですから、その終末、下限というのは西暦四七五年ということになります。そこからいつまで遡るかが問題です。

一九八五年に金元龍さんが「ソウルの筒形器台—日本の円筒埴輪との関連性」(『三上次男博士喜寿記念論文集考古編』平凡社)において夢村土城の筒形器台をいち早く紹介し、朝顔形埴輪との関係を論じておられます。そしてこのなかで日本統治時代に風納洞周辺で藤澤一夫さんが採集した筒形器台も紹介されており、漢城期に百済地域において筒形器台が成立していたことがわかります。

もう一つは、大田の月坪洞遺跡。これも全羅南道と離れた場所です。防御用の木柵列、壕、城壁と貯蔵施設の木槨庫、貯蔵坑、そして当時の人々が生活した住居址等が発見された百済時代の関防遺跡です。貯蔵穴から出土したものですが、年代についてはわかりません。陶質ですが、新村里九号墳の鉢形のタイプと考えられるものが出ております。従いまして新村里のような円筒形土器は、漢城期以来の筒形器台の伝統のもとに成立したのではないかということで載せました。しかしいずれも墳墓遺跡からの出土ではなく、問題が残ります。

**鈴木**　ありがとうございました。それでは一つ目の最後に、通訳をなさっている吉井秀夫さんにお伺いします。先ほどの朴淳発さんの土器の表などでも明らかなように、栄山江流域と錦江流域、あるいは錦江以北というように、主として後にいう百済地域全体での違いがあります。その中で、やはり栄山江流域はとくに違うということをどうお考えになるのか、一つ目のまとめとして、ちょっと違った目でご発言をお願いします。

**吉井**　その前に、今、夢村土城の話が出たんですが、朴淳発さんは夢村土城を実際に発掘されて、一番ご存知だと思うので、ご意見を一度お聞きした方がいいと思うのですが。

**朴**　夢村土城の土器のことと、先ほど東さんがいわれた金銅製冠帽のことについても発言したいのですが、もし進行上問題がなければお話してよろしいでしょうか。

まず夢村土城出土土器についてですが、私の編年によりますと、夢村土城の土器の中でも早い時期である、漢城百済Ⅰ期にあたります。器形的にも、その後も引き続きつくられる器台だと考えています。ですから、栄山江流域で見つかったものとは直接関係がないと思います。月坪洞遺跡についてですが、この遺跡の基本的な性格は山城です。関防に関わる遺跡ですから、そういうところから埴輪と性格が同じ遺物が出るということは、考えにくいと思います。

最近、私は錦江流域のいろいろな遺跡を調査しているのですが、このような円筒形土器の中には、煙突の部分に使われているものがございます。ですから、全体の形が分からない円筒形の土器にはそういう用途のものもあるわけです。これを栄山江流域の埴輪というか、円筒形土器と結びつけるというのは、難しいのではないかと思います。

次に、笠店里古墳のある錦江の南岸から栄山江流域にかけての金銅製品の問題です。東さんは、これらは百済とは関係ないものであるというふうにおっしゃられました。たしかに、現状としては漢城百済時代において、錦江以北で類例が見つかっていないので、そのような考え方が出てくることは理解できますが、他の副葬品ですとか、高句麗や新羅における金銅製品の様相を見た場合に、これが百済のものであるということを否定するのは難しいと思います。

東さんのレジュメの図（本書一四一頁図1参照）にあるように、新羅を中心として、その周辺の地域では山字形の冠帽が出ております。そのうち慶州地域にだけ、金製のものが存在します。そして新羅の場合、六世紀になりますと、こういう山字形の冠というものは、金製も金銅製もほとんどみられなくなります。

一方、百済は、武寧王陵で見つかった冠飾とか、あるいは銀製の冠飾が六世紀以降にみられるわけです。しかし、それ以前の笠店里一号墳、あるいは新村里九号墳から出ているものは、どちらも五世紀代の資料であります。

これはまだ報告されていませんが、さらに北の天安龍院里というところから、金銅製の冠の破片が出ておりますが、それはやはり笠店里古墳の冠帽の前につけられた、蛇行した金具の破片が見つかっております。今日はその図をお見せできません。また龍院里遺跡では、鳳凰文の環頭大刀が一緒に見つかっております。そして龍院里で出たものとまったく同じような環頭大刀が新村里九号墳の乙棺から出ていることから、共伴する金銅製の冠もやはり百済製とみなければいけないと思います。錦江以北から出ないのは、五世紀の段階で、錦江以北と以南で、そういう金銅製の冠を使うか使わないかということに象徴されるような支配方式の違いがあったからか、そうでなければ、錦江以北の地域で見つかっている資料の中に、偶然に五世紀の資料が見つかっていないからではないかと思います。〔通訳：吉井〕

**鈴木**　それでは東さん一言、反論をお願いします。

**東**　冠帽についてですが、百済の漢城時代から熊津時代にかけては、南朝との関係がふかいことから、金属製でなく布製の冠帽が発達していたのではないかと推定しています。国家制度や身分制度が発達すると、金属製の冠帽を使わないようになるのではないかと思っているからです。

**鈴木**　ありがとうございました。この地域と百済との関係をどう考えるかということについて、次に取り上げたいと思います。先ほども申しましたように、吉井さんの観点からは今の議論も含めて、栄山江流域、錦江流域、もしくはもっと北のほうの漢江流域も入るのでしょうか。一言か二言ぐらいでお願いします。

**吉井**　最近の成果はよく知らないので、先ほど、龍院里から金銅製冠がでていると聞き驚かされました。土器のことについては、土器の形や様式的には確かに違いがあると思いますが、個人的には、蓋杯については、形態だけではなくて、製作技術の検討をもう少し進めていけば、それで地域性がはっきり出るのではないかと思います。

たとえば、公州に艇止山遺跡という武寧王陵の時期の遺跡があるのですが、そこの出土資料を見せてもらいますと、同じ蓋杯でありながら、いろいろな形態や製作技術が観察でき、その中には栄山江流域のものでもいいのかな、というものが混じっています。そういう視角から整理していくと、今日、朴淳発さんや金洛中さんのいわれたことが、もう少し具体的な形で議論できるのではないかというふうに思っております。

## 前方後円墳の被葬者集団

**鈴木**　それでは先ほどから皆さん関心をお持ちでお待ちかねでしょうが、考古学的な事実に基づいてですけれども、栄山江流域、あるいは全羅南道の五・六世紀、細かく最大幅をとりますと、五世紀後半から六世紀の半ばにかけての頃となりましょうか、その地域、さらに前方後円墳に絞れば、被葬者あるいは被葬者集団、さらにはその対外関係、とくに百済との関係、また倭系の遺物が出土するとか朱塗りの石室もそうですが、倭に発生の地がありそうなことからいうとやはり倭との関係です。倭も一筋縄ではまいりませんが、日本列島の政治的な社会は各地にいろいろあったと思います。それとさらに東隣になりますが、加耶との関係もたくさんあるわけです。それらについて議論していただきたいと思います。

田中さんはご報告の時に弁明しておられたようですが、慕韓の建国者のようにみなされているわけです。一九九二年に田村晃一さんと私が編集した、『新版古代の日本』の第二巻の『アジアからみた古代日本』が出版されましたが、その巻末に歴史地図が載っておりまして、そこに田中さんが慕韓と記入されたのが最初だといわれていると思います。

それを東さんが具体化というか、概念づけをされたのでしょうか、拡大されたそうです。それが韓国にも跳ね返って、いわば一人歩きしたという面が田中さんにとってはあるのかもしれません。

そういうことも含めて倭人をどう考えるかということですが、先ほどの田中さんのお話しでは、この地域の在地勢力、とくに倭にはいろいろありますが、倭勢力との政治的関係をもったといわれたと思います。また前方後円形の古墳を造ることについては、その対外的アピールという意味で造営したのではないかといっておられたと思います。一方朴淳発さんは百済との関係をご論文で、百済との支配的同盟関係を表すといっておられますので、それを念頭に置きつつ、改めて論を展開していただきたいと思います。

**田中**　たくさん言われて手短にというのはなかなか難しいのですが、この全南地域というのは、少なくとも五世紀末くらいまでは、特徴的な、いわゆる甕棺古墳を主体とするような、他の地域にはみられない非常に特徴的な墓制をもっている地域でして、それがだんだんと横穴式石室に墓制がかわっていくというようなことを、私たちは、百済が進出していく過程としてとらえようというわけです。それは少し東の加耶の場合も同じように、やはり百済的な横穴式石室が浸透していくのが、百済の進出とパラレルになっていると考えることができまして、時期は少し異なりますが、墓制の変化を通して政治的な支配の浸透を考えてよいのではないかと思っております。

ただし、それは見方をまったく変えれば、百済の統治圏内にあって、ただその支配が及んでいないというか、一応領域内ではあるけれども、それほど強圧的な支配をしていない、という段階には、まだ自由な墓制もおこないえて、百済が強圧的におさえていくような時期になると、中央的な墓制が浸透してくる、というような見方も、可能であろうかと思います。ですから、墓制の変化のみをもって、百済の領域がどのように変化したか、ということはなかなか難しいというか、まったく相反するような考えがともに成り立つかもしれないということがあります。

そこで、少なくとも、墓制なり考古学的な要素から離れて、文献的にどういうようにいえるのか、もちろんその場合でも対立があるわけですが、文献的に考えた結論としては、結局、山尾さんのお考えとたいしてはかわらない、五世紀後半になって熊津に落ち着いてから、あらたに関心をもった全南地域に対して、しだいに進出していくという考えです。先ほどの発表で付言しましたように、西谷さんのような、百済領に対する地方支配ということではなく、まだ百済領ではない段階から、百済領になっていく過程として、五世紀末を考えようということです。以前私は、百済が、加耶の己汶・多沙というのは、慶南と全南の境を流れる蟾津江の上流と下流にあった勢力ですが、百済がその上流側から進出していくのが、五一三年からあとなのです。そこで、五一二年までは、全南への進出の段階と考えていたのですが、最近、そのように五一二年までに限定することはできないのではないかと考えるようになってまいりました。もう少し時間をかけて六世紀のなかばくらいまで、つまり結果としては、前方後円墳が作られなくなるような時期までは視野にいれて、百済の進出を考えていいのではないかというように、考えるようになってきたということです。

このように、前方後円墳の存在する時期のこの地域を、百済との関係でどのように考えるかということについては、まず領域問題で、大きく意見が対立しているわけですが、いったん私たちのような考え、つまり百済の本格的な支配がまだおよんでいないというように考えるとして、その段階の百済と在地との関係を、朴淳発さんがおっしゃるような、同盟的支配関係と表現することは、それでもいいのではないかと思っております。百済の影響力というのは非常に強く、冠帽なども百済の王権との関係で使用されるなり、与えられるなりということで、別に問題ないと思っております。

しかしそういうように百済に対する従属性を見せながら、まだ独自な要素を残している、独立した勢力として維持されていると考える必要があると思っているわけです。じつは、新羅でも同じパターンで考えておりまして、たとえば新羅的な出の字形の金銅冠は、五世紀末に、慶尚北道に広くひろがるのですが、それは新羅に従属しながらも、なお独自な勢力として残っている段階という考えをとっております。ですから、全南地域においても、百済との関係を有しながら、なお独立している段階に前方後円墳が出てくるというように考え、その前提のもとで、前方後円墳の性格を考えようというのが私の考えです。

**鈴木**　ありがとうございました。山尾さんは、近年ずっと論じておられることを、新しい考古学的な成果の如何によっては変えなくてはいけないといわれたのですが、やはり今日、直接伺ったりレジュメを拝見したりすると、報告者の先生によってこの古墳造営の主体、被葬者集団については微妙に理解が違うように思います。

西谷さんにしても、先ほど田中さんでしたか、どなたかに追及されていましたけれども、大雑把にいって、たとえば在地勢力、栄山江流域にもともといた勢力の中の首長、チーフと考えるか、それとも百済王権のあった漢城、今のソウルなり、あるいは時代が下っていけば四七五年以降は熊津、今の公州辺りからいわば百済中央から派遣された人たちなのかということです。

日本の平安時代の場合もそうですが、そうして派遣された人であっても土着してしまうといった色々なパターン、人間類型が考えられるわけです。山尾さん、もう一度お考えをお話し下さい。

**山尾**　今、田中さんがいわれた四県割譲ですが、これは『日本書紀』の継体天皇の巻の編年では五一二年になっています。しかし、これははっきりした年次などいえる記事ではない。百済王による「己汶・帯沙」の領有、つまり蟾津江の下流と河口との領有は「百済本記」による記事ですから、これは五一二年から五一六年まで数年の間に百済王が蟾津江の下流と河口を領有することになったとはいえます。なぜか分かりませんが、高霊の王と結びついていたその地域の首長を、百済王が支配下に置いた。その時、百済王も高霊の王も倭王に働きかけている。これは年表に書いてもよいと思います。

しかし四県割譲は、百済の資料に出るものではない。日本の氏族伝承です。これを年表の五一二年のところに書いてはならない。伝承ですから年代は確定しがたい。その叙述は七世紀の終わりか八世紀初めの支配理念による文章であること。これはもう歴然たるものです。だいたいこの頃かといえる程度でして、蟾津江の下流地域を百済が領有するより前に、全羅南道は百済が領有してなければいけないというのは、それは成り立たない。後かもわからない。先に谷城・求礼・河東の道筋を押さえた後で、全羅南道へ拠点的に進出していくこともあり得ないわけではないです。私はどちらかというと後だと思います。

もう一つ、大事なことですが、土器まで一緒だったら生活まで同じになってしまったことでしょうから、政治的独立も何もないです。ですから地域色があるのは当然ですけれども、昨日の発表でちょっと問題にしたような、政治的関係というのは、先ほどスライドで見せていただいた冠とか大刀とか、ああいう威信財といわれるものが政治的関係の表明であって、盗掘されておりますけれども、それでも百済の色彩は割合に濃い。九州北部の人たちが全羅南道に移住して、そこに地域社会独自の文化を作っていって、その過程で生まれたという、考古学の先生方はかなり共通しておもちの考えですけれど、昨日も申し上げましたように、九州北部が中心ですが、倭人が五世紀の第４四半期と六世紀の第１四半期に住みついたのは、何も全羅南道西部だけではないのです。慶尚南道のほうがはるかに私は多いと思います。昌原とか金海とか釜山とか、あのあたりに倭人が住んでいたということ、これは『日本書紀』の批判的な検討によっても否定できません。ですから先ほどのお話にありました、固城のお墓にどうも倭人のお墓の風習らしいものがみられるというのも当然ではないかと思うのです。時期がその間であるとすればです。そうしますと、慶尚南道にも全羅南道にも倭人は住んでいたと思うのですが、なぜ全羅南道の西部にだけしか発見されないのか、これは基本的な問題です。

さらになぜごく限られた、いかに長く見積もっても五世紀の後半から六世紀の前半くらいで、私は熊津時代の数十年間と申しましたが、数十年ないし一〇〇年の間くらいしかそれがないのか。しかも三世紀の「国」、八世紀の「郡」

程度の地域を単位にして、ごく短い期間に点々と作られてすぐに終わってしまう。幾世代にもわたり前方後円墳が群をなすようなことはない。そうなってくると、田中さんのように現地の勢力が対百済の政治的アピールとして一時的に倭人の墓制を採用したという解釈か、私のように、百済王の臣下となった倭国の有力者が全羅道に「郡将」として派遣され、現地で墓を造って埋葬されたと解釈するかです。田中さんの政治的アピールというのは、いかにルーズでも、政治的意志をまとめる結合体がなければ考えられない。単なる流行なら別です。田中さんは残存勢力といわれますが、倭の古墳の墓制を採用しようじゃないか、それでもって百済に政治的意志をアピールしようじゃないかという、その意志をまとめる結合体は要ると思います。田中さんは「慕韓国」とはいってないとおっしゃっていますが、都督慕韓国諸軍事ですから、「慕韓国」のわけです。「秦韓国」にもなる。漢城時代の百済王は慕韓国と呼ばれる地域に対しては間接的な関係であって、直接の統治外だったと思いますけれど、熊津時代には百済から倭人が入ってきていると、こういう関係があるのではないかなと思うのですが、いかがなものでしょうか。

**鈴木**　栄山江流域のありかたについていろいろなご意見を伺って、あらためて問題の多いことを考えさせられたのですが、西谷さんは、昨日のご講演に引き続き、今日の報告や意見を聞かれてどのようにお考えでしょうか。

**西谷**　昨日ご紹介しましたように、一九九一年に、初めて新徳古墳で前方後円墳が発掘されました。その後、相次いで発掘されまして、もう前方後円墳であることは間違いないということになりました。一九九〇年代に入った当時、現地の研究者と話していたことがあります。今日、柳沢さんのご発表の中に、この地域の横穴式石室が、さらにいろいろ何々型に分類されるという紹介がありました。木浦大学校の李正鎬という研究者がおっしゃるには、その当時、一〇年ほど前に、やはり百済の勢力が浸透してきて、圧力がかかってくると、在地勢力が日本と手を結んで抵抗しようとしたのだという、考えを出しておられました。私もなるほどと思いました。

しかし、よく考えてみますと、考古学の内容からいって大型甕棺が作られている時期のことです。ところで、前方後円墳が出現してくる時期は、先ほどからおっしゃられているように百済が掌握している時期です。つまり百済の熊津時代に当たり、百済の領域に入っていた時期と考えれば、何も百済に抵抗する、あるいはアピールするために倭と手を結ぶ必要性はないのです。世の中がそういう時代に変わっていたのではないでしょうか。

そこで、前方後円墳が、特に一九九三年に月桂洞、そして翌年に明花洞が発掘されたのをみて、非常に印象深く思ったのは、極めて倭的であるということです。その当時、倭と呼ばれた日本列島の前方後円墳からの強い影響を受けていると感じました。百済の領域下に入っていながら、そこに倭的なものが外観として現れているのです。もちろん百済的な要素と倭的な要素がみられるわけですが、明花洞や月桂洞の古墳を通じて、私は倭の要素が非常に強いと感じています。そこでそれをどう理解するかというところで思いついたのが、いわゆる倭系官僚の問題です。これは山尾先生のご研究、すなわち古代の日朝関係その他の書物を通じて参考にさせていただきました。今もちょっとお話がありましたように、当時の朝鮮半島において倭人があちこちに、日常的な生活行為として住みついていたでしょう。そしてその中には位の高い官僚になったものもいたというわけです。やがて前方後円墳が築造される地域が百済の領域下に入る結果として、あるいはその過程で、それまでの大型甕棺から横穴式石室に変わり、外観もそのような前方後円墳になっていくという歴史過程を考えてはどうかということなんです。

そこで、百済がこの地域を統制、もしくは、統治していくやり方には二つあると昨日申しました。その一つは在地の勢力を温存してというか立てて、そこのリーダーを百済の地方官として委託ないしは任命して治めるというやり方です。そしてもう一つは、百済中枢部から官僚を派遣して、この地域を治めるという、二つのやり方があるということです。そういう中で、いみじくも一九九〇年代に入って全南大学校教授の林永珍さんがおっしゃったのが初めてだと思いますが、潘南面や羅州郡の新村里と伏岩里では、先ほどもご紹介があったように、一つの中心地というか、現象的にはずっと大型の古墳が築かれています。ところが前方後円墳というのはそれらの外郭にあるというわけです。

この点は朴淳発さんもご指摘になっていると昨日申したところです。そういう意味で私は、百済が全羅道の西部地域に領域を広げていく過程で、やはり羅州郡とその周辺の郡とを区別していた可能性があると思っています。その際に、咸平郡や霊巌郡、光山郡といった所には官僚を派遣している可能性があると理解したわけです。しかし、いくら派遣されたといっても、あれだけの前方後円墳は簡単に造れるものではありません。つまり、その地域社会、その地域の勢力の支えがないとそういうことはできません。そこで、先ほど鈴木さんがご紹介されたように、派遣されたけれども土着してその地域を治めながら、死後には、倭人出身ですから、そういう倭の色彩の濃い前方後円墳を造ったと考えたいのですが、いかがでしょうか。

**鈴木**　すぐ隣で批判的なことをいうのは恐縮ですが、日本古代史では、中央から派遣される官僚はだいぶ変形して土着するのです。官職でいえば国司です。ところが在地の土着の豪族で地域を治めるのは郡司です。両者を上下関係でいうと、国司は中央から派遣されてきて土着の首長、つまりチーフである郡司クラスに命令を下す。今年（二〇〇〇年）九月に発見されて話題になった石川県加茂遺跡の高札にも、奈良・平安時代の八・九世紀のそういう両者の生の姿を見せているわけです。ですから西谷さんのようなお考えもあるかもしれませんが、ちょっと階層が違ったり関係が違ったりするということで、まだ問題はあるのでないかと思います。

**西谷**　大変参考になります。もう一つ私が連想しているのは、東隣の加耶の問題もあります。たとえば金官加耶国つまり現在の金海市付近が五三二年でしたか、六世紀前半に新羅に降伏します。その後、おそらく造られる古墳がそれまでの竪穴式石室に変わって亀山洞にあるような横穴式石室ではないでしょうか。同様に大加耶国の高霊が五六二年に新羅によって滅ぼされたときに、新羅がそこを掌握して、おそらくそういう大事なところですから、官吏を派遣して治めさせたのではないかと思います。それが古衙洞の壁画古墳であったり、やがて郡のお寺も建ちます。そういう形で今おっしゃったように、日本の場合は国司のように、レベルが違いますが、朝鮮半島の場合、国の下の郡レベルで、そういうこともあり得るのではないかと、今おっしゃるのを聞いていて思いました。

## 前方後円墳と加耶・倭そして百済

**鈴木**　先ほど山尾さんがいわれた、なぜ前方後円墳は全羅南道の一地域で一時期だけなのかという問題は、他の先生方もお考えいただきたいと思います。いろいろ取り上げなくてはいけないことがありまして、百済との関係は最後にするとして、その前に、先ほど山尾さんのいわれた任那の四県割譲については、東さんの報告に詳しく載っておりますが、上の哆唎と下の哆唎、そして娑陀・牟婁、この四県です。東さんの場合はそれにプラス二地がありまして、己汶と帯沙です。己汶は正倉院文書に見える人名に既母辛《きもから》という表記でてきます。それを東さんは、こういった特色ある地域を考古学的に結びつけておられます。

それについて山尾さんは、年代の五一二年が必ずしも正確ではないということをいっておられましたけれども、全南に比定することについては結構でしょう。また朴淳発さんは四県を、全榮來さんの説によってかなり違う地域に比定しておられるわけです。『日本書紀』と結びつけることについて田中さんはいかがですか。

**田中**　己汶・多沙の問題は、山尾さんが高霊の大加耶がそれに関わって出てくるのはなぜかわからない、といわれましたが、それは大いに関わりがあるわけです。ただしそれは、ここでの問題ではありませんので、詳しく申しませんが、全羅南道東部への進出問題は、先にも申しましたように、六世紀半ばまでくだって考えてもいいのではないかと思うようになっております。

四県割譲の記事は、もちろん、『日本書紀』そのままのかたちで認めようということではまったくなくて、そもそも己汶・多沙の問題も、『日本書紀』に伝えるかたちのままに認めて、利用しているわけではないのです。四県についての、朴淳発さんの比定は、全榮來さんの比定によって、蟾津江に近い地域にあてておられます。しかし、最近の順天大学校の発掘調査の成果によりますと、蟾津江の西側の地域へ百済が進出するのは、六世紀なかばまでくだらなければならないようでして、蟾津江河口まで下ったあと、五三〇年くらいまでは、さらに東の安羅まで進出していきまして、それが一段落したあと、西のほうへ進出していったというように、考えることができます。その時期に、この地域に大きな瓦をたくさん出すような、百済系の山城がつくられるのです。従いまして、朴淳発さんの採用された全榮來さんのお考えは、合わないのではないかと思います。

**鈴木**　加耶との関係はまだ議論すべきことがあるかと思いますが、次に倭との関係に移ります。先ほどもふれましたように柳沢さんは横穴式石室を題材にされて、倭との関係に二つの源流というか祖形がある。つまり北部九州と肥後のことです。肥後というと『日本書紀』敏達紀の葦北の記事を思い起こします。そのほか、日本史では石室の系譜からは全く関係のない、瀬戸内から大和、畿内という流れ、ネットワークもあるわけです。

それらとどう関係するのかわかりませんが、朴淳発さんは栄山江流域の関係史、交流史を政治的にとらえられたと思います。まず百済王権を考えておられるようですが、百済と九州勢力、そして間接的か直接的かわかりませんけれども、大和王権というような多角的な関係があったと述べておられます。そしてそれは、他の先生方のご発言と関わりますが、結局、栄山江の対外関係は百済王権と大和王権との関係という形に収斂されるというか、最終的には百済に服属する。そういうような図式で、いわば規模は小さいけれども国際的秩序の変化という形でとらえられていると思います。それでよろしいかどうかをお聞かせ願います。

それに対して、この被葬者は誰か、集団は誰かということに関わりますが、たとえば東さんは、先ほど政治的なことを冠帽や大刀などから論じておられます。冠帽は多分儀式用だと思います。儀式というと、主として対外関係だろうと思います。

ところで一方で東さんがいっておられるように交易をする人々、集団との関係でどう交わるのだろうかということがあります。

東さんのお答えは後にして、その前に朴淳発さんにお伺いしたいのは、柳沢さんは、倭に百済や栄山江の横穴式石室とのつながりの深い地域は二つあり、場合によっては大和王権と三つあるとされております。そういう複線的な関係をとらえることでよろしいのかどうかということです。そして先ほど考えておられたように、それは百済がこの地域を支配するにしたがって二つだけの関係になる。一方は列島の大和、もう一つは百済だけになる。つまり百済に治められてしまうわけです。そういう理解でよいのでしょうか。簡単にいえば、栄山江流域の前方後円墳の首長と王権問題なり国際間なりの関係を結びつけておられるのです。朴淳発さんの説を柳沢さんの説と結びつけたのは私ですが、いかがでしょう。

**朴**　じつは、石室に関する検討というのは、他の方に比べて、まだ十分にできておりません。ですから、今日、柳沢さんがいわれた栄山江流域と九州の関係については、今後もう一度、再検討しなければならないと思っております。ただ西谷さんも先ほどお話されましたように、この地域において横穴式石室が出てくるというのは、百済がこの地域に対する支配方式を変換するという時期に対応していることが重要だと思います。ですから、石室の形態自体の比較も大事ですけれども、この地域において石室が出てくることも、百済の支配方式の変化との関係に基づいて、考えていく必要があると思います。この地域が百済の支配下へ入っていこうという時に、なぜ石室だけ九州系なのか、ということの説明については、少し話が複雑で、ちょっと長くなります。ですから、こうした問題の具体的な検討は、今後さらに続けていきたいと思っています。〔通訳：吉井〕

**鈴木**　ありがとうございました。先ほど、穴沢さんのご発言にもあったように、潘南面の様相がかなり重要ということで、この辺りの歴史がクローズアップされてきました。そのことは時間の関係上割愛しますが、ちょっと趣を変えまして、資料の前方後円墳の分布図に竹幕洞祭祀遺跡があります。竹幕洞は倭系の遺物が出土したり、中国南朝の陶磁器が出土しており、そうしたことと関係があるのかもしれませんが、これは今回の問題全体の中でどう位置づけられるのか、東さんご意見をお願いします。

**東**　竹幕洞遺跡は五世紀代を中心として、六世紀までつづく祭祀遺跡ですが、倭、百済、慕韓、加耶、南朝がそれぞれ国際的な交易活動、海上交通の拠点として、海上祭祀をおこなった場所です。中国の陶磁器、百済、加耶や倭のものがみつかっています。五世紀代には南朝から倭へ、さまざまな技術やものが流入しますが、竹幕洞遺跡はそのルート上に位置しています。江田船山古墳には、南朝系の馬具、百済の馬具、南朝の画文帯神獣鏡などとともに、栄山江流域のものと共通する冠帽や土器があります。江田船山古墳の集団は国際的な交易にたずさわっていたのではないでしょうか。栄山江流域から鉄鋌、鉄の素材も流入していたと推定しています。

**鈴木**　話が行ったり来たりしますが、基本的には百済との関係をどうとらえるかということです。特に支配とか侵略とか、先生方によってさまざまないい方をしておられます。同盟関係とか領有とかいっておられるわけです。しかもこれは主に考古学からの議論ですので大変難しいと思います。こういう短い時間では一挙に解決しませんが、問題だろうと思います。

二つ目の柱の最後になりますが、この五・六世紀にかけての栄山江流域はいろいろな特色をもっており、しかも中で閉鎖的ではなく外に開いていて、対外交流あるいは政治的な関係が多様であるというようなことが浮かび上がってきたとだけはいってよいと思います。

しかし考えてみますと、これはちょうど朝鮮史でいうと、三韓時代から三国時代への時期にあたります。その意味では韓社会・三韓社会の一部なわけです。そういう中でこの地域を馬韓といえるかどうかだと思います。朝鮮史・古代史の立場から、武田幸男さんに批評をお願いします。今までの研究の流れの中で、今日のような議論はどういうふうに落ち着くのか、あるいは少し違和感があるのかどうか、一言お話しいただきたいと思います。

**武田**　いま鈴木さんがおっしゃってくださったことは、大変重要な大きな問題でありまして、到底私の云々できるようなことではございいません。たとえば、本日論議のおもな対象となりました百済についてては、私はこれまでとくに勉強したことはありませんし、百済史に対する私の個人的なスタンスは、『日本書紀』を使わないでどれほど迫れるかということでしたので、論文ひとつ書いておりませんし、いまも格別な意見は持ち合わせておりません。

ただ鈴木さんが最後にふれられた違和感云々について申しますと、私にはまったく違和感というものはありませんでした。本日の先生方が指摘された貴重な事実や、言及されたご発言はじつに新鮮な内容であり、みな穏当でリーズナブルであって、説得力があるようにお聞きしました。それぞれの議論の論点にはどこか違いがあったかも知れませんが、むしろ私には、韓国の先生方、日本の先生方を含めまして、また文献学・考古学の別を問わずに、よくも同じ意見が出揃ったものだということの方が驚きであり、つよく印象に残りました。

また東洋史の立場というほどのものではありませんが、やはりちょっと思うところは、一方に百済、他の一方に倭を設定いたしまして、そのなかでの栄山江流域の意味、その枠内での解釈がやや完結的なかたちで追求されていたような印象もうけました。この点は鈴木さんも気になさっていたようですが、これはただ時間的な制約の結果なのでしょうが、せっかくですからもう少し議論が広がることを期待しました。栄山江流域は百済と倭を結ぶ交通網に含まれた一地域であり、多少内陸部にはいりこんだ地域であります。この地域と九州、北九州あるいは西九州との結びつきがあり、結びつきに系統性があるということは重要な指摘でした、もちろん倭の交通網はもっと伸びており、広がっていたわけです。そのなかの一地域の特殊性が問題になり、よい議論を聞かせていただきました。

ただその特殊性の背後には、九州地域の倭はもちろんですが、それ以外の地域の倭、大和政権が存在していたので、日本列島の倭の政治的全体構造のなかで、栄山江流域の諸勢力が問題になります。それならもうひとつ、倭の五王の時代が問題になります。九州地域との系統や関連をふまえて、もうひとつ上の日本列島全体との関連、中国南北朝時代との関連があるはずなので、これを重ねあわせて考えなくてはならないことは当然です。栄山江流域の前方後円墳にかかわる勢力は、百済を見据え、倭を見据えていたはずです。その件は倭の五王の時代がおわって、倭と中国との関係が断絶することです。問題の国際的な意味合いは、国際関係の継続と断絶の観点から、地域的にも時間的にもそこまで広がるわけです。

こうした問題は、事情が許すならば今からふれられる予定だったものかと思いますが、錚々たる先生方がお揃いなのでまことに残念に思います。さしあたって私は、こんなところです。失礼しました。

## 東アジアの中の古代国家

**鈴木**　ありがとうございました。ここで終わりにしたいところですが、初めに三つの柱を立てると申しました。三つ目は今、武田さんからお話があったとおり、ひろくいえば五・六世紀の朝鮮史なり日朝関係史像なりを明らかにするために、今回取り上げました栄山江流域の時代像といいますかその社会とか政治をどう考えるか、昨日と今日のご報告、あるいは今日の討論を踏まえて、先生方お一人ずつ、特に金洛中さんは潘南面のことをご報告されましたが、それにこだわられず感想を含めて、お話していただきたいと思います。特に武田さんがいわれたように馬韓国というように閉じ込めて説明できるものか、馬韓というひとつのエリアとしての実在というか実態などを具体的に意識していただきたいと思います。それから広くは、東アジアの中の古代国家への道、国家形成の中での社会をどう考えるかということだとも思うのです。そういうことで、柳沢さんから順番にお願いします。

**柳沢**　今日私が申し上げたことは、きわめて限られた範囲内の、ただ埋葬施設の形をどう理解するかということだけです。それ以上のことに関しましては、考古学の現在の成果から一体どこまでものがいえるか、私自身混乱しているところでありまして、できるだけそういった問題にはふれまいと、いろんな亡霊に取りつかれるのはちょっと避けようというのが今のところあります。

**田中**　私は、考古学はまったくの素人ですので、文献に頼って考えようとします。しかし、この地域に限ることではありませんが、朝鮮古代史というのは、文献がほとんどなくて、考古学的な成果を参照しないわけにはいかないのです。その場合、文化圏というものと政治圏とがどのように重なるのか重ならないのかということに、強い関心をもっております。それと関連するかたちで、領土国家としての百済の成立、あるいは新羅の成立という問題も、威信財の存在など、政治的な影響力がおよんでいくということも含めて、ある段階までは文化圏としてしか位置づけられないのではないかと思っております。政治圏とは、ある程度は重なるとしても、そのままということではないということです。そのあたりの精密な、細かいレベルでの議論がどこまでできるのかということに、ずっと関心をもっております。それと、すぐ東の加耶地域においては、統一的な政治体は、最後までできなかったという考えかたをしております。百済の場合は、最終的にはやはりこの全羅南道にまで進出してくるということで、この時期の問題を考えようとしているわけです。このように、新羅も、百済も、そして加耶も同様に、国家形成にいたる一つの段階としてとらえるような視点で考えておりまして、これからも、考古学的な資料をどのように用いればよいのかということを考えながら、アプローチしていきたいと思っております。

**東**　倭の五王に関係して、武の上表文をどのようにとらえるかということです。本当に野望なのか妄想なのかということです。もう一つは最初にふれました、高校の教科書から「任那四県割譲」記事が、虚構として削除されるようなレベルに、日本古代史学界もそうなってほしいということです。教科書検定制度のこともありますが、日本古代史においてその問題がネックになっています。教科書で歴史を学んでいる面がありますから、「任那四県割譲」をめぐる問題について研究や発言をしていきたいと思っています。

**山尾**　そのようにいわれても教科書は研究水準からいうと三〇年くらい前の通説ですから。一研究者の力ではいかんともしがたく、入学試験の問題には、せめてそういう『日本書紀』の現代語訳みたいな変なものは出さないように、これまでしてきました。それは別にして、日本の古代史が展開した歴史的地域というものが、高句麗、百済、新羅、倭国という、中国とは一応別の独自的な歴史的地域で動き始めるのは、五世紀後半に端緒があるが本格化はやはり六世紀半ば以後だろうと思っております。

倭国でいうと、西暦五三〇年前後に起こった筑紫の磐井の戦争を平定して対外的な交渉と武力の権限を一元的に集中し始めたこと、これが大きい。それまでは全羅南道と百済と倭という、そんな関係だけでは収まらないものがあります。武田さんのおっしゃるとおりです。

私は、弥生時代の中期の始まりから古墳時代の中期の終わりまでの日本列島の国家史的な現象は、中国の国家や帝国の周辺現象と見るべきだと思っております。実際に西暦四八八年とか四九〇年には、北魏が百済を攻めているわけでしょう。これはすごいことです。ですから南朝と百済、南朝と倭国というのは周知の事実ですけれども、四七二年には百済は北魏にまで使いを出して助けを求めています。全羅南道西部にだけ視野を限定しておってはどうにもならないぐらい広い地域で歴史は動いているというふうに、私は思います。

シンポジウムの趣旨からなるべく視点を被葬者の問題に絞ろうとしたために、昨日の私の話は視野がやや狭くなりましたけども、やはりそういうふうに、私は思っております。

**西谷**　同じことを三回もいうのですが、先ほど鈴木さんがご指摘になったことです。ようするに潘南面を中心とした羅州郡という所の重要性です。つまり、潘南面の伏岩里にしても横穴式石室でありながら、中には甕棺を入れているのは初めてです。そのように在地性のつよい古墳がある一方で、周りに前方後円墳があるという問題です。

前方後円墳に関していえば、全羅北道の任実郡から小白山脈を越えて入った所が、全羅南道の光山郡のあたりです。まさにその付近に明花洞や月桂洞一号墳があるわけです。前方後円墳はぱっと造られてぱっと消えるといった印象をもちます。東さんの資料の最初のところをご覧いただきますと、そこに地域ごとに築造年代がおよそ示されています。その真ん中あたりの光州という所は光山郡に相当します。そこはまさに百済のある時期における南のフロンティアであると同時に、慕韓の北のフロンティアでもあった地域です。そこでご覧になるとおわかりのように、一つの考え方として、明花洞から月桂洞一号墳、二号墳へと歴代に築かれているわけです。

このような前方後円墳は、他の地域では海南郡に二基ありますが、少なくとも三世代くらいにわたって連綿と続いているということは、この地域の前方後円墳の中でも、光山郡の特色としてあげていいんじゃないでしょうか。しかも非常に倭の色彩が濃いものです。つまりこれは百済からいえば、最前方、南のフロンティアにあたるところで、そのように築かれていることは意味があることです。そのすぐ南には潘南面や羅州郡があるわけですが、そこは栄山江の下流域であって、今もずいぶん水田、沃野が広がっております。しかし、それには近代以降の造成もありますけれども、それ相当の経済基盤をもとにあれだけの遺跡群を遺したわけです。そこの河口域は港です。

これは先ほどの武田さんのお話に合わせますと、倭から壱岐、対馬を経て朝鮮半島の南海岸を西に進み、そこから北上し、百済あるいはさらに中国大陸の南朝に向かいます。そのちょうど曲がる所に重要な港をおそらく河口にもっているのです。そういう栄山江中流域の肥沃な農業地帯が背景にあるという、そういう地理的な好条件も考慮して、この地域の重要性を考えねばならないでしょう。

この地域の調査と研究は、じつはずいぶん遅れていました。今日これだけいろんな議論ができるのも、最近この地域の調査がどんどん進んだ結果です。ましてここ一年は金大中大統領の出身地でもあって、現に膨大な経費が投入されているようです。一方、全羅南道だけに力を入れてはいけないというので、全羅南道と慶尚南道が和合しようという方針が金大中大統領によって出され、それで慶尚南道と全羅南道が一緒になって研究を進めるようになったそうです。そこで、昌原大学校と木浦大学校が合同でプロジェクトを組んで研究が進められています。

そのようにしまして、西南部から南海岸、いってみれば倭、日本列島にとって非常に重要な地域の調査が、今どんどん進んでいます。そういう意味で、この地域の調査成果に大きな期待を寄せるとともに、目が離せないということを感じた次第でございます。

**大竹**　朴淳発さんから厳しいご批判を頂きましたが、私が言いたかったのは、全羅南道の円筒形土器には明花洞や月桂洞のように円筒埴輪を祖形とするもの以外にも、埴輪の影響を受けながらも別に祖形があるのではないかということです。まず、先ほど朴淳発さんがご指摘の月坪洞遺跡の資料についてですが、報告書には六点掲載されております。実際に国立公州博物館で資料を見せていただきましたところ、四点は、煙突の可能性、あるいは鞴の送風管の可能性、あるいは全然別の何かの可能性があります。しかしここで紹介した二点については、新村里九号墳の円筒形土器と同じであります。また新村里九号墳の至近にある徳山里九号墳でも鉢形器台形の円筒形土器が出ておりますので、筒形器台系の組列を考えたわけですが、夢村土城の例は飛躍が大きすぎたのかもしれません。

また伏岩里二号墳、チュンナン遺跡、伝界火島出土土器のような有孔平底壺系という、円筒埴輪以外に二つの系譜、組列が存在するであろうということです。先ほども西谷さんがご指摘になられましたように、今後いろいろな資料の出てくる可能性があると考えます。資料の蓄積と共に考えていきたいと思います。

**朴**　栄山江流域の政治的・社会的性格、とくに慕韓とか馬韓の政治的意味が、韓半島における国家形成全体の中でどういう位置を占めるのかについての話を、ということだと思います。栄山江流域の政治的発展の水準というのは、隣接する洛東江流域と比較してみれば、ある程度わかるのではないかと思います。まず、流域により条件は若干違うでしょうが、洛東江流域の加耶諸国が台頭してくるのは、栄山江流域に比べて相対的に早かったと思います。栄山江流域の場合は、おそらく五世紀後半から六世紀の初め頃、前方後円墳をはじめとする円墳などの大型古墳が出てくる時期に、地域勢力の変動や、それらの相互関係の変化が現れてくると思います。そういう様相は、洛東江流域で五世紀の初めから半ばを始点として、五加耶、あるいは六加耶として知られる勢力、あるいはそれ以外にいろいろな名前で登場する諸勢力の存在と比較ができるのではないかと思います。

結局、栄山江流域の勢力は、慕韓という一つの統合した勢力に成長する以前の段階であったと思います。韓国の研究者が用いる加耶連盟という概念と比較すると、たとえば栄山江流域の慕韓連盟と表現するのは、加耶と比べて違和感があります。つまり、仮に栄山江流域が慕韓とよばれたとしても、政治的・内的に統合した段階ではなかったと思います。〔通訳：吉井〕

**金**　私は考古学を専攻しており、文献批判をする能力が不足していますので、そうした点は先生方の意見をお聞きするしかないのですが、私なりに、先にお話した土器や金属遺物について多角的に分析して、栄山江流域の古代史における日本との交流関係について、いろいろな面から検討していきたいと思います。そして最後に、五世紀の後半から六世紀の前半代のもっとも躍動的な歴史を体験した、栄山江流域古代史の当事者の立場から考えてみる、という研究視角も必要ではないかと考えております。本日はどうもありがとうございました。〔通訳：吉井〕

**鈴木**　ありがとうございました。昨日、今日と西谷さんのお話にもありましたように、朝鮮学会の大会としては、一九八四年に姜仁求先生をお迎えして、韓国の前方後円墳をテーマにシンポジウムをおこなって以来、一六年目にして再び前方後円墳を問題に取り上げました。

今回は西谷さんが予告しておられましたような、はたして学史を塗り替える画期的な成果になったかどうかは関係者以外の皆さんも含めて評価なさることだと思います。しかし少なくとも、韓国のお二人をお迎えしまして国際的な催しになったと思いますし、それに考古学の先生を中心としましたけれども、文献の古代史の先生もご参加いただきましたし、日本史の先生もおられるわけで、大変多彩な第一線の先生方が一堂に会しました。

したがって考古学の成果に基づくものですが、いろいろな意見が出されました。栄山江流域の具体的な歴史の場面にスポットをあてて、朝鮮の古代史あるいはそれとの関係で日本の古代史について話し合われたことは認めてよい事実だろうと思います。

できればこれが、東さんがいっておられましたように、教科書を書きかえるような問題提起として、まず研究者にこうした研究成果を認識していただきたいものです。あるいは皆さんを始めとして、広く市民の方々にもこれを機に、古代の日朝関係史についての歴史認識・歴史理解を少しでも新しい本当の認識に高められればと願っております。

いずれにしましても、今、金洛中さんが最後にこの栄山江流域の歴史の躍動、躍動する歴史、ということをいっておられました。歴史展開の多様性、流動性ということについては、韓の人や倭の人々がともに活動するといった歴史も浮かび上がってきたと思います。これをさらに、より幅広い東アジアの社会・文化・政治などとのかかわりで見ること、あるいは国家の枠組みをとらえなおすことなど、たくさんの課題が出されたと思います。

現時点で、考えられるベストメンバーの先生方によって、今日までの到達点、問題点は出されたのではないかと思います。一つのまとまった体系的な、歴史的な理解はこれからだと思いますし、今までスポットを浴びていなかった地域ですので取り組むべき課題は大きいのですが、考古学を始めとして今後のさまざまな研究に期待したい、注目したいと思います。

最後に、八人のパネラーの先生方、そして通訳をおつとめいただいた吉井秀夫さん・山本孝文さんのお二人、さらに二日間にわたりご参加いただいてお聴きくださった会場の皆さんにお礼を申し上げて終わりとします。どうもありがとうございました。

# あとがき

本書は、二〇〇〇年一〇月五・六日に開催した、朝鮮学会創立五〇周年記念シンポジウム〈古代日朝関係史研究の現段階―五・六世紀の日朝関係―〉の記録である。当日の報告および討論は、すでに朝鮮学会が発行する『朝鮮学報』第一七九輯（二〇〇一年四月）、および同一八〇輯（二〇〇一年一〇月）に掲載している。本書の刊行にさいして、『朝鮮学報』掲載の関連論文である武田幸男「平西将軍・倭隋の解釈―五世紀の倭国政権にふれて―」（『朝鮮学報』第七七輯、一九七五年一〇月）を収録した。

韓国における「前方後円墳」問題は、いまや古代の日朝関係のみならず、東アジアの国際環境を解明するうえで重要な課題となっている。朝鮮古代史の問題であり、同時に日本古代史の問題でもある。

朝鮮学会は一九五〇年に発足し、歴史・考古・文化人類学・言語・文学などをふくむ「朝鮮学」にかかわる総合的な学会として、半世紀をこえ、今日に至っている。

本書の刊行が、今後の斯学の発展に寄与できれば幸いである。

二〇〇二年五月

編集担当　東　潮

田中俊明

# 執筆者紹介（執筆順）

**西谷　正**（にしたに・ただし）
一九三八年生
九州大学名誉教授
主要著作論文　『東北アジアにおける先史文化の比較考古学的研究』（編）九州大学大学院考古学研究室、二〇〇二年。「李朝考古学の諸問題」『史淵』一三八、二〇〇一年。

**金　洛中**（キム・ナクチュン）
一九六八年生
韓国国立文化財研究所学芸研究士
主要著作論文　『羅州伏岩里三号墳』（共著）韓国国立文化財研究所、二〇〇一年。『羅州新村里九号墳』（共著）韓国国立文化財研究所、二〇〇一年。

**竹谷俊夫**（たけたに・としお）
一九五四年生
天理大学附属天理参考館古美術部学芸員　天理大学・大谷女子大学非常勤講師
主要著作論文　『古墳文化とその伝統』（共著）勉誠社、一九九五年。『宗教と考古学』（共著）勉誠社、一九九七年。

**大竹弘之**（おおたけ・ひろゆき）
一九五六年生
枚方市教育委員会事務局社会教育課主査
主要著作論文　「韓國全羅南道地方の長鼓形古墳の築造企画について」（訳文）『古代学研究』一三四、一九九六年。「潘南面新村里九号墳の再調査」『継体王朝―日本古代史の謎に挑む』大巧社、二〇〇〇年。

**東　潮**（あずま・うしお）
一九四六年生
徳島大学総合科学部教授
主要著作論文　『高句麗考古学研究』吉川弘文館、一九九七年。『古代東アジアの鉄と倭』溪水社、一九九九年。

**柳沢一男**（やなぎさわ・かずお）
一九四七年生
宮崎大学教育文化学部教授
主要著作論文　「横穴式石室の導入と系譜」『季刊考古学』四五、一九九三年。「岩戸山古墳と磐井の乱」『継体王朝の謎』河出書房新社、一九九五年。

**朴　淳発**（パク・スンバル）
一九五八年生
忠南大学校考古学科教授
主要著作論文　「泗沘都城の構造について」『百濟研究』三一、忠南大学校百濟研究所、二〇〇〇年。『漢城百濟の誕生』書京文化社、二〇〇一年。

**吉井秀夫**（よしい・ひでお）
一九六四年生
京都大学大学院文学研究科助教授
主要著作論文　「栄山江流域の三国時代墓制とその解釈をめぐって」『朝鮮史研究会論文集』三九、二〇〇一年。「百済の墳墓」『東アジアと日本の考古学』Ⅰ、同成社、二〇〇一年。

**田中俊明**（たなか・としあき）
一九五二年生
滋賀県立大学人間文化学部助教授
主要著作論文　『大加耶連盟の興亡と「任那」—加耶琴だけが残った—』吉川弘文館、一九九二年。「朝鮮地域史の形成」『岩波講座世界歴史』九、一九九九年。

**武田幸男**（たけだ・ゆきお）
一九三四年生
岐阜聖徳学園大学経済情報学部教授
主要著作論文　『高句麗史と東アジア—「広開土王碑」研究序説』岩波書店、一九八九年。「三韓社会における辰王と臣智」『朝鮮文化研究』二、三、一九九五年、一九九六年。

**山尾幸久**（やまお・ゆきひさ）
一九三五年生
立命館大学名誉教授
主要著作論文　『日本古代王権形成史論』岩波書店、一九八三年。『古代の日朝関係』塙書房、一九八九年。

前方後円墳《ぜんぽうこうえんふん》と古代《こだい》日朝関係《にっちょうかんけい》

2002年6月30日　初版発行

編　者　　朝　鮮　学　会

発行者　　山　脇　洋　亮

印　刷　　㈲平電子印刷所

発行所　東京都千代田区飯田橋
4－4－8 東京中央ビル内　同 成 社
TEL　03－3239－1467　振替00140－0－20618

©Chosen Gakkai 2002 Printed in Japan
ISBN4－88621－251－4　C3021